KB253699

문예신서
308

철학적 분과 학문

안네마리 피퍼 [편저]

조국현 옮김

東 文 選

철학적 분과 학문

Ein Handbuch. Ed. by Annemarie Pieper
Philosophische Disziplinen

차 례

서 론

철학은 자신의 역사에 의해서 산다. 하지만 대학의 철학들이 새로운 문제를 논의하거나 새로운 길을 모색하기보다는 역사적-문헌학적으로 약 3천 년에 걸친 철학적 담화를 다룬다는 비난이 종종 제기된다. 자연과학의 진보 사고를 지향하는 이러한 비난은 철학하기의 본질적인 요소를 간과한다. 사물과의 교류 속에, 언어 속에 문화적 유산으로서 침전된 역사성, 우리는 그것을 통해 철학을 추구한다. 이러한 유산은 전래적인 사유 관습과 거리를 두고 새로운 성찰 태도와 개념 표본을 만들어 내려는 노력이 있는 곳에서도 작용한다. 때문에 고유한 사고의 설명과 발전을 위해서 철학의 역사를 끌어들이는 일은 필수 불가결하다.

하지만 철학은 자신의 기원 역사의 재구성 속에서 발전되지 않는다. 철학은 처음부터 내적인 논리의 실마리에 따라 문제시되는 사태를 논증적으로 전개하고 개념적으로 추론해야 한다는 체계적인 요구를 내세운다. 이러한 방식으로 우리 삶의 세계가 가진 상이한 차원의 원칙을 하나의 체계 속에 파악하려는 크고 작은 사유 구성물들이 생겨났다. 사유와 행위와 관찰의 이론들은 흥미로운 현실 세계로의 통로를 열어 주며, 인간 인식의 '주체적인' 구조뿐만 아니라 의식 '밖'에 놓인 세계의 '객체적인' 속성에 대한 성찰적 통찰을 중개한다.

철학역사적 성찰과 체계적 성찰은 서로 반대가 아니라 명백히 서로 연관된다. 사유 수행으로서의 철학하기는 항상 역사적-체계적으로 읽힌 맥락 속에서 일어난다. 이때 강조점은 항상 균일하게 배분되는 게 아니라, 한편으로는——가령 텍스트 해석의 경우에——철학역사적으로 중요한 관점을 부각시키기 위해서, 다른 한편으로는——가령 개념 분석의 경우에——개념 목록의 체계적 구축을 위해서 바뀔 수 있다. 선한 삶에 대한 그리스적 사고를 형상화하기 위해서 아리스토텔레스의 《니코마코스 윤리학》 제1권에 나온 설명과, 《국가》의 동굴 비유 속에서 표현된 플라톤의 선에 대한 이해를 비교한다면, 우리는 선의 개념을 연구할 수 있다. 하지만 선에 대해 정의하기 위해서, 일상적인 언어 사용에서 '악한' 및 '나쁜'과 '선한'을 구분함으로써 그 의미를 찾아낼 수도 있다. 하지만 두 가지 경우에 체계적 연관성 내지 철학역사적 연관성과 관련을 짓는 일은 피할 수 없다. 우리는 선에 대한 체계적인 일상적 이해 없이 고대의 선 개념을 해결할 수 없을 것이며, 반대로 선에 대한 구상의 발전도 (그 구상이 생겨난 서구의 전통에서 형성된) 낱말 의미에 대한 고려 없이는 불가능하다.

　이 책에 실린 논문들은 철학의 이중적 상황에 부합하고자 한다. 논문들은 한편으로 특수한 물질적·형식적 시각에서 형성된 '분과 학문' 즉 철학의 체계적인 영역을 다루며, 다른 한편으로 각 분과 학문에 대한 기술에서——그것이 개괄적이든 예시적이든——철학의 역사에서 나타나는 문제들, 입장과 방법적 논의를 포함시킨다. 이때 **윤리학·논리학·정치철학·형이상학**과 같은 '오래된' 분과 학문은 **미학·인류학·역사철학·사회철학**과 같은 '새로운' 분과 학문이나 **여성주의철학·문화철학·정신철학·기술철학**과 같은 '최신의' 분과 학문에 비해 긴 역사에 눈을 돌린다. 몇몇 분과 학문은 근대적인 기원을 갖고 있으나 오랜 이전 역사를 갖는다: 가령 **인식론·법철학·언어철학과 학**

문 이론. 다른 분과 학문들은 고대에 그 뿌리를 두고 있으나, 오늘날 인류를 분열시킬 위험을 내포하는 갈등으로 인해 새로운 과제 영역으로 등장한다: **응용윤리학 · 자연철학 · 철학교수법과 종교철학**.

이에 따라 필자들은 짧은 지면에 각각의 영역에 대한 대표적인 정보를 제공한다는 과제를 상이한 방식으로 해결하여야 했다. 이 책의 논문에서는 각각의 분과 학문의 역사를 빠짐없이 기술할 수도, 전체 문제 사안을 다룰 수도 없었다. 때문에 기술 형식의 측면에서 각 분과 학문의 본질적인 요소에 대한 기본 생각을 전달하는, 단행본과 백과 사전 항목 사이의 '교차점'을 찾는 데 주안점을 두었다. 각 논문은 입문서의 성격을 가지며, 기본 지식을 전달하고자 한다.

필자는 이 책이 나오기까지 많은 사람들의 도움을 받았다. 먼저 철학 지도에서 흰 점을 찾아내도록 용기를 북돋아 준, 발견 욕구와 결합된 폭넓은 관심을 보여준 편집장 라이너 모리츠에게 감사의 말씀을 드린다. 그리고 철학의 체계적인 영역에서 방대한 전문가 지식을 짧은 지면에 개괄적으로, 비교적 짧은 시간에 요약해 달라는 요구를 도전으로 받아들이신 필자분들에게 감사한다. 마지막으로 책의 '편집' 과정의 어려움을 극복하는 데 나에게 큰 도움을 준 로만 피그에게 고마움의 뜻을 전한다.

바젤, 1998년 3월

안네마리 피퍼

인류학

군터 게바우어 (베를린자유대학교의 철학 교수)

1. 인류학의 탄생

철학적 분과 학문으로서의 '인류학'이란 명칭은 가장 불분명한 명칭일 것이다. 인류학이 인간에 대한 고찰에서 어떤 기여를 해야 하고, 어떤 점에서 인간을 다루는 철학의 다른 분야와 구분되는지에 관해서 전혀 밝혀져 있지 않다. 인류학이란 낱말 자체도 철학의 기원, 즉 고대 그리스에서 유래하지 않고 인위적으로 창조된 것이다. '인류학'은 16세기와 18세기 사이에 비로소 "철학적 분과 학문에 대한 칭호"(마르크바드 1971)가 된다. 이것은 인간에 대한 고찰이 연속적으로 이어져 오지 않았다는 것을 말해 주며, 시민 전쟁과 정치적 혼란 및 개인적으로 불안한 시기에 인간 자신에게로 사고의 전환이 새롭게 일어났음을 알려 주는 신호로 볼 수 있다. 다른 사람의 눈에 비친 **인간 삶의 조건**(condition humaine)하에서의 인간이 인류학의 주제가 된 것이다. 그런데 **인간 삶의 조건**이 구체적으로 무슨 의미이며, 그 특징이 무엇이고, 어떤 방법으로 그것을 파악하고 기술하며, 어떤 이론의 도움으로 체계화될 수 있는가?──이 중요한 문제에 대해서는 수세기를 거치면서 학자들의 철학적 입장에 따라 아주 상이한 대답이 제시되었다.

우리는 대략적으로 인류학의 역사를 3단계로 구분할 수 있다. 인류학의 초기인 16,17세기에는 인간에 대한 고찰을 위해 새로운 접근을 모색하며, 낡은 신학적 모델에서 탈피한다. 이 시기에는 여전히 고대 학자들과 관련을 맺고 있으나, 다른 인간들과 함께 이룩한 세계 속에 놓인 자아를 강조한다. 여러 가지 요소가 이러한 사고의 탄생에 영향을 미쳤기 때문에 시각을 철학에만 제한하는 것은 너무도 단순화 과정일 것이다. 인류학의 철학적 형성은 두말할 나위 없이 시민 사회의 시작과 함께 생겨났다——그것은 우연이 아니며, 인간의 보편적 기반에 대한 확신에 따라 정치적·윤리적·인식론적 사고의 토대를 놓는 새로운 자의식의 표현이다. 계몽은 우선적으로 자기 자신에 대한 계몽이며, "타인의 인도 없이 홀로 가는"(칸트 1968b, 35) 용기를 요구하는, 탁 트인 곳을 향한 출구이다. 계몽 시대 이후에 인류학적 사고는 모든 위대한 철학자들에게서 나타난다. 그들 가운데——**파리 원고**(Pariser Manuskripte) 시절의 젊은 마르크스와 같은——몇몇 사람은 '인간의 본성'이 철학적 사고의 기초라는 가설을 세운다(마르크스는 "일을 통한 인간의 완성"을 주장한다). 하지만 인류학은 생물학적 구상과의 결합을 통해서 비로소 체계적으로 형성된다. 이것은 19세기에 일어나며, 독일에만 국한된다. 국제적인 발전 과정에 대해서는 나중에 짧게 언급하기로 한다. 독일적인 특수한 행보는 20세기에도 지속되어, 철학적 인류학에서 특히 헬무트 플레스너와 아르놀트 겔렌의 유력한 구상에서 정점에 도달한다.

다른 방향은——물론 잘 짜여진 인류학적 이론 체계를 갖추지 못했다——사회적·역사적 사고와 관련된 역사적 인류학[1]이다. 다양한 학

---

1) 역사적 인류학의 주제에 관한 개관: 드레셀 1996; 게바우어/캄퍼/렌첸/마텐클로트/빈쉐/불프 1989; 불프 1997.

자들의 작업에 이런 명칭이 붙을 수 있는데, 노베르트 엘리아스·장 피에르 베르낭·피에르 부르디외 같은 몇몇 사람은 스스로 이런 부류에 속한다고 표명했으며, 마르셀 모스·막스 호르크하이머/테오도르 W. 아도르노·미셸 푸코 같은 학자들은 그런 표명을 하지 않았지만 그들 저작의 몇 가지 관점을 고려할 때 이 방향에 속하는 것으로 볼 수 있다. 필자는 여기서 인류학을 3단계로 구분하여, 단계별로 전형적인 문제를 바탕으로 그 특징을 간략히 설명할 것이다. 이 과정에서 소수의 학자를 언급한다. 핵심 내용을 간추린 간략한 소개는 최소한 인류학의 기본 방향을 제시할 수 있을 것이다. 물론 필자는 인류학에 대한 개관에 그치고 싶지는 않다. 대표적인 사례를 소개함으로써 인류학적 사고에 대한 깊은 인식을 얻는 게 중요하다고 여겨진다. 때문에 필자는 한 가지 예를 통해서 인류학의 논쟁을 가까이서 관찰할 수 있는 기회를 제공하려 한다. 이것은 이 분과 학문의 기본 주제인 세계 속의 인간 존재에 관한 것으로, 인간에 대한 사상은 그 어느것이라도 이 문제에 관하여 일정한 입장을 취해야 한다.

2. 인류학의 시작

인류학이 16세기에 태동할 무렵, 인류학은 두 가지 의미에서 인간에 대한 자기 성찰이다. '인간학'으로서의 인류학은 '도덕적 존재'로서의 인간에 대한 자기 증명이다. 정신 활동으로서의 인류학은 오로지 인간 자신을 도구삼는 자기 사고이며, 인간 생활에 대한 이해에서 나온 철학으로 신학, 신화 연구, 형이상학으로부터 해방된 것이다.(마르크 바드 1973, 124 이하) 인류학자의 고찰 대상은 인류학자 자신이며, 생활사적으로 변화하는 것이다. 이 두 가지가 공통으로 인간이라는 종에 속하며, 인간의 본성에 일정한 몫을 차지하고 있다. 개별 경우에 타인의 생활과 자신의 생활에——문학에서 전기 혹은 초상화의 형태로 기술된다——이러한 보편적인 요소가 나타난다. 초기에는 인류학이 아직 철학적 분과 학문으로서 발전되지 못했다. 하지만 인간에 대한 새로운 시각과 인간의 본성, 본질 및 **인간 삶의 조건**에 대한 새로운 언급은 **인류학적 관심**을 확실하게 드러낸다.

시민 전쟁의 시절, 냉혹한 궁중 사회 시절, 그리고 독일에서의 30년 전쟁에 따른 절망의 시절에 "역사철학으로부터의 탈피"(마르크바드 1973, 125)는 바로 당시 상황으로부터 강요된 것이었다. 긍정적으로 보면 그것은 자기 자신에 대한 신뢰, 즉 세상과 신이 더 이상 줄 수 없는 유일한 신뢰로의 전환이었다. 홀로 내버려진 상태에서 자기 자신과의 속삭임이 발전한다. 인간은 자신에 대해서 변명하고, 자신의 행동에 대한 이유를 대며, 신 앞에서가 아닌 자기 자신 앞에서 이러한 행동을 분명하게 한다——단지 작은 부분만 책임을 져야 하는 생활 환경을 고려하면서. 그러한 자신과의 대화는 인간이 자신에게 의심스럽게 비춰지고, 인간이 피안 혹은 더 높은 곳 혹은 영원한 것에 관련됨 없이 스스로를 '자기 자신을 위한 존재'로 보는 시대의 성과이다.

미셸 드 몽테뉴는 《수상록》의 시작 부분에서 독자에게 이렇게 말을 건넨다. "내 책 속에서 그대는 완전히 자연스러운 모습의 나를 보게 될 것이다. 그것은 단순하고, 자연적이며, 일상적이고, 꾸밈과 인공적인 면이 없다. 이것은 나 몽테뉴가 나 자신을 그려내기 때문에만 가능하다." 자아는 인류학적 시각의 중심이며, 구성적 조건이다. 그 어디에서도 인간에 대한 새로운 관심사의 완벽한 서술을 발견하지 못한다. 동시에 이러한 서술은 정밀한 학자 자신으로부터 일반 인간으로 이어지고, 다시 일반 인간으로부터 자아로 되돌아오는 자기 결산을 분명하게 드러낸다. 인간의 본성을 찾는 과정에서 사상가는 먼저 자기 자신을 만나게 되고, 자기 자신을 찾는 과정에서 마침내 인간의 일반적인 본성을 만나게 된다. 자기 추구의 성실한 자세가 인간에 대한 진리 발견으로 이어진다.

이 초기 시대에 이미 '인류학'이라는 명칭의 사용이 어울리는지, 그리고 이 명칭을 생 시몽 대공과 같은 프랑스 도덕주의자와 사회사상가에게 붙여도 되는지에 대해서는 논란의 여지가 있다. 중요한 사실은 마치 돋보기를 통해 보듯이 개개 인간에게 시선을 보낸 학자들의 인류학적 관심은 소박하고 꾸밈없었다는 점이다. 오늘날 우리에게 주목받는 이러한 주제가 당시 이전 시대에는 (문학적 혹은 철학적으로) 언급될 만한 가치를 갖지 못했을 것이다. 인간의 평범성이 나타나는 개별 경우에서 **인간 삶의 조건**이 대표적으로 인식될 수 있다. 오늘날의 시각에서 볼 때, 우리는 그런 인식이 문학적 서술과 얼마나 밀착되었는지, 인간에 대한 성찰이 문학적 언어 수단 속에 어떻게 진행되어 왔는지, 현대적이라고 간주되는 이런 견해가 학자들에게 얼마나 당연한 사실로 받아들여졌는지 볼 수 있다. 이처럼 인류학적 관심은 문학적 · 도덕적 · 철학적 기술과 인간 상황에 대한 고려 사이에서 형성된다. 훗날, 즉 19세기에 철학의 한 가지 분과 학문이 되는 인류학의 초기 형태를 위한 풍성한 토양이 오랜 기간 동안 마련된다. '철학적' 요소의 핵심은 인위적 요소의 제약의 대가로만 얻을 수 있을 것이다.

인류학적 관심은 인간을 그 중심에 세우나, 인간의 위대함이나 비극에 관한 것이 아니다. 인류학의 관심은 죄나 영원성 혹은 신성에 관한 것이 아니다. **인간 삶의 조건**은 근본적으로 시험 상황이다. 여기에 인간은 홀로 서 있다. 홀로 남겨진 상황에서 자아는 아우구스티누스의

《고백록》에서처럼 더 이상 신의 품에 안겨져 있지 않다. 신화 연구가 인간 해석의 실마리를 제공하지 않는 것처럼 신이 더 이상 자아를 결정하지 않는다. 인류학적 상황은 프랑스 비극에서처럼 고산 지대의 희박한 공기 속에서 결정을 내려야 하는 상황도 아니다. 인류학적 상황은——후에 고트홀트 에프라임 레싱이 말하듯이——'몇 단계' 내려간, 자신의 생활 환경에 놓인 평범한 인간의 상황이다. 여기서 인간은 자신의 본성과 자기 결정 사이에서 놀이를 시작한다. 인류학적 관심은 세상의 놀이가 이루어지는 조건에 관한 것이며, 인간에게 그런 능력을 부여하는 지식과 세상의 지혜에 관한 것이다. 인류학적 고찰은 세상 내적 속성을 갖는다. 인류학적 고찰은 세상 속의 입장에서 인간 자신과 생활사 속에 깃든 인간의 진리를 찾으며, 유한성의 지평에서 인간을 관찰한다. 하지만 **인간 삶의 조건**의 관점에서 나온 인간학에는 이상적인 삶에 대한 기억이 아직도 현존한다. 더 이상 예수의 후예로서의 삶을 추구하거나 자기 존재를 신격화하려는 게 아니라 이상적인 삶과의 간격을 재려는 것이다.[2]

---

2) 파스칼의 《팡세》에서 특히 이러한 간격에 대해 지속적으로 새롭게 논의된다. 한 가지 예: 우리가 사람을 가까이서 관찰하면 인간의 크기에 대한 인식이 사라진다. 인간은 영속적인 자연에 직면하면 왜소하게 나타나지만, 작은 대상과 대비되면 뚜렷하게 인식된다. 인간은 '무와 전체' 사이의 중간자이다. 파스칼이 기술한 이러한 상황은 인간의 제약과 인식 한계를 보여준다: 인간은 "극단적인 것에 대한 이해로부터 끝없이 멀리 떨어져 있다. 사물의 목적과 그 원칙은 인간에게 파헤칠 수 없는 비밀로 남아 있다."(파스칼, 단편 185)

3. 계몽주의 시대의 인류학

계몽철학에서 인간이 세상에 홀로 남겨진 상황은 완전히 새로운 의미를 얻는다. 그것은 더 이상 쓸쓸함을 표현하지 않으며, 극복의 자세로 묘사된다. 개인은 자신의 삶에 대한 책임을 떠맡고, 홀로 서며, 홀로 말하고 결정한다. 계몽주의적인 인류학적 성찰은 일반적으로 개인과 인간으로 됨, 다시 말해서 '인간'이라는 종에 관한 것이다. 이로써 특별한 자질, 즉 인간 존재에 대한 가설이 세워진다. 모두가 인간이라는 종에서 배속됨을 바탕으로 특별한 자질을 갖는다는 것이다. 초창기에 특별한 자질을 가진 개인에 제한되었던 시각이 넓어짐으로써 전 인류를 포괄하게 된 것이다. 인간의 속성들이 보편적인 것이라는 가설이 세워지지만, 역사적으로 볼 때 그런 속성들은 일반화된 종으로서의 본질에 속하는 것이 아니라 시민 계층에 부여되는 특출난 특징이다. 이마누엘 칸트가 **인류학**에서 말하는 '세계 시민'은 그 자신 세계의 시민이며, 인간이란 모든 종에게 확장된다. 철학의 한 분야로서 계몽주의 시대에 발전한 인류학은 인간 존재의 자질로서의 시민적 속성에 대한 인식이다. 이런 시각에서 1789년의 인권 선언은 새로 탄생한 인류학의 기본 명제의 정치적인 표현이다. 인류학은——처음으로 역사적인 행동으로 옮겨져——사회에서 주도적인 역할을 차지한 시민 계층의 정치적 자의식으로서의 '인간'에 대한 법적 규정을 통해서 발전한다.

귀족을 위한 북극성이 신과 혈족이었다면, 시민 계층을 위한 북극성은 인간과 미래를 향한 직립 보행이다. 진화하는 인간처럼 시민 계층도 몸을 꼿꼿이 세우고 인간의 미래를 설계한다. 이것은 본성으로부터의 해방 다음으로 인류 역사에서 **두번째** 해방이다. 인류학의 커다란 주제는 인간이 자유를 가지고 무엇을 시작할 것인가라는 문제이다. 일반적인 대답은 이렇다. 인간은 자기 자신을 만들기 위해서 해방되었다. 인간에 대한 새로운 설계를 멋진 말로 표현한 장 자크 루소는 1750년의 첫번째 담화를 이렇게 시작한다: "인간이 자신의 노력을 통해 소위 무에서 생겨나는 것을 보는 것은 위대하고 아름다운 연극을 보는 것과 같다. 인간은 오성의 빛으로 자신을 에워싸고 있는 본성의 어둠을 밝힌다. 인간은 자신으로부터 고양되고, 자신의 영혼을 통해서 천국에까지 솟아오른다. 성큼 발걸음을 내딛어 우주의 거대한 크기를 재며, 인간을 연구하고, 인간의 본성과 의무 그리고 목적을 인식하기 위해서 자신에게 되돌아온다──이것은 더욱더 위대하고, 더욱더 어려운 일이다."(루소 1978a, 7)

인간에 대한 이 구상에서 종으로서의 인간 역사와 인간 삶의 역사가 합쳐진다. 인류학은 일종의 개인의 **사적인** 역사철학이 된다. 인간 자신이 목적이 된다: 나는 나를 만들어 간다. 그러므로 나는 존재한다. 이 길의 끝에 무엇이 서 있는지 암시된다. 하지만 그곳으로 향하는 길의 방향만이 정해져 있다──그 길은 위를 향하고 있다. 그 길은 더 높은 발전이며, 수명과 발전 단계를 넘어서는 독자적인 상승이다. '완벽성'이 인류의 결정적인 특징이 된다. 생물 가운데 그 어느 종도 인류와 같이 무한한 자기 발전의 능력을 갖지 못한다──그만큼 자기 위험의 가능성도 있지만. 해방됨의 다른 측면은 지도 세력의 부재를 의미한다. 자신을 보호하기 위해서 인간은 자신에 의하지 않고는 그 어느 누구에 의해서도 주어질 수 없는 안전한 발판을 필요로 한다. 높은 단계를 향한 길은 방투(Ventoux) 산으로 가는 길과는 완전히 다르다. 프란체스코 페트라르카의 등산은 무엇보다도 도덕적 고지의 획득이다. 이것은 신을 찾아 헤매고, 정상에서 참된 신에 대한 체험으로 이어지는 모습을 그리는 문학적 형태로 표현된다. 18세기에 루소는 교육자로서의 자신의 역할을 생각하며 에밀의 정원에서 도덕적인 등정을 계획한다——평평한 땅으로, 노동의 도움을 빌려. 이것은 페트라르카의 등산처럼 에밀의 정원사에겐 **인간 삶의 조건**에 관한 모델이다. 사람들은 '자연적 교육학' 의 매력에 빠져 이 점을 간과했다. (아직 해방되지 못한) 인간에게 규칙을 부여했던 자연을 모방하여 인간은 두번째 해방, 정치적인 해방 후에 자기 자신에게 자유에 필요한 규칙과 강제를 부여한다. 사회 제도는 인간 스스로가 만들어 낼 수 있는, 두번째 자연으로서 자신에게 규칙을 부여하는 유사 자연이다. 사회 제도는 해방된 인간으로부터 법을 받아들이는, 규정에 따르는 시민을 만든다. "민중의 법이 인간의 힘으로 거역할 수 없는 자연의 법처럼 엄격하다면, 인간은 사물에 종속되듯이 법에 종속될 것이다. 사람은 국가에서 자연 상태의 모든 이점을 사회의 이점과 결부시킬 수도 있을 것이다."(루소 1978b, 63)

　인간 존재는 일정한 높이에서 시작된다. 인간 발전의 목표는 도덕적 목표로서 계획된다. 사회는 규칙과 법으로 구성된 이차적 자연이다. '인간적 자연' 이 의미하는 것은 본래적 자연과 더 이상 관계가 없다. 인간적 자연은 인간의 부단한 노력, 적응, 복종, 그리고 예술적 생산의 결과이다. 자연에서 예술이 된다. 이렇게 사회의 인공물 속에서는 수수께끼 같은 방식으로 자연이 담겨 있는 것이다. 예술이 더 고상하면 할수록 더 자연스럽다. 이 점은 특히 인간의 신체 구성에도 적용된다. 직립 보행과 함께 인간의 본성은 '예술적 피조물' (헤르더)이 되었다. 직립과 함께 그 시작이 만들어졌다. 인간에게 남은 자연적인 면과 거친 면은 법에 통제를 받아야 한다. 이렇게 계몽철학은 인간이 생물학적 존재와 도덕적 존재 사이를 왔다갔다하는 것으로 본다. 자연을——문화, 문명 혹은 사회로 전환할 뿐만 아니라——예술로 완벽하게 전환함으로써 비로소 발전 과제가 해결된다. 인간은 홀로, 해방된 개별 존재로서 아직 자유를 갖지 못한다. 모든 임의의 개체가 다른 개체를 억압할 수 있기 때문이다. 생물학적 자연으로부터의 해방을 위해서는 '난폭한 자유'의 포기가 필요하다. 자유는 안식과 안전이 보장되는 "법적인 제도 속에서"(칸트 1968c, 24)만 획득될 수 있다. 규약에 따라 모든 사람의 권리를 보장하는, 정치적으로 구성된 사회가 그런 능력을 가지고 있다. 역사적으로 볼 때 이런 상태는 "법을 관장하는 시민 사회의 성립"(칸트 1968c, 22)과 함께 나타난다. 루소와 칸트는 자신 이전의 인간학과 자신 이후의 철학적 인류학에 비해 인류학을 훨씬 더 일관되게 정치적인 측면에서 생각한다.

계몽주의 시대 이후에 인류학의 중심 과제는 자연으로부터의 인간 유래와 미래적인 인간 규정의 긴장 속에 놓인 인간의 상황이다. 인간에 대한 설계에서 인간의 과거와 미래는 서로 결합되어야 한다. 자연은 인간으로부터 뭔가를 만들었다(칸트)——인간은 자신으로부터 무엇을 만들 것인가? 개별 학문은 이 질문에 대답할 수 없다, 아니 그런 질문을 제기할 수도 없다. 자연으로부터 출발한 이후의 인간 상황, 그리고 세상에서 인간의 과제는 무엇인가라는 문제는 생활 환경 속의 '공연자,' 다시 말해서 참여자의 시각에 의해서만 성찰될 수 있다. 자연에 대한 설명 및 인간 규정이라는 표현으로 18세기말 인류학의 영역이 제시된다. 두 가지 질문에 대답할 것을 요구받는 모든 철학에겐 어려운 과제가 주어진다. 삶의 경험 문제인 첫번째 문제는 철학의 입장에서 보면 대체로 부담이 되지 않는다. 반대로 두번째 문제는 '인류'에 대한 유토피아적 설계를 요구하기 때문에 과중한 부담이 된다.

4. 철학적 인류학

이런 상황에 직면하여 여러 길이 모색되었다. 거의 모든 사람들이 인류학의 영역을 떠났다. 칸트는 인간 행동의 바탕이 되는 도덕률의 작성에 관심을 기울인다. 루소는 인간의 자기 규정을 실현할 수 있게 만드는 국가 구성과 교육 방안을 작성한다. 게오르크 빌헬름 프리드리히 헤겔은 "역사철학에 인류학을 맞추려는 노력"(마르크바드 1971)을 기울인다. 독일 이외의 다른 나라에서는 인간의 본성에 대한 고찰이 철학적 사고로부터 멀어지고, 생활 방식과 문화 형태에 관심을 돌렸으며, 학문적 기술의 새로운 형태를 개발했다. 이것은 확실히 (스페인 및 포르투갈의 대중과 다르지 않은) 영국과 프랑스의 대중들이 뱃사람과 옛 민속학자로부터 낯선 종족, 소위 원시 문화의 발견에 대한 보고를 받은 것과도 관련이 있었다. 민속학자들은 문명 세계와 구분되는 '자연적' 인간(가령 '고상한 미개인')의 기원에 대해서 격렬한 토론을 벌였다. 그래서 이들 나라에서는 일찍부터 낯선 문화의 행동, 사고와 언어를 고찰·비교·체계화·재구성하기 시작했다. 점차 학문 분야로 형성되는 민족학(**Ethnologie**; 영어로는 **문화인류학** 혹은 **사회인류학**)에서는 인간 사회의 사회문화적 측면(사회적 관계, 사회 조직, 체제, 기능, 구조)을 연구하며, 철학 및 사변적 사고와 분명히 경계를 짓는다. 독일의 철학적 인류학이 모든 문화를 포괄하는 인간 존재의 보편성을 파헤치려고 노력하는 반면에, 문화인류학은 지역적 현상에서 출발한다. 가령 클로드 레비 스트로스가 작성한 구조적 인류학에서처럼 문화인류학이 인간 사회의 행동 양식을 포괄적으로 재구성하려고 시도할지라도(친족 관계, 신화, 사회적 교환 형태의 구조), 그런 이론화 작업은 근본적으로 사실 자료를 바탕으로 삼는다.

특히 독일에서는 낭만주의 시대 이후에 인류학의 새로운 길을 철학에서도 찾았다. 철학은 생활 경험에서 나온 지식을 새로 탄생한 의학과 생물학의 인식으로 대체했다. 이들의 도움으로 '엄밀한 사실'과 학문의 이론을 확보함으로써 인류학적 상황을 정확히 기술하는 게 가능한 것처럼 보였다. 자연철학으로서의 인류학은 20세기 전반기에 철학적 인류학이 선택하는 노선이다——특히 플레스너와 겔렌의 주도로. 이 방향이 많은 사람들에게 매력적으로 보이는 것은 생물학의 시각에서 인류학의 근본 상황을 기술하기 때문이다. 생물학의 시각에서 볼 때, 인간이라는 종의 생존의 확률은 희박한 것으로 보였음에 틀림없다.

겔렌은 인간의 생존을 극적으로 설명한다. 지극히 낮은 생존 가망성을 바탕으로 그는 인간 진화의 성공 자체를 인간의 업적이라고 본다. 겔렌은 은근 슬쩍 생존 사실을 긍정적인 가치로 바꾸고, 인간의 생물학적 개념을 규범적 개념으로 교체한다. 논증의 첫 단계에서 그는 대부분의 인류학자들의 견해와 일치한다. 종으로서의 인간은 특별한 자질을 갖추지 못했기 때문에 인간은 행동 능력을 바탕으로 생존을 확보한다. 두번째 단계에서 겔렌은 결핍 존재와 인간적인 진화를 논리적으로 결합시킨다. 하지만 그는 이 과정에서 인간 종이 특별한 자질을 갖추지 못한 것이 무한한 적응 능력의 전제 조건이라는 생물학적 논증에 만족하지 않는다. 그는 생물학을 인간의 형이상학에 끌어들인다. 인간의 가련한 무방비 상태와 열등함은 **필연적**으로 더 높은 단계로의 발전, 그리고 모든 생물보다 우월한 입장으로 이어진다는 것이다. 자연으로부터 보잘것없는 자기 보호 장치를 부여받은 존재는——어떤 채비도 없이 가련한 상태로 세상에 던져졌기 때문에——동물로 남아 있는 것을 감당할 수 없으며, 더 높은 것을 향해 애써야 한다. 인간의 업적, 추구, 그리고 발전은 인간이 '훈련'을 받기 때문에 가능하다. 인간은 "훈련되는 존재이다. 자기 훈련, 교육, 그리고 일정한 모습을 갖추고 그 모습으로 남게 하는 훈련이 확정되지 않은 존재의 생존 조건이다. 인간이 자신에게 주어진 그러한 생존적 과제를 해내지 못할 수도 있다는 점에서, 인간은 불행을 당할 체질적인 가능성을 가진 '위험에 처한' 존재이다."(겔렌 1978, 32) 인간의 생산적인 측면, '세상에 대한 개방성'이 바로 그러한 위험 요소를 의미한다: 그 점이 **부담**이다. 인간은 흉물스러운 자극의 홍수, '목적과 상관없이' 밀려드는 다량의 인상에 예속되며, 이런 인상과 자극은 어떻게든 해결해야만 한다."(겔렌 1978, 36) 인간은 '부담 해소'를 통해서만 이런 과제를 해결할 수 있다. 인간은 **"자주적으로 자기 존재의 결핍 조건을 자기 생명 연장의 기회로 바꿔야 한다."** 겔렌은 사회 제도의 필요성을 입증하기 위해서 부담 해소의 원칙을 내세운다. 그의 시각에서 볼 때, 사회 제도는 특히 자극이 범람하는 상황에서 외적인 발판을 필요로 하는 약자에게 포기할 수 없을 정도로 중요하다.

겔렌에 의해서 사용된 주요 개념은――필연성, 결핍 존재, 더 높은 단계로의 발전, 도덕, 부담 해소――모두 그 종말에서부터 설명되고 필연적인 운명으로 선언되는 역사의 구성 요소이다. 살아남은 자의 시각에서는 자력에 의한 구원이 항상 영웅적 행위이다.[3] 이런 극적인 묘사의 '약점'은, 클리포드 거츠가 비판적으로 반박하듯이 인간 종에게 소위 절체절명의 암담한 순간이 "명백히 없었다"는 데 있다. (생물학적

---

3) (유대인) 작가 카를 뢰비트·루트비히 비트겐슈타인과 프란츠 카프카의 저술에 나타나는 인류학적 사상은 이와는 완전히 다르다. 그는 인간의 위대함을 열광적으로 서술하는 대신에 왜소함(카프카), 우연성(셸러의 인류학에 대한 뢰비트의 비판), 그리고 인간 세계의 존재가 기적이라는 관점(비트겐슈타인의 저술 《윤리학에 대한 강연》)에서 인간을 바라본다.

의미의) "**인간(Homo)**이 완전히 문화적 생활 양식으로 넘어가는 데 수십억 년이 걸린 것으로 추산된다. 이 기간 동안에 하나의 혹은 몇몇의 부수적인 유전적 변화뿐만 아니라 오래되고 복잡하며, 밀접하게 연관된 일련의 그런 변화들이 그 발전 과정에 관여했다."(거츠 1992, 73) 문화는 "완성된 혹은 거의 완성된 동물에게 부가적으로 주어진 것이 아니다(…), 문화는 그 동물의 발전에 관여했다. (…) 그것도 결정적으로."(거츠 1992, 74) 문화 "자체가 인간 진화의 결정적인 요인 가운데 하나가 되었다."

철학적 인류학은 생물학의 인도에 따라 자연과 자연 학문으로부터 인간에게 시선을 돌리도록 지시한다. 실제로 철학적 인류학은 인간과 인간의 기원 사이에 놓인 간격을 측정하기 위해서 인간으로부터 벗어나 자연을 되돌아본다. 이처럼 전도된 시각을 통해서 비로소 오로지 자신에 기인하는 존재로서의 인간상이 생겨난다.

5. 세상 속 존재로서의 인간

위에서 언급한 문제에 대한 논의는 인류학의 역할 및 과제와 관련된다. 겔렌이 제시한 인간 구상의 흥미로운 요구와 사회인류학 혹은 문화인류학 연구에 대해서 다음과 같은 제안을 할 수 있다. 종으로서의 인간에 대한 형이상학과 특정한 문화에 속한 인간에 대한 국지적 학문의 양극적 대립 사이에는 인류학적 상황, 그곳에서 생겨나는 인간의 경험 방식과 사고 방식, 문화 구조, 그리고 사회 구조와 제도에 대한 **기본 성찰**의 충분한 여지가 있다. 인류학의 출발점은 세상 속의 특수한 인간 존재이다. 인간이 혼자가 아니라 다른 사람과 함께 이룩한 조직 속에서 태어나고 성장했다는 사실, 그리고 인간이 세계 인식, 능력, 그리고 행동 방식을 스스로 얻는 게 아니라 다른 사람과의 연관 속에서 얻는다는 사실——이러한 사실은 인류학적 구상에서 거의 고려되지 않았다. 세상 속 존재는 인간 속 존재를 의미한다. 사회 지향적 인류학을 위해서는 특별한 물질적 **신체** 형태도 적잖이 중요하다(직립 보행, 손의 형태와 기능, 감각 기관, 얼굴). 인간의 형상이 특정한 형태의 지각적 세상 경험을 가능하게 한다. 인간 형상은 세상과의 교류에서 나온 경험을 신체적으로 기억하고, 도구를 만들며, 대상을 상징적 관습으로 변화시킬 능력이 있다. 또 실무적 조작과 주어진 상황으로부터 벗어나는, 높고 새로운 단계의 언어를 형성할 능력이 있다. 이런 방식으로 동물 단계와는 완전히 다른 경험과 교류 형태가 가능하게 된다. 이 모든 것이 철학적 분과 학문으로서의 인류학의 가정들이다. 이 가정에 대해서 학문적 방법과 이론으로 답변을 제시할 수 없다. 해결을 위해 고려되는 학문은 모두 이미 이 문제에 대한 대답을 전제한다. 그런 학문은 암시, 명백한 내용, 중요한 사실, 증빙 자료를 제공할 수 있으나, 그 이론 및 구상과 개념은 각각의 문제에 대한 가정의 토대에 그 바탕을 두고 있다. 인류학은 이런 의미에서 '인간 학문'(엘리아스)의 **기초 이론**이라고 볼 수 있다.

모든 기본 문제들 가운데 가장 중요한 것은 세계 속 존재의 인류학적 상황에 대한 문제이다. 아래에서 필자는 이 문제를 논의하면서, 지금까지 해결 방안으로 널리 인정을 받고 있는 플레스너의 입장에서 출발하려 한다. 철학적 인류학의 입장에서 볼 때, 인간의 본성적인 모든 것이 인간 이외의 생물이 속하는 자연과 똑같은 자연에 속한다는 가정은 당연하다. 민주적인 기본 원칙——'본성'적인 것은 모두에게 똑같다. 그러나 인간의 본성은 근본적으로 동물의 그것과 구분된다. 그 차이는 인간에게서의 자연적인 과정이 생물학적 기술의 도움으로 설명될 수 있다는 점에서 드러난다. 하지만 생물학적 기술은 철학적 인류학에 의해서 강조된, 인간의 **특별한** 본성을 파악하지 못한다.(엘리아스 1970, 114) 생물학적 수단을 통해 인간을 근본적으로 동물로부터 구분하는 특성을 파악하는 게 불가능하다. 사회적 관계를 형성하는 능력, 인간 행동의 융통성, 타인에 대한 개방성, 애착과 감정 및 느낌 표현의 가능성, 앞선 행동을 임의로 반복하는 능력 등 "문화로부터 독립된 인간 본성은 없다."(거츠 1992, 75)

인간은 동물과 달리 항상 상황의 일부분이다──인간이 우연히 어떤 상황에 빠질 수도 있으나, 한번 그 상황에 처하게 되면 이를 변화시킨다. 인간은 상황에 포함되어 (남에게 방해가 되더라도) 자리를 차지하며, 주위를 환기시키고 다른 사람들과 접촉을 하며, 남에게 끼어들며, 느낌을 발산하고 관계를 정립해 나간다. 이것은 이미 신생아 때부터 시작된다──단지 세상에 존재함을 통해서. 울거나 웃거나 잠자는 아이가 자연스럽게 보이지만, 그 생물학적 과정은 아이의 사회적 존재를 통해서 변형되며, 처음부터 주위의 관계 그물(가족 · 친구 · 이웃) 속에 얽혀 들어간다. 그 속에는 아이의 역량이나 과제가 들어 있지 않다. 아이는 환경과의 관계 속에서 행동하며, 환경은 아이와 관계를 맺는다. 아이는 **다른** 사람들의 보살핌을 받는 대상이다. 아이는 자신의 존재를 통해서 사람들에게, 부모에게 책임을 부여한다. 아이는 단지 세상에 태어나는 것을 통해서 사회적 관계, 도덕적 의무, 보살핌을 만들어 내며, 또 아이를 향한 감정, 아이를 보호하려는 소망, 아이를 살펴보려는 마음을 만들어 낸다. 아이의 때묻지 않고 길들여지지 않은 본성은 사회의 새로운 몫으로서 세상 속에 출현한다. 아이는 생물학적 측면에 국한되지 않고, 첫 행동부터 반대 작용을 통해서 생물학적 측면을 변화시키는 물질적 활동에 포함된다──이미 존재하는 다른 사람들의 세계에 적응하고, 아이의 존재를 통해서 그 세상을 변화시키는 작용을 통해서.

다른 인류학자에 비해 개인과 사회의 관계에 더 주목했던 플레스너의 비판에서 방금 언급한 입장을 좀더 상세히 설명해야 한다. 먼저 플레스너의 구상을 살펴보자. 아이의 중심에는 육체적으로 세상 속에 존재하는 능동적인 자아가 있다. 육체 속에 있는 자아는 자발적으로 자기 세계를 형성한다. 자아는 자주적이다. 자아는 충동 발생으로부터 벗어나 자발적인 행동에 의존한다. 아이와 달리 동물은 충동적으로 행동한다. 동물들은 즉각적으로 반응한다. 동물은 세상과 관련하여 "정면적 입장"(플레스너 1981, 363)을 취한다. 인간은 자극으로부터의 탈피를 통해서 직접적인 행동의 필연성의 지배를 받지 않는다. 인간은 세상을 향해 거리를 두며, 이런 점에서 의식으로도 존재한다──존재의 정신적 방식으로. 이런 방법으로 플레스너는 육체적 존재를 갖고 있는 일차적 자아와, **홀로** 정신적 원칙으로서 물질적 존재 조건으로부터 독립적으로 존재하는, 충동적 존재의 반대쪽에 있는 자주적인 자아 사이에 경계를 짓는다. 이러한 분리를 통해서 인간은 "부담을 덜고," 충동과 행동의 압력에 예속되지 않는다. 인간은 입장에 얽매이지 않는다. (플레스너 1981, 383 이하) 인간은 육체적 존재로서 자연의 일부이며, 육체의 운명에 단단히 매여 있다. 하지만 인간은 성찰적으로 자신이 속한 상황으로부터 벗어날 수 있고, 성찰에 의해서 육체 **밖**의 입장을 취할 수 있다. 이 능력이 인간을 단지 정신 혹은 육체로만 이루어지지 않은 존재로 만든다. 인간은 육체 속에 있으면서 동시에 그 밖에 있다. 인간은 존재의 두 가지 방식을 취한다──내적인 방식과 외적인 방식. 내부적으로 볼 때 인간은 육신**이며**, 외부적으로 볼 때 인간은 자기 육체를 **갖고 있다**. 플레스너는 이중적인 입장을 "주머니 상황"이라고 부른다. 주머니 상황은 "내 육체 속에 든 내 자신의 내부 상황"(플레스너 1982, 239)이다.

플레스너의 구상에 따르면 인간의 **자연적** 속성에 정신적 · 문화적 역량의 씨앗이 들어 있다. "단지 자연의 인간은 불완전하기 때문에 (…) 인공적 요소가 자신 및 세계와 균형을 이루는 수단이 된다."(플레스너 1981, 396) 인간의 자연적 여건을 바탕으로 문화의 필요성이 입증된다. 자연으로부터 문화와 사유로의 필연적 전환이 생겨난다. 이러한 설계의 핵심은 한편으로 자신의 육체적 존재를 통해서 자연에 속하면서도, 다른 한편으로 자신의 성찰 능력을 바탕으로 자신을 벗어난 입장을 취하는 자아이다. 자아는 '육신의 주머니' 속에서 자신의 자연 존재에 고정되어 있다. 자아는 본능 축소를 바탕으로 자연적인 요소 **저편에서**, 즉 사유 속에서 자발적인 행동을 전개해야 한다. **본성적** 자아가 무엇인지, 그리고 **유기체**가 자아를 소유한 인격체라는 것이 어떻게 가능한지는 완전히 불분명하다. 사회적 범주는 자연 상태에서 생겨나지 않는다. 자연으로부터 문화로의 이행에 대한 구상은 전체적으로 미심쩍다. 자연 상태에서 사회적 자아의 자리에 뭐가 있었는지, 더구나 그것이 어떻게 사회적 존재로 발전했는지 알 수 없기 때문에 자연으로부터 문화로의 이행을 확인할 수 없다. 따라서 그것에 대해 공론을 벌이는 것은 의미 없는 일일 것이다. 개인과 자아와 인격체는 특히 사회적 구성물이다. 이들은 물질적 · 생물학적 · 자연적 조건을 전제하지만, 처음부터 사회적 세계에 속한다. 이런 범주의 자연적 선구자를 주장하는 것은 불가능하다. 그런데 한번 사회적 자아의 자연적 태아에 대한 주장에 매달리면, 사회적 자아가 한번 생겨난 이후에 사회적 · 물질적 환경과의 분리를 통해서 이것으로부터 독립적이 된다는 주장에 이르기 쉽다.

　플레스너는 본질적으로 인간을 성찰 능력의 관점에서 바라본다——
"자기 자신에 대한 관찰자"가 될 수 있는 능력의 관점에서. 이처럼 인
간을 자연으로부터, 자신의 육체로부터 분리하는 경계를 넘어갈 수 있
는 "원칙적인 가능성"은 "인간을 자기 자신의 또 다른 존재로 만든다."
(플레스너 1982, 453) 이러한 관점에서 플레스너는 외부에 의해서, 그
리고——사회를 대표하며——행동하는 주체 자신에 의해 육체에 영
향을 주는 항구적인 사회적 교육을 무시한다.

　오랫동안 철학적 인류학과 비슷한 구상을 대표해 온 모리스 메를로
퐁티는 《보이는 것과 보이지 않는 것》이라는 저작에서 이론적으로 새
로운 기본 방향 설정을 한 후에, 자아와 앞서 정돈된 세상의 교차에 대
해서 썼다. "(세상의 혹은 나 자신의) 살은 우연적인 것 혹은 혼돈이 아
니며, 조직이다."(메를로 퐁티 1964, 192) 그는 '살' 개념을 가지고 성
찰적 주체에 대한 생각에 대항한다. "(…) 나의 가시적인 것은 내 자아
의 '재현'이 아니라 살이다."(메를로 퐁티 1964, 328) "육체는 자신의
개체 발생을 근거로 우리를 직접적으로 사물과 연계시킨다……."(같은
곳, 179) 사물은 "내 육체의 연장"과 다르지 않으며, "내 육체는 세상
의 연장이다. 육체를 통해서 세상이 나를 감싸고 있다."(같은 곳, 308)
인간이 '살'이라는 의미에서 세상과 결합되어 있다. 인간은 가시적이
며, 가시적인 것에 둘러싸여 있다. "이것은 인간이 자신을 본다는 뜻
이고, 인간이 가시적인 존재라는 뜻이다——하지만 인간은 자신을 보
면서[시각적으로 보면서] 본다[성찰한다]. (…) 이렇게 육체는 세상 앞
에 똑바로 서 있고, 세상은 육체 앞에 서 있다. 그리고 **그들 사이에는
감싸안는 관계가 존재한다. 그리고 이 두 가지 수직적 존재 사이에는
경계가 없으며 접촉면이 있을 따름이다.**"(같은 곳, 324)

　사유와 자아를 육체적인 것에서 분리해야 한다는 주장(플레스너 · 겔

렌)은 오늘날 받아들여질 수 없는 듯하다. 사람은 성찰에 의해서 틀림 없이 육체로부터 벗어나서, 사유 속에서 육체의 한계를 극복할 수 있을 것이다——물론 부분적이겠으나. 하지만 육체는 그 속에 들어 있는 자아를 통해서 직접적으로 내부적인 관찰이 허용되는 대상이 아니다. 육체는 "인간이 지배하는 어떤 것 혹은 자신으로부터 떼어내 수단과 도구로 사용하는 어떤 것"(플레스너 1982, 239)이 아니다. 사회 세계는 자아 중심으로서의 나와 관계를 맺는 게 아니며, 모든 육체에 작용을 미친다. 그래서 주체와 세계가 얽힘으로써 자아는 육체적인 것과 직접적으로 결합된 기관으로 형성된다——자아는 사회적으로 형성된, 분석적으로만 육체로부터 분리될 수 있는 구성체이며, 육체 또한 이 구성체와 다르지 않다. 플레스너는 그 두 가지가 밀접한 관계를 갖는다고 보나, 육체와 자아의 물질적·사회적 형성을 부인한다. 육체와 자아는 두 가지 의미에서 구성체이다. 하나는 사회적으로 생산된 것이며, 다른 하나는 언어적으로 생산된 상호 활동의 구성체이다.(렌크 1994)

육체가 도구적인 사용과 함께 지적인 역량을 발휘한다는 것을 인식한다면, 성찰적 자아에 국한하는 일은 극복된다. 자아를 거쳐 우회하는 일 없이 육체와 결합된 사유가 있다. 육체에게 본성으로 비치는 것은 사회적으로 형성된 것이다——본성적인 육체 사용으로 보이지만 본질적으로는 많은 "육체 기술"(모스)에 의해서 형성된 것에서부터 복잡한 상황 속에서 방향을 찾는 능력에 이르기까지. 육체가 본성이지 않은 것처럼 정신도 순수하게 지적인 것으로 볼 수 없다. 사유의 확실성, 확신, 그리고 토대는 오직 정신적 원칙에만 의지해서는 설명되지 않는다. 행동의 확실성과 규칙성이 없다면 사유는 이루어질 수 없다. 세계의 구성은 경계의 이쪽 편, 즉 성찰적 자아의 공간에서만 일어나지 않으며, 상호 연관적 세계 생산의 원칙에 근거하는 다양한 요소가 여기에 참여한다.

데카르트적 이분법에서 벗어나려는 플레스너의 시도는 불완전한 상태에 머무른다. 그는 자신을 인식철학으로부터 분리하는 데 성공하지 못한다. 여전히 홀로 세상에 대한 인식을 생산하는 도덕적 주체가 그의 사고의 출발점을 형성한다. 플레스너는 자신의 사고 자체도 사회적 세계에 의해서 생겨났다는 사실을 생각지 못한다. 피에르 부르디외가 블레즈 파스칼[4]에 의거하여 명백하게 데카르트적 입장과 반대되는 입장을 구상한다: 나는 하나의 점처럼 우주에 의해 흡수되어 있으며, 세계 속에 포함되어 있다——많은 사물 가운데 하나의 사물로서, 그러나 세상에 의해서 관통된 채 세상을 포함하는 점으로서. 부르디외가 덧붙여 말하듯이, "세상이 나를 포함하고, 내가 그 속에 포함되어 있기 **때문에**"(부르디외 1997, 157) 나는 세상을 이해하고 내 안에 담을 수 있는 것이다. 나는 사물로서 세상 속에 물질적으로 포함되어 있으며, 스스로 세상을 포함하고 있다. 세상의 사회적 구조는 나에 의해서 받아들여져 '성향적 구조'로서, 그리고 행위 기대 및 예상과 실천적인 숙련의 형태를 가진 실천적인 지식으로서 내 육체 속에 침투한다. 내 속에 세상이 포함되어 있음과 나를 통해서 세상이 포함됨, 즉 이러한 '이중적 포함'은 내 육체 속에 터전을 갖고 있다. 세상 속의 육체적 존재는 나를 세상의 일부가 되게 만들며, 세상을 나의 일부가 되게 한다. 나의 자아는 이 세상의 자아이며, 세상은 내 자아의 세계이다.

플레스너의 입장에서는 실질적인 세상 관계의 두 가지 방식이 있다. 하나는 세상 속의 육체적 존재이며, 다른 하나는 의식을 통해서 주어진 세상을 뛰어넘을 수 있는 일탈적 입장이다. 이러한 구상에서 육체

---

4) 부르디외 1997, 157 참조.

는 과소평가되고, 정신은 과대평가된다. 반대로 '파스칼적 인류학'에 따르면 세상에 대해서 오로지 하나의 실질적 관계, 즉 노출된 육체에 그 바탕을 둔 관계만 존재한다. 그런 관계는 외부에서 오는 것을 모두 자신 속에 받아들이고, 포괄하며, 획득하고, 내면화하며, 이해하고, 취급하며, 개념적 사고를 위해 준비할 수 있는 능력에 그 바탕을 둔다. "육체는 헤겔이 말하듯이 사회화의 원칙이다——육체는 세상을 향해 자신을 개방하는 (생물학적) 속성으로 무장하고 있다, 즉 세상에 자신을 드러내며, 이에 따라 세상에 대한 조건 반사적 능력이 있다."(부르디외 1997, 161) 육체가 오랜 과정을 통해서 세상의 규칙성을 접하고, 이를 변화시키며, 또 이에 적응함에 따라 육체적 행위 속의 세상은 직접적으로 명료해진다. **나의** 세상이 되었다는 것은 세상이 나와 친숙하다는 뜻이다. 나의 세상 인식은 "육체에 의한 지식(connaissance par corps)," 즉 육체와 함께 얻는, 육체를 통해 얻는 지식이다. 세상의 객관적인 구조는 수용 과정에서 나의 고유한 구조가 되었다. 이것은 나에게 행동할 능력을 부여하고, 나로 하여금 세상에서 유사한 구조를——이 유사 구조는 이제 더 이상 나의 구조가 아니라 환경의 구조임——찾도록 하는 **나의** 구조이다. 세상을 인식하기 위해서 행동하는 사람이 사용하는 구성 도구는 세상에 의해서 만들어졌다. 주체는 게임에 참여하듯이 세상에 참여한다: 주체의 자기 형성에 관여하는 게임 규칙은 자신의 행동 속에 나타난다——육체 속에 깃든 것의 구체화로서. 주체와 세상의 관계는 세상에의 소속성을 통해 그 특징이 나타난다. 주체는 세상에 소속되며, 세상에 의해 소유되며, 마찬가지로 세상을 소유한다.(부르디외 1997, 163 참조) 주체의 세상과의 관계와 세상의 주체와의 관계는 상호간의 친숙성과 합치의 관계로서 "완벽한 일치"(부르디외 1997, 175)를 나타낸다.

미학

볼파르트 헹크만 (뮌헨대학교의 철학 교수)

1. 서론

서론에서는 이전에 알렉산데르 고틀리프 바움가르텐의 《미학》(1750)에서 그랬듯이 다음과 같은 내용을 설명해야 할 것이다. 1) 미학은 무엇을 다루는가? 2) 미학은 어떤 연구 방법을 사용하는가, 혹은 어떤 인식론적 입장에서 출발하는가? 3) 미학은 다른 분과 학문에 대해 어떤 위상을 차지하고 있는가? 4) 미학이 이론으로서 미적 · 예술적 형태 혹은 다른 실무 형태와 어떤 관계를 갖고 있는가? 그리고 미학의 역사적 발전에 대한 몇 가지 지적도 빠뜨리지 말아야 할 것이다. 이 모든 게 말처럼 쉽지는 않다. 이 글에서 (서구) 미학의 역사적 단계를 간략히 설명하는 일은 어차피 포기해야 한다(이것에 대해서는 비어즐리(1966)를 참조).

미학이 무엇을 다루는가라는 문제를 놓고 미학의 창시자인 바움가르텐은 20세기말에도 여전히 설득력 있는 방식으로 설명한다: "미학은 (자유 예술의 이론으로서, 하위 인식론으로서, 좋은 사유의 기법으로서, 그리고 이성과 유사한 사유의 기법으로서) 감각적 인식에 관한 학문이다."(바움가르텐 1750, 2/3)

철학적 분과 학문으로서의 미학은 1750년에 무에서 생겨난 것이 아

니며, 다양한 예술의 본질과 과제에 대한 이론, 아름다움에 대한 형이
상학적 사고, 인간의 감각 기관의 역량에 대한 연구, 그리고 이런 역량
을 개선할 실질적인 가능성에 대한 연구의 풍부한 전통을 비판적으로
계승한 것이다. 특히 예술가의 기술적인 예술 이론, 혹은 미학을 옹호
하는 예술 이론도 부분적으로 그런 전통에 속한다. 바움가르텐은 이
전통을 받아들였으며, 동시에 괄호 속에 넣었다.〔위 인용문 참조〕전통
의 비판적 고려는 오늘날까지 미학적 자기 이해의 중요한 특징이며,
또 미학적 인식의 상호 주관적·간문화적 전달의 중요한 특징이다. 바
움가르텐은 유럽-서구의 전통만을 고려했다. 20세기에는 미학적·예
술적 사유의 전통, 특히 인도와 일본 및 중국 문화 영역의 전통이 대
폭적으로 미학 발전에 포함되었다. 다행스럽게도 아직 아무도 글로벌
미학을 말하지는 않지만, 간문화적 미학과 비교미학을 말한다.

　위 인용문에서 괄호 밖의 문장은 미학에 대한 바움가르텐의 구상에
서 기본 문제를 나타낸다. 이 문장은 괄호 속의 분과 학문과 전통이 모
두 '감각적 인식'이라는 개념에 포함된다는 것을 말한다. 그 속에서
모든 분과 학문을 정지 작업하려는 의도가 표현된다. 전해 오는 대상
영역 전제가(총체성 요구) 내용적으로 규정된 유일한 원칙에 귀결되어
야 하며(단일화 요구), 이 원칙을 통해서 개념적·방법적으로 단일한
인식, 모순 없는 인식, 그리고 상호 주관적으로 진보하는 인식이 가능
하다(학문성 요구). 오늘날에도 다시 다양하게 접목되는 바움가르텐의
가설은 전해 오는 모든 이론과 예술을 새로운 "감성적인 인식의 학문
(scientia cognitionis sensitivae)"으로 요약한다. 하지만 단일적인 기본 원
칙이 '감성 인식(cognitio sensitiva)'에 있다는 주장은 여러 차례 반박을
받았다. 마찬가지로 철학자·예술학자·예술가·예술비평가에 의해서
제안된 대안들도 모두 반박을 받았다. 남아 있는 것은 학문으로 입증

된 미학의 참된 기본 원칙에 관한 논쟁뿐이다.

　사람들은 납득할 만한 근거를 들어 '감각적 인식'이란 의미에서 미학의 영역이 너무 크다고 바움가르텐을 비판했다. 바움가르텐의 가설에는 합리성에 대한 계몽적 관심이 담겨 있다. 상위 인식 능력이 이미 논리학 속에서 합리성의 도구를 얻은 후에, 이제 하위 인식 능력을 위한 유사 도구를 발견해야 했다. 바움가르텐의 **하위 인식론**(Gnoseologia inferior) 구상은 인지 대상을 접촉하지 않는 눈과 귀의 '이론적' 인지를 포함하는 오감의 인지로 확대될 뿐만 아니라 상상력, 기억 미래 사건에 대한 예감, 기적에 대한 믿음과 믿음, 그리고 꿈과 다른 공상들도 포함한다. 그밖의 합리성에 대한 계몽적 관심은 단순히 이러한 하위 인식 능력과 그의 산물을 연구하는 데 국한되지 않고, 그것들을 '개선하는' 데에도 관심을 가졌다. 미학이 학문으로서 발전된 상태에 있다면, 하위 인식 능력의 행사가 완벽하게 되고, 문화 전체가 학문적 방법을 통하여 촉진될 수 있다는 것을 기대할 수도 있을 것이다. 이론적·실천적 합리성에 대한 관심은 세상 속 인간들의 관계를 인간에 의해서 형성된, 인간적이며 평화로운 미래로 안내할 수 있다는 (유토피아적인?) 희망에 의해서 확고해졌다.

　하지만 이미 요한 고트프리트 헤르더는 미학을 그 어떤 실천의 개선 없이 오로지 인식에, 그리고 아름다움에 국한된 것으로 생각하려고 했다.(헤르더 1769) 이를 통해서 미학에 대한 바움가르텐의 논증 이후에 처음으로 아름다움을 미학의 본래 대상이라고 설명했다. 그것은 위 인용의 괄호 속에 든 몇몇 분야와 전통에도 영향을 주었다. 아름다움이 그런 학문 분야와 전통에서 중요한 역할을 수행하는 만큼 그것들, 즉 '아름다운 예술'(善美(Kalokagathia)의 그리스 표본과 궁중 예법의 이상 앞에서의), '아름다운 예절'과 '아름다운 자연'이 미학의 대상으로 허용되었다. 하지만 헤르더의 스승 이마누엘 칸트는 미학을 아름다움에 국한하는 입장에 찬성하지 않았다.(칸트 1790) 칸트는 보충적으로 아름다움 옆에 고상함을 나란히 세웠다. 고상함은 르네상스 시대의 작가들, 니콜라스 부알로, 그리고 에드먼드 버크와 같은 영국 철학자들이 롱기노스의 아류 저작 《숭고에 대하여》(기원후 1세기)를 다시 수용함으로써 철학과 '아름다움의 학문'의 새로운 주제가 되었다. 칸트는 특히 자연에서의 아름다움과 고상함이 드러나는 '순수한' 현상에 관심을 나타냈으며, 이차적으로 예술 속에서 인간의 관심과 연계된 현상에 흥미를 나타냈다. 칸트에게서 자연의 미학은 예술의 미학보다 우위를 차지하며, 이로써 그는 미학에서 끊임없이 논쟁을 불러일으키는 문제에 대해서 자신의 입장을 밝혔다. 하지만 칸트는 아름다움과 고상함을 오직 주체의 형식적 경험 조건으로 귀결시키고, 그 속에서 기호 판단의 정당성을 본다. 때문에 칸트는 기호 판단에 대한 연구를 미학의 본래 대상으로 삼고, 이를 통해서 바움가르텐의 구상에 상당한 제약을 가한 듯, 즉 그의 구상의 학문적인 부분에 국한한 듯했다. 하지만 칸트는 이미 《순수 이성 비판》(1781)에서 감각적 인식에 대한 이론으로서의 미학을 완성했기 때문에 그때부터 미학의 서로 다른 두 개념이 경쟁을 하게 되었다. 하나는 감각적 인식에 관한 이론으로서의 미학, 즉 미학적으로 중립적인 개념 내지 '비미학적' 개념이며, 다른 하나는 자연과 예술에서 아름다움과 고상함에 대한 이론으로서의 미학, 즉 미학적으로 강조된 개념이다. 20세기 후반기에 두 개념은 마구 뒤섞여 사용되어, 두 개념이 동일한 문제 영역을 다루는 것처럼 여겨지거나 아름다움과 다른 미학적 범주를 통해서 같은 종류의 '감성'이 구성되는 것처럼 여겨졌다. 아름다운 것과 고상한 것을 이야기할 때 감각적인 측면에 초점을 맞추는 일은 예술로부터 아름다움 혹은 예술적 완벽성 이상의 것을 기대하고, 사회의 소외 작용에 대항하는 감각적 인지와 잠재력의 발산을 기대하는 근대 예술의 일정한 경향과 일치된다. 원칙적으로 모든 예술은 감각적인 인지를 통해서 전달되기 때문에, 그리고 연구 영역의 제약이 근대적 학문 및 문화 성향과 모순되기 때문에 몇 년 전부터는 '감각(Aisthesis)' 개념이 미학의 새로운 보편 범주와 인식 관점으로 도입되었다. 이것은 물론 관점 면에서 위 인용의 괄호 속에 든 학문 분야 및 전통과의 동화를 낳는다.(바르크 1990; 도츨러/뮐러 1995) 바움가르텐의 부활에 반대하는 사람은 모든 것을 한 자루에 담는다고 해서 동일하지 않은 것을 하나로 묶을 수는 없다는 플라톤의 말을 그 근거로 삼는다.

칸트의 《판단력 비판》(1790)이 나온 지 몇 년 후, 프리드리히 빌헬름 요제프 셸링, 게오르크 빌헬름 프리드리히 헤겔과 카를 빌헬름 페르디난트 졸거에 의해서 새로이 활력을 얻은 소위 사변적 미학은 미학의 중의성 및 그 속에 담겨 있는 감각화 경향과의 단절을 통해서 미학의 개념을 '예술철학'이란 개념으로 대체하고, 예술에서 절대적인 것에 대한 순수 '사변적인' 인식, 즉 감각적 인지를 넘어서는 인식을 추구한다.(셸링 1802/05, 졸거 1815, 헤겔 1835/38) 이를 통해서 진리, 신적인 것과 절대적인 것의 예술적 형상은 여전히 미학이라고 명명되는 분과 학문의 철학적 문제가 되었다. 반면에 특히 헤겔은 아름다운 것과 고결한 것, 희극적인 것과 비극적인 것 등을 참된 것의 형상이 변화된 것으로, 자연의 아름다움을 철학 외적인 혹은 이전의 문제로 평가절하했다. 예술에서 미학을 엄격하게 진리 인식에만 국한하는 것은 테오도르 W. 아도르노, 마르틴 하이데거와 20세기의 다른 철학자들에게까지 영향을 끼쳤다.(아도르노 19709; 하이데거 1951)

하지만 사변적 예술철학의 엄격성은 19세기의 경험적 심리학의 약

진과 함께 의문시되었다. '미학적인 것'은 희열과 욕구가 동반된 인지로 이해되었다. 이에 따라 자연·예술·기술·종교·수공업·스포츠·풍속·유행·생활 양식에서 일정한 현상을 인지함으로써 경험하는 모든 변화가 미학의 대상이 되었다. 하지만 근대 예술의 대부분의 경향은 예술적으로 '균형잡힌' 작품, '아름다운' 작품 혹은 고전적으로 '조화로운' 작품 제작을 회피하고, 따라서 '미학적 형상화'를 광고 세계와 문화 산업에 떠넘기기 때문에 사람들은 미학적인 것에 대한 이론으로서의 미학과 병행하여 '고차원 예술'의 비미학적 심층 측면의 보존에 대한 관심에 따라 '일반예술학'을 발전시켰다. 일반예술학은 우리 문화와 다른 문화에서의 '예술' 현상을 통해서 제기된, 기초적이고 포괄적인 문제 영역을 다루어야 했다.(데수아 1906) 정당한 방법론에 따라 혼동에서 벗어나려는 시도는 서로 자신이 본질적이라고 내세우는 두 가지 전통적인 흐름, 즉 '예술철학'과 예술을 넘어서는 '미학적인 것에 대한 이론'의 압력을 감당해 낼 수 없었다. 오늘날 '미학'이라고 말하면, 인식 관점과 연구 영역이 서로 다른 모든 인지 가능한 형태의 예술에 대한 이론과 미·아름다움 그리고 고상함에 대한 이론을 모두 포괄한다. 하지만 우리는 이런 대상들이 단지 유사함을 통해서 서로 결합된다는 것을 알고 있다. 이러한 미학의 변화무쌍한 역사는 미학의 학문적·예술적 기반 및 방향의 위기로부터 안정된 상태 규정이 만들어지는 결과로 이어졌다. 결과적으로 미학은 이중적인 의미로 '비판적인,' 즉 공평하게 구분하는 이론인 동시에 철학·사회학·심리학 혹은 다른 학문으로서 위험에 처한 이론이며, 그런 이론의 인식적 관심은 인간과 인간 및 인간과 세계와의 관계에서 지속적으로 제기되는 미학적·예술적 상황의 역사적 위상 규정에 집중한다.

미학의 대상을 둘러싼 논쟁은 항상 학문적 방법에 대한 논쟁으로 이어진다. 부분적으로 대상 규정은 학문적 방법의 개발과 정당성을 부여하는 기준이 되었으며, 부분적으로 학문적 방법이 미학적 연구 대상을 제한하는 기준이 되었다. 미학 연구의 한 방향은 넓은 범위의 경험적 사실을 선호했으며(심리학적 미학), 다른 한 방향은 최후 원칙으로의 환원을 선호했다(철학적 미학). 두 가지 구상, "아래로부터의" 귀납적 "미학"과 "위로부터의" 연역적 "미학"(페히너 1876)은 19세기 무렵 급속도로 성장한 실증주의적 예술학과 충돌하게 되었다. 처음에는 역사적 연구, 나중에는 체계적 연구를 갖춘 문학과 예술이 그 선두에 있었다. 미학이 스스로 피해 갈 수 없는 방법론적 자기 규정의 저편에서는 미학적·예술적 담론의 연구 영역에 대한 많은 요구가 제기되었다. 즉 미학적 이론이 추상적-본질적 문제뿐만 아니라 구체적-경험적 문제를 해결해야 하고, 고전 시대와 근대의 아름다움과 예술의 역사적으로 다양한 영역과 친숙해야 할 뿐 아니라 점점 더 복잡해지고 간문화적인 형태를 가진 사회, 동시에 관용이 없어지고 체험 욕구 강한 사회에서 인간 영혼의 갈망 및 인간 인식 작용과 친숙해야 한다는 요구가 ——실질적으로 불가능한 요구——그것이다. 때문에 미학 이론은 총체성과 방법론적 단일성의 요구를 경험, 가치 평가와 인식에 대한 일관된 관점으로 변화시켜야 한다. 이러한 관점은 그런 요구들이 미학적·예술적 문제 역사에서 어떻게 발생되었는가라는 사회적으로 중요한 질문 제기를 통해서 실험적으로 발전했다. 이를 통해서 미학 이론은 ——논증적 엄밀성의 요구를 포기하지 않으나 절대적 인식의 요구는 포기한 채——본질적으로 평론의 성격을 띠게 되었다. 결정적으로 중요한 것은 미학 이론이 미학적·예술적 경험과의 연계를 유지하고, 이에 따라 예술적인 논증에서 이와 연관된 사실 관계를 재인식할 수 있다는 점이다.

사실 문제의 구조화를 위한 학문성 요구의 완화는 전통적으로 철학의 측면에서 미학을 인식론과 형이상학에 배속하는 일, 인지와 느낌에 관한 심리학에 배속하는 일, 기호와 유행 현상에 관한 심리학에 배속하는 일, 상이한 예술학과 예술비평, 예술가 미학과 예술가적 프로그램 저작물에 배속하는 일을 약화시킨다. 미학 이론은 이러한 전통적 학문 분야의 그 어느것으로도 축소될 수 없으며, 철학적·심리학적·해석학적·예술비평적·사회비평적·미학적·예술가적 특징이 유익한 인식 실무와 결합되는 독보적인 이론 형태를 띤다. 그런 전제 조건하에서 학문 상호간의 연구가 성공을 보장하는 방식으로 등장한다. 그런 성공은 가령 "시학과 해석학"(1964)의 연구팀이 시행했던 것처럼 동일한 주제에 대해서 상이한 분과 학문의 연구가 축적되는 데 있다기보다는, 오히려 공동 참여자들이 학문 상호간의 대화를 통해서 경험하는, 그래서 각 학문 분야에서 유익한 역할을 수행하는 자극에 달려 있다. 미학 이론은 초개인적인 인식 진보의 상태를 추구지 않으며, 미학적·예술적 현상의 수단을 통해서 인간의 개인적인——동시에 인간을 대표하는——자기 성찰에 기여한다. 막스 데수아와 다른 학자들이 당시 그리고 오늘날 널리 퍼진 통념에 대항하여 미학적인 것과 예술적인 것을 동의어로 보지 않고, 본래 독립적이었으나 그 형상에 있어서, 그리고 상황에 따라 서로 뒤바뀔 수 있는 현상으로 보는 것은 간학문적인 동기에서 나온 자기 성찰의 결과라고 할 수 있다.

2. 미학적 경험에 대한 이론으로서의 미학

미학의 기초적인 영역 범주로서의 미학적인 것의 역할은 한편으로 그것이 소위 모든 미학적 범주의 공통적인 본질, 즉 '아름다움' '고상함' '우아함' '기괴함' 등을——이들 중의 그 어느것과도 동일시되지 않은 채——표현한다는 데 기인하다. 다른 한편으로 미학적인 것이 예술 속에서 뿐만 아니라 자연·기술·종교·스포츠 등, 특히 인간의 생활 방식에서도 특별한 방식으로 표현되고, 이를 통해서 보편적인 존재 차원으로서 입증된다.

20세기에 시민 문화가 몰락한 후, 미학적인 것은 본래 자신 속에 담겨져 있던 가치 요소를 점차 상실하게 되었다. 이런 현상은 셸링과 졸거와 헤겔에 의해서 쫓겨난 어원 연구가들을 다시 등장시켰다. 미학적인 것은 바움가르텐의 그리스 신조어에 따라 감각적 인지 내지 인식으로 정의되었다. 이것은 어떤 면에서 장점을 갖는다. 미학이 더 이상 예술과 특권 계층의 고상한 경험에 초점을 맞추지 않고, 감각적으로 인지할 수 있는 모든 대상으로 확장되었으며, 따라서 누구에게나 접근이 허용된다(이미 1928년에 모리츠 가이거는 미학의 민주화를 이야기한다). 이를 통해서 경험 내용과 개념적 엄밀성의 손상 없이도 미학 이론의 논거를 객관적으로 전달할 수 있는 바탕이 주어진 듯하다. 하지만 감각 개념은 여러 의미를 내포하기 때문에 미학에 대한 일관된 이해에 방해가 된다. 이 개념은 대부분 묵시적으로 시각적 인지에 국한되어 사용되며, 이를 통해서 회화적인 예술이 미학 연구의 대표 사례가 된다. 하지만 음악은 음향적인 인지를, 조각은 촉감적인 인지를, 춤은 신체 율동과 균형에 대한 지각을 요구하며, 대중매체는 공감각 혹은 서로 상이하게 작동하는 감각의 상호 작용을 요구한다. 우리가 감각의 개념을 모든 상이한 지각 경험의 공통분모로 축소시킨다면, 그러한 미학에 대한 진술은 추상적이며 진부해진다. 전위 예술의 다양한 경향들은 사회적인 규범과 금지 영역의 실체를 드러내고, 자극하며 상대화시키는 작업을 통해서 성적인 의미의 '감각'을 요구하거나, 그곳에서 모든 감각적 능력의 원초적인 힘을 발견하기도 한다. 때문에 전에 '성적 미학'이라는 말이 나오기도 했다.(고르젠 1972) 결과적으로 예술과 대중 매체는 더 이상 감각적 유쾌함에 국한하지 않고, '불쾌함' · 혐오와 고통에서 나온 흥분을 미학의 영역에 포함한다. 그런 가설하에서는 병원과 부랑자 구역과 전장도, 연주회장과 극장과 박물관처럼 '미학적인 것'이 표현되는 사회 기관에 집어넣는 일이 단지 시간 문제일 수 있다. '감각' 개념은 산업화된 현실과 잠재적 현실이 난무하는 대량 사회 및 소비 사회에서 인간과 세계에 대한 감각적 경험의 변화 과정, 그리고 약물에 의한 인지와 체험 형식도 '미학적' 사실로 인정되는 결과를 낳는다. 즉 미학이 어원학적으로 감각적인 인지를 통해서 정의되는지 여부, 혹은 평가적 입장 표명이 미학의 자기 이해에 속하는지 여부는 이미 자기 성찰의 측면을 나타낸다. 따라서 미학의 연구 영역은 객관적으로 좁은 의미 혹은 넓은 의미의 미학적 현상을 통해서 정의되거나, 주관적으로 모든 가능한 감각적 경험 형식을 통해서 특별한 경험 형태로 나타나는 미학적 경험으로서 정의된다.

좁은 의미의 '미학적 경험'이란 말은 동물적인 생명 기능, 일상적 · 사회적으로 형성된 경험, 혹은 과도하게 자극된 경험과 뚜렷하게 구분되는 경험으로 이해된다. 미학적 경험은 존재적인 부담에서 벗어나 자신 밖에 놓인 실용적인 목적을 겨냥하지 않으며, 생동감 있는 즐거움으로서의 자기 자신에 만족한다. 경험 전체에 대해서 개방성을 동시에 가져오는 내적인 이격성을 통해서 감각적 인지, 느낌, 소망과 사유에서 일상적인 기능이 떨어져 나가기 때문에 이것들은 부담이 해소된 상호 촉진적 방식으로 전개될 수 있다. 이러한 무의식적으로 진행되는 과정, 그리고 해방과 총체적인 소생으로 받아들여지는 과정을 통해서 경

험의 이면에 소외되지 않은 존재에 대한 영감이 형성되는데, 우리는
이를 미학적 경험의 유토피아적 측면이라고 칭할 수 있다. 규정할 수
없고 의도적으로 유도할 수 없는 미학적 경험은 인류학적인 토대를 가
진 불변의 경험 방식으로, 상이한 사회와 문화적 전통에 따라 상이한
형성 방식을 가지나 형성되지 않은 채 남아 있을 수도 있다. 서구 문화
권의 미학적 경험에 대한 발전사도 아직 씌어지지 않았다.

　미학적 경험은 인간의 감각적·감정적·지적 능력의 역동적인 관계
에 그 바탕을 두고 있으며, 경험 내용에 따라 그 형태를 갖춘다. 때문
에 미학적 경험은 '미학적 범주' 혹은 '미학적 가치'라고 지칭되는, 상
대적으로 고정된 다양한 체험 구조로 형성된다(아름다운 것, 고상한 것,
비극적인 것 등). 하지만 이러한 것들이 "인간을 온전히"(루카치 1963)
발전시킬 때에만 '미학적'이다. 가령 음란한 것과 대비되는 에로틱한
것의 정당성과 비웃음거리와 대비되는 코믹한 것의 정당성은 바로 여
기에 바탕을 둔다. 사회에서 지배적이고 문화화된 미학적 범주에 대
한 연구는 사회 속에 잠재하는 '살아 있는 인간성' 및 그 범위와 양식
을 인식시켜 준다. 미학적 범주가 인류학적 경험에 그 바탕을 두고 있
으나, 구체적인 내용과 발현 형식은 각각 사회의 지배적인 경험 표본
에 의해 크게 좌우된다.

　단순한 흥분 감정 혹은 상황에 따른 느낌과 달리 미학적 경험은 순
수하게 주관적이지 않으며, 동시에 객관적 내용에 의해서 제한된다.
미학적 경험의 관계적 기본 구조는 미학을 순수 주관주의적 이론이나
순수 객관주의적 이론으로 전개하는 것을 허용하지 않는다. 주관적인
것과 객관적인 것에 부여되는 역할은 미학적 경험의 기능적 연관성 자
체에 의해서 정해져야 한다. 이런 의미에서 미학적 이론은 필연적으
로 미학적 경험에 대한 해석학이다. 미학적 경험 사실의 기반이 없으

면 미학적 이론은 그 대상과 방향을 잃게 될 것이다.

미학적 경험은 그 경험이 나타나는 대상에 의해서 제약을 받기도 한다. 이에 따라 예술에 대한 미학적 경험은 기술적·수공업적 혹은 자연적 대상에 대한 미학적 경험과 구분될 수 있으며, 가령 수학적 연산과 같은 정신적 대상에 대한 미학적 경험과 구분될 수 있다. 예술에 대한 미학적 경험 외에, 자연에 대한 미학적 경험도 미학의 역사에서 중요한 역할을 수행했다. 기술적·경제적 그리고 특히 관광 산업적 '이용'에 의해서 야기된 자연 파괴에 직면함에 따라 경치의 아름다움, 밤의 별자리, 그리고 수정·보석·꽃·동물·인간의 색과 형상의 화려함에 국한된 자연미학은 자연적 아름다움의 포괄적인 문제를 제대로 다루지 못한다——미학이 본질적으로 '도구 생산자'로서의 인간에, 그리고 자연의 형상을 바꾸지만 동시에 자연을 망가뜨리는 존재로서의 인간에 국한되는 한 더욱더 그렇다.(치머만 1996)

3. 예술 이론으로서의 미학

오늘에도 미학은 여전히 '아름다운 예술품'을 다루고 있다——비록 그런 예술품이 '아름답다'고 간주되는 일이 드물지만. 하지만 아름다움은 헤겔에서처럼 더 이상 예술의 본질이 아니다. 르네상스 이전 시대에, 그리고 예술 창조의 고전 시대 이외의 시기에 예술은 일차적으로 아름다운 작품의 창출로 이해되지 않았다. 기교적 '능력'을 통해서, 조형적 솜씨의 숙달을 통해서 예술을 어원론적으로 설명하는 것도 예술의 본래적인 **원리**를 파악하지 못한다. 왜냐하면 예술의 내용적 측면이 고려되지 않은 상태이기 때문이다. 예술을 '자연의 모방'으로 보는, 수백 년 동안 대표된 견해는 예술을 일방적으로 내용 측면에 따라 규정하고, 이 측면을 총체적인 경험 대신에 이성적 인식의 척도로 삼은 듯하다. 때문에 그러한 내용적 측면은 '아름다운 모방' 혹은 ——자연적인 것이 모두 모방할 만한 가치가 있는 것은 아니기 때문에—— '아름다운 자연의 모방'으로 변화되어 나타난다. 아무것도 다른 것에 의해서 대체될 수 없는, 예술에 대한 특별한 인식 방식과 경험 방식을 표현하는 형식적 측면과 내용적 측면의 결합은 자연의 모방을 자연의 창조 원칙의 모방으로 해석하는 것이다. 이에 따라 예술은 자연적인 창조를 인간적인 창조의 차원으로 고양시키는 것을 의미할 것이다. 이러한 견해는 예술을 '표현'으로 정의하는 데서도 다시 찾아볼 수 있는데, 여기서 '표현'은 느낌과 체험의 심리적-경험적 전달 문제가 아니라 인간을 인간으로 특징짓는, 인간 자신의 통찰적 객관화 능력 및 세계의 관계 속에서 다른 사람에 대한 자신의 입장을 견지하는 능력으로 이해된다. 이러한 의미에서 모든 예술에게——단지 기술적인 예술뿐만 아니라 추상적인 예술에게도, 그리고 "아폴로니우스스적인" 예술뿐만 아니라 "디오니소스적인"(니체 1872) 예술에게도——일정한 '세계상' 즉 세상 속 인간의 입장에 대한 의미 있는 해석을 전달하는 상징적 기본 법칙이 부여된다.

　많은 예술가들은 예술과 비예술의 경계를 무너뜨리려는 노력을 한다. 그들은 예술가로서 그런 노력을 기울인다. 하지만 이를 통해서 예술의 본질에 대한 질문이 진부해지는 것은 아니다. 예술가의 활동이 예술가적 의도의 전달 매체가 되었을지라도 이 때문에 '작품'에 대한 질문이 불필요한 것은 아니며, 여러 방식의 수용 과정에서 예술적인 요소의 실현이 나타날지라도 예술적인 수용을 생겨나게 한 선행물의 성격에 대한 질문이 불필요한 것은 아니다. 지속적인 작품 혹은 일시적인 사건, 원전 혹은 더 이상 존재하지 않는 작품 또는 사건의 수없이 반복될 수 있는 재생산이 예술적인 것의 기술 수단을 형성하는가라는 문제는 상대적으로 중요하지 않으며, 예술적인 것을 규정하고, 이를 비예술적인 사건, 과정, 그리고 작품으로부터 구분하는 것이 중요하다.

예술이 더 이상 작품의 성격만으로 규정될 수 없게 된 이후에, 예술가를 예술가로 만드는 것이 무엇인가라는 질문이 이전 시대, 즉 작품에서 예술가의 필요충분조건을 생각했던 시대보다 훨씬 더 큰 비중을 얻는다. 이전에는 예술가를 신의 영감의 전달자로 보고, 자연의 어머니가 부여한, 유명한 스승의 지도하에서 모범적인 작품을 보며 교육을 받은 그의 탁월한 예술적 솜씨를 인정하는 경우에 예술가의 조건이 '충분' 했다. 하지만 천재성, 묘사 대상에 대한 이해의 깊이, 독창성과 창조와 예술적 형상에 대한 상상력은 예술이 더 이상의 신적인 것의 재현으로 간주되지 않고, 예술적 창조의 역사적 상황과 전래되는 신화 및 역사와 견주어 '새로운 것' 으로 파악될 만큼 상대화되었다. 마찬가지로 예술적인 업적을 평가하는 능력도 예술적 기술과 의도의 발전을 아는 능력으로 새롭게 이해되었다. 예술 작품의 경험을 통해서 유발되는 경탄이나 감동의 의미에서 예술 경험 대신에 새로운 것에 대한 인지, 예술적 사물의 상태에 대한 지식과 아직 존재하지 않은 것에 대한 호기심이 그 자리를 차지한다.

이러한 조건에서 사회에서 예술이 갖는 기능에 대한 질문은 주로 역사적 · 상대주의적 성격을 갖는다. 이미 아리스토텔레스는 자신의 《정치학》에서 음악을 예로 들어, 오늘날에도 근본적으로 여전히 인정될 수 있는, 하지만 사회적 · 개인적 상황에 따라 구체화되어야 하는 세 가지 기능을 구분했다. 오락과 놀이, 윤리적 태도의 형성, 이성적 생활 방식으로의 유도.(Ⅷ권) 이런 기능과 다른 기능, 가령 사회 비판 기능, 감각의 자극과 훈련 기능 혹은 정치적·종교적·도덕적 선동 기능이 예술의 기본 규칙을 결정한다면, 예술이 단순한 도구로 전락한다. 반대로 예술이 자기 고유 존재의 법칙에 대한 추구를 형상화하면, 개별 기능은 주도적인 성격을 잃고, 자유롭고 독자적인 예술품의 유기체적인 전체 속에서 내재적·기능적 특징이 된다.

인식론

고트프리트 가브리엘 (예나대학교의 철학 교수)

인식은 철학의 주제일 뿐만 아니라 심리학·생물학 혹은 신경학과 같은 몇몇 다른 학문들의 주제이기도 하다. 이 글에서는 **철학적** 문제 제기를 전개하는 것이 중요하다. 일반적으로 다음과 같이 말할 수 있다. 철학적 인식론은 인간 인식의 가능성과 한계를 연구한다. 현재의 인식론은 철학 내부에서 특히 학문적 인식론으로서의 **학문** 이론과 공통점이 있으며, 인식의 언어적 기술에서 출발하고 이에 따라 인식 내용의 분석에 있어 해당 언어 형태에 초점을 둔다는 점에서 언어철학과도 공통점이 있다.

1. 철학의 영역으로서의 인식론의 탄생

인식론은 철학의 아주 오래된 분야이다. 인식론의 주제는 이미 지식, 믿음과 의견의 플라톤적 구분에서 거론되었다. 반면에 분과 학문에 대한 명칭으로서의 인식론은 그리 오래되지 않았다. 독립적인 인식론은 1830년대 이후에 비로소 생겨났다. 이런 인식론은 칸트의 이성 비판 전통 속에서 물리학 저편에 놓인 사물, 신, 전체로서의 우주, 그리고 영혼으로 확장된 철학적 인식 요구를 새롭게 문제화하면서 탄생했다.

이러한 인식 요구를 검증하는 것이 중요했다. 이마누엘 칸트는 이런 과정에서 경험론적 선구자, 특히 데이비드 흄의 형이상학 비판을 다시 받아들일 수 있었다. 독일 관념론(요한 고틀리프 피히테, 프리드리히 요제프 셸링, 게오르크 빌헬름 프리드리히 헤겔)에서 철학의 자기 비판적 전환은 새로운 사변적 경향에 의해서 방해를 받았다. 그 결과 자연과학이 논쟁을 거쳐 철학부에서 떨어져 나갔고, 철학적 문제에 대한 해답은——그런 철학적 문제가 의미 있는 문제로 간주될 경우에——자연과학에서 찾아야 한다는 요구가 제기되기에 이르렀다. 철학과 자연과학의 소원한 관계에 대한 반발로 마침내 칸트에 대한 성찰이 이루어졌다. 칸트는 자신의 저작인 《순수 이성 비판》에서 형이상학의 사변이 가진 한계뿐만 아니라 과학주의적 세계관의 교만을 지적했다. 소위 양쪽 면을 향해 눈을 뜨면서, 동시에 둘을 결합하는 비판적 과제가 새로운 분과 학문, 즉 인식론에 할당되었다.

철학의 전통적인 구분에서 볼 때, 인식론의 주제는 **논리학과 존재론**에서 생겨났다고 말할 수 있다. 칸트가 논리학을 순수하게 사유의 형식적인 면을 다루는 분과 학문으로 보고, 사유의 내용을 다루는 학문으로 보지 않은 점에서 그러한 발전은 이미 칸트에 그런 성향이 나타난다. 동시에 칸트는 자신의 선험철학의 틀에서 (우리는 사물 자체가 존재하는 방식대로 그 사물을 인식한다는 견해에 기대어) 존재의 범주를 사유의 범주로 대체했다. 이러한 대체는 이미 존재론에서 인식론으로의 전환과 일치한다. 칸트의 견해에 따르면 인간 인식의 자양분은 두 가지 원천, 즉 관찰과 개념에서 공급되기 때문에 그의 인식론은 두 부분, 즉 선험적 미학과 선험적 논리학으로 구성된다.(《순수 이성 비판》의 구성을 참조) 형식논리학과 달리 선험논리학은 대상과 관련된 **내용적** 사유의 가능성에 관한 조건을 연구한다.

칸트적인 정신에서 인식론의 최종적인 정립에 본질적으로 참여한 사람들은 소위 신칸트학파라고 불리는 사람들이다. 그밖에 인식론의 발달은 경험주의적 전통의 도움을 받았는데, 경험주의의 대표자들은 이미 칸트 이전에 인간의 인식 능력을 저술의 대상으로 삼았다. 그 인식론적인 바탕은 이미 존 로크(1981), 조지 버클리(1980), 그리고 데이비드 흄(1982)이 쓴 고전 저작의 제목에서도 표현된다.

19세기에 특히 심리학에 심취한, 인식이란 심리적 활동이라는 주장과 함께 인식론을 심리학적 이론으로 파악한 철학자들이 경험주의적 전통을 이어 갔다. 당시 심리학이 아직 독립적인 경험적 학문이 아닌, 철학의 부분 영역이라는 배경 속에서 심리학적 문제와 철학적 문제의 결합은 이해할 만한 일이다. 이러한 방식으로 여전히 인식의 **발생**과 **효력**으로서 구분될 수 있는 두 가지 관점이 섞이는 결과를 낳았다. 심리학적 인식론과 철학적 인식론의 구분과 일치하는 이러한 구분은 고트프리트 빌헬름 라이프니츠, 칸트, 그리고 루돌프 헤르만 로체의 주장을 계승하는 신칸트학파의 업적이라고 할 수 있다.(프레게 1884, § 3; 빈델반트 1924)

2. 발생과 효력의 구분

경험적 학문으로서의 심리학은 발생 문제, 즉 인식의 생성과 발달 문제를 다룬다. 반면에 철학은 효력 문제, 즉 인식의 근거와 타당성 문제를 연구한다. 이에 따라 철학은 인식을 그 근거 제시의 방식에 따라 분류한다. 즉 인식의 근거가 경험에 귀결되어야 하는가, 아니면 그렇지 않은가에 따라 인식을 분류한다. 이런 의미에서 **사전에**, 혹은 모든 경험과 상관없이 ('처음부터') 유효한 인식은 **선험적** 인식이라고 부르며, **이후에** 혹은 경험을 바탕으로 유효한 인식을 경험적 인식이라고 한다.(칸트, 《순수 이성 비판》, 2) 칸트(《순수 이성 비판》 10 이하)에 기대어 계속해서 **분석적** 인식과 **종합적** 인식이 구분된다. 분석적 인식은 오로지 개념 분석과 형식논리학적 변형을 통해서 그 근거가 제시되나, 이러한 절차가 종합적 인식의 근거를 제시하는 데는 충분하지 않다.

몇 가지 문제점, 특히 명확한 경계 구분의 어려움에도 불구하고(콰인 1972), 분석적 인식과 종합적 인식의 구분은 타당한 것으로 받아들여진다. 이와 함께 (최소한 정해진 개념 체계의 관점에서) 선험적 인식의 존재도 인정된다. 종합적 인식의 인정은 의문의 여지가 없다. 모든 경험적 인식은 종합적이다. 핵심적인, 그러나 가장 논란의 여지가 많은 문제는 분석적-선험적 인식과 종합적-경험적 인식 이외에 종합적-선험적 인식이 존재하는가라는 문제이다('분석적-경험적'이란 용어의 조합은 개념 분석에서 제외된다). 칸트(《순수 이성 비판》, 14 이하)가 특히 수학과 자연과학에서 종합적-선험적 인식의 존재를 인정하려고 시도하는 반면에(수학과 자연과학은 가령 인과의 법칙과 같이 경험의 가장 일반적인 원칙 문제이기 때문에), 대부분의 인식론가와 학문 이론가들은 칸트를 따르지 않고 분석적-선험적 인식과 종합적-경험적 인식의 구분을 그대로 유지했다. 칸트의 구분은 (본질적으로) 구성주의 대표자들이 계승했다.(캄라/로렌첸 1967, 233)

철학적 인식론자들이 종종 질문을 던지듯이 선험적 인식, 즉 경험을 필요로 하지 않는 인식이 어떻게 존재할 수 있을까? 여기에 이미 애매함이 생겨난다. 필연성이 어디까지 확대되는가? 발생까지 확대되는가, 아니면 효력까지 확대되는가? 물론 발생학적으로 볼 때 경험 없는 인식이 존재한다는 것은 있을 수 없다.

예로 수학적 방정식을 살펴보자. 나무·손가락 혹은 선으로 수를 배우지 않았다면 7+5=12라는 것을 인식하는 것은 불가능하다. 수를 배우기 위해서는 우리의 감각적 인지 능력이 형성되어 있어야 하는데, 이게 없으면 우리는 나무·손가락 혹은 선을 서로 구분할 수 없을 것이다. 좀더 정확하게 말하자면, 경험을 하지 않고는 우리는 수학 방정식의 유효 여부를 **판단**할 수 있는 처지가 아니다. 하지만 이것은 방정식이 경험적인 **근거**를 통해 유효하다는 (혹은 유효하지 않다는) 뜻인가? 방정식이 **왜** 유효한가에 대한 질문에 대해서, 우리가 그것을 경험을 통해 배웠다고 대답하는 것은 어쨌든 적절하지 않을 것이다. 7 더하기 5와 같은 기초적인 경우에, 실제로 (아이였을 때) **먼저** 우리가 일곱까지 센 다음에 다섯을 더 세어 12에 이르는 **연습**을 했던 경험을 통해 배웠다는 것을 부정할 수는 없다. 하지만 이러한 사실의 지적이 그 **근거**를 묻는 물음에 대한 대답은 아니다. 그것은 근거를 묻는 물음에 대한 답으로서 적당하지 않다.

방정식이 갖는 유효성의 근거가 경험을 통해 제시된다고 주장하는 것은 우리가 (다른 사람들이) 7개의 물건과 5개의 물건을 '함께 헤아렸'을 때마다 항상 12개의 물건을 '확인'했기 때문에 7+5=12가 유효하다는 것을 의미할 것이다. 항상 그러한가? 우리가 바구니에 먼저 사과 7개를 넣고 나서 5개를 더 넣었다고 가정해 보자. 그런 후에 사과들을 다시 꺼낸 후 바구니에 11개의 사과가 들어 있었다고 하자. 이에 대해 어떤 반응을 보이는 것이 타당한가? 7+5=12라는 명제가 대부분의 경우에 유효하나 모든 경우에 유효한 것은 아니다라고 그 효력을 제한하는 것은 분명히 타당하지 않다. 그보다는 사과 하나가 사라졌다고 의심해야 할 것이다. 이런 의미에서 그 명제는 선험적으로 **유**

효하다. 하지만 이러한 선험성을 발생학적으로 이해해서는 안 된다. 그것은 근거의 선험성이다.

앞서 선험적 인식의 관점에서 설명된 것이 일반화될 수 있다. 인식 획득의 발생학적 조건과 그것이 갖는 효력의 근거는 항상 구분되어야 한다. 여기에 한스 라이헨바흐(1938, §1)로 거슬러 올라가는 발견 맥락과 근거 맥락의 구분도 통용되었다.

3. 진리의 근거와 진리 간주의 이유

발생과 효력의 구분은 특히 허위 인식과의 비판적인 논의가 선포된 다음에 효과가 발생한다. 어떤 견해의 발생을 설명적으로 이해하는 것은 그 견해의 효력을 인정하는 것과는 아주 다르다. 모든 것을 이해하는 것은 모든 것을 용서한다는 뜻이 될 수 있다. 하지만 그것이 모든 것을 인정한다는 것을 뜻하지는 않는다. 내가 뭔가를 미신이라고 간주한다면, 나는 그 미신의 내용이 참이라는 것을 인정하지 않는다. 그럼에도 불구하고 나는 어떻게 그런 미신이 생겼는지 설명할 수 있다——예를 들어 사회심리학적 연구를 근거로. 미신의 경우 발생의 원인이 있으나, 그 효력의 근거는 없다. 프레게(1893, **XV–XVII**)에 기대어 **진리 간주의 이유**와 **진리의 근거**를 구분할 수 있다. 우리는 심리학적 인식론에서는 **원인**과 연관되고, 철학적 인식론에서는 **근거**와 연관된다.

우리가 얼마나 낙관적으로 혹은 회의적으로 인간의 인식 가능성을 판단하느냐와 전혀 관계없이 그러한 구분을 할 수 있다. 극단적인 회의론자도 자신의 회의주의를 표현하기 위해서는 그 구분을 필요로 한다. 회의주의는 바로 근거를 제시할 가능성이 인정되지 않음으로써 정의된다. 같은 점이 진리 개념에도 적용되는데, 이 개념의 도입은 우리가 참된 인식에 다다를 수 있는지 여부에 대해서 아무것도 말해 주지 않는다. 따라서 우리는 진리 간주에 대한 분석에 만족할 수 없다.

인식론적으로 이해하자면, 진리 간주는 믿음이다. 종교적인 믿음은 우리의 테마가 아니다. 영어의 belief(신념)과 faith(신앙) 사이의 차이와 같은 구분이 독일어에서는 용어적으로 나타나지 않는다. 다만 종교적인 의미의 'der Glaube'와 인식론적 의미의 'das Glauben'의 미세한 언어적 구분이 있으나, 주격이 다른 문법적 형태로 변화하면 그 차이마저도 사라진다.

믿음 개념은 전적으로 지식 개념의 특징으로서 논의된다. 지식에 대한 일반 정의는 '근거가 있는 참믿음'이다. 이 정의는 (종교적) 믿음을——민중 언어의 의미에서 '지식이 아님'을 뜻하는 믿음을——**단순한** 믿음, 소위 지식의 불완전한 형태로 본다. **믿음**은 알지 못하면서 뭔가를 **진리**로 간주하는 것을 뜻한다. 그 차이는 다음과 같은 비대칭성에서 나타난다. 만일 누군가 뭔가를 믿고 있다고 내가 주장했다면, 그의 믿음의 내용이 참인지 거짓인지는 정해져 있지 않다. 하지만 만일 누군가 뭔가를 안다고 내가 주장했다면, 나는 그의 믿음의 내용이 참이라는 것을 주장했다. 믿음이 지식이 되기 위해서는 참으로 간주된 것이 실제로 참인 것만으로는 물론 충분하지 않다. 진리에 대한 믿음의 **근거도 제시되어야** 비로소 지식이라고 말할 수 있다.

믿음이 근거를 갖기 위해서 무조건 근거 언급이라는 의미의 근거 제시를 요구하는 것은 아니다. 믿음은 명시적인 근거 제시 없이도 근거를 가질 수 있다, 즉 정당화되거나 입증될 수 있다. 만일 내가 기차의 출발 시간에 대한 정보를 구하면, 내가 그 정보를 받아들이는 것, 즉 근거 제시에 대한 요구 없이 기차가 해당 시간에 출발한다는 점을 믿는 것이다. 여기서 근거 제시를 요구하는 것은 타당하지 않을 것이다. 그런 행동은 그게 열차 시간표에 나와 있다는——아마도 내키지 않는 ——발화의 계기가 될 것이다. 그 정보를 의심 없이 받아들이는 것이 물론 착오가 없다는 것을 뜻하지는 않는다——안내하는 사람이 시간 표를 잘못 봤을 수도 있을 테니까. 이 경우에 믿음은 정당한 것이나 그 내용이 참이 아니기 때문에 지식은 아니다.

　착오의 가능성에도 불구하고 모든 일에 대해 근거를 요구하지는 않는 충분한 이유가 있다. 이것은 특히 일상적인 상황에 적용된다. 여기서 지식의 경우 의심할 바 없는 (대부분은 언급되지 않은) 충분한 이유가 있음을 통해서 믿음과 구분된다. 학문에서는 상황이 다르다. 여기서 우리가 참에 대해 전혀 의심이 없는 경우에도 종종 근거 제시를 요구한다. 가령 '7+5=12'와 같은 진술의 경우가 그렇다. 이것은 학문이론의 영역이다.

　하지만 철학적 인식론에서도 지식의 이상이 우월하다. 이러한 점은 이미 **epistemology**라는 영어 명칭에——그리스어 **episteme**＝지식——용어적으로 나타난다. 한 가지 중요한 예외가 루트비히 비트겐슈타인 (1970)인데, 그는 (부분적으로 흄에 기대어) 일반적인 서열을 뒤집어 믿음을 인간의 세계 인식의 기초로 격상시킨다. 학문적 인식에 대한 일방적인 선호에서 벗어나, 점차적으로——직관적인 예감(호그레베 1996)에 이르기까지——다른 인식 형태들(가브리엘 1991)도 고려된다.

4. 명제적 인식과 비명제적 인식

　우리가 참 혹은 거짓, 근거 있음 혹은 근거 없음, 아는 것 혹은 믿는 것이라고 말하는 것은 무엇인가? 우리는 "7+5=12" "지구는 태양 주위를 돈다" "예나는 바이마르와 게라의 중간에 놓여 있다"와 같은 진술적인 형식의 내용을 가진 p를 알고 있다고 말한다. 따라서 해당 인식은 스스로 진술적인 형식이거나, 일반적으로 말하듯 **명제적**이다. 그렇다면 모든 인식이 명제적인가, 아니면 비명제적인 인식도 있는가라는 물음이 떠오른다.

이런 질문은 경험적으로 결정될 수 없으며, 우리가 말하듯 **개념적인** 성격의 질문이다. 왜냐하면 인식 개념은 스스로 파악되어야 하는 경우이기 때문이다. 이 개념은 우리가 일상 생활에서('책상' '의자') 혹은 학문에서('포유동물' 'H$_2$O') 대상을 분류할 때 사용하는 그런 개념이 아니라, 기본적인 개념 혹은 **범주적** 개념이다. 특히 어떤 의미에서 그러한 분류가 인식을 형성하는가라는 문제는 범주적 개념의 규정에 달려 있다.

철학은 전체적으로 범주적 개념의 설명 혹은 **해석**과 관련된다. 여기에 맞춰 인식론에서는 인식 개념의 분석을 허용하는 범주적 개념들을 다룬다. 그런 개념에는 예를 들어 앞서 최종적으로 명확하게 설명되거나 정의되지 않은 채 사용했던 '지식' '진리' '근거'와 같은 개념들이 속한다. 그런 개념들에 대한 설명이나 정의는 불가능하다. 우리는 어떤 선이해를 전제해야 하며, 단지 가능한 오해를 막고 일정한 관점을 강조하면서 논증적으로 전진할 뿐이다——범주적 개념에서 범주적 개념으로 '매달려 건너가면서.'

인식하는 일은 인식자와 인식 대상 사이의 **관계**로 나타난다. **누군가 뭔가**를 인식한다. 인식자는 **인식의 주체**이며, 인식 대상은 **인식의 객체**이다. 따라서 비명제적 인식의 존재 여부에 대한 물음은 우선 비명제적 인식 대상의 존재 여부에 대한 물음으로 이해될 수 있다. 일견 비명제적 인식 대상의 존재는 당연한 것처럼 보인다. 우리가 명제적 내용의 진리를 인식할 수 있을 뿐만 아니라 책상과 의자 같은 개개의 사물도 인식할 수 있기 때문이다. "A가 p를 인식한다"라는 형식 외에도 "A가 α를 인식한다"라는 형식도 있는데, 여기서 'A'는 인식 주체를, 'α'는 (사람을 포함하는) 개별 대상을 가리킨다. 그런데 어떤 대상을 인식한다는 것은 무엇을 뜻하는가?

내가 범인을 인식했다라는 진술은 내가 α가 범인이라는 것을 인식했다는 것으로 이해될 수 있을 텐데, 여기서 α는 ('마이어 씨'와 같은) 이름을 통해 명명되거나 ('은발의 키 작은 남자'와 같은) 인물 묘사를 통해 그 특성이 제시된다. 따라서 이 경우는 명제적 인식 형태로 귀결될 수 있다. 그런 경우는 다음과 같이 일반화될 수 있다. 어떤 대상에 **대한** 인식으로서의 대상 인식은 "이 대상은 (하나의) P이다"라는 형식을 가지며, 따라서 명제적이다(여기서 P는 '붉은' 혹은 '돌'과 같은 서술어를 가리킨다). 그래서 **모든** 대상 인식이 명제적일 거라는 견해가 널리 퍼져 있는 것은 놀라운 일이 아니다.

하지만 대상에 대한 명제적 기술을 통한 인식 외에도 대상과의 생생한 **만남적인 앎**을 통한 인식이 있다는 것이 간과된다.(러셀 1976) 영어로 knowledge by description(기술된 지식)과 knowledge by *acquaintance*(아는 지식)라고 말한다. 이미 라틴어 전통에서도 cognitio circa rem과 cognitio rei가 서로 구분된다. 독일어에서는 'Erkennen(인식)과 Kennen(앎)'의 개념 쌍을 통해 가장 잘 구분된다. 기술이 개념을 고려하는 데 반해, 만남적인 앎은 관찰을 통해 이루어진다. 경치를 보는 것은 그것에 대해 기술하는 것과 좀 다르다. 심지어 내가 말할 수 있는 것보다 더 많이 보는 경우가 생길 수 있다. 내게 그 개념들이 없거나, 내가 본 것을 개념 속에 다 담을 수 없는 경우가 그렇다. 어떤 대상 혹은 어떤 사람 a를 아는 것은 a가 속성 P_1, P_2 ($\cdots$) P_n을 가진다는 명제적 인식으로 축소될 수 없다. 대상 인식의 관찰적 '용량'은 내가 그 대상에 대해서 말하는 모든 것보다 더 복합적이고 풍부하다. 그 다량의 내용물을 개념에 담으려는 시도는 필연적으로 손실과 결부된다.

5. 관찰과 개념

관찰과 개념의 관계는 인식론의 핵심적인 문제이자 항상 되풀이되는 문제인데, 이때 특히 양자 가운데 어느것에 우월한 지위를 부여해야 하는가가 논란거리였다. 칸트에 따르면 우리는 인식에 관한 두 가지 보충적인, 상호 의존하는 '줄기'와 관련을 맺는다. 이에 따르면 관찰 없는 개념은 '공허'하고, 개념 없는 관찰은 '맹목적'이다.(《순수 이성 비판》 B, 75 참조) 관찰적으로 주어진 것에 대해서 개념적으로 진술되는 판단 속에서 양자가 명제적으로 결합될 때 비로소 인식이 생성된다——인간의 인식에 관한 문제라면. 이런 점에서 칸트는 명제론의 대표자에 속한다. 신칸트학파는 이 점에서 그를 추종했다.(리커르트 (1934, 150) 참조)

칸트의 견해는 두 가지 상호 대립적인 입장들에 의해서 의문시되었다. 그 하나는 수의 예에서 순수 개념에 의한 대상 인식의 가능성을 변호하는 **논리주의**이며, 다른 하나는 대상에 대한 직접적인 관찰 가능성을 고수하는 **직관론**이다. 이 대립적인 입장들이 각각 대립적인 분과 학문을 지향하고 있는 점이 눈에 띈다. 즉 논리주의는 논리학을 지향하고, 직관론은 미학을 지향한다.

개념적 인식과 관찰적 인식의 관계에 대한 설명과 더불어 논리학과

미학의 관계를 적절하게 설정해야 하는 과제도 인식론에 새롭게 부여
된다. 하지만 이 경우 (논리학의 영향에 따라) 학문적 인식의 분석에 국
한하는 것이 어째서 인식론의 부적절한 축소로 이어지는지에 대한 이
유가 분명해진다. 인식론이 **모든** 형태의 인식에 관한 이론을 제공한다
는 요구를 내세우고자 한다면, 전통적으로 시학과 수사학에서 설자리
를 잃었던 형태도 고려해야 한다.(가브리엘 1997)

　미학적 가치 판단에 대한 분석, 즉 뭐가 미학적으로 성공적인가(아름
다운가)에 진술은 미학에 맡겨진다──뭐가 도덕적으로 좋은가라는
도덕적 판단에 대한 분석이 윤리학에서 제자리를 찾는 것처럼. 하지만
예술과 문학도 인식을 제공하는지를, 그렇다면 어떤 방식으로 이루어
지는지를 검증하는 게 유효한 경우, 인식론은 미학의 문제를 다룬다.
(굿맨 1995) 이것은 지식에 관한 사안이 아니다. 왜냐하면 미학적 인식
은 진술의 진리 문제로 나타나지 않기 때문이다.

6. 인식론의 기본 문제

　우리는 인식이 인식 주체와 인식 객체 사이의 관계, 즉 양자적 관계
로 드러날 수 있다는 데서 출발했다. 철학적 인식론의 틀에서 이러한
관계는 단순히 시간과 공간 속에 놓인 경험적 대상들 사이의 경험적
관계들로 이해될 수 없다──예를 들어 "x가 y앞에 서 있다"처럼. 이
점은 이미 앞서 명제적 인식에 대한 고찰에서 분명해진다. "A가 p라
는 것을 인식한다"에서 진술 'p'가 시간과 공간에 놓인 어떤 대상에
대한 진술일지라도 'p' 자체는 그런 대상이 아니다. 참 혹은 거짓일 수
있는 것은 범주적인 이유에서 시간과 공간 속의 형상일 수 없다. 'p'

가 (시간 및 공간적으로 서술되는) 명제들, (시간적으로 진행되는) 심리적 형상 혹은 (시간 및 공간적으로 존속되는) 사태나 사실을 가리키는 것으로 보는 견해는 여러 가지 면에서 어려움을 야기한다. 마찬가지로 인식 주체를 단순히 경험적(심리적 혹은 생물학적) 주체와 동일시하는 것은 문제가 있다. 주체와 객체의 관계는 뇌와 자연적 대상의 관계와 일치하지 않는다. 후자 관계는 경험적 자연과학, 특히 신경학의 테마이다.

인식론의 기본 문제는 인식하는 주체와 인식되는 객체의 성질, 그리고 양자 사이의 관계에 대한 물음에서 생겨난다. 문제들의 역사는 철학적 인식론이 어떻게 수많은 형이상학적 · 논리학적 · 심리학적 그리고 자연과학적 문제 제기들로부터 생겨났는지를 보여준다. 철학적 인식론의 현재 모습은 르네 데카르트의 **명상**에 의해서 주도된 근대 철학 내에서 이루어진 발전의 결과이다. 이 저서의 논증에서 상이한 인식론적 기본 질문이 아주 잘 전개될 수 있다.

인식의 기원에 관한 물음

출발점은 의심의 그림자 속에 놓인 주체의 자기 확신이다. 데카르트는 주체의 대리인으로서 자신이 실제로 무엇을 아는지에 대해 깊이 생각한다. 고대에 제기된 회의의 동기와 논증 어법으로 거슬러 올라가서, 그는 단순한 진리 간주를 근거 있는 지식으로 변환하고자 노력한다. 그는 자칭 인식들을 모두 원칙적인 방법적 의심의 눈초리로 바라본다. 그러한 의심은 방법적인 의심이다. 그가 자칭 지식을 무차별적으로 의문시하는 게 아니라 의심의 근거를 체계적으로 발전시키기 때문이다. 먼저 감각적 인지의 신뢰성이 의문시되었다——먼 곳에 있는 대상의 인지, 가까운 곳의 있는 대상의 인지, 그리고 자신의 육체에 대한 인지의 순서로. 깨어 있음과 꿈꾸고 있음 사이의 구분을 위한 어떤 확실한 표시도 없다는 논거를 내세워, 인생이 꿈일 수도 있다는 생각과 함께 물질적 세계의 존재를 의심의 대상으로 보았다.

이러한 방식으로 대상 인식, 그리고 이와 함께 가장 보편적인 실제 학문으로서의 물리학이 불확실하게 된다. 세계가 실제로 존재하는가 여부와 관계없는 인식으로서의 수학적 인식이 남는다. '7+5＝12'는 내가 실제 사물 혹은 꿈꾼 사물을 세는가 여부와 관계없이 유효하며, '삼각형 내각의 합이 180도'라는 것은 실제 삼각형 형태 혹은 상상된 삼각형 형태가 존재하는가 여부와 상관없이 유효하다.

데카르트는 의심하지 않을 근거를 찾지 못한 경우, 그리고 **가능한** 의심을 유발할 수 있는 최소한의 계기라도 있는 경우에 이미 의심의 근거를 본다. 실제 생활에서 보자면, 이러한 의심은 지나친 것이다. 하지만 그것은 병리학적인 의심, 절망으로 이끄는 의심이 아니다. 그것은 상이한 인식 근원을 탐사하는 방법적 수단, 그리고 의심할 수 없는 인식을 제공하는 인식 근원을 찾아내는 방법적 수단으로 작용한다. 이러한 인식은 지식의 건물을 새롭고 굳건하게 세우는 기초를 제공한다. 대답을 요구하는 이런 질문은 **인식의 근원에 관한** 질문이다. 그 대답은 어떤 모습일까?

단순한 진리 간주로 바뀌는 자칭 지식의 단계적 해체 과정에서——의심의 근거에 상응하여——서열적인 단계가 표현된다. 더 늦게 의심된 것이 그 이전에 의심된 것보다 상대적으로 더 확실하다. 이런 관점으로 보자면 감각적 인지가 가장 적은 가치를 지닌 것으로 평가되는 반면에, 수학적 인식은 의심에 대항하는 마지막 보루로서 최고의 명성을 누린다. 수학은 순수 이성에 나온 인식의 패러다임이 되며, 이성에 의지하고 이를 인식의 근원으로 규정하는 철학의 모범이 된다.

이에 따라 그런 입장은 **합리주의**(Rationalismus, 라틴어 ratio＝이성)라고 불린다. 반대로 인지를 지향하고 경험 속에서 인식을 보는 입장은 **경험주의**라고 불린다. 그밖에 전통적으로 (대상을 지향하는) 외적 인지와 (감정·소망 등을 지향하는) **내적** 인지가 구분된다. 경험주의 내에서 내적 인지가 **외적** 인지로 귀결될 수 있다고 생각하는 입장은 **감각주의**라고 불린다.

여기서 강조할 점은 열거한 입장들 가운데 그 어느것도 각자 선호하는 인식 근원을 유일한 근원으로 규정하지는 않는다는 것이다. 합리주의자들도 감각적 인지 없이 인식이 가능하다고 주장하지 않았으며, 대부분의 경험주의자들도 수학적 인식의 선험적 성격을 부정하지 않았다. 다만 그들은 합리주의자들에 비해 수학적 인식의 가치를 낮게 평가할 뿐이다. 그들의 입장 차이는 특히 수학 이외의 선험적 인식의 경우에 두드러진다.(크라이멘달 1994, 9 이하) 합리주의(데카르트·라이프니츠·볼프)와 경험주의(로크·버클리·흄)의 차이는 이미 칸트의 **비판론**에 의해서 극복된다. 그는 (감각적 관찰과 논리적 개념의 결합으로서의) 경험에 대한 설명에서 두 전통의 요소들을 통합한다. 여기에 **논리적 경험주의**(카르나프 1928)와 **비판적 합리주의**(포퍼 1976)의 근대적 형태들이 상이한 방식으로 결합된다.

외부 세계의 실체성에 대한 물음

데카르트적 논증의 계속된 진행 과정에서——물론 가설적이긴 하지만——수학적 인식도 의심의 대상이 된다. 이를 위해 데카르트는 내가——수학에서처럼——내 사안에 대해 절대적으로 확신하더라도 나를 속일 수 있는 악령(genius malignus)이 있을 수 있다는 구상을 제시한다. 이러한 구상의 논증적 기능은 의구심을 계속해서 던진다는 데 있다——의심이 해소될 때까지. 이것은 의심을 나 자신에게 되돌리는 경우이다. 내가 철저하게 **속임을 당하면, 나는** 내 자신의 존재가 의문시되지 않을 정도로 속는다는 것을 뜻한다. 내 의심이 나 자신을 의심의 **객체**로 만드는 상황이 바로 나를 그런 의심의 **주체**로서 드높인다: 나는 의심한다, 고로 나는 존재한다.

이러한 주체가 자신을 찾아가는 길은 새로운 물음을 던진다. 그 길은 객체로서의 외부 세계로부터 주체의 단계적인 후퇴로 묘사될 수 있다. 이 경우 마침내 자신의 육체조차도 실제로 자신의 뒤에 남겨지지 않는다. 데카르트는 자신의 생각을 전개하는 과정에서 외부 세계를 다시 획득하려고 시도하지만, 자기 인식의 확실성에 의해서 정해지는 규범에 직면함으로써 외부 세계에 대한 인정이 불확실해진다. 이러한 불확실성이 **외부 세계의 실체성에 대한 물음**의 원천이다.

이 물음들에 관한 대답이 **실재론**과 **관념론**이다. 실재론은 주체로부터 독립적으로 존재하는 외부 세계를 인정하며, 관념론은 그것을 부정한다. 그런 입장들을 충분히 이해하기 위해서는 (존재 의미의) '현존함'과 (속성 의미의) '그러함'을 서로 구분하는 게 중요하다. 현존함의 실재론은 이미 외부 세계가 자신의 그러함 속에서 인식 주체로부터 독립적인 것으로 인정되는 것을 함축하지는 않는다. 외부 세계는 우리에게 자신의 실제 특성과 다르게 보여질 수 있다. 문제는 우리가 사물에게 부여하는 특성들이 그 사물 '자체'에 부합되는가라는 점, 혹은 주체에 의해서 인지되는 만큼만 사물에 부합되는 속성들이(예를 들어 색상) 있는가라는 점이다.

다른 측면에서 그러함의 관념론은 현존함의 실재론을 전혀 배제하지 않는다. 때문에 인식론적 관념론의 입장은 속세적 실재론과 조화된다.

관념론자는 대상들을 보면서, 그것이 자신이 대상에 대한 인상을 얻는 일이라고 설명한다. 하지만 그는 '주어진' 인상을 마음대로 다루는 것을 요구하지 않는다——가령 정신적인 노력으로 그 인상을 사라지게 하는 일처럼. 관념론의 철학적 동기는 대부분 실체에 대한 회의적인 부정이 아니며, 오히려 인식의 주체와 대상의 분리가 해소할 수 없는 문제가 되지 않도록 하는 시도이다. 이 문제도 데카르트의 유산이다.

주체와 객체의 속성에 대한 물음

데카르트의 주체는 자기 자신을 자기 존재에 대한 확신(자신의 현존함)에서 뿐만 아니라 자기 본질에 대한 확신(자신의 그러함)에서 찾는다. 이러한 주체 혹은 자아는 자기 본성에 비추어 육체적 인간이 아니라 외연을 가진 사물로서의 세계와 마주 선 객체로서의 생각하는 사물이다. 이로써 **인식하는 주체의 속성**, 그리고 **인식된 객체로서의 세계의 속성에 대한 문제**가 언급되었다.

데카르트에겐 주체와 객체가 본질적으로 다른 것, 즉 **정신과 물질**로 파악된다. 여기서 나타나는 주체와 객체 사이의 괴리에 직면하여, 이 양자가 어떻게 만날 수 있는가 하는 문제가 남는다——인식에서 뿐만 아니라 특히 행위에서도. 외연이 없는 정신이 어떻게 외연을 가진 육체에 작용하여, 그것을 행위로 옮길 수 있을까? 여기서 언급되는 것은 육체와 정신의 문제이다.(카리어/미텔슈트라스 1989; 비에리 1993 참조)

데카르트의 **이원론**에 대한 대안으로 **일원론**의 두 가지 형태가 제시된다. 그 하나는 모든 게 물질이라는 **유물론**이고, 다른 하나는 모든 게 정신이라고 주장하는 **유심론**이다. 이 부분에서 인식론이 형이상학적 문제로 되돌아간다. 여기서 기술되는 많은 것들은 인간 인식의 가능성과 한계의 관점에서 의미 비판적 · 범주적 검증을 기다리고 있다.

7. 맺음말

데카르트가 근대 철학에 남긴, 이전에 발전된 인식론의 물음들은 논란의 여지가 많은 유산이다. 왜냐하면 무엇보다도 그 본래 동기, 즉 바탕에 깔린 최후 근거를 찾는 일이 불확실해졌기 때문이다. 하지만 이런 문제와 별도로 상이한 인식 형태에 대한 분석과 비판적 평가는 철학적 고찰의 핵심 과제로 남아 있다.

윤리학

안네마리 피퍼 (바젤대학교의 철학 교수)

철학적 윤리학은 인간의 행위를 그 규범적 측면에서 성찰하는 도덕에 관한 이론으로 이해된다. 도덕적 행위에 제기되는 규범 요구는 특정한 행위 공동체의 지역적 영역에서 유효한가에 따라, 혹은 무조건적 의무 요구로서 전체 인류에 적용되는가에 따라 일반적 혹은 보편적 요구일 수 있다. 전자의 경우 행위 공동체의 구성원들은 전해 오는 예절과 습관에 맞춰 자신의 활동을 해나가고, 이와 함께 자신들에 의해 인정된 도덕서의 규범과 가치관 속에 표현되어 있는 풍속에 대한 의무감을 느낀다.

이에 따라 윤리학은 상이한 방식으로 도덕적 행위 문제를 다룰 수 있다. 사람들이 도덕의 측면에서 실제로 어떻게 행동하는가라는 문제를 설명한다면, 윤리학은 예를 들어 호피 인디언의 특별한 행동 모범으로서 통용되는 규칙을 기술하거나 전쟁 영웅 묘사에서 장교의 사교 규칙을 찾아냄으로써 기술적인 절차를 따른다. 인간이 어떻게 행동**해야** 하는가라는 문제는 기술적인 관점에서 각각의 내부 도덕의 도덕적 표준과 관련을 지어 대답될 수 있다. 내가 기독교에 속하면 10계명이 나에게 적용된다. 예를 들어 그 계명에 맞춰 부모를 공경하고, 친구를 사랑하며, 결혼을 깨뜨리지 않는다.

그런데 인간이 어떻게 행동해야 하는가라는 문제를 근본적으로 생각한다면 도덕서와 연관짓는 것은 충분하지 않다. 윤리학은 보편적인 의미의 근거를 제시하고 이를 입증할 수 있기 위해서 규범적인 절차를 이용해야만 한다. 때문에 이것은 규범적인 관점에서 내부 도덕의 경계를 넘어서는 모든 도덕적 효력 요구를 그 정당성의 측면에서 문제시하는 것을 허용하는 도덕 원칙을 세우는 일이다. 예를 들면 이런 물음이 가능하다. 정의와 자유는 서구 전통의 유래와 상관없이 모든 인간에게 유효해야 하는 규범인가? 혹은 인권 요구는 서양의 도덕 가치관이 무리하게 인류 전체에 확장되는 것은 아닌가?

우리 자신이 정치적 · 민족적 혹은 종교적 이해에 따라 절대화되고 이데올로기가 되는 특정한 도덕의 노예가 된다는 의심을 받지 않기 위해, 규범적 윤리의 원칙에 대해 생각할 때 항상 메타비판적 자기 성찰을 동반해야 한다. 그러한 자기 성찰을 통해 제시된 논리가 객관적이고 방법적으로 검증될 수 있는지 점검한다.

첫걸음으로 도덕의 기원, 생활 형식으로서의 도덕과 도덕적 언어 사용에 대해 알아보기 위해서 먼저 기술적 접근에서 그 출발점을 삼기로 한다.(제1장) 두번째로, 규범적 윤리학의 분야에서 상이한 근거 제시를 통해서 도덕적 행위의 정당성을 입증하기 위해서 제안된 도덕 원칙에 대한 관련 견해들을 논의한다.(제2장) 세번째로, 윤리적 담화를 그의 목적과 논증 전략의 측면에서 설명한다.(제3장) 마지막으로 실천적 판단력 비판의 가치를 평가한다.(제4장)

1. 도덕의 기원, 생활 형태와 언어 유희

(1) 도덕적 행동 형태의 기원에 대한 물음을 놓고 상이한 대답들이

나왔다. 지그문트 프로이트는 아버지 살해를 도덕 역사의 시작으로 본다.(프로이트 1956, 158 이하) 옛날에 무리들 가운데 아버지가 여자를 차지할 수 있는 권한을 포함하여 혼자 모든 권력을 가졌었다. 그런 아버지의 특권을 얻기 위해서 아들들이 아버지를 살해했으나, 권력을 사이좋게 나눌 마음이 없으면 아버지와 같은 운명을 겪게 될 거라는 것을 확인해야 했다. 그래서 그들은 자신의 행동을 후회했으며, 합의를 거쳐 그때부터 초자아로서의 아버지 권위를 모두 행동에 정당성을 부여하는 기준으로 확정했다.(프로이트 1953, 174) 이로써 도덕이 공동체를 형성하고 행동을 규정하는 도구로서 세상에 등장했다. 신학이 〈창세기〉 3장에 기대어 비슷한 이야기를 설명한다. 원죄를 통해 순수성을 잃어버린 최초의 인간들이 마찬가지로 일종의 아버지 살해를 범했다. 그들은 신의 권력을 남용했다. 그들은 자신들의 자유가 제약되는 것을 인정함으로써 신의 의지를 규범으로 삼았고, 이 규범을 근거로 자신들의 행동을 스스로 세운 규칙에 예속시켰다. 진화적 윤리학은 완전히 다른 이야기를 한다. 동물 행태 연구에서 얻은 인식론에 기대어 도덕적 태도의 계보사적 발생을 재구성하려 시도하는 인간 사회생물학을 근거로, 진화 패러다임은 도덕의 발생 역사를 위해서도 쓸모 있게 된다. 콘라드 로렌츠는 이미 동물들의 집단 생활에서 도덕과 유사한, 본성에 대한 생리학적 조정 메커니즘을 수단으로 종족 보존과 공동체의 안녕을 배려하는 '이타적' 태도를 발견했다고 믿는다.(로렌츠 1983, 20) 이에 맞춰 진화적 윤리학은 인간도——완전히 진화 과정에 의해 결정되는 것은 아니지만——자신의 행위에 있어 더 나아간다는 데서 출발한다. 어떤 이들은 도덕이 "종족 번식의 목적을 위해 유전자에 의해서 우리 마음속에 심어진 집단적인 환상"이라고 확신한다.(루제 1993, 163) 따라서 우리는 모두 "생물학의 노예"라는 것이다.(라이트 1996, 563) 다른 이들은 도덕이 "진화적인 뿌리를 갖고 있으며, 이전의 인간 생활 조건으로 귀결될 수 있"으나 생물학적 이전사에서 도덕적 규칙의 규범을 이끌어 낼 수는 없다는 가설을 내세운다.(부케티츠 1990, 157)

도덕의 역사에 대한 심리학적 및 신학적 설명과 진화적 설명 사이의 차이는 전자가 도덕의 기원을 자유 행위와 연관짓는 데 반해, 후자는 도덕을 자연 과정으로 기술한다. 심리학과 신학이 규범을 정하는 기관의 의지와 관련하여 도덕적 규칙의 의무 성격을 설명할 수 있는 데 반해, 도덕적 의무는 사회생물학에서 자리를 차지하지 못한다. 후자의 경우 도덕은 인간이 그 명령에서 벗어날 수 없는 유전자의 목록이다. 이 경우 자유 개념과 함께 도덕 개념도 해체된다. 혹은 도덕은 생물학적 진화가 아닌 문화적 진화의 결과로 이해된다. 그러면 존재에서 의무로의 이행은 설명되지 않은 채 남거나 기술적 정리에서 규범적 정리를 유도하는 '자연주의적 오류 결론'에 기댄다. 하지만 그러한 것으로부터 그러해야 하는 것이라는 결론이 나올 수 없다.

(2) 철학적 윤리학에서는 도덕을 선택 혹은 계약에 근거한 생활 형태로 관찰함으로써 도덕의 기원에 대해 고려한다. 최초로 인간 행동의 에토스에 대한 생각을 체계적인 형태로 기술하여 '윤리학'이라는 제목하에 정리한 아리스토텔레스는 도덕에 대한 두 가지 견해를 구분했다. 한 가지 견해(éthos)는 도시 국가에서 훌륭한 행동 전형으로 보존되고 교육을 받은 시민에 의해 내면화된 전승 예절과 관습을 내용으로 한다. 다른 견해(èthos)는 단순한 관습에서가 아니라 도덕적 통찰에 의해서 행동하는 성년 시민의 태도와 관련된다. 성년 시민은 일상의 요구 및 자신의 감정을 이성적으로 다룸으로써 실천적 판단력을 형성하고 도덕적 능력을 갖는다. 그는 각각의 상황을 규범적으로 판단할 능력이 있다. 즉 그는 일반적으로 인정된 의무 요구와 가치관의 척도에

따라 실제 주어진 것을 이해하고, 상황을 좀더 나은 상태로 변화시킬 수 있는 가능한 행동들 가운데 가장 성공 확률이 높은 행동을 전개할 능력이 있다.(아리스토텔레스, 《니코마코스 윤리학》, 1-2 참조)

아리스토텔레스는 모든 내릴 수 있는 결정 중에서 일반적으로 통상적인 것을 넘어서 규범적인 것을 지향할 줄 아는 인간의 도덕적 탁월함을 **덕**이라는 낱말을 통해 특징적으로 표현한다. 덕이 있는 사람은 선한 삶을 산다——비록 외적인 주변 상황이 그에게 선한 삶을 허용할 만한 행운을 주지 않는 경우라도. "사물의 표준과 척도"로서의 "선한 자"(같은 책, Ⅲ, 6)는 삶의 부침 속에서 자신의 일을 최선의 방식으로 해나갈 수 있게 해주는 덕에서 참된 행복을 찾는다. 그러므로 덕을 갖춘 삶은 늘 행복하다. 미덕은 정치적인 삶의 형태 속에서 뿐만 아니라 이론적인 삶의 형태 속에서도 실현된다. 철학자의 존재 방식은 **이론**(theôria)**적**으로 신적인 자기 완성에 가장 근접할 수 있기 때문에(같은 책, X, 6-9) 아리스토텔레스에겐 후자(이론적인 삶의 형태에서 실현되는 덕)가 더 서열이 높다. 하지만 농부 · 수공업자 · 의사 · 군인 · 정치가로서 자신의 '직업적 에토스'의 규범에 따라 도시 공동체의 완성에 기여하는 자도 덕의 이상상에 일치한다.

쇠렌 키에르케고르는 삶의 형태에 관해서 선택적 성격과 도덕적 요구에 따른 존재의 자유 관점을 아리스토텔레스보다 더 분명하게 부각시켰다. 인간은 본성적으로 자신의 감각을 통해서 세계를 이해한다는 의미에서 **미학적**이다. 그것은 인간이 스스로 원하는 것 속에서 자신을 규정하게 하는 기호의 원칙이다. 이 원칙은 자유롭게 선택된 것이 아니라 욕구를 가진 존재로서의 인간이 육체적인 안녕을 돌보는 데 필요한 자연 법칙이다. 인간은 자기 자신을 규정하려는 욕구를 자신 속에서 일깨우려는 정신적 관심도 발전시키는데, 이를 통해서 도덕이 비로소 작용한다. 인간 자신에게 자유가 부여되도록 하는 자기 규정은 인간의 행동을 스스로 세운 규범과 규칙에 예속시키는 고유의 원칙을 요구한다. 이때 그런 규범과 규칙은 자연의 법칙이 아닌 자유의 법칙으로서 행동을 규정하는 힘을 가져야 한다. 키에르케고르는 감각의 명령으로부터 자신을 해방시키는 개인의 행동, 즐김의 원칙이 도덕의 원칙에 예속되는 행동을 "윤리적 자기 선택"(키에르케고르 1957, 165 이하 참조)이라고 묘사한다. 이러한 선택에서 말하는 '자기'는 한편으로 일정한 자연적인 특질과 특별한 형태의 열망으로 점철된 삶의 역사를 가진 개인이 발견된다는 점에서 특별한 존재이며, 다른 한편으로 **본래** 뭐가 되고 싶은가를 결정하는 인격이다. 이 결정은 단순히 임의적인 행동이 아니다. 왜냐하면 자유의 선택은 규범의 근거를 제시하는 원칙으로서 모든 다른 행동 주체의 자유도 가정하며, 이로써 보편 규범의 차원으로서의—— '선과 악'의—— 도덕적 의무 요구자로서의 '윤리적인 것'을 생성하기 때문이다.

키에르케고르는 세 가지 삶의 형태를 묘사한다. 아리스토텔레스가 욕망·명예·부에 대한 추구를 비난하는 것처럼 첫번째 형태인 **미학적** 존재는 그에게서 비난받는다. 왜냐하면 미학적으로 보자면 사람이 즐김의 원칙을 통해 타자에 의해서 결정됨으로써 열등한 인간이 되거나——모든 수단을 동원해 가차없이 자신의 이익을 관철시킴으로써 즐김의 원칙이 절대화되는 경우——비인간적이 되기 때문이다.(키에르케고르 1964 참조) **윤리적** 존재는 도덕 원칙에 따른 자유의 토대 위에서 상이하지만 같은 가치를 지닌 존재, 스스로 결정하는 주체로서 서로를 인정하는 존재의 동등한 권리를 확정하는 점에서 비로소 인간다운 삶의 형태이다. 키에르케고르에게 최상의 삶의 형태는 **기독교적** 존재이다. '인간의 형상을 한 신'으로서의 예수의 전형 속에서 한정적인 자연 결착성과 능가할 수 없는 방식에 대한 절대적 요구가 합치하기 때문이다. 기독교도로 존재하는 것은 자신을 상대로 행동할 때 인간의 형상을 한 신의 이상상에 대한 믿음의 개인적 및 집단적 관점에서 그러한 자기 이해가 나온다는 점을 아는 것이다.(키에르케고르 1960 참조)

(3) 프리드리히 니체의 **도덕의 발생학** 연구는 그가——물론 비판적인 의도에서——성숙된 에토스와 삶의 형태에 대한 개인적인 결정을 서로 관련짓는 점에서 아리스토텔레스와 키에르케고르의 생각을 접목시킨다. 이는 독립적인 주체의 실천적 이상에 대한 규범적인 규칙이 전혀 없으며, 우리의 행동이 규범적으로 지향하는 '도덕적 편견'만이 있다는 것을 보여주기 위함이다. 그는 "인간 도덕의 과거에 대한, 해독이 어려운 상형 문자로 된 문서"를('선한' '악한' '나쁜' '잘못' '양심'과 같은 도덕 언어의 핵심 낱말들이 시간의 흐름 속에서 겪은) 의미 변화에 대한 기술을 통하여 읽을 수 있도록 만들려고 하며(니체, 작품 총서. **Kritsiche Studienausgabe** 5, 254), '선함'이 원래 위대하고 강한 개인들이 자기 선언에서 자신의 가치 창조적 힘을 지칭했으나, 그것이 대중에게 위협적으로 받아들여져 그들의 대변자에——기독교 사제——의해 '악함'으로 선언되었다는 것을 증명하고자 한다. 도덕적 언어 규범화를 바탕으로 고귀한 '신사도'는 '대중 도덕'으로 타락했는데, 대중 도덕은 평범한, 보통의 행동 전형을 강조함으로써 반대로 뛰어난 가치를 매도했다. 이로써 업적으로 거짓 포장된 질투심·복수심·혐오감을 가진 적개심이 고상한 생각을 누르고 승리를 획득했다. 니체에 따르면 우리는 저급한 본능에서 전통적인 도덕관과 그 도덕관의 뿌리를 내면화함으로써 다수의 목소리를 의무의 척도로 삼는다——그런 본능을 넘어 자신을 고양시키는 대신에 차라투스트라처럼

자신을 제어할 수 있고, 점차 자주적인 개인으로서의 '초인'의 삶 형태를 만들어 내는 고유한 가치를 창조하는 대신에.

도덕 언어에 대한 니체의 논쟁적인 해석과 달리 영국 메타윤리학의 대표자들은 비판적 판단을 독자에게 맡긴 채 중립적인 관찰자의 거리를 둔 입장에서 도덕의 언어 유희를 단지 기술하려고 한다. 이에 따라 그들은 규범 낱말과 가치 낱말의 특징적인 점을 이들 낱말이 찬성/거부의 느낌을 표현하고 청자에게 그런 느낌을 불러일으키거나(**감정주의**: 스티븐슨 · 에어), 혹은 사물 · 사람 · 행위를 권유 또는 비난하거나(**규범주의**: 하레), 혹은 사람과 행동의 도덕적 자질을 직접적으로 명백한, 객관적인 속성으로서 명명하거나(**직관주의**: 무어), 혹은 뭔가를 말할 뿐만 아니라 뭔가를 행하는 언어 행위를——예를 들어 칭찬/비난, 존경/혐오, 보상/처벌——표현하는 데서(**화행론**: 오스틴 · 설) 찾는다. (피퍼 1973 참조)

2. 도덕 원칙

어떤 행위 공동체의 가치관을 표현하는 물질적 규범 목록으로서의 도덕은 상이한 문화적 · 지역적 · 인종적 특성을 바탕으로 각기 다르게 형성된 성숙된 에토스이다. 상이한 도덕들을 서로 연결하는 것은 그 도덕들이 제기하는 규칙의 계명 및 금지 성격 속에서 효력을 발생시키는 규범적 요구이다. 이러한 규범적 요구는 행위자의 자유 의식에 대한 정보를 주는데, 이때 그 규범적 요구의 단계는 타자(자연, 신, 악마적인 힘, 전제 군주)의 계명에 종속되는 것부터 스스로 세운 법칙을 준수하는 것에 이른다. 규범적 윤리학은 도덕 규범의 근거를 제시하는 원칙에 관심이 있다——하지만 그 발생 역사가 아닌 그 유효성의 관점에서. 그 효력 요구가 행위 공동체에 국한되지 않고 인류 전체로 확장될 수 있는 도덕 원칙이 존재하는가?

근대 윤리학에서는 특히 두 가지 원칙이 도덕의 원칙으로서 논의되었다: 자유 원칙과 유용 원칙. 반면에 고대 윤리학에서는 정의 원칙이 도덕의 원칙으로서 그 기능을 발휘했으며, **현대 윤리학** 모델에서 도덕의 원칙으로 부활된다. 이 세 가지 유형의 규범적 윤리학을 서로 결합하는 것은 행복의 위상에 대한 물음이다. 어떤 윤리철학자도 인간이 행복을 추구한다는 점을 부정하지 않는다. 하지만 행복 추구가 어떻게 도덕적 요구와 조화를 이룰 수 있을까? 각각의 도덕 원칙에 따라 이 질문에 대한 상이한 대답이 제시되었다.

(1) **자유 원칙**의 대표자 중에서 가장 유명한 사람은 이마누엘 칸트이다. 그는 자연 발생적인 욕망과 예절 법칙 사이에 충돌이 생길 수 있다는 것을 인정한다. "하지만 예절과 행복 원칙의 **구분**이 양자의 **대립**은 아니다. 순수 실천 이성은 행복 요구를 **포기하는 것**을 원하지 않으며, 단지 의무에 관한 문제의 경우 그것을 **고려하지 않기**를 원한다. (…) 행복을 증진시키는 것은 직접적으로 의무가 아니며, 모든 의무의 원칙은 더욱더 아니다. (…) 따라서 도덕은 원래 어떻게 우리를 행복하게 **만드는가**에 대한 원칙이 아니며, 우리가 어떻게 행복에 어울리도록 되어야 하는가에 대한 원칙이다."(칸트, 총서 4, 217 이하, 261) 모든 행동에서 근본적으로 행복 원칙에 우월성을 부여하는 것은 칸트에게는 본성에 예속되는 것을 의미할 것이다. 왜냐하면 본성은 인간으로 하여금 불가피하게 행복을 원하게 만들기 때문이다. 여기에 대해 다른 대안이 없다면 자유나 자기 규정이란 말을 할 수 없을 것이다.

그런데 칸트는 우리가 우리의 의무를 행하면 우리가 행복에 반하는 결정을 내릴 수 있다는 '사실'을 제시한다. 의무를 행하는 것은 행위가 우리를 행복하게 만드는가 여부를 고려하지 않는다는 뜻이다. 행위가 '행해져야' 한다는 것이 행위를 행하기 위한 충분한 이유이다. 행위가 윤리적 의미에서 자의적인 선택 가능성의 임의성을 뜻하는 게 아니라 개개인의 자기 규정 권한의 인정이라는 점에서 행위의 의무 성격은 자유 원칙에 기인한다. 이로써 자유는 최상의 실천 원칙으로 성립된다. 규범을 생성하는 원천으로서의 실천적 이성은 그러한 원칙을 통해서 모든 사람들에게 자유를 위해서 무조건 자유를 존중할 것을 규정한다. 이때 행복 추구는 그것을 통해 자유 계명이 손상되지 않는 정도에서 허용된다.

　도덕 원칙으로서의 자유는 규칙 없는 행위가 아니라 규칙을 세우는 행위를 가리킨다. 자유가 스스로 고유의 법칙과 결합되어 있음을 설명하는 표현인 '자율'은 바로 이 점을 포함한다. 다른 행위자들의 제약 없는 자유를 인정하지 않는 사람은 그 누구도 자신을 위해 자유를 요구할 수 없다. 이에 따라 어떤 행동이 자유 원칙으로 귀결될 수 있다면 그 행동은 도덕적이다. 이것이 실제 그러한지 여부는 '정언적 명령'을 이용해 검증할 수 있다. "네가 원할 수 있고, 동시에 일반적인 규칙이 되는 그런 격률에 따라서만 행동하라"(칸트, 총서 4, 51)는 기본 원칙은 자유의 도덕 원칙에 따라 행동시 지향하는 개인적인 규칙('격률')을 검증할 것을 요구한다. 자유의 도덕 원칙은 일반화될 수 없는 격률을 금지한다. 왜냐하면 그러한 격률은——모든 사람들에 의해 실행되어——결과적으로 부자유를 낳으며, 이는 행동의 바람직한 조건으로 생각되지 않고 소망될 수도 없다. 칸트에 따르면 인간의 품위는 자신의 의무를 행하는 데 있다. 자신의 의무를 행하는 자는 바로 그것을 통해 행복을 얻으며, 이는 그가 놓친 행복을 보상해 줄 수 있을 것이다. 바루흐 데 스피노자의 격언에 따르면 "[진정한] 행복은 미덕의 보상이 아니라 미덕 자체이다."(스피노자, 《윤리학》, 42)

(2) **유용 원칙**은 공리주의적 윤리학에서 도덕 원칙으로 설명되었다. 여기서는 행복과 미덕의 문제를 행복과 유용의 동일화를 통해 해소한다. 존 스튜어트 밀은 이렇게 정리한다. "인간의 본성이 행복의 부분, 혹은 행복을 위한 수단이 아닌 것은 그 어느것도 열망하지 않게 되어 있다면 행복은 인간 행동의 유일한 목적이며, 행복 증진은 인간의 행동을 재는 척도이다. 여기에서 필연적으로 행복이 도덕의 기준이라는 결론이 나온다. 행복은 인간 행동의 최종 목적이며, 따라서 도덕의 규범이기도 하다."(밀 1976, 66 이하, 21) 이런 행복을 최대화하고 가능한 한 다수에게 돌아가게 하는 게 중요하다. 행복은 행위 결과의 유용성을 통해서 측정이 가능해지기 때문에 유용 원칙은 칸트의 자유 원칙과 달리――행위의 결과 유익함 혹은 해로움과 상관없이――도덕성의 근거를 행위 의무에서 찾는 **의무론적** 원칙이 아니라, 도덕성을 당사자를 위한 행위 결과의 유용성과 연관짓는 **목적론적** 혹은 **결과론적** 원칙이다. 이로써 공리주의적 시각에서 결정적인 것은 행위자의 선한 의도 혹은 선한 의지가 아니라 오직 행위의 결과이다. 따라서 유용성 계산이 정언적 명령의 자리를 차지한다. 즉 최고의 지식과 양심에 따라 예상이 가능한 한 행위 결과의 좋고 나쁨의 측면에서 그 행위를 평가하거나(행위 공리주의), 행위 결과의 좋고 나쁨의 측면에서 그 행위에 적용되는 규칙을 평가한다(규칙 공리주의).

제러미 벤담은 예상할 수 있는 ('이득' '이점' '기쁨' '좋음'의 의미에서) 행복의 크기를 상대적으로 정확히 규정할 수 있는 일곱 가지 기준에 따라 행위의 유용성을 조사할 것을 제안했다: 행복이 배분되는 사람 수와 관련하여 기쁨의 강도, 지속 기간, 확실성 혹은 불확실성, 근

접성 혹은 원격성, 결과 함축성, 순도.(벤담 1992, 80)

 (3) 도덕 원칙으로서의 **정의 원칙**은 개인적인 행복을 집단적인 행복의 뒤로 물러나게 한다. 플라톤에게는 정의가 바로 미덕이었다. 그는 마음 상태의 균형을 잡는 법과 정의로운 국가의 균형잡힌 관계들을 자신의 인격 속에서 재현하는 법을 이해한다. 개인은 각자에게 자기 할 일을 부여하고, 이러한 바른 기본 자세를 통해서 자신 속에 신중함, 용기, 지혜를 형성하면서 자기 정신의 추진 요소를——탐욕·질투·이성——모조리 쏟아붓는다. 마찬가지로 국민이 각자 자신의 일을 하는 경우(농부와 수공업자는 살림살이를 보살피고, 전사들은 국가 수호에 전념하고, 집정관은 법과 법률을 처리하는 경우), 그런 올바른 국가도 도덕적인 형성물로서 발전한다.(플라톤, 《국가》, 436a-444a 참조)

 플라톤의 3개 신분 계층-국가 모델이 보여주듯이, 도덕 원칙으로서의 정의 원칙과 더불어 근본적인 기회 균등의 경우 불평등도 정당화될 수 있다. 존 롤스는 동일 원칙과 차이 원칙을 결합함으로써 자신의 계약 이론적 구상에서 그 점을 피력했다. 그는 가상적 원시 상태에서 국가 모델을 입안해야 하는 인간이——비록 자신이 가장 나쁜 패거리에 속할지라도——자신에게 유익함을 가져다 주는 구상을 한다는 것을 보여주려고 한다. 이에 따라 롤스는 정의의 두 가지 기본 원칙을 이렇게 표현한다. "첫째, 실제 활동에 참여하거나 실제 활동에 의해 영향을 받는 사람은 모두를 위한 동일한 자유를 합의하는 점에서 최상의 자유에 대한 동일한 권리를 갖는다. 둘째, 불평등이 모두의 이득으로 발전한다고 이성적으로 기대할 수 없다면, 그리고 이득과 결부된 지위와 직책이 모두에게 열려 있다는 게 전제되지 않으면 그런 불평등은 자의적이다."(롤스 1977, 37; 롤스 1975, 336을 참조) 이러한 규칙을 자신의 일상 활동의 기초로 삼는 사람은——칸트 윤리학에서 가정한——높은 단계의 의무 에토스와 공리주의 윤리학이 선전하는 유용성 계산 사이에서 중용적인 입장을 찬성하는 공정성의 에토스를 따른다. 이렇게 해서 행복이 도덕을 위해 희생되지 않아도 되며, 수학적 방정식 속에 사라지지도 않는다. 오히려 행복은 기회를 올바르게 배분하고, 기회를 인지할 수 없는 사람들을 차별하지 않도록 하는 자유 영역에 자리를 차지한다.

자유 원칙, 유용성 원칙, 정의 원칙 외에 가령 '선' '인간성' '책임'과 같은 도덕 원칙의 다른 후보들도 언급될 수 있다. 하지만 이것들은 설명한 원칙들과 동일하거나 그것들의 맥락에 속하는 것으로 입증된다. 그래서 '선'은 도덕적 행위의 자질로 혹은 최대한 유용으로 규정될 수 있다. '인간성'은 도덕성의 동의어로서 자유로운 자기 규정의 행위와 올바른 기본 자세를 통한 인간의 특별한 역량으로 달리 표현될 수도 있다. '책임'은 자기 억제와 자기 의무를 지칭하며, 오늘날 인간의 확대된 기술적 행위 가능성에 맞춰 모든 살아 있는 것(동포, 미래의 세대들, 자연)에게 적용된다——한스 요나스가 이 점을 강하게 강조했다.(요나스 1979) 다른 도덕적 원칙들은——가령 '단결'이나 '관용'——언급된 도덕 원칙과 달리 최종 원칙의 지위를 얻지 못하며, 부차적인 혹은 중간적인 원칙이다. 이런 원칙들은 도덕의 무조건적 요구가 충족되고 나서야 비로소 도덕적 효력 요구를 내세울 수 있다. 단결은 도적 집단의 구성원들 사이에서도 존재할 수 있다. 하지만 그런 태도는 모든 개인의 정당한 이해를 고려할 것을 명하는 정의 원칙에 위배된다. 자신을 위해서는 요구하는 자유를 다른 사람에게 박탈하면서, 비도덕적으로 행동하는 사람에게 관용을 요구하는 것은 명백히 자유 원칙을 손상시킬 것이다.

3. 도덕적 담화

도덕적 실천에 관한 이론으로서의 윤리학은 단일한 학문 분야가 아니며, 역사의 흐름 속에서 수많은 인식의 관점, 목표와 논증의 특성에 따라 상이한 모습을 갖는다. "내가 무엇을 해야 하는가?"라는 핵심 질문은 **도덕적** 차원에서만 최소한 네 가지 관점에서 주제화될 수 있다. '무엇'이 주어진 상황에서 구체적인 행동 방식을 겨냥하는 반면에, '해야'는 '무엇'에 방향을 제시하고, '나'에게 행동의 특정한 의무, 즉 뭔가 일정한 것을 '행하'라는 의무를 지우는 규범에 관한 물음이다.

하지만 같은 질문이 **윤리적** 차원에서도 극단적인 방식으로 제기될 수 있다. 그러면 관점들이 근본적인 문제로 확장된다: 무엇이 도덕적인 행동의 특별한 점인가? 규범이 갖는 구속성의 근거를 어떻게 제시할 것인가? 왜 사람은 도덕적으로 행동해야 하는가? 도덕적 행위의 수행을 위해 어떤 수단이 허용되는가? 그런 '전체적인' 질문은 윤리학이 규범 근거 제시의 절차와 행위 이론적 모델을 발전시키는 것으로 이어졌다. 이는 도덕적 담화를 그 구조 속에서 투명하게 만들고, 감정이 실린 도덕 개념을 합리적으로 해독할 수 있는 논리적인 도구 체제를 만들기 위함이다. 하지만 도덕적인 사고는 최종적으로 실천 중심적 사고로서만 의미가 있다. 왜냐하면 우리는 일차적으로 지식을 위해서가 아니라 행동을 위해서 행동에 대한 생각을 하기 때문이다.(아리스토텔레스) 따라서 윤리적인 '노하우'는 도덕의 차원에서 '실행'되어야 한다. 도덕 원칙의 그런 운용 가능성은 대표적으로 플라톤의 연설 실행, 담화윤리학과 여성주의윤리학에서 보여진다.

(1) 소크라테스는 도덕적인 담화가 어떻게 진행되는가라는 문제를

최초로 미덕에 대한 대화 속에서 소개했고, 국가의 단계 모델에서 분명하게 했다. 두 명의 대화 참여자 사이에서 질문-대답이 전개되는데, 소크라테스는 공동의 문제 제기에——미덕을 가르칠 수 있는가(**프로타고라스**), 신중함(**카르미데스**) · 용기(**라시스**) · 경건함(**에우티프론**) · 정의(**고르기아스, 폴리테이아**)란 무엇인가?——대한 대답으로서 논의되는 가설이 형성되도록 참여자들을 격려한다. 그러한 논의를 통해 근거와 반박 근거의 뒤엉킴이 일어나도록 하고, 구하는 대답을 형성하여 독자에게 자신의 삶의 맥락에 적합한 해결책에 대한 결정을 맡기는 것이다. 논거들 사이의 변증법적 공방은 체계적인 형태 속에서 나타나는 과정인데, 이 과정의 진행을 통해 경험적 사태와 관련된 주장은 규범적인 원칙으로서 그 바탕에 깔린, 그리고 이전에 제기된 도덕적 요구를 입증하거나 비난하는 '이념'이 분명하게 드러날 때까지 문제로 다루어진다.

(2) 이러한 절차는 카를 오토 아펠과 위르겐 하버마스의 담화윤리학에서 이성적인 의지 형성 과정과 합리적인 갈등 해결 전략의 수행을 위해서 더욱더 다듬어졌다. 아펠은 모든 개인적인 이해와 욕구가 논증적으로 대변될 수 있는 요구로서——서로를 같은 권리의 합동 주체로 인정하는——행위 주체들 사이에서의 의사소통적 이해 속으로 합쳐지는 것을 알고자 한다. 이러한 이해의 척도는 모든 참여자에게 "단결된 의사 결정을 목적으로 의견 일치를 추구하는" 의무를 부과하는 "이상적인 의사소통 공동체"(아펠, 1973 II, 426)의 구성이다. 이때 아펠에게는 피할 수 있는 "수행적 자기 모순"이 실천적 담화의 성패를 가름하는 성찰적 최종 원칙이다. 공동으로 보편적인 것으로 간주된 규범을 따르지 않는 것은 모순일 것이다. 왜냐하면 이것은 나에 의해서 구속력을 부여받은 것이 나 자신에게는 구속력이 없다고 주장하는 것

으로 이어지기 때문이다.(아펠 1988, 98, 114, 219 참조)

하버마스는 "이상적 발화 상황"에 대한 가정을 "통제받지 않는" 실천적 담화의 정당성의 근거로 삼는다. 담화적으로 도달된 합의가 우연의 결과가 아니라 보편적인 유효성을 요구할 수 있기 위해서는 이상적 발화 상황의 전제 조건이——화자의 진실성, 발언의 자유, 기회 균등과 규칙 수용——충족되어야 한다는 것이다.(하버마스 1971, 139) 규범을 생성하는 게 아니라 구속성의 관점에서 규범을 검증할 수 있게 만드는 소통 지향적 절차 속에서, 그러한 논거는 합의를 지향하는 힘을 갖는다.(하버마스 1983, 113 참조) 이때 그러한 힘은 논거에 의해 제기된 효력 요구의 보편화 가능성을 설명하고, 이와 함께 도덕적 능력을 가진 잠재적 담화 참여자로 하여금 찬동하게 만든다.

(3) 여성주의적 윤리학에서는 전통적인 윤리학이 특히 남성중심주의라는 근본적인 비난을 받는다. 자칭 성을 뛰어넘는 도덕 원칙은 인간 보편적인 삶의 형태로 선포되는 남성적인 삶 형태, 동시에——'자연'이 여성에게 도덕적 능력을 습득하는 것을 거부했다라는——여성 차별을 위한 도구로 이용되는 남성적인 삶 형태의 결과로서 본 모습을 드러낸다. 전래되는 도덕관이 남성적인 사회화 양식이라는 점이 맞는다면, 이를 사회문화적 구성물로 간파하고, 남성적인 자기 규정에 바탕을 둔 규범적 특성을 그 보편성 요구의 측면에서 문제화하는 것이 중요하다. 여성주의 도덕의 목표는 한편으로 배려의 동등한 '여성적' 원칙을 통해서 정의의 '남성적' 도덕 원칙을 보충하는 것이며(캐롤 길리건 1990), 다른 한편으로 대립쌍(남자-여자, 문화-자연, 정신-물질, 영혼-육체)이 더 이상 서열적으로 주종 관계가 아닌 상호 규정적이며 등가적인 양극으로 파악되는 의미에서 도덕 원칙을 탈수직화 내지 수평화하는 것이다. 이러한 상호 규정적 · 등가적인 양극의 긴장 관계에

서 차이를 인정하는 원칙을 가진 새로운 도덕이 생겨난다.(피퍼 1993
참조)

4. 실천 판단력

윤리학은 인간의 행위를 법적·경제적 혹은 정치적 관점이 아닌 도
덕적 관점에서 분석하는 실천철학의 한 부분으로서 전적으로 행복한,
의미 가득한, 선한 삶에 관한 물음을 다루는 문제들과 연관된다. 따라
서 감성지수에 대한 최근의 신경학적 저술들이 강조하듯이(다마지오
1995; 골맨 1996; 드 소사 1997 참조), 도덕적인 능력은 지적인 능력 이
상이다. 하지만 한 사람의 도덕적 품행은 지능지수(IQ)나 감성지수(EQ)
를 통해서 설명되는 게 아니라, 실천 판단력이라고 부르는 능력과 행
동 속에서 이성 및 오성과 (연민, 감정 이입, 흥미와 같은) 감정에 연관
되는 능력을 통해서 설명된다.(마이어 제탈러 1997 참조) 실천판단력이
이성(도덕 원칙), 오성(목적-수단 관계 성찰)과 감각의 상이한 역량을
서로 결합함으로써 개인 및 일반의 관점에서 정당하고 의무화된 행동
이 걸러져 나온다는 점에서, 실천적 판단력은 도덕적 담화에서 결정적
인 능력이다. 실천적 판단력 속에서 분명하게 드러나는 도덕적 능력은
강조적 의미에서 '인간적'이라고 지칭할 수 있는 성공적인 대인 관계
의 존재적 바탕이다.

응용윤리학

우르스 투른헤어 (바젤대학교의 철학부 연구원)

1. 응용윤리학이란 무엇인가?

일반윤리학

응용윤리학은 철학적 특수 분과 학문으로서 단지 **일반윤리학** 개념에 기대어, 그리고 학문적 전체 맥락 속에서만 정의될 수 있다. 윤리학적 연구와 논증의 대상을 형성하는 것은 포기할 수 없는 선한 삶의 형태라고 말할 수 있는 인간의 태도 혹은 행위이다. 어떤 행위가 단지 행위하는 개인에게만 좋을 수 있기 때문에——동시에 개인이 구성원으로 있는 전체로서의 공동체에 좋지 않으면서——원칙적으로 도덕적 성찰의 두 영역을 서로 분리해야 한다. 그 하나는 개인적인 행복 추구로 이끄는 성취윤리학이며, 다른 하나는 도덕을 통해 보장되는 선한 삶에 관한 도덕철학 혹은 의무윤리학이다.(용어에 대해서는 크레머(1992)를 참조) 응용윤리학은 오늘날 거의 오직 응용도덕철학으로서만 등장한다. 때문에 나는 전적으로 의무윤리적 영역에서의 논의 내용에 집중하기로 한다.

일반윤리학의 영역 내에서 상이한 인식적 관심을 바탕으로 세 가지 윤리학 유형이 구분될 수 있다: 기술적 윤리학, 규범적 윤리학, 메타윤리학. 윤리학이 명시적으로 역사적 · 심리학적 · 사회학적 · 인류학적 혹은 다른 개별 학문적 인식 관심에서, 그리고 도덕 밖의 중립적 입장에서 과거 혹은 오늘날의 도덕을 기술하려고 하는 경우 **기술적** 윤리학이라고 부른다. 윤리학이 철학적 분과 학문으로 파악되는 한 개별 학문적 시도의 맥락에서 '메타도덕'이란 표현이 '기술적 윤리학'의 칭호로 적당하다.(피퍼 1994, 78-80 참조)

규범적 윤리학은 일반윤리학의 유일한 하위 영역으로서 도덕 내에서 확고한 입장으로부터 문제를 다룬다. 규범적 윤리학을 기술하기 위해서 우리는——이미 아리스토텔레스가 자신의《니코마코스 윤리학》의 1권에서 강조하듯이——이미 확실하게 도덕의 영역에서 움직여야 한다. 그렇다면 규범적 윤리학에겐 이런 표현이 유효하다: "윤리적 성찰이 [비록] 선하게 만드는 것은 아니다. [하지만] 윤리적 성찰은 더 낫게 만든다."(회페 1971, 94) 철학적 규범윤리학은 도덕의 입증자 겸 통제자로 이해된다. 그 목표는 형식적 도덕 원칙을 찾아내고 **합리적으로** 그 근거를 제시하는 것이며, 삶에서 나침반 기능을 수행하는 도덕적 상위 규범을 정립하는 것이다. 규범적 윤리학의 수많은 이론과 방법을 바탕으로, 도덕 원칙에 관해서 상이한 견해가 제시되고 이와 함께 상이한 나침반이 제공된다. 그밖에 규범적 윤리학의 과제에 속하는 것은 "인간 삶과 공동 삶의 일반적 조건"(회페, 1981, 16 이하)에 적용되는 도덕 원칙의 특수한 방식이다——그 적용의 결과는 "중용적이며 객관적인 원칙들"(같은 책, 15)이다.

생물학적 진화론의 배경 속에서 우리의 도덕적 태도의 뿌리를 발견하고자 하는 **진화적 윤리학**은 일정한 방식으로 기술적 윤리학과 규범적 윤리학의 중계자로 자청한다. "진화적 윤리학의 과제는 (…) 도덕적 태도의 종역사적 발생을 학문적으로 설명하는"(모어 1993, 19) 것이다. 몇몇 대표자들은 이를 통해 규범적 윤리학에 기여할 수 있을 거라고 믿는다. 그러나 인간을 한정성의 특징에 따라 자연 존재로 보는 생물학적 시각에서 인간을 자유 존재로 파악하는 규범-윤리적 관찰로의 이행은 풀 수 없는 수수께끼와 같다. 자유는 절대로 인간의 한정성을 통해 설명될 수 없다. 자유는 단순한 자연적인 한계로부터 특별한 인간적인 자기 이해로의 도약을 상정한다. 그래서 "구체적인 도덕적 문제를 해결하려고 시도할 때, 도덕의 발생 조건과 그 바탕에 깔린 발생학적 메커니즘 대해 생물학이 우리에게 전해 주는 경험적인 정보는 모두 도움이 되지 않는다."(바이에르츠 1993, 165) 따라서 진화적 윤리학은 응용윤리학으로 간주되지 않으며, "생물학적 근거에 기반을 둔 메타윤리학"(피퍼 1998, 261)과 다르지 않다.

소위 **메타윤리학**은 다시금 도덕 밖의 중립적인 입장에서 도덕적 판단의 논리학, 도덕 언어, 규범-윤리적 이론의 방법과 규범-윤리적 근거 제시의 가능성을 연구한다. 규범적 윤리학과 비교할 때, 메타윤리학은 기능은——긍정적으로 표현하자면——일종의 '통제' 기구의 기능이다.

응용윤리학

이미 일반 규범적 윤리학의 경우와 비슷하게 응용윤리학은 도덕과 직접적으로 연관되는 사람에게 의미가 있다. 규범-윤리적 논증으로 이어지고, 최종적으로 응용윤리적 성찰로 이어지는 출발점을 형성하는 것은 특별한 행위 필요성과 도덕적 문제 제기이다. 여기서 도덕적 문제 제기는 도덕적으로 중요한 문제 제기로 인식되어야 한다. 그러한 인식의 동기는 보통 직접적으로 떠오르는 행동의 대안들과 고유한 내적 도덕 사이의 충돌을 알려 주는 양심의 울림이다. "도덕은 공동의 인정을 통해 구속력 있다고 설정된 계명(너는 해야 한다)과 금지(너는 하지 말아야 한다)의 형태로 행위자의 공동체에 호소하는 규범과 가치의 전형이다."(피퍼 1994, 31 이하) 도덕은 양심을 통해, 일반적인 구속력 내지 범주적 효력을 내세우는 의무 요구를 의식하게 한다. "도덕 개념은 내용 면에서는 가변적이나 요구 면에서는 불변인 것과 관련된다."(같은 책, 43) 도덕적 의무 요구가 부인되지 않은 상태이고 양심이 지키지는 한 윤리학이 더 이상 필요하지 않다. 애초에 의심의 여지 없이 유효한 도덕이 의문시되는 곳에서 비로소 규범-윤리적 사고와 응용윤리적 사고가 요구된다.

도덕적 구속력이 의문시되는 것은 특이한 현상이 아니다. **첫째**, 도덕이 다른 도덕들을 만나는 곳에서 자명함을 잃는다. **둘째**, 거기에 도덕적 규범은 동시에 다른 유효한 도덕들과의 충돌을 통해서 문제화된다. **셋째**, 도덕적 내용은 어떤 새로운 인식의 빛 속에서 혹은 인생관의 변화를 통해서 의문시될 수 있다. 그러한 의문스러움 · 문제화 · 불확실성은 도덕의 역사에서 항상 도덕의 원칙에 물음을 던지는 계기가 되었다——그러한 원칙을 일반적-인류학적 여건과 정형화된 혹은 일회적인 경우에 적용하기 위해서. 가장 넓은 의미에서 응용윤리학은 합리적인 근거를 가진 특수한 규범을 얻기 위한 목적으로 도덕 행위의 필요성에 대한 성찰로부터 규범-윤리적으로 입증된 상위 규범의 수용을 거쳐, 삶의 의문시되는 경우에 대한 도덕 원칙의 적용에 이르는 이동이다. 따라서 응용윤리학은 무엇보다도 **특수한 규범윤리학**이다. 이러한 의미에서 이미 이전의 철학적 궤변은 응용윤리학적 사고의 산물로 간주될 수 있다. 응용윤리학의 입장에서 기술적 윤리학, 규범적 윤리학과 메타윤리학을 일반윤리학이란 명칭 아래에 통합하는 대신에

윤리학적 기초 학문이라고 부르는 것이 더 맞다.

오늘날의 의미에서 응용윤리학은 계속해서 이중적인 의미를 갖는다. 한편으로 이 개념은 철학적 분과 학문에 대한 용어로서 규범-윤리적 원칙을 행위 공간, 직업 분야, 전문 영역에 적용하는 것이며, 다른 한편으로——복수로 사용되어——일정한 주제에 초점을 맞춘 다수의 응용윤리적 규범 목록과 연관된다(**생물**윤리학 · **의료**윤리학 · **평화**윤리학 등). 그러므로 응용윤리학적 노력의 결과는 "전형적인 주제 영역을 위해 상세화된 규범과 규칙의 파노라마"(크레머 1992, 373)이다. 한스 크레머가 성취윤리학과 관련지어 상술하듯이, 응용윤리학의 규범 목록은 "일정한 주제 영역, 활동 영역을 위한 기본 규칙, 개별 사건 유형을 위한 특별 규칙과 특별 사건을 위한 개별 규칙을 포함한다."(같은 책, 265) 도덕 원칙의 지속적인 적용을 불필요한 것으로 만드는 응용윤리학의 완성은 시간 절약에 대한 계명으로 입증된다.(크레머 1992, 261 참조)

2. 응용윤리학의 필요성

응용윤리학적 담화가 우리 시대의 발명이라는 생각은 널리 퍼진 편견이다. 이러한 편견은 예를 들어 생물윤리학과 같은 특수한 개별 윤리학이 실제로 30년 전부터 특별 분과 학문으로 존재하는 점에서 비롯된다. 하지만 이것은 의료윤리학 · 법윤리학 혹은 정치윤리학의 역사를 되돌아볼 수 있다는 점을 간과하는 것이다——철학 역사 전체를 되돌아보듯이. 응용윤리학이 현재 전례없이 호황을 누리고 있다는 점은 물론 논란의 여지가 없다. 이것은 주로 두 가지 이유에서 설명될 수 있다.

(1) 금세기〔20세기〕에 이룩된 학문과 기술의 급속한 진보는 완전히 **새로운 형식의 기술적 지평**을 열었다: 핵, 전자 계산, 현대 미디어, 커뮤니케이션 수단, 유전자 분석 및 유전자 조작 기술. 이러한 새로운 가능성이 제기하는 도덕적 문제에 대해서 전통적인 도덕은——이전에 이와 비교할 만한 문제와 봉착한 적이 없었기 때문에——해결책을 내놓지 못한다. 그래서 예를 들어 신학자들은 단지 성서 해석적인 노력을 기울여 10계명을 유전자 조작의 도덕적 문제에 적용하려고 할 것이다. 응용윤리학은 해당 도덕적 공백을 메울 수 있고 메워야 하며, 오늘날 어떤 의미에서는 전통 도덕의 자리를 대체하는 것으로 나타난다.

(2) 두번째 이유는 동시에 산업 사회에서 형성된 개인주의와 연관된다. 개인주의는 성취윤리적 태도가 공동체와 관계된 의무윤리적 문제를 증가시키는 결과를 가져온다. 더 나아가서 도덕 영역에서 소위 개인주의 관점은 **권위적인 양심**에서 **자율적인 양심**으로의 도약으로 묘사될 수 있다.

양심은 도덕의 규칙과 원칙에 대한 특별한 지식을 가리킨다. "우리는 인간이 선한 일을 해야 한다는 (무조전적) 요구에 예속되어 있음을 아는 자기 이해를 양심으로 이해한다."(쇠프 1997, 106) 하지만 양심은 추상적·순수 이론적 지식으로 나타나지 않는다. "양심은 오히려 동반지식(라틴어 콘시엔티아(conscientia))으로 표현된다. 즉 양심 요구는 느껴지거나 경험된다."(같은 책, 106 이하) 그러므로 양심의 목소리를 통해 나타나는 인지적 요소 외에 양심은 감정적 요소도 포함한다: 목소리는 치아도 가지고 있어서 '양심의 가책'을 만든다. 이마누엘 칸트는 ——바울에 기대어——양심을 "인간 속 내적 법정('그곳에서 자기 생각이 고발되고 사죄된다')의 의식"(칸트 전집, 438; 바울, 〈로마서〉 2, 14 이하)과 비교한다. 이 법정에서 각각 상세한 양심적 갈등에 대한 재판이 이루어지는데, 이는──여기서 양심에 관한 언어가 그 사이에 변화되었다──오늘날 양심에 의해 대변되는 도덕적 의무 요구와 외부 세계의 요구, 혹은 고유의 애착 사이의 갈등을 의미한다.(휩쉬 1995, 22-31 참조)

양심 갈등의 정당성 및 근거와 느끼는 양심 고통의 합법성은 최종적인 양심의 결정에 앞서 청문회, 양심 규명 혹은 양심 검증을 통해 연구될 수 있다. "(…) 상세한 양심 검증은 근거와 도덕적 정당성에 대해 물음을 던진다."(쇠프 1997, 107) 자율적 양심이 도덕적 요구의 정당성을 성찰하는 반면에, 권위적 양심의 경우에 내면화된 규범의 바탕에 관한 질문을 하면서 지배적인 도덕, 그 지주와 권위를 환기시킨다. "권위적 양심은 내부로 옮겨진 외부 권위, 즉 부모·국가 혹은 어떤 문화에서 항상 권위 있는 것으로 간주되는 어떤 것의 목소리이다."(프롬, 1995, 114) 자율적 양심과 권위적 양심의 차이는 아마도 로렌스 콜베르크가 구성한 도덕 발전에서의 두번째 단계와 세번째 단계의 구분을 통해 분명해질 수 있다. 권위적 양심은 "관습적인 역할 일치의 모델"을 대변하며, 자율적 양심은 "스스로 받아들여지는 원칙의 도덕"(콜베르크 1996, 26)을 대변한다. 의문시되는 권위적 도덕에서 자율적 양심의 도덕으로 넘어가는 과정은 그 구조의 측면에서 응용윤리적 사고 흐름과 일치한다. 사람들이 도덕적으로 중요한 일에 대해서 더 많이 숙고하고 판단을 내리기 시작하면 할수록 응용윤리학은 호황을 더 많이 누린다. 이런 점에서 도덕적 판단과 규칙을──전문 용어의 관점에서 보자면 오해의 여지가 많은── '윤리적' 판단으로 지칭하는 일상 언어적 표현은 충분히 이해가 된다. 그것은 도덕적 판단과 규칙을 자율적·응용윤리적 사고의 결과로서 특징짓는 데서 비롯된다.

3. 응용윤리학의 기초

따라서 응용윤리학의 과제는 규범적인 원칙을 사건 유형과 개별 사건에 적용하는 데 있다——이들을 도덕적으로 판단하고, 도덕적 행동 반경을 설정하기 위해서. 그러한 작업은 판단력을 요구한다. 칸트는 자주 인용되는 정의에서 판단력의 두 가지 형태를 구분한다. "판단력은 특별한 것을 일반적인 것에 포함된 것으로 생각하는 능력이다. 일반적인 것(규칙·원칙·법칙)이 주어져 있으면, 특별한 것을 그 속에 포함시키는 판단력은 (…) 규정적이다. 하지만 특별한 것만 주어져 있으며 그래서 판단력이 일반적인 것을 찾아야 한다면, 판단력은 단지 성찰적이다."(칸트, 《판단력 비판》, 179) 이러한 개념 규정에서 보자면, 우선 정해진 주제 영역에 도덕 원칙을 적용하는 것은 규정적인 판단력의 소임이라는 것이 분명해진다.(예를 들어 바이에르츠 1991, 13 이하; 로벡 1993, 272 참조) 물론 이 점에서 '규정적'이라는 표현의 사용은 이미 온갖 편견을 불러일으킬 수 있을 것이다. 어쨌든 그러한 응용윤리학의 상상은 윤리학에 대한 많은 공포심과 자칭 도덕주의자로서의 윤리학자에 대한 강한 거부 자세를 불러일으킨다.(루만 1990, 697 참조) (규정적 판단력의 과제로 이해되는) 응용규범적 윤리학은 물론 오트프리트 회페가 규범주의적 결론 오류라고 부르는 특정한 결론 오류를 함축한다. "나는 자연주의적 결론 오류와 반대되는 생각, 즉 규범적 사고에서 상세한 혹은 구체적인 구속력이 파생될 수 있다는 생각을 규범주의적 결론 오류라고 지칭한다."(회페 1981, 16; 바이에르츠 1991, 29 이하) 그래서 **일반적으로** 유효한 도덕 원칙을 고려하면서, 도덕적 문제 제기의 **특별한** 여건을 다루는 것은 오히려 '상승' 움직임과 성찰적 판단력의 작동으로 나타난다. 규범-윤리적 성찰 차원에서 응용윤리적 성찰 차원으로의 사고 이행에 대한 이전의 진술 방식도 단지 이상적 성격을 갖는다.

성찰적 판단력

응용윤리적 규칙의 기초는 칸트가 '격률 규정'이란 제목에서 논술하는 과정과 비교될 수 있다.(칸트, 《인류학 성찰》, Akademische Aus-gabe, XV/2. 873[1518]; 트룬헤어 1994. 121-131 참조) 이때 성찰적 판단력이 그 작용을 통해 만들어 내는 것은 합목적성의 특수한 방식이다. 칸트는 미학적-실천적 판단력의 일종인 성찰적 판단력을 건강한 인간의 오성, "마음의 어둠 속에서"(칸트, Akademische Ausgabe VII, 140) 일어나는 성찰 과정에서 주체적인 합목적성을 생산하는 실천적 오성과 동일시한다. 성찰 과정에서 외부 세계의 여건과 요구, 고유한 성향의 요구와 애착, 그리고 도덕적 규칙과 윤리적 원칙과 관련된 양심 내지 지식의 요구들이——콜라주의 예술적 창조에서처럼——서로 연관되고 조정된다——오성이 마침내 격률의 형태로 표현할 수 있는 행위 계획의 조화된 단일성, 주체적인 합목적성이 생성될 때까지. 이러한 절차에 대한 생각은 그대로 응용윤리학 영역에서의 작업에 대한 생각에도 적용될 수 있다.

응용윤리적 작업에서 성찰적 판단력이 요구되는 한 응용윤리학은 철학적 사물 인식 외에도 아주 많은 창조성을 필요로 하는 특수한 예술 분야에 속한다. 왜냐하면 상이한 요구는 다르게 인식되거나 이해되고 나서 서로 조정되어야 하기 때문이다. 칸트의 판단력 격률에 따르면 모든 요구와 여건에 대해 예민하거나 "각각의 자리에 대해 다른 것을 생각하는"(칸트, 《판단력 비판》, Akademische Ausgabe V, 294) 것이 관건이다. 하지만 이 맥락 속에서——철학자 편에——위험한, 피할 수 없는 것으로 보이는 전문주의가 나타난다. 전문주의는 자신의 일반적 규범-윤리적 입장을 묵시적인 전제로 삼거나 일종의 부권주의적 대리 토의를 이끈다. 그러한 전문주의는 도덕적으로 과중한 임무를 맡은, 그래서 기꺼이 자신의 책임을 타인에게 위임하려는 몇몇 학자들의 이해와 맞아떨어진다. 그러나 논의되어야 하는 분야가 너무 복잡해서 해결책이 단순히 소위 사색적인 단독 행동으로 만들어질 수 없다. 부권주의의 공룡이 멸종 직전에 놓여 있다고 할 수 있을 것이다. 철학적 시각에서 참여자는 학자, 정치가와 다른 이해 당사자들이 함께 **일종의 공동적인 성찰적 판단력**을 형성하는 것이 목표이어야만 한다. 다른 사람들을 도와 주고, 이에 상응하는 방식으로 철학적 부분에 기여하는 것: 이 점을 소위 철학적 실천이 본질적인 목표로 세웠다.

철학적 실천

게르트 B. 아헨바흐의 발상으로 귀결되는 철학적 실천은 본질적으로 삶의 세계의 구체적인 문제에 철학이 적용되어야 하는 상담 대화를 다룬다. 실천철학의 상담 제공은 응용철학의 기획으로서 철학적 분과 학문 전체를 포함하나, 그 중에서도 윤리학이 중심에 있다. 이와 관련하여 철학적 실천은 한편으로 응용윤리학의 구상이 완성되는 곳이며, 다른 한편으로 그밖에 응용윤리학과 관련하여 윤리학의 분야에서 공동의 상담을 연구 대상으로 삼는 기초 분과 학문을 가리킨다.

다양한, 현재 꽃피우는 상담 분야에서는 원칙적으로 상담이 규격화된 이론의 배경에서 일어나는 반면에, 철학적 실천에서의 상담은 일정한 철학이나 이데올로기부터 시작되지 않는다.(아헨바흐 1987, 6 참조) 철학적 실천은 방문자의 일회성과 자기 규정을 고려하고자 한다. 일반적으로 자유의 사용이 윤리학 분야에서 본래적인 상담의 대상을 형성한다. 방문자의 측면에서 필수적 절대 조건은 방문자 자신의 자율, 성숙함이다.(딜 1990, 47 참조) 때문에 상담 상황은 처음부터 상담해 주는 것보다는 상담받는 것을 겨냥한다. 실무자가 여기서 제공해야 하는 것은 자신의 형식적·자료적 전문 능력이다. 그는 한편으로 사고의 전문가이며, 다른 한편으로 윤리학적 문제 제기, 이에 상응하는 해결 노력과 가능윤리적 입장들에 대한 포괄적인 지식을 갖는다.

철학적 실천에서 상담의 경우 응용윤리적 사고 흐름과 유사하게 세 가지 절차적 단계가 구분될 수 있다——물론 다시금 이상적인 방식으로. 응용윤리학적 상담은 상담 주제와 관련된 지식을 살펴보는 데서 시작하고, 해당하는 도덕적 문제를 인식하고 분석하는 시도로 넘어간다. 이어지는 작업에서 규범윤리적 차원에서——합리적의 근거를 가진 기준을 토론의 대상이 되는 행위 문제 영역에 적용하기 위해서——기본적인 윤리적 통찰에 대해 이해시키는 시도가 이루어져야 한다. 그러므로 해당 작업은 특별한 규범의 구상 및 근거 제시를 포함한다.

이때 철학적 실무자는 대표 토의를 이끌거나 조언을 구하는 사람으로부터 책임을 떠맡는 게 아니며, 공동의 상담 속에서 철학적·전문적 **능력이 한데 모아진다.** 철학적 상담에서 공동의 성찰적 판단력을 형성하려는 시도가——그것을 통해 문제 해결 노력을 전개하기 위해서——그 중심에 있다. 하지만 형성된 응용윤리적 규범 계획의 수용과 실현은 전적으로 조언을 구하는 자에게 달려 있다. 이 점에서도 철학적 실천은 자유의 변호사로서 입증된다.

개인뿐만 아니라 기관도 설명된 형태의 철학적 상담을 요구할 수 있다. 이 점도 어느 정도 중요한 의미를 갖는데, 많은 응용윤리적 분야에서 책임을 가진 개인이 중심에 서는 자연적 행위 모델이 점점 더 제도적 행위 모델의 뒤로 물러나기 때문이다.(의료 분야와 관련하여: 빌란트 1986, 41-55; 그밖에 빌란트 1989) "기관의 영향 영역 속에서 행동하는 자는 더 이상 자신의 행동에 대해 완전한 책임을 지지 않는다"(빌란트 1989, 92)는 점이 합법적 기관의 특징이다. 특정한 기관 내에서 유효해야 하는 윤리적 방침은——해당 기관이 이에 대해 사회를 상대로 책임을 진다——많은 경우에 윤리위원회에 의해서 토의되고 확정된다.

공적인 토의의 문맥에서도 "고유의 방식으로 형성되고 합의를 지향하는 **윤리위원회**는 윤리적 갈등을 해결하는 데 유용한 수단이라는" 점이 유효할 수 있다. "그러한 위원회는 '진리'를 전해 줌으로써 그런 과제를 수행하는 게 아니며, 사회에 합리적인 논거와 (…) 도덕적으로 수용될 수 있는 해결책을 제공함으로써 과제를 수행한다."(쿠제 1996, 99) 위원회가 제안한 규범이 실제로 추구할 만한 "합리적인 근거를 가진 합의"(바이에르츠 1996, 25)의 산물인지 여부에 대한 보장은 철학자에게 달려 있다. 왜냐하면 그들은 규범윤리적 근거 차원에서 토의를 전개할 수 있기 때문이다. 따라서 윤리위원회는 철학 실천적 작업을 위해 미리 정해진 장소이다. 물론 유감스럽게 현실은 다소 다른 모습을 하고 있다. 아직도 철학자 내지 철학적 실무자들을 그런 위원회에 초빙하는 것이 항상 당연시되는 것은 아니다.

여성주의윤리학

여성주의윤리학의 시도가 특히 윤리위원회에서 주목되어야 할 관점을 대표한다. 여성주의윤리학은 도덕에 대한 우리 생각이——성별을 구분하고 성에 따라 상이한 역할을 부여하는 하는 점에서——불변적 · 생물학적 여건에 귀착되지 않는다는 인식, 즉 도덕에 대한 우리 생각이 영어 **섹스**(sex) 의미의 성과는 관계없으며, 전통적인 도덕의 바탕에 깔린——새로 형성된 **젠더**(gender) 개념의 의미의——성에 대한 통찰이 항상 사회적 구성물이라는 인식에서 시작한다. 여성주의윤리학은 먼저 현재 지배적 도덕과 전통적인 윤리학 모델이 얼마나 남성 중심적인가를 보여주려고 시도한다. 이때 한편으로 사회에서 여성 차별로 이어지는 편견과 인습적 사고를 계몽하는 문제이며, 다른 한편으로 대안을 세우는 문제이다. 이러한 의미에서 여성주의윤리학은 교정 기능을 수행하는데, 모든 성찰 단계에서, 즉 가능한 도덕적 문제가 되는 것을 인식하는 단계와 규범윤리적 단계 및 응용윤리적 단계에서 교정의 기회가 만들어져야 한다.

4. 응용윤리학의 주제 영역

응용윤리적 담화와 구상은 다수의 세분화된 행위 영역, 전문 분야, 주제 영역과 관련되는데, 이들은 상이한 방식으로 서로 결합된 듯이 보인다. 율리안 니다 뤼멜린은 응용윤리학의 담화 및 구상과 관련하여 "분야윤리학"(니다 뤼멜린 1996, 63-69 참조)이라는 표현을 제안한다. 이러한 분야윤리학 중에는 의료윤리학과 같이 해당 직업 도덕의 유산을 계승하는 응용윤리학도 있다. 여기서 분야윤리학 내지 응용윤리학의 주제 영역의 '지도'는 전제적으로 단순히 서로 경계짓는 지역으로 쪼개지지 않는다. 몇몇 '나라들'이 여러 구역으로 쪼개지는 반면에, 다른 지역에서는 여럿이 겹쳐진다. 그래서 평화윤리학의 관심사가 사회윤리학뿐만 아니라 정치윤리학과 환경윤리학에 의해서 대변될 수 있다. 여러 주제에 초점을 맞추는 일은 마찬가지로 다른 응용윤리적 담화의 지평에서 논의되고 해결되어야 할 문제에 대한 토의와 그 해결을 요구한다. 막 새로 형성된 식품윤리학 분야는——그 주요 관심사가 식품의 생산, 가공과 분배에 관한 규범적 원칙이다——소비자의 건강과 자기 결정 권한을 보호한다는 목표를 가지고 있으며, 생명윤리적 · 동물윤리적 · 의료윤리적 · 정보윤리적 · 경제윤리적 관심사의 총체를 형성한다. 나는 아래에서 상이한 분야윤리학의 개요를 제시하고 싶다.

생명윤리학은——무엇보다도 현대 생물학적 · 의학적 인식의 적용이 양적으로 늘어날 수 있다는 전망에서 발생되는 도덕적 문제를 통해 민감해진 분야(사스 1988a, 24 참조)——최근의 응용윤리학의 하나로서 포괄적인 의미에서 삶의 가치에 대한 논의에 집중하며, 삶이 소유하고 있는 것에 대한 인간의 태도와 자연 전체에 대한 인간의 태도를 성찰한다. 생명윤리학은 소위 부분 영역인 환경윤리학 · 동물윤리학과 유전자윤리학을 포함한다. 유전자 조작과 유전자 분석에서 윤리적 규범을 세우려는 노력이 생명공학적 논의의 중심에 있다.(생명윤리학에 대해 추천할 만한 문헌: 아흐/가이트 1993; 사스 1988a)

기술적 진보의 생산물과 쓰레기를 통한 우리의 고유한 삶의 공간 내지 지구의 오염과 파괴를 고려할 때, 우리는 생태학의 시각에서 보자면 말 그대로 위기에 처해 있거나 본격적인 재앙 직전에 있다. 이러한 배경에서 **생태윤리학**은 자연과의 교류를 성찰한다——인간 삶의 지속적 존재를 확보하려는 목적의 관점에서.(추천할 만한 문헌: 크레베 1997; 브렌너 1996; 오트 1994; 비른바허 1991)

의료윤리학이 이끄는 논의의 중심에는 히포크라테스 이후 도움을 필요로 하는 사람의 건강('환자의 건강(salus aegroti)')을 지향하는 의사의 에토스가 있다. 오늘날 의사와 환자의 관계 변화 속에서——의사의 부권주의적 헤게모니는 파트너십과 환자 자율성 구상으로 넘어갔다(볼프 1989, 205-210 참조)——안락사나 낙태와 같은 고전적인 도덕적 문제와 관련된 의사의 윤리적 자세는 새롭게 규정되어야 한다. 가령 장기 이식 혹은 생화학 의료의 분야에서 완전히 새로운 가능성이 제기됨에 따라, 의료윤리학은 계속해서 의학의 의미에 대한 근본적인 논의와 신규정을 요구하는 완전히 새로운 도덕적 문제와 직면하게 된다. 이때 의료윤리학은 의사의 에토스의 규정에 국한되지 않으며, 자신의 직업상 혹은 환자로서 의학적 분야와 관련이 있는 모든 사람을 위한 규범적 방향 설정에 노력한다. 특히 의료 혜택의 측면에서 부자와 가난한 사람들 사이의 격차가 커지고 심지어 산업 국가에서도 의료 가능성이 재정을 능가하기 시작하는 상황에서 의료윤리학과 사회윤리학 사이의 공동 작업의 틀에서만 해결될 수 있는 할당의 도덕적 문제가 제기된다.(추천할 만한 문헌: 이르강 1995; 보샹/칠드리스 1989; 사스 1989; 사스 1988b)

　심리학적 윤리학은 부분적으로 의료윤리학에 연결되는, 그러나 독립적인 특수 윤리학을 형성한다. 심리학의 지식과 기술은 다른 사람들을 조정하는 포괄적인 가능성을 제공하나, 나중에 그런 사람들의 마음에 상처를 줄 위험도 내포한다. 심리학적 윤리학은 여기에 심리학적 조정 잠재력과 책임성 있는 관계를 미리 규정하는 규범을 만들려고 시도한다——실험 수행, 향정신제 투여 및 치료법 적용시.(추천할 만한 문헌: 쇠프 1998)

　행동 연구와 동물심리학에서 나온 인식은——특히 생물학적 진화론——인간이 동물과 존재적 친족 관계가 있음을 보여준다.(특히 레이첼스 1990 참조) **동물윤리학**의 과제는 그러한 관점에서 인간과 동물의 관계를 새롭게 규정하고, 특별한 욕구를 가진 동물을 일정한 방식으로 인간의 도덕적 사회와 연관시키는 것이다. 이러한 계획을 실현시킬 수 있는 도덕 원칙을 찾는 과정에서 동물윤리적 논의와 사고 흐름은 일시적으로 규범윤리적 성찰 차원에 머물렀으며, 응용윤리적 차원에는 아직 도달하지 못했다.(추천할 만한 문헌: 볼프 1992; 볼프 1990; 징어 1982)

사회윤리학은 사회적 정의의 원칙을 지향하며, 한 사회 혹은 공동체 속에서 인간 관계 형성에 필요한 규범을 세우는 데 노력한다. 사회윤리학은 정치윤리학 혹은 경제윤리학의 후원자 혹은 하부 영역이다.(추천할 만한 문헌: 배리 1989)

법윤리학은 법에 관한 규범적 기초 학문 분야로 도덕성에 비춰 법안을 검증하고 법 규범을 도덕적으로 입증하는 일이다. 이때 옳고 긍정적인 규범의 내용에 대해 논의할 뿐만 아니라——가령 성행위 분야에서——법적 권한의 한계도 정의되어야 한다.(추천할 만한 문헌: 포르텐 1996)

법윤리학의 상위 분과 학문으로 기능을 수행하는 것이 한편으로 헌법과 법률의 윤리성을 다루고, 다른 한편으로 정치적 논쟁의 도덕을 다루는 **정치윤리학**이다. 현재에는 무엇보다도 자유주의와 공동체주의 사이의 논쟁이 그 중심에 있다. 정치윤리학에 대한 커다란 도전은——현재 관찰될 수 있는 것처럼——정치적 결정권자로부터 경제적 결정 중심으로의 권력 이양에서 생겨난다.(베크 1997)(추천할 만한 문헌: 누서 1998; 회페 1994)

정치적 공동체는 거의 모든 차원에서 그 구성원들 사이의 직접적인 접촉이 거의 불가능한 정도로 커졌다. 때문에 정치는 정치적 채널로서의 미디어에 의존한다. **미디어윤리학**은 객관적이고 사실적인 보도가 존재할 수 있다는 편견을 밝히는 데서 시작한다. 모든 현실 묘사와 보도는 일정한 개인적인 입장에서 만들어지는 구성으로서 입증된다. 그래서 미디어윤리학은 언론·텔레비전·영화 영역에서 현실을 구성 내지 재현할 때 고려해야 할 응용윤리적 규범을 만드는 데 노력한다.(추천할 만한 문헌: 바이헨베르크/숄 1995; 할러/홀츠아이 1992)

교육학적 윤리학도 교육학의 기본 분과 학문으로서 교육의 목표를 성찰하고, 공동체가 성숙된 구성원으로부터 기대하는 바가 무엇인지에 대해 깊이 생각한다는 점에서 어느 정도 정치윤리학과 관련된다. '학교와 교육' 분야가 핵심을 차지하는 교육학적 윤리학은 학생들에 대한 포괄적인 교육의 측면에서 규범뿐만 아니라 교육자가 지켜야 할 규범을 세우는 데도 노력한다.(추천할 만한 문헌: 휘글리 1998; 뢰비쉬 1995; 굿레드/소더/시로트닉 1990)

경제윤리학의 시도는 먼저 경제 내지 시장이——자연 법칙처럼—— 인간의 자유로운 결정에서 벗어나는 법칙에 따라 기능을 발휘한다는 심각한 오해와 직면한다. 시장이 고유한 역동성을 발휘할 수 있을지라도 엄연히 인간의 작품이다. 경제윤리학은 사회적 정의에 관한 일을 대변하며, 기업가의 자세, 기업 내에서 구성원들의 관계, 그리고 소위 마케팅의 맥락에서 고객과 기업가의 관계에 관심을 갖는다.(추천할 만한 문헌: 로만/프리다트 1997; 울리히 1997)

자연과학 영역뿐만 아니라 사회과학 영역에서도 **학문윤리학**은 세 가지 관점에서 특별한 윤리적 규범을 세우려고 시도한다. **첫째는** 무엇보다도 진리의 유효성에 대한 의무를 가진 연구자들의 자세에 대한 규범이며, **둘째는** 연구자들이 발명과 발견에 이르는 방식(자연과학-의학의 영역에서의 동물 실험과 인간 실험)에 관한 규범이고, **셋째는** 연구 결과와 가능한 영향에 대한 책임 인식에 관한 규범이다. 연구 결과의 책임에 관해서는 무엇보다도 연구의 한계에 관한 문제가 명확해져야 한다. (추천할 만한 문헌: 렌크 1992; 렌크 1991)

학문윤리학으로 완전히 뗄 수 없는 것이 기술윤리학과 정보윤리학이다. 통상적인 견해에 따르면 기술은 단지 수단을 생산할 뿐이고, 반면에 그 수단에 의해서 실현되는 목적은 기술과 더 이상 관계없으며, 오히려 윤리학의 대상이다. **기술윤리학**은 오늘날 기술적인 혁신은 점점 더 인간의 자기 인식과 생활 환경을 근본적으로 바꾸어 놓을 수 있는, 새로운 사실과 행위에 대한 지평을 열어 놓았다는 인식, 그래서 기술적 가능성 창조가 기술윤리적 성찰을 동반해야 한다는 인식에서 시작된다.(추천할 만한 문헌: 로폴 1996; 후비히 1995; 렌크/로폴 1993)

정보윤리학은——연구의 특별한 방식과 일정한 결과와 결부된 위험을 대중에게 알려야 하는 의무에 부응하기 위해서——학문의 입장에서 지켜야 할 도덕적 규범에 대해서 숙고한다.(추천할 만한 문헌: 슈핀너 1996)

이러한 도덕철학적 분야별 윤리학 외에도 다수의 특수한 성취윤리학이 있다. "도덕철학이 도덕적 행동 규칙의 총체적 목록으로서의 도덕과 연관되는 반면에, 성취윤리학은 도덕과 관계없는 정당한 생활과 연관된다."(크레머 1992, 83) 특수한 성취윤리학은 상이한 관점에서 인간의 행복 추구를 주제로 삼는다. 그것은 실존철학의 유산을 떠맡았다.(같은 책, 196) 응용성취윤리학의 분야에서 크레머는 먼저 세 가지 주제 영역을 확인한다: "자신의 건강과 병에 대한 자세"(같은 책, 282), "외부 사물과의 관계"(같은 책, 289), 그리고 "타인과 관계에서 도덕과 관계없는 전략적·공감적인 관점."(같은 책, 291)(추천할 만한 문헌: 크레머, 1992, 282-322; 하도트 1991)

여성주의철학

코르넬리아 클링거 (튀빙겐대학교의 철학 강사)

1. 여성 연구의 시작과 여성 운동의 틀 속에서의 여성주의적 이론

여성주의철학은 여성 운동과 여성주의 결과로서, 그리고 그 틀 속에서 생겨났다. 여성 운동과 여성주의는 유럽과 북아메리카의 현대사에서 여러 단계를 거치며 발전했다. 이미 18세기 후반과 19세기의 정치적 혁명을 통해서 시작되었는데, 20세기의 1/4분기에 소위 첫번째 여성 운동에 의해서 양성 평등이 관철된다. 이것은 공적인 활동 분야에 진출할 수 있는 권리가 여성에게 동등하게 주어진 것이다, 즉 정치 참여의 권리로, 일차적으로 능동적 및 수동적 선거권이 그것이다. 그것은 더 나아가서 상급 교육 기관으로의 진출과 직업 수련을 위한 제한 없는 허용과 관계가 있다. 물론 형식적 평등을 넘어서 삶의 모든 분야에서의 양성 평등이 완전하게 실현되지는 못했다. 일견 논리적으로 현대의 법 이론과 사회 이론에서 결론으로 제시되는, 양성 관계에 대한 정의와 평등 원칙을 적용해 달라는 요구의 이행은 저항에 부딪쳤다. 그런 저항은 방식과 규모 면에서 대단해서 완전히 억압될 수는 없었다.

이리한 불만족스러운 결과는 여성 운동의 두번째 물결을 일으켰다. 두번째 여성 운동은 서구 산업 국가에서 전체주의와 전쟁의 결과로 오랜 기간의 정체와 퇴보를 겪은 후에, 대략 1960년대 후반에 일어났다. 이 두번째 시도는 진행 과정에서 첫번째 시도와는 다른 방향을 택했다. 소위 두번째 여성 운동은 첫번째 운동에서 싸워 얻으려고 했던 정치·사회적 권리의 완전한 실천이 사회의 구조와 메커니즘에서 개인의 머리, 육체와 영혼에서——불평등의 제거를 통해 저항을 해소하기보다는——더 다양하고 다층적인 저항에 부딪쳤다는 것을 인식했다. 그래서 두번째 여성 운동은 계급적인 성별 체계가 얼마나 문화와 사회의 심층 구조 속에, 그리고 집단적 담화와 믿음 속에 뿌리박혀 있고 개인적인 인지, 느낌과 사고 방식에 자리잡아서 말 그대로 '굳어져' 있는지에 대해 현명한 사람들을 이해시키는 것을 목표로 삼는다. 성별에 따른 지배 관계의 해소는 단순히 현실의 급진적 변화를 의미하지 않으며, 현실을 구성하는 사고, 개념과 발상에서의 전환을 요구한다.

이러한 문제를 추구하는 과정에서 두번째 여성 운동은 정치 혹은 사회 운동으로서의 본래적 의미를 갖기보다는 주로 문화 운동과 연구 내지 이론적 시도로 전개된다. 이때 강조 사항은 여성과 여성성을 대상·출발점·요점·목표점으로 보고, 여기에 초점을 맞추는 여성 연구(women's studies)로부터 젠더 연구(gender studies)로 옮겨진다. **젠더 연구**는(성에 대한 연구를 가리키는 해당 독일어 용어는——가계 연구에 가까운 연상 작용 때문에——아직 정립되지 않았다) 성이라는 범주에 대한 체계적 연구를 목표로 삼는다: 성의 정체성, 성별 차이, 성별 관계, 성별 질서와 상이한 사회 분야와 학문적 담화에서 성별 질서의 구성. 여성성이라는 범주에 대한 시각이 성 자체로 확대되는 것은 성별 차이, 성별 관계라는 주제가 사회 질서와 문화의 구성 요소이자 전체로서 이와 관련되며, 특정한 그룹의 사안으로 전락될 수 없다는 사실을 고려한 것이다. 과거에 그런 주제가 종종 경험했듯이, 여성 연구라는 명칭은 쉽게 '여성 문제'로의 축소를 연상시켰다. 물론 여성 연구에서 성 자체에 대한 연구로의 전환이 주제를 희석시킨다는 위험을 동반하는 비판적인 목소리도 있다. 여성 해방이란 목표의 지향이 시야에서 사라질 수도 있다는 것이다.

최근에 시작된 **젠더 연구**는 여러 방향으로 나누어졌다. 사회와 문화의 과거 및 현재의 구조를 분석하여 남성성/여성성의 축으로부터 동성애/이성애의 축으로 관점을 옮기고, 집단적·개인적 정체성 형성에서, 사회 질서 및 서열 형성에서 성의 역할을 주제로 다룬 **게이와 레즈비언 연구**가 발전했다. **여성 연구** 내지 **젠더 연구**의 결과 및 반응으로서 **남성 연구**가 발전했는데, 그 목표는 역사적으로 그리고 현재 남성의 특수한 성적 속성 및 사회적 속성을 연구하고, 더 나아가서 보통 성별 중립적인 보편적 유효성 뒤에 남성적 특징을 숨기고 있는 일정한 현상(전쟁·스포츠 등)을 대상으로 그 남성적 특징을 드러내는 것이다. **게이와 레즈비언 연구**와 **남성 연구**는 **여성 연구** 내지 **젠더 연구**와 각각 다른 점을 강조한다. 그럼에도 불구하고 전자는 후자와 결정적인 관점과 방법을 공유하며, 그 발전을 전제한다.

성, 성의 정체성, 성별 차이, 성별 관계와 성별 질서에 대한 연구는 고유한, 분리된 전문 분야라기보다는 문화·사회·학문 담화와 같은 모든 분야에서 중요성을 갖는 교차적 관점을 형성한다. 이에 맞춰 **젠더 연구**는 상이한 분과 학문에서 발전했다. 젠더 연구가 제도적으로 고유한 전공학과로 성장했는지, 혹은 기존의 학과에 수용되어야 하는지에 대한 물음은 상이한 방식으로 대답된다. 여러 나라에서 제도화의 정도 또한 매우 다양하다. 영어권의 국가들, 특히 미국·캐나다·호주·영국에서는 **젠더 연구**가 학술 연구의 구성 요소 및 학문으로 자리잡았다. 반면에 유럽과 독일어권 국가에서는 여전히 현격하게 뒤처져 있다. 따라서 이 분야에서 각각의 나라들이 학문적 생산에 차지하는 역할과 비중은 똑같지 않다.

그동안 약 30년의 발전 기간을 걸쳐 여성 연구／젠더 연구／여성 이론은 현재 가장 흥미롭고 역동적인 사회학적 및 문화학적 연구 영역 가운데 하나로 간주되는 연구 부분이다. 이 부분에서는 현재 활발하게 논쟁이 진행되고 있기 때문에 어느 한 입장 혹은 어느 한 가설도 확고부동한 것이 아니라는 것은 자명하다. 마찬가지로 같은 이유에서 문제 전체를 포괄적이고 최종적으로 기술하는 것이 불가능하다는 것도 자명한 사실이다.

젠더 연구는 먼저 중요한 이론적 근원을 자유로운 사유, 사회주의적 전통과 심리 분석에서 찾았다. 계몽—자유의 지평에서 해방·자율·동등·진보 등의 목표에 대한 생각이 유래했다. 사회주의적—마르크스주의적 생각에서 성별 관계를 체계적인 지배 및 약탈 메커니즘으로 파악하기 위한 도구가 얻어졌다. 심리 분석은 여성주의와 **젠더 연구**를 위해 중요한 의미를 갖는다. 왜냐하면 그것은 성에서의 감정과 행태, 그리고 성 정체성의 사회문화적 구성을 주제로 삼는 중요한 이론 가운데 하나이기 때문이다. 현재 여성주의, 후기구조주의 내지 탈구성주의와——예를 들어 **문화 연구** 같은——새로운 다른 이론 조류들 사이의 밀접한 관계가 발전하고 있다. 여기에 열거한 혹은 다른 시도에서 **젠더 연구**가 완전히 피어난 것은 아니다. 다른 시도들과의 관계에서 그 양상과 정도가 아주 다양하게 나타날 수 있다.

여기서 여성주의철학에 대한 설명에서 나타나는 것, 즉 여성주의 이론 내지 **젠더 연구**가 단일한 학문 · 이론 · 이데올로기, 혹은 종결된 사고 체계가 아니라는 것은 일반적으로 유효하다. 여성주의 이론과 젠더 연구는 오로지 성이란 범주를 주제로 다룬다는 점과, 전통적인 서열과

비대칭의 해소를 위해 성별 질서를 변화시키는 데 관심이 있다는 점에
공통점이 있다. 그 주요 목적은 여성을 위한 정의, 그에 따른 성별 관
계의 동등성과 개인적인 성 정체성의 계발을 달성하는 데 있다. 이것
은 종종 여성주의 이론과 **젠더 연구**가 정당한 실천-정치적 담화이기
는 하지만 순수 학문 담화나 철학이 아니라는 의심의 빌미가 되는 사
회적 실천 및 변화와의 관련성이다. "철학자의 중심 조류에서 보자면,
철학에서의 여성주의 연구는 염치없는 정치적 간섭이기 때문에 우선
뻔뻔스럽다. 자연과학의 신화처럼 철학적 신화는 (…) 철학자의 연구
가 그 본질적 · 기술적 내용이 정치적 영향으로부터 자유로울 정도로
훌륭하다는 점이다."(앨코프/포터 1993, 131) 하지만 일반적 성격의 **젠
더 연구**와 특수한 성격의 여성주의철학은 자칭 객관적인 지식 담화의
구조에 나타나는 서열적 성별 질서의 근거 제시 및 고수에 대한 실용
적 관심을 자신의 비판적 연구의 대상으로 삼음으로써 객관적인 지식
과 실용적인 관심 사이의 구분을 무력하게 만든다. "여성주의철학은
(…) 철학에서 나타나는 남성주의의 교정을 위한 헌신을 통해 정의된
다."(재거 1998, 1) 긍정적으로 표현하자면, 이는 "여성주의철학이 여
성 해방에 대한 관심의 원칙에 입각한 철학하기"(나글 도체칼 1990,
11)라는 것을 뜻한다.

2. 여성 연구와 젠더 연구의 틀 속에서 탄생한 여성주의철학

　여성은──다른 사회적 활동 영역에 대한 참여에서 배제되었듯이
──제도적 틀 속에서의 철학적 지식의 습득과 철학적 활동의 직업적

교육으로부터 오랫동안 그리고 철저하게 배제되었다. 때문에 여러 다른 분야에서와 마찬가지로 서구의 문화적 자명함 속에 깊이 뿌리박힌 여성 배제 관념을 실질적으로 깨뜨리는 것이 여성주의철학의 첫째 조건이다. 많은 수의 여성들이 학업과 철학 교육의 문에 도달한 후에 비로소 그러한 여성 배제에 대한 이론적 성찰이 시작된다.

위대한 철학자들의 여성혐오증 추문과 철학 역사에서 잊혀진 여성들의 재발견

이러한 성찰을 시작하면서 우선 공공연한 성 차별에 대한 수많은 자료에 대해 놀라움을 금치 못한다. 소위 여성 적대적 발언들이 철학 초기부터 금세기(20세기)에 이르기까지 서구의 철학적 담화를 특징지었다. 성 차별의 가장 중요한 특징은 그런 진술의 양과 표현 정도에서 성 차별의 지속적인 현존성이 눈에 띄지 않고 중요하지 않는 것처럼 보인다는 점이다. 많은 남성 철학자들은 전체 철학 역사에 철저하게 동반된 성 차별적 진술의 '저음(Basso continuo)'을 거의 인식하지 않는 듯하다. 예외적으로 인식하는 경우에도, 위대한 철학자들도 '여성 주제,' 사회의 성별 질서에 대한 진술에서는 당대의 '아이'에 불과했다는 주장과 함께 그런 현상을 가볍게 처리한다. 철학자들의 '공식적인' 학문의 진리, 품격과 효력은 의미 없는 '사적인 의견'으로서의 그런 진술과 아무런 관련이 없다는 것이다.

결과적으로 여성주의적 철학 비판의 첫번째 과제는 남성에 의해 주도된 철학에서 여성 혐오증의 흔적을 찾아내서, 그것을 세칭 주변부에서 중심으로 옮기는 일이다. 소위 여성 적대적 발언은 철학적 담화의 가장자리에 놓인 우연적인, 의미 없는 '잡담' 혹은 체계에 속하지 않는 '잠음'이 아니며, 철학적 담화를 특징짓는 경계를 표시한다. 여성의 조직적인 배제는 철학에 전제된 사회적 상황이 아니며, 그것은 담화 속에 그리고 담화 자체를 통해서 생산되고 재생산된다. 철학은 각각의 시대의 사회적 독점 메커니즘을 모사할 뿐만 아니라 그것을 언어로 표현하고 기록한다. 그런 철학적 담화가 세계와 현실에 대한 설명을 지향하면서 여성을 배제할 뿐만 아니라 왜 그런 일이 일어나는지에 대한 설명과 증거를 제공한다.

다른 지식 분야에서처럼 철학에서도 여성 연구의 중요한 두번째 시도는 여성들이 배척에도 불구하고 과거에 이룩한, 잊혀지고 파묻힌 업적을 찾아내는 것이다. 훗날의 인정을 통해 철학 역사에서 잃어버린 여성상에게 정의를 되찾아 주는 노력 외에도, 오늘날 철학적 담화의 여성 배척을 극복하려는 어려운 시도를 위해 격려가 되는 사항을 과거의 예 속에서——비록 직접적인 모범은 아닐지라도——찾으려는 의도가 그 뒤에 숨어 있다. 물론 이러한 역사적 연구는 항상 배척 규칙의 예외가 있었다는 것을 보여주었을 뿐만 아니라, 바로 그런 놀라운 예외들을 보여줌으로써 규칙의 적용에 대한 통찰을 넓혀 주었다. 많은 예들에서 배척 메커니즘이 철학의 학습과 실천으로부터 여성을 떼어 놓는 데 사용되었다는 게 드러났다. 사회와 철학적 담화의 여성혐오 구조는 여성이 철학에 입문하는 것과 여성의 철학적 활동을 방해했을 뿐만 아니라 나중에 그 활동의 결과가 사라지게 만들었다. 특히 눈에 띄지 않게 만드는 전략과 가치 폄하 전략도 철학 역사에서 여성상이 눈에 띄지 않고, 그 업적이 미미하다는 인상을 남기는 데 책임이 있다.

첫 출발점의 관점에서 보자면, 지난 20년 동안 여성주의철학은 현지하게 정교해지고 확장되었다. 여성주의철학은 배척 메커니즘이나 명백한 여성 적대에 대한 비판에 머무르지 않고, 여성혐오의 철학 역사에 대한 세분화된 포괄적인 강독을 전개했다. 철학 역사에서 여성의 업적을 인정한 후 지워 버린 맹점들을 기록하는 일은 상당한 정도로 체계화 및 완성되었다. 그런 작업은 오랫동안 더 이상 산발적인 발굴과 우연적인 재발견에 국한되지 않는다. 그것은 수많은 총체적 기술과 새로운 편집 형태로 기록된다.

철학에서의 남성주의에 대한 비난: 인간의 성별 중립적 범주에 대한 비판

성 차별뿐만 아니라 남성 위주의 철학적 전통의 남성중심주의가 논의의 대상이 되는 경우 비판의 다음 단계, 여성주의철학의 형성을 위한 결정적인 비판 단계에 도달한다. 성 차별이라는 용어는 담화의 직접적인 여성 적대성을 의미하는 반면에, 남성중심주의라는 용어는 시각, 문제 제기, 방법과 각각 분과 학문의 통합이 일방적으로 성찰 없이 남성의 자기 이해와 세계 이해를 따르는 것을 가리킨다. 여성주의적 비판이 이러한 방식의 특수한 남성적 자기 이해와 세계 이해를 주장한다면, 이것은 원칙적으로 본질주의적 혹은 생물주의적 가설을 함축하는 게 아니라 단지 성에 따라 일이 나누어지는 사회에서 남성과 여성의 경험 세계가 뚜렷하게 다르다는 것을 고려하는 것이다. 성의 실재를 질서 체계의 중요한 요소로, 그 구성원의 사회적 운명의 기준으로 특징짓는 사회에서(지금까지 대부분의 사회가 그렇다) 근본적으로 성별 중립적 혹은 성별 초월적 입장의 사유는 존재할 수 없다. 남성들은 서구 역사의 넓은 구간에서 제도적 지식 형성을 주도해 왔다. 이런 사실에서 그들이 자신의 모습에 따라 해당 분야를 형성하고 자신의 이해를 표출했다는 예상이 생겨날 수 있다. 반면에 성에 따른 작업 분배로 인한 전혀 다른 성격의 여성 경험은 그 속에 전혀 반영되지 않거나 본질적인 미미한 정도로만 반영되었다. 1단계의 여성주의적 비판이 여성차별의 영향을 분석하는 반면에, 2단계의 여성주의적 비판은 그것이 각각의 담화 형성에 가져온 결과가 무엇인지를 중심 과제로 삼는다. 성 차별이라는 주제를 통해 사회 정의의 문제를 다루는 데 반해, 남성중심주의라는 주제는 지식의 진리성과 유효성의 문제와 관련된다.

여성주의적 비판에서 남성중심주의라고 칭하는 것은 많은 분과 학문에서, 그리고 많은 상이한 형상 속에서 관찰될 수 있다. 철학이 전통적인 자기 이해에 따라 인간의 역사적·문화적·심리적·생리적 상이성과 변화성 속에서 인간 존재의 우연적 조건으로부터 벗어나려는 요구를 내세웠다는 점에서, 철학에서 남성중심주의의 가면을 벗는 것은 특히 중요한 역할을 한다. 철학의 주제는 보편적인 관점에서——우연과 개별성 너머에 있는—— '인간' 자체, 일반적-인간적인 것, 영원한 것, 소위 '최종적인 것' 이었다.

그 결과 모든 전통적 서구 철학에 대한 여성주의적 논의는 중립적이며 보편적인 구상으로서의 인간적인 것에 대한 비판에서 시작된다. "(…) 성과 성의 구성에 기여하는 여러 가지 실행 방식들은 자칭 이성의 중립적·보편적 주체가 놓여야 하는 가장 중요한 맥락에 속한다." (벤하비프 1993, 11) 비판은 상이한 맥락에서 표현될 수 있으며 수많은 예를 통해 제시될 수 있는데, 그러한 비판은 늘 또다시 자칭 성별 중립적 인간과 관련된다는, 철학적 담화의 입장 뒤에는——엄밀한 보편성을 속임수라고 비난하는——남성적 관점과 이해가 숨겨져 있다는 확인으로 이어진다.

달리 표현하자면, '인간' 에 대한 구상에는 여성적인 인간이 포함되어 있지 않거나 부차적인 방식으로 포함되어 있다는 비판이 제기된다.

서구 사상의 시작부터 현재에 이르기까지, 여아의 탄생을 불리한 상황으로 귀결시키는 아리스토텔레스의 생식 이론에서부터 여성성을 '비총체적인 것'으로서 '총체적인' 성격의 남성성과 대비시킨 자크 라캉에 이르기까지, 수많은 예에서 여성은——A에 대한 B처럼——여성으로서 남성과 마주 세워지지 않는다. 즉 양자는 그 자신을 포괄하는 공통 개념(C)하에 놓이지 않는다. "양성의 관계는 두 전극의 관계와 같지 않다; 남성은 (…) 양극인 동시에 전체이다. (…) 인류는 남성적이며, 남성은 여성을 자체로 규정하지 않고, 자신의 관련 속에서 규정한다; 여성은 자율적인 존재로 인식되지 않는다."(보부아르 1986, 10) 이것이 여성주의철학에서 "남성우월주의의 대표 체계"라고 지칭하는 것이다. "성이 이중 구조에 의해 대표되지만, 이중 구조 자체는 양자 중에서 어느 하나를 다른 하나의 부정·부재 혹은 결핍으로 정의함으로써 그 하나를 다른 하나에 종속된 위치로 축소시킨다. 여성의 육체적 특성은, 오로지 남성의 그것과의 관계 속에서 정의되고 이해된다——남성의 반대 혹은 보완물로서."(그로스 1990, 73) 우리 문화와 사회에 깊이 뿌리박힌 양성의 불평등은 일차적으로 남성이 더 좋은 성이고, 여성이 덜 좋고 열등한 성으로 선언되기 때문이 아니라 남성이 자신에 대한 두 가지 입장을 요구하기 때문에 생겨난 것이다——(우월한) 성(A)인 동시에 성별 중립적 인간(C). 그것은 양성의 비대칭성을 이론적 차원에서 고정시키고 눈에 띄지 않게 만드는 이중적 입장이다.

상이한 방향으로의 결론 유도

부분적으로 여성주의적 철학은 남성 위주의 역사에서 여성에게 주어지지 않았던 존재론적인 품위를 성별 차이, 특히 여성성에 부여하려고 노력하며, 여성의 상징적 질서를 찾으려고 노력한다(루스 이리가레이, 루이사 무라로 등). 물론 최근에 이러한 시도들은 다시 급격히 그 토대를 상실했다. 이것은 한편으로 존재론적 사고의 근본적인 확신 부재에 기인한다. 후기 형이상학 시대에는 성의 정체성이 주체의 정체성처럼 더 이상 존재 질서 속에 고정되어질 수 없으며, 사회문화적 구성물, 담화 상황의 효과로 간주된다. 다른 한편으로 최근의 여성주의적 논의에서는 정체성 구성의 다차원성이 좀더 강하게 대두되었다. 여성 존재는 다양한 다른 사회·문화적 규정의 맥락 속에 놓여 있으며, 그러한 규정을 통해서 다양화된다――반대로 성의 소속이 상이한 다른 사회·문화적 정체성 요소에 영향을 미치듯이. "젠더는 (…) 역사적으로 특수한 방식으로 인종·계급·연령·종족·성별에 따른 입장과 지속적으로 관통하는, 이질적 복합 구성체의 한 가지 축일 뿐이다."(보르도 1992, 156)

근본적으로 전통철학에 대한 여성주의적 비판은 이러한 인식을 통해 제한되지 않으며, 오히려 본질적 측면에서 확장된다. 왜냐하면 이러한 방식으로 성이라는 범주가 여러 관점들의 넓은 스펙트럼 속에 정렬되기 때문이다. 이때 그런 관점들에 따라 전통철학의 보편성 및 영속성 요구가 자리를 잡고 상대화될 수 있어야 한다. 물론 인종·계급·나이·종족·성별 등의 상이한 축의 상호 교차가 실제로 무엇을 의미하는지, 그리고 그것이 어떤 모습인지에 대해 지금까지 분명하지 않다. 최근에 이러한 교차를 아주 자주 언급하고 열거하지만, 그 결과 면에서 좀더 정확하게 이론적으로 완성된 모습을 갖추지 못한 상태이다. 때문에 이러한 상태에서 성이라는 범주가 다시 다른 사회적 갈등 현상의 뒤로 처질 수 있는 위험도 피할 수 없다. 그러한 중심적 항변과 '부차적 항변'의 서열화 시도는 과거에서부터 잘 알려져 있다. 예를 들면 여성주의적 이론은 오랫동안 성의 갈등을 계급에 종속시키는 것과 맞서 싸워야만 했다.

상이한 사회적 축들이 서로 교차하는 방식을 상세하게 분석할 때 직면하는 어려움은 사회적 관계 그물이 관례적으로, 즉 현재까지 유효한 계급적·지배적 구조의 전제에 따라 양극적 혹은 이분법적 조합으로 뚜렷이 드러나는 데 그 원인이 있다: 주인-종, 남자-여자, 흰-검은, 부유한-가난한, 위-아래, 안-밖(포함-제외), 중심-주변 등. 이를 통해 유사점이 인식될 수 있다. 가령 '검은'과 '흰'의 관계는 남자와 여자, 주인과 종의 관계와 같다. 결과적으로 각각의 부차적·예속적 입장에 있는 것들은 어느 정도 같은 편에 놓이게 된다. 그들은 서로 상응한다. 하지만 상징적인 상응 관계는 실제 관계가 아니다. 이 때문에 예를 들면 여성인 것과 흑인인 것이 서로 구체적으로 어떤 관계인가에 대한 물음은 제대로 대답되지 않는다.

여성주의적 철학의 핵심: 서구 사상의 개념적 이분법

여성주의철학은 특히 이분법 형성의 복합 주제에 초점을 맞췄다. 왜냐하면 유사성이 인종·계급과 성의 서열화 체계의 구조 속에 나타날 뿐만 아니라 이분법적 구조는 아주 넓은 의미에서 상하 질서의 관계를 만들고, 이를 유지하는 상징적 질서 체계를 특징짓는다. "[…] 여성주의철학자는 많은 사람이 눈치챈 철학의 교묘하고도 은밀한 여성 폄하가 무엇인지 밝혔다. 그런 여성주의자의 계획은 종종 문화/자연, 초월성/내재성, 보편적/개별적, 정신/육체, 이성/감정, 공/사와 같은 개념적 이분법의 해체를 요구하는 것으로 이해되었다. 남성성을 우월한 가치의 표현과 결합하고 여성성을 열등한 가치의 표현과 결합시킴으로써, 그러한 이분법은 여성에 대한 폄하를 근본적인 현실 구조에 새기는 일을 떠맡는다."(재거, 1998, 1 이하)

모이라 게이턴스가 여성주의적 이론 형성의 '양자천이(陽子遷移)'라고 지칭한 그런 인식적 진보와 함께(게이턴스 1991, 92) 애초에 철학 역사에서 단지 부수적으로 나타나는 여성 폄하적 진술이나 잘 드러나지 않는 남성우월주의 현상만을 다루던 여성주의적 비판은 철학적 담화 자체의 핵심을 찌른다. 로시 브라이도티는 이분법 체계를 "(…)철학 중심부에 인정되지 않은 숨겨진 성별 구분"이라고 옳게 부른다.(브라이도티 1991, 93) 서구의 철학 역사와 이론 형성에 있어 형식이 물질보다, 초월성이 내재성보다, 성스러움이 범속함보다, 능동성이 수동성보다, 소유가 존재보다 뛰어난 곳에, 그리고 문화가 자연보다, 정신이 육체보다, 합리성이 정서성보다 우월하게 간주되는 곳에는 어디나 성별 질서, 남성적인 것과 여성적인 것으로서의 인간 쌍의 이분법이 그 밑바탕에 깔려 있다. 이에 따라 전통적인 성별 특성에서 합리성·능동성·문화 활동·초월성은 남성적인 면에 할당되고, 정서성·육체성·자연성·내재성은 여성적인 면에 할당된다. 성별 구분이 위대한 철학 텍스트에는 표면적으로 거의 나타나지 않으나, 피타고라스의 범주 도표 이래 위대한 주제와 개념의 밑바탕에 깔려 있다. 이것은 반대로 철학이 핵심 범주 속에서 여전히 그런 방식의 성별 구분을 계속적으로 추진한다는 것을 뜻한다. 여성주의적 이론이 지난 수년 혹은 수십 년 동안 철학의 여러 개별 분야에서 시도한 비판과 교정 가운데 많은 것들이——전부는 아니지만——명시적 혹은 함축적으로 이러한 이분법에 대한 근본적인 비판에서 출발하거나 이것으로 되돌아간다.

철학의 여러 분야에서의 여성주의적 시도

그동안 여성주의적 시도는 철학 역사의 모든 시대로, 그리고 철학의 모든 체계적 부분 영역으로, 심지어 **과학철학**과 논리학으로까지 확대되었다. 모든 분야에서의 논의가 대단히 포괄적이고 매우 복합적이어서 그 결과를 몇 문장으로 요약하는 것은 불가능하게 되었다. 지금까지 이룩한 가장 중요한 결과는 정치철학·윤리학과 인식론 분야에 담겨 있다. 그 결과를 여기서 단편적으로나마 소개한다.

정치철학

정치철학 분야에서는 공적인 분야와 사적인 분야의 구분에 대한 문제 제기가 아마도 여성주의 이론 형성의 가장 중요한 기여라고 할 수 있다. 공적인 것과 사적인 것의 양극화도 마찬가지로 앞서 언급된 이분법 도식을 따르며, 남성성과 여성성, 사회/문화와 자연의 이분법과 일치한다. 공적인 분야(국가와 정치, 법, 경제와 사회, 소위 생산적 작업의 전 분야)는 남성적인 영역으로 간주된다. 성별과 세대 사이에 존재하는 사회적 근접 관계의 사적인 분야(가족, 개인의 사생활권, 소위 재생산 작업)가 오늘날까지 여성의 유일한 활동 분야로 간주되는 것은 아니지만 본래 활동 분야로 간주된다. 공적인 영역은 인간이 자신에게 부여한, 인간 사이에서 논란의 여지가 있는, 즉 사회적 및 정치적 논쟁의 대상인 기제와 법을 통해서 통제된다. 반면에 사적인 영역은 ——특히 핵심 요소인 성과 재생산의 관점에서——자연 질서의 한 부분인 것처럼 보인다. 사회/문화와 자연의 이분법은 인간이 만들고 변화시키는 것과 인간의 행위와 영향력에서 벗어난 것 사이의 경계를 설정함으로써 성별 관계는 사회적 및 정치적 영역에서 제외된다.

역사적으로, 그리고 현재에 여성들은 관례적으로 공적인 것, 사회 및 정치적인 것으로 정의된 것에 대한 참여를 요구할 뿐만 아니라 남성적 시각에서 생겨나고 남성적 이해를 위해 사용되는 규정과 맞서 싸운다. 왜냐하면 사적인 분야를 정치와 사회 영역에서 제외시키는 것은 자연적 여건에 기인하는 것이 아니라 이해와 연관된 정치·사회적 관계 및 규정의 결과이기 때문이다. 사적인 영역을 사회·정치적으로 제외시키는 것은 사적인 영역에서의 사회적 근접 관계, 즉 성별 관계(와 세대 관계)의 질서를 신의 섭리에 따른 것 혹은 자연적으로 주어진 것으로 보이게 하는, 따라서 인간의 의지와 사회적 형상으로부터 벗어난 것으로 보이게 하는 허구이다. 공적인 것과 사적인 것의 이분법을 둘러싼 논의는 여성주의 이론이 기여할 수 있는 바에 대한 수많은 예들 가운데 하나이다. 여성주의 이론은 여성이 게임에 참여하는 것만으로는 충분하지 않으며, 더 나아가서 여성이 게임을 더 잘 할 수 있도록 게임 규칙, 심지어는 게임 자체의 개념을 바꾸는 일이 필요하다는 인식을 만들어 낸다.

윤리학

여성주의철학은 **배려(care)** 개념을 통해서 윤리학의 주제 분야를 넓혔다. 이 개념은 근본적으로 다른, 즉 여성의 삶 및 경험과의 관련에서 생긴 가치관과 행위 속성에서 출발한다. 이러한 성찰 과정의 시작 부분에서 캐롤 길리건은 도덕적 자세에 대한 로렌스 콜베르크의 가치 척도를 비판했다.(길리건 1984) 콜베르크의 연구에서는 여성이 도덕적 발전 최고 단계에 도달하는 경우가 드문 데 반해, 길리건은 여성과 남성 실험자의 태도가 다른 모범을 따른다는 것을 보여주려고 한다.

여성의 도덕적 사고와 판단 자체가 불완전한 것이 아니며, 남성적인 삶과 경험의 연관에서 파생된 가치 척도가 그 바탕에 깔려 있기 때문에 결핍된 것처럼 보이는 것이다. 남성의 행위 방향의 중심에는 법과 정의의 관념이 놓여 있는 반면에 여성의 행위는 배려와 호의 관념에 의해서 수행된다. 그 결과 성별의 특수성에 따른 법/정의와 배려의 양극화는 일련의 다른 특징들과 결합된다. 배려 원칙을 지향하는 여성의 태도는 인간 중심적·맥락 중심적·구체적·상대적·정서적·이타적·가치 지향적·표현적이다. 반대로 법의 원칙을 지향하는 남성의 태도는 사실 중심적·보편 지향적·추상적·절대적·합리적·이기주의적·원칙 지향적·도구적이다. 이것은 전체적으로 다시 여성성과 남성성을 양극화하는 이분법적 '범주 목록'을 낳는다. 이러한 범주 목록이 도덕 이론적 맥락에서 긍정적 평가와 관련된 다른 것보다 더 쉽게 여성 측면의 요소를 제시함에도 불구하고 여성주의적 사고에는 그런 엄격한 양극화에 대한 깊은 불신이 존재한다. 이것은 활기찬 논쟁을 불러일으켜 길리건의 가설에 대한 많은 반박이 제기되었다.

그 사이에 **배려**에 대한 연구는 여성적인 미덕을 가치를 높이고 새롭게 평가하는 일과, 여성적 미덕을 여성적 성의 특성에 고정시키는 일을 넘어서 한 단계 더 발전했다. 배려 및 호의 원칙과 정의 및 평등 원칙 사이의 결합 필요성이 여러 차례 강조된다. 따라서 '남성적' 도덕 구상과 '여성적' 도덕 구상의 양극화를 극복하려고 노력한다. 동시에 본래 개인 윤리적·'사적' 관계를 지향하는 **배려**에 대한 연구에 사회·정치적 측면을 부여하는 시도가 나타난다.

인식론

여성주의철학의 인식론적 기본 문제는 합리성과 객관성에 대한 비판이라는 주제와 인식의 주체에 관한 물음이다. 전통적, 남성 위주의 지식 담화에 대한 비난은 성 차별과 남성중심주의에 대한 비판과 결부된다. 학문 지식처럼 철학적 사유도 맥락에 속하는 점이 입증된다. 철학적 사유의 보편성 요구는 역사적·문화적·사회적 조건에 대한 다양한 종속을 통해서 환상에서 깨어난다. 그런 조건에 특히 성별 소속의 요인이 속한다. 지식의 지배적 종속성에 대한 입증은 맥락적 종속성의 관점을 넘어선다. 이로써 지식과 권력의 분리는 의문시된다. 지식은 이해 관계에 그 근거를 두며, 이해 관계에 따라 사용된다.

여성주의적 비판의 이러한 결과가 분명하게 밝혀지면, 그런 사실로부터 여성주의적 철학하기를 위해서 어떤 결론을 이끌어 낼 수 있는가라는 물음이 제기된다. 객관성이 고유의 사상적 입장의 맥락적 종속성에 대한 방법적 성찰을 통해서 회복될 수 있는가? 피지배자의 입장과 관점을 취함으로써 사유와 지식의 지배적 종속성의 문제는 피할 수 있는가? 여성주의적 입장에 따른 사상적 구상(**여성주의적 입장의 인식론**)은 이러한 물음에 긍정적으로 대답하고, 보편적 억압 계급으로서의 프롤레타리아트에게 특권적인, 즉 지배 계층의 이해에 의해 왜곡되지 않은 인식 관점을 부여하는 마르크스주의적 이론과의 유사성을 제시한다. 이에 따라 단일한 여성주의적 입장에 대한 생각은 집단적인 주체인 프롤레타리아트 구상이 안고 있는 일련의 문제를 낳는다. 오늘날의 일반적인 지적인 풍토에서는 보편성 요구 및 신성 요구를 가진 집단적 대(大)주체에 대한 생각이 적합하지 않은 듯하다. 특히 최근에 여성들은——소위 **주류** 여성주의가 여성성 구상의 근거로 삼는 것과는 '다른' 사회·문화적 경험 지평에서——단일한 인식에 대한 생각에 의구심을 제기했다. 이로써 주체/정체성과 차이 개념, 규정과 배제의 변증법에 대한 성찰 과정이 시작된다. 그러한 성찰은 여성주의적 자기 비판으로서 이전의 발전 시기에 남성 중심의 **주류**에 대한 여성주의적 비판으로 제기된 것들 가운데 많은 것을 재정리한다.

여성주의철학이 현 시점에서 대답보다는 질문을 더 많이 던진다는 점이 모든 분야에서 명백하게 드러난다. 여성주의철학은 여러 관점에서 세계에 대한 새로운 시각을 열어 준다. 하지만 그것은 새로운 세계상이 아니라 오히려 그 반대이다.

여성주의철학 연구는 자신의 주제와 개념이 전적으로 성 상징주의의 차원에 놓여 있다는 것을 고려하는 경우에 생산적이다. 반면에 개인적 성별 정체성 및 사회적으로 제도화된 성별 질서 차원으로의 직접적인 추론은 문제가 있다. 성 범주가 세 가지 관점에서 구분되는 것을 확인하는 것이 중요하다. "성 관련 사회 생활은 (…) 세 가지 상이한 과정을 통해 생산된다: 성 **상징주의**로서의 성(혹은 인류학에 차용된 용어로 '성 자연숭배주의'), 사회적 성(성에 의한 노동자 계급의 구분)과 개인적인 성."(하딩 1986, 17 이하)

이러한 세 가지 차원의 관계의 측면에서 코페르니쿠스적 전환, 즉 전통적 사고 방식의 완전한 전환이 요구된다. 이것은 자연이 개인적 차원에서 육체적 속성과 심리적 속성을 결정하며, 이 속성에서 사회적 기능, 성별의 특유의 일 배분이 파생되고 마침내 상징적 구조 속에서 이분법주의적 대표물들이 등장한다는 통상적인 견해와 반대적인 입장을 취한다. 먼저 서구 문화의 커다란 상징적 질서 도식이 있어서, 이것이 사회적 기능을 규정하며 마침내 이를 통해서 개인적인 성 정체성으로 파고든다. 이것은 성이 담화 상황의 효과로 파악되어야 한다는 것을 의미한다. 이를 근거로 잠시 동안 여성주의철학에서 중요한 역할을 수행했던 심리학적 해석 시도는 거부될 수 있다. 유아기 사회화의 일정한 상황에서 남성적인 합리성 추구 내지 여성적인 감정 추구를 이끌어 내려는 시도가 그것이었다.

3. 여성주의철학이 철학인가?

여성주의철학은 맥락 없는, 육체 없는, 혹은 이해득실과 관련 없는 사유처럼 '순수한' 사유의 가능성을 의문시함으로써 철학에 대한 전통적 이해를 강하게 반대한다——양자가 서로를 배제할 정도로. 물론 몇 가지 점들은 철학이 20세기말에 구유럽의 의미에서 불가능해졌음을 암시한다. 반면에 철학의 여성주의적 문제 제기는 철학 집단의 여러 대표자들에 의해 항상 불가능한 대상으로 간주되기도 하나, 전통 이론으로부터 비판적 이론(호르크하이머 1968)으로의 전환 맥락과 배경에서 정당한 자리를 차지한다.

서구 철학에 대한, 지배 관계를 가진 그 (최소한 잠재적인) 공범자들에 대한, 기존의 합법화 담화와 기구로서의 그 예속성에 대한, 그리고 그의 부당한 보편성 요구에 대한 비판의 동인은 서구 철학의 헤겔 이후 시대에 스스로 발전했으며 금세기말에 거의 우월한 구상이 되었다. 이렇게 볼 때 여성주의적 사유의 비판적 동인이 이미 후기 형이상학적 사고에 단단히 뿌리박혀 있다면, 어떤 목적에서 여성주의적 사상 연구가 필요한가라는 물음이 제기된다. 지식과 권력의 결합이 **성 관련적** 요소를 갖고 있다는 인식을 뒷받침하기 위해서, 그리고 성이라는 범주의 특수성을 반추하기 위해서 여성주의적 시도가 필요하다. 성의 특수성에 대한 발견과 작성은 여성들 내지 여성주의적 이론에 맡겨져 있었으며, 비판의 위대하고 급진적인 전통과 카를 마르크스로부터 프리드리히 니체와 지그문트 프로이트를 거쳐 프랑크푸르트학파의 비판 이론에 이르기까지 철학에 대한 자기 비판은 단순히 부차적·잠언적인 언급을 넘어서 그러한 시각을 완전하게 관철하지 못했다. 그런 것이 일어날 수 있도록 하기 위해서 여성들이 필요했다——일정한 역사적·제도적 조건에서, 즉 상대적으로 넓고 지속적인 정치-사회적 여성 운동과 학문 분야에 더 많은 수의 여성 참여를 바탕으로. 성 특징적 **편견**에 대한 비판이 다른 형태의 비판에 필연적으로 포함되지는 않는다——여성주의적 시각을 통해 시야에 들어온, 성 특징적 지배 관계에 대한 비판이 자동적으로 **모든** 형태의 사회적 불의와 불평등을 고려하는 것은 아니듯이. 이러한 인식은 여성주의적 시각의 위상을 규정하며, 낱말의 본래적 의미로 상대화시킨다, 즉 그러한 인식은 여성주의적 시각을 (다른 것과의) 관련 속에 놓이게 하며, 비판의 더 큰 맥락 속에 고정시킨다——이를 통해 그 의미를 축소시키지 않은 채.

역사철학

리하르트 셰플러 (보훔대학교의 철학 교수)

1. 역사철학 탄생의 전제 조건

역사철학은——논리학·자연철학 혹은 윤리학과 달리——상대적으로 늦게 철학적 연구의 독자적 주제 영역이 되었다. 이것은 철학의 관심이 시작부터 영원한 원칙으로부터 파생될 수 있는 영원한 진리를 지향했기 때문이다. 반대로 '이야기' 되어야 하는 것은 모두 한편으로는 신화에, 다른 한편으로는 역사 기술에 맡겨졌다. 신화는 인간 경험의 모든 내용 속에서 '똑같은 모습으로 재현' 되는, '모든 시간 이전'의 사건에 대해서 보고한다. 역사 기술은——자연 과정과 달리——특히 인간의 자유가 구성적인 부분을 차지하는 '시간 속' 의 사건을 대상으로 삼는다.

훗날 역사철학에서 다루어졌던 개별 주제는 무엇보다도 법철학 및 국가철학과의 연관 속에서 논의되었다. 왜냐하면 국가 형태는 변화에 예속되고, 국가 형태의 변화는 그 근거에 의해서 이해되어야 했음이 드러났기 때문이다('규약의 순환' 에 대한 플라톤과 아리스토텔레스의 학설). 신학은 인간의 죄와 신의 용서가 어떤 방식으로 인간과 신의 관계를 규정하고 변화시켰는지 보여주려고 한 점에서 그와 같은 주제를 다루었다.

무엇보다도 성서 말씀의 두 가지 내용이 나중에 탄생한 역사철학에 영향을 미쳤다. 그 하나는 자유로운 결정으로 민족들 가운데 한 민족을 선택한다는——"너희는 열국 중에서 내 소유가 되겠고."(《출애굽기》, 19)——신의 말씀과, 이와 연관된, 마찬가지로 자유로운 결정으로 신들 가운데 하나의 신을 선택하라는 인간에 대한 요구였다——"너희 섬길 자를 오늘날 택하라. 오직 나와 내 집은 여호와를 섬기겠노라."(《여호수아》 24, 15) 여기서 나중에 탄생하는 역사철학의 입장에서 중요한 가설, 즉 개인과 민족의 삶에서 모든·연속성은 세대간의 자연적 고리를 통해서 보장되지 않으며, 자유로운 신의를 통해서 보장된다는 가설이 생겨난다("너희가 믿지 아니하면, 굳게 서지 못하리라" 혹은 "너희가 남겨두지 아니하면, 아무것도 갖지 못하리라": 《이사야》 7, 9).

예루살렘과 다윗 왕국의 (일시적) 멸망 후에 의미를 얻는 두번째 내용은 묵시록 저자의 말씀이었다. 이에 따르면 사물의 진행은 신의 '은밀한 결정'을 따르며, 신을 알지 못하는 인간들도 무조건적으로 신을 섬긴다. 그래서 신의 결정은 '마지막 날에' 비로소 분명해질 것이다. 신이 그런 결정을 인간 개개인에게 알려 준다는 사실은 사물의 종말이 가까이 왔다는 징표라는 확신이 그런 생각과 결합되어 있다.(《다니엘》 2; 《로마서》 16, 15 이하) 여기서 나중에 탄생하는 역사철학에게 중요한 두번째 결론이 나온다. 인간의 주관적인 의도와 그의 행위의 객관적인 결과 사이에 모순이 있을 수 있기 때문에 행위자는 자신의 의지에 반하여 스스로 설정하지 않는 최종 목적을 위해 헌신할 수 있다. 여기서 인간의 어리석음과 음흉함을 자신의 도구로 삼는 역사목적론에 대한 생각이 생겨났다.

2. 역사의 독자적인 이론을 향한 여정

세계 역사에 대한 포괄적 목적론에 대한 생각은 이 과정에서 개인의
자유가 일정한 자리를 차지하는가라는 물음을 제기하게 만든다. 이런
의미에서 플로티노스는 다음과 같은 요구를 내세웠다. "우리는 우리에
게 우리의 것을 허용해야 하며"(플로티노스, 《엔네아데스》 III, 1: 5장)
"개별 영혼은 고유한 근본이어야 한다."(플로티노스, 《엔네아데스》 III,
1: 4장) 이처럼 요구되는 개인의 자유가 세계 흐름의 질서와 어떤 관계
인가라는 물음은 플로티노스의 저술 《운명에 대하여》와 《예지에 대하
여》(보통 《섭리에 대하여》 혹은 《예견에 대하여》라고 번역됨)의 주제가
되었다. 여기서 '예지(Prónoia)'라는 개념은 태초의 것에서 나오는 '지
성(Nous)'이 다가올 사건을 미리 보고 정리할 뿐만 아니라, 앞으로 생
겨날 개개의 영혼을 미리 만나는――그렇게 양자의 '번쩍이는 부딪
침'에서, 즉 지성과 심리의 만남에서 세상 흐름의 '로고스'가 생겨난
다――방식을 의미한다. 이러한 로고스는 드라마의 텍스트처럼 개인
의 수많은 행동과 고통이 명료한 의미를 갖는 정돈된 전체에 끼워맞
춰지도록 작용한다. 하지만 로고스는 [신적인] 정신과 [인간적인] 영혼
의 만남에서 생겨나기 때문에 '배우'인 동시에 드라마의 공동 작가인
것이다. 그래서 개별 영혼이 "전체 조직에서 함께 작용하는" 것만이 가
능하다.(플로티노스, 《엔네아데스》 III, 2: 8장)

특히 플로티노스의 두 가지 생각이 나중에 탄생하는 역사철학에 영
향을 끼쳤다. 하나는 인간의 자유를 배제하지 않고, 그 근거를 제시함
으로써 맹목적인 '운명(heimarméne)'과 구분되는 '예지' 개념에 대한
생각이고, 다른 하나는 정신과 언어가 태초의 것으로부터 생겨나는 것

에 대한 생각이다(기독교의 삼위일체에서의 철학적 차용). 단지 태초의 것 속에 내적인 '발생'이 들어 있기 때문에 그것에게서 태초의 것이 아닌 것도 생길 수 있는 것이다(그래서 저술의 제목이 "최초의 것에서 그것 이후의 것이 생기는 방식"이다. 헤겔과 셸링이 내적 삼위일체의 '신성의 역동성'을 세계 창조와 그 역사 진행의 조건으로 이해하는 경우 그러한 생각은 독일 관념론의 역사철학에 이르기까지 영향을 미친다).

두 가지 생각은 아우구스티누스의 역사 이해(《신국》, 413-426)에 영향을 미쳤다. 인간에 대한 신의 관계는 인간으로 하여금 시대의 변화에서 단단한 입지를 얻을 가능성을 주는 신의 언어와 신의 정신을 통해 전달된다. 이를 통해서 인간은 자유와 책임 능력을 갖는다——인간에게서 영원한 신의 진리에 대한 사랑이 세상의 가변적 재화에 대한 사랑보다 크다는 조건하에서. 영원한 진리에 대한 기쁨은 방심으로부터 인간을 집중시키는 신의 은총이며, 동시에 비판적 판단 속에서 일련의 시간적인 사건들의 변화를 극복하는 인간적인 자유의 근원이다. 속세적인 재화보다 영원한 진리를 더 사랑하겠다는 결정은 '지상국(Civitas terrena)'으로부터 '신국(Civitas Dei)'을 분리시키며, '신의 시민 공동체'로 하여금 속세적인 삶의 변화 후에 영원한 안식일의 기쁨 속으로 들어갈 수 있게 한다. 총체적인 세상 흐름의 목적이 여기에 있다. 역사의 진행은 6일의 창조일과 신이 작업으로 휴식하는 일곱째 날을 통해서 미리 윤곽이 그려지기 때문에 창조 보고서에 대한 해석을 통해 인식될 수 있다. 신의 예견에 대한, 그리고 창조의 '날들'과 역사의 '세상의 나이' 사이의 일치에 대한 이러한 견해는 이후 진행된 중세의 역사 기술의 많은 부분에 영향을 미쳤다.

3. 역사 이론에 대한 최초의 저작: 비코의 《새로운 학문》

플로티노스는 자신의 형이상학의 틀에서 자유, 운명과 섭리의 문제를 다루었다. 아우구스티누스는 신의 은총과 인간의 자유에 관한 문제, 그리고 구원론 방향의(죄지은 인간의 치유에 관한 문제에 의해 지배된) 신학의 틀에서 개인 삶의 역사와 총제적인 인류 역사의 관계에 관한 문제를 설명했다. 잠바티스타 비코가 비로소 역사철학의 문제를 《새로운 학문》(1725)이라는 이름의 자기 책의 주제로 삼았다. 그의 견해에 따르면 역사의 주체는 왕이나 국가가 아니며, 그가 언어 공동체로 이해한 '민족' 이다. 또 일반 역사는 민족들 사이의 상호 영향의 결과로 이해될 수 없으며, 단지 서로 독립적인 민족 역사를 진행시키는 공동의 건설 계획으로 이해될 수 있다는 것이다.

그는 민족 언어의 규칙적인 진행 역사에서 그러한 건설 계획을 읽을 수 있다고 믿었다. 이러한 언어 발전은 두 가지 규칙에 의해 규정된다. 언어 발전은 한편으로 사냥꾼과 유목 문화에서 농경 문화를 거쳐 도시 문화에 이르는 사회화 형태의 발전을 반영한다(먼저 숲이 있었고, 그 다음에 오두막이, 나중에 마을이, 그 뒤를 이어서 도시가 있었으며, 그리고 마지막으로 대학이 있다). 때문에 모든 민족 언어에는 사냥 및 유목 문화에서 유래하는 표현과 어법이 마을과 도시에서의 정착을 전제하는 말보다 더 오래되었다. 가장 최근의 것은 도시 문화를 전제하는 법률 언어와 학술 언어이다. 다른 한편으로 인식론의 기본 규칙이 언어 발달에 적용된다. "이전에 감각 속에 존재하지 않았던 것은 아무것도 오성 속에 존재하지 않는다." 따라서 모든 언어에서 ('감각 속에' 있는)

생생한 비유와 은유는 ('오성 속에' 있는) 추상적 개념에 대한 명칭보다 더 오래되었다. 때문에 언어 발달의 초기에 작가의 (특히 신화의) 비유 언어와 은유 언어가 도처에 존재한다. 법률가와 학자의 추상적인 언어는 정확함에 의해 성장하며, 그 정확함 속에서 논증적인 증명이 가능하다——내용적 '인식' 의 손실과 함께.

역사의 운반자가 언어 공동체라는 의미에서의 역사에 대한, 언어 역사와 사회 역사의 관련성에 대한, 생생한 비유 언어에서 시작되어 추상적 개념 언어로 끝나는 언어 발전에 대한 그런 견해는 비코 이후에, 낭만주의 시대에 비로소 역사에 대한 이해를 규정하기 시작했다.

4. 계몽주의 시대의 역사 이론

계몽주의 시대의 철학은 초기에는 역사를 이해하려는 의도가 아닌, 모든 역사적인 것의 우연성을 극복하려는 의도에 의해 수행되었다. 하지만 철학은 그 진행에 따라——애초의 의도와 달리——역사철학을 형성하는 일이 필요하게 되었다.

처음에는 사실 진리와 이성 진리가 구분되었다. 이러한 구분은 고트프리트 빌헬름 라이프니츠에 의해서 비로소 용어적으로 공식화되었으나, 이미 르네 데카르트에게서 인식을 위해 주도적으로 사용되었다. 이 구분은 주체적인 측면과 객체적인 측면을 갖는다. 주체의 측면에서 보자면, 이 구분은 인식 획득의 방식과 연관된다. 사실은 감각적 관찰을 통해 인식되며, 그 관찰의 내용은 역사적 증거물을 통해서 전해진다. 때문에 이러한 인식 방식은 주체를 세 가지 요소에, 즉 우리의 감각을 자극하는 외부 사물, 자신의 관찰 내용을 전달하는 증인, 그리고 증거물의 올바른 이해를 확보하려는 해석자에 종속되게 만든다. 반대로 이성 진리는 성찰을 통해서 인식된다. 따라서 사유하는 모든 주체가 논리학의 '선천적' 규칙을 따른다면 그런 진리를 인식할 수 있다. 그러한 방식으로 우리가 개인적인 의도와 실천적인 의도를——모든 개인에게서 작용하는——이성의 법칙에 예속시키는 한 이성 인식은 우리를 자유롭게 만든다. 객체의 측면에서 보자면 사실 진리는 우연적이며(다를 수도 있으며), 따라서 시간적으로 가변적인 조건에 종속된다. 반면에 이성 진리는 필연적이고 영원하다. 때문에 사실 진리에 대해서는 항상 논란의 여지가 있다. 관찰의 신뢰성, 증인의 신빙성과 해석의 올바름이 항상 가설적일 뿐이기 때문이다. 반면에 이성 진리에 대해서는 모든 이성 주제 사이에서 보편적인 동의가 이루어질 수 있다. 여기에서 가능한 한 단순한 사실 진리를 이성 진리로 변환시키려는 의도, 가령 역사적인 근거를 가진 법을 이성의 법으로, 역사적인 근거를 가진 종교를 이성의 종교로 바꾸려는 의도가 설명될 수 있다.

　자연 연구 분야에서 사실 진리로부터 이성 진리로의 변환은 가능한 듯 보인다. 데카르트가 참여한 분석기하학은 우리가 감각-관찰적 공간 형상(원, 원추 곡선, 포물선)과 자연에서 관찰할 수 있는 진로 형상(비행 궤도, 행성 궤도)이 수학 공식을 통해 표현될 수 있다는 것을 보여주었다. 이것은 관찰될 수 있는 자연의 규칙성이 수학과 물리학의 몇몇 공리에 의해서 선험적으로 추론할 수 있는 가능성을 열어 놓은 듯하다.(데카르트 《세계》, 1644) 후에 이마누엘 칸트와 피에르 시몬 마퀴스 드 라플라스의 천체 이론(1755)에서 제대로 모습을 갖춘 그런 시도의 성공은 인간 생활과 사회 생활에서 관찰될 수 있는 규칙성도 영원한 이성 진리에서 연역적으로 이끌어 낼 수 있다는 희망, 일종의 인간물리학과 국가물리학을 완성시킬 수 있다는 희망을 싹틔웠다.(홉스

1642와 1658 참조)

이러한 연구 계획이 첫 변화를 겪게 된 시기는 라이프니츠가 자연 법칙도 우연적이라는 사실, 즉 논리적 모순 없이 다른 법칙이 유효한 '다른 세계'를 생각할 수 있다는 사실을 입증했을 때였다. 따라서 자연 법칙은 창조자의 자유 결정의 결과로 해석되어야 하며, 그 결정도 '이성 진리'를 실현한다. 그러나 그것은 논리·수학적 필연성이 아닌 도덕적 필연성을 따르는 이성 진리이다. 자연의 법칙적 질서는 신이 개개의 물질을 창조할 때 나중에 창조하려는 다른 모든 물질들을 함께 생각하고, 그래서 다른 모든 물질과의 관계를 설정함으로써 완성된다. 이를 통해서 설정된 법칙을 따르는 물질의 자기 규정의 최대치와 전체 질서의 최대치 사이의 '예정된 조화'가 생겨났다.(라이프니츠 1720과 1718 참조)

이러한 가정이 자연 법칙에 대한 목적론적 해석을 통해 입증된다면, 인간과 사회 생활의 모든 과정이 자유로운 자기 결정의 최대치와 평화적 질서의 최대치를 결합하는 목적을 지향한다고 생각할 수 있다. 신의 섭리에 따라 세워진, 인간의 어리석음과 사악함도 쓸모 있게 되는 목표는 바로 그런 최종 목적을 실현하는 데 있다. 동시에 여기에서 그런 선한 최종 목적을 달성하는 데 도움이 되는 세상의 모든 악에 직면하여 '신의 정당성'이 입증된다.(라이프니츠 1710)

자연 과정과 달리 인간 삶에서 이성 진리와 사실 진리 사이에 모순이 존재한다는 장 자크 루소의 지적은 역사철학의 탄생을 위한 진일보를 의미했다. 한 가지 중요한 예는 "인간은 본성에 의해 자유롭다"라는 이성 진리와 "하지만 인간은 도처에서 족쇄를 차고 있다"(《사회 계약론》의 첫 문장)라는 사실 진리의 모순이다. 이러한 모순을 설명하기 위해서, 토머스 홉스에 기대어 인간의 자제력 없는 자유가 '만인 대

만인의 투쟁'으로 이어지고, 이러한 투쟁에서 나오는 모든 이들의 고통 경험이 개인들을 자발적으로——평화와 안전을 보장한다는 유일한 조건하에——국가 권력에 복종하게 한다는 지적은 충분하지 않다. (홉스 1651 참조) 그러한 만인 대 만인의 투쟁은 (가족 내에서, '평화로운 유목 민족' 내에서) '각자'가 '자신의 것'을 행하고, 이를 통해 '각자에게 자신의 것이' 주어질 수 있게 했던 근원적 자유의 몰락을 통해 설명되어야 한다.

자유와 평화의 근원적인 일치가 만인 대 만인의 투쟁을 불러일으키는 여러 질투와 물욕에 의해 사라졌다. 이제 평화를 보장하기 위해서 외부적인 강압적 권위가 필요해졌다. 국가 기관의 강압적 공권력은 신하들의 반란을 야기하기에 이르렀으며, 시민들이 자유로운 연합을 결성하지 않으면 그런 반란은 치명적인 혼란을 가져올 수 있을 것이다. 시민들은 외부 국가 권력에 예속되지 않으며, 각자 속에서 작용하는 이성을 따른다. 그 결과 그들 각자는 이성 주체로서의 성격에서는 '주권자'이며, 개인으로서의 성격에서는 '신하'이다.(루소 1752) 자유 국가에서의 자유 시민에 대한 생각은 학문의 자유을 통해서 엿볼 수 있는 듯하다. 학자는 그러한 자유에 의지하여 자신의 이성 법칙 이외에 다른 법칙은 인정하지 않으며, 이를 통해 '필연적 논거'를 바탕으로 이성 주체의 이름으로 주장될 수 있는 것을 진리와 선한 것으로 인정하기 위해서 주관적인 견해와 의도의 임의성을 배제한다.

이로써 독일 관념론의 역사철학을 규정해야 한다는 생각이 생겨났다. 그것은 이성 스스로가 자신의 역사를 갖고 자유로운 법 국가의 구성을 통해 자신의 목표에 도달한다는 생각이다.

방금 설명한 철학역사적 발달은 '역사철학' 용어 변화를 통해서 엿볼 수 있다. 이 표현은 처음에 프랑수아 마리 볼테르에 의해서 사용되는데, 그는 자신의 책 《역사철학》(1765)에서 이성 도덕의 영속적인 법칙에 대한 위반이 항상 개인 생활과 사회 생활의 재앙으로 이어진 예들을 수집했다. 반면에 프리드리히 빌헬름 요제프 셸링과 게오르크 빌헬름 프리드리히 헤겔의 경우 '역사철학'이라는 용어는 이성 스스로가——자유 국가에서 자유 시민의 법질서 구성에서 그 목적을 찾는, 이를 통해 라이프니츠의 의미에서 자유의 최대치가 평화적 질서와 합일되는——역사를 겪어 가는 과정을 기록하는 시도를 가리킨다.

5. 독일 관념론의 역사철학

a) 이마누엘 칸트는 이성에 대한 이해를 통해, 특히 이성의 '실천적 사용'을 통해 본질적으로 루소를 지향했다. 이에 맞춰 그의 역사철학적 저술들은——무엇보다도 《영원한 평화를 위하여》라는 저작——후기 계몽주의철학을 재현한다. 역사철학의 계속적인 발전을 위해서 보다 중요한 것은 이성 진리와 사실 진리의 관계에 대한 그의 견해이다. 우리가 순수 이성을 통해 얻을 수 있는 모든 인식은 어떤 맥락의 구조를 정의하며, 우리가 객관적으로 유효한 사실로 인정하려는 모든 것은 그 맥락 속에서 명백하게 일정한 자리를 차지해야만 한다. 우리는 이러한 맥락의 구조를 '오성의 범주'를 통해 미리 그려 본다. 때문에 오성의 범주는 동시에 우리로 하여금 우리의 감각적 인지의 '원료'에서 경험의 대상을 구성하도록 한다.(《순수 이성 비판》 A 1)

우리 자신에 의해서 수행된 대상 구상은 물론 우리가 이성에 대한 비판적 자기 이해를 획득했을 때 비로소 의식된다. 왜냐하면 이성은 먼저 지나친 자기 신뢰로 인해 당연히 '독단적'이며, 자신의 개념과 규칙으로 그 어떤 '초경험적 대상'을 파악한다고 생각한다. 이성은 독단주의에 대한 실망을 통해서 객관적으로 유효한 진리를 인식할 수 있는 능력에 의심을 품는 '회의론'에 빠진다. 이성은 세번째 단계에 이르러서야 '비판론'에 도달한다. 비판론을 바탕으로 이성은 '사물 자체'를 인식하지 못하며, 자신의 고유한 활동으로 생겨나는 대상만을 인식한다. 이때 대상은 이성과 마주서게 되어 참 혹은 거짓 판단의 척도가 될 수 있다. 칸트가 물론 《순수 이성 비판》의 서론 혹은 결론에서 암시적으로만 이야기하는 이성의 역사는 독단론에서 회의론을 거쳐 비판론으로 나아간다.(《순수 이성 비판》 A IX 이하) 칸트 자신은 이러한 암시를 통해 "체계 속에 훗날의 보완을 필요로 하는 자리를 열어 놓"을 수 있었으며(같은 책, A 852) 그 '보완'은 독일 관념론의 대표자들에게 맡겨졌다.

 b) 요한 고틀리프 피히테는 칸트의 선험철학을 계속해서 발전시키는 시도의 일환으로 자신의 역사 이론을 구상했다. 이때 그는 특히 칸트에게서 신의 '원형 지성(intellectus archetypus)'과 구분되는 이성의 유한성을 강조하기 위해서 규정된 '감각적 애호'에 관한 학설의 어려움을 피하려고 했다. 이 학설은 특히 영혼과 육체의 상호 작용을 설명해야 하는, 해결하기 어려운 과제의 부담을 안고 있다. 이 어려움과 다른 어려움을 피하기 위해서 우리는 의식의 직접적인 요소로부터 출발할 수 있다. 즉 우리는 의식과 의식의 대상 사이의 구분에 대해서 이 구분이 의식된다는 것과 의식의 내적 요소로 이해되어야 한다는 것을 안다. 이로써 피히테는 분명하게 칸트와 반대적 입장을 취하면서 선험적 관념론에서 '절대적' 관념론으로 이행한다.

 자아가 자신 속에서 자아의 대립물과 비자아를 '설정'하며, 그런 대상을 통해 자신을 규정하고 이 점에서 '당하는' 것으로 경험함으로써,

자아는 행하는 동시에 당하는 것으로 입증된다. "자아는 행함을 통해서 당함을 설정하고, 당함을 통해서 행함을 설정한다."(피히테, 전집 I, 137) 이와 같은 행함과 당함의 단일성이 사유의 본질이다. "사유는 참된, 소수의 독립적인 것이며, 자기 자신에 근거한 것이다."(같은 책, VII, 55) 물론 이것은 '절대적' 사유에 관한 것이며, 자신 밖의 객체를 대상으로 갖는 유한한 주체의 사유에 관한 것이 아니다. 유한한 주체는 오히려 절대적 사유의 내적 요소일 뿐이다. 절대적 사유는 "단 하나의 영속적인 사유이며, 그 속에서 모든 개인들은 단지 사유된 것일 뿐이다."(같은 책)

이 문장들이 피히테가 역사에 관한 자신의 견해를 가장 분명하게 표현한 저작에서——《당대의 기초에 대한 강의》(1804/05)——발견되는 것은 우연이 아니다. 이 강의의 기본 생각은 자유에 대한 피히테의 이해이다. 자유는 일차적으로 '단 하나의 영속적인 사유'의 절대적 자기 규정이며, 이것은 개인이 자신을 영속적인 자유의 요소이자 복제물이라고 이해하는 것이다. 유한한 자아가 자신 스스로를 비자아와 마주 세우는 사유 활동에서 유한한 자아는 무한한 자아의 절대적 자기 규정과 복제적 관계를 갖는다. 자유에 대한 이해 모델은 다시금 자신의 고유한 법칙만을 따르고, 이를 통해 주관적인 생각의 임의성을 극복하는 학문의 자유이다. 《학자 규정》(1794)으로부터 《인간 규정》(1800)이 확인된다.

자유에 대한 이러한 견해는 먼저 피히테의 도덕을, 그 다음으로 그의 역사철학을 규정한다. 도덕적 결론은 이렇게 된다: "그래서 단지 개인으로서의 자신을 잊는 미덕과 자신에 대해 생각하는 악덕이 있을 뿐이다."(같은 책, VII, 35) '복된 삶'은 자신을 모든 이성 주체의 대리인으로, 동시에 무한한 자아의 복제물로 이해하고 그에 따라 행동하는 데 있다. 인간을 이처럼 적절한 자기 이해와 자기 이해에 어울리는 실천으로 인도하는 일이 전체 역사의 목적이다. 하지만 이 목적은 단지 인간이 본성에 따른 존재,——자신의 행동을 통해서, 그리고 완전한 의식을 갖고——자유롭고 도덕적인 존재가 되는 것을 통해서만 달성될 수 있다. "자유는 종의 전체 의식 속에 등장해야 하며, 종의 고유한 자유로서, 종의 올바르고 실제적인 행위와 산물로서 나타나야 한다."(같은 책, VII, 8)

이것을 위해서 먼저 무의식적-직관적 자기 규정으로부터 이성이 생겨나는 일이 필요하다(첫번째 단계). 이를 통해서 이성은 먼저 주관적인 임의성으로 변화되며, 이제 종의 생존을 보장하기 위해서 외부적인 강압적 권위로서 작용한다(두번째 단계). 개인들은 강압적 권위에 대항하고 이를 통해서 일단 혼란스러운 무질서를 야기한다(세번째 단계). 결국 개인들은 그런 상태를 견디지 못한다는 것을 깨닫고 자유의 참본질을 깨닫게 되며(네번째 단계), 마침내 그 본질에 상응하는 실천으로 나아간다. 이렇게 세계 역사의 5단계가 생겨난다.(같은 책, VII, 11)

c) 프리드리히 빌헬름 요제프 셸링도 지식 이론과의 연관 속에서 자신의 역사철학을 발전시킨다. 지식은 주체와 객체의 일치이다. 하지만 양자 사이에 상호 창조의 관계가 존재한다. 객체의 전형인 자연은 사유하는 인간을 자신의 마지막 산물로서 창조했다. 때문에 의학은 모든 자연과학의 총체이다. 자아는 선험적 대상 구상의 활동을 통해 객체 세계를 창조하며, 국가의 법 질서 속에서 자기 입법이 객체적 형상을 얻는다. 때문에 법학은 모든 역사학의 총체이다.(셸링 전집, I, 5) 자연의 생산력에서 자아의 창조에 관한 것은 자연철학의 주제이며, 자아의 생산력에서 대상 세계의 창조에 관한 것은 선험철학의 주제이다.(같은 책, I, 3)

자연의 생산력과 자아의 생산력의 상호 반영은 우연적인 일치에 기인하지 않으며, 공동의 근원을 가리킨다. 이 근원은 물론 자연도 자아도 아니고, 객체도 주제도 아니며, 그 두 과정의 분리와 보완으로 명백해지는 "절대적 동일성"(같은 책, I, 3; 600)이다. 이러한 동일성은 죽은 물질이 아닌, 스스로 자신을 생산하는 생명으로 생각되어질 수 있다. 이것은 처음에 기독교 신앙의 삼위일체적 신관에서 생각되었다. 신의 본질은 모든 시간 이전에 성부와 성령으로부터 성자가 창조됨을 통해 실현되며, 시간 속 모든 과정의 근원, 즉 자연 과정의 근원과 자아의 생산력에서 창조되는 역사의 근원이 된다. 결과적으로 그런 과정들의 상호 연관 속에서 삼위일체적 신의 본질이 분명해진다.

역사를 자연 과정으로부터 구분하게 하는 자유가 그런 방식으로 충분하게 파악될 수 있는가라는 셸링의 자기 비판적 질문은 그를 **동일철학**으로부터 자유철학으로——그의 후기 저작(《인간 자유의 본질; 신화와 계시의 철학》: 계획된 저작 **시대**를 여러 번 수정한 원고)은 자유철학에 의해 규정된다(같은 책, I, 7; II, 1-4; I, 8)——넘어가게 한다. 왜냐하면 "과정 속에는 단순한 필연성이 있으며, 역사 속에만 자유가 있"기 때문이다.(같은 책, II, 4; 395) 자연 과정이 역사로부터 구분되듯이, 핵심에 있어 자연적 성격의 필연적 신의 계보를 기술하는 신화는 신의 자유 행위로 이해되어야 하는 계시와 구분된다.(같은 책, 403)

하지만 역사 및 역사와 함께 역사적으로 일어나는 계시는 단지 신의 자유 행동으로서의 창조 행위가 다른 모든 내부 신적인 '창출'과 상이하기 때문에 가능하다. 그런 행위는 신의 자기 제약에 기인하는데, 신은 자신과 다른 것이——피조물——존재하기를 원한다. 신은 피조물에게 고유 영역을 주기 위해서 스스로 자제한다. 그렇게 신은 자유로운 사랑과 자유롭게 하는 사랑으로 피조물을 대한다. "단순히 신의 필연성을 바탕으로 피조물이 존재하는 것은 아닐 것이다. 필연성은 신의 현존과만 관계되기 때문이다. 따라서 신은 자유를 통해서 창조에서의 자연의 필연성을 넘어선다. 자유를 넘어서는 것이 필연성이 아니라, 필연성을 넘어서는 것이 자유이다."(같은 책, I, 8; 210) 그런데 신의 자유의 첫째 행위, 창조 행위가 몰아적 사랑의 표현이라면, 피조물의 모든 자유도 자발적인 자기 제약을 통해 자기애를 극복하고 자신을 사랑으로 완성하기 위한 것이다. 이것을 가능하게 만드는 것이 역사의 목적이다.

 d) 게오르크 빌헬름 프리드리히 헤겔도 지식 이론에서 시작하여 자신의 역사에 대한 견해를 발전시킨다. 하지만 그것은 (칸트의 입장과 달리) 오성의 고정적 형식이 다양한 감각적 원료와 결합되는 데 있지 않으며, (셸링의 견해와 달리) 개념 없는 '동일성'이 자연과 자아의 상호 관계로 발전하는 데 있지 않다. 그것은 먼저 '추상적' 단일성이 자신 속에 상이성들을 설정하고, 그 상이성들을 통해서 단일성이 많은 구체적인 형상들로 분리되는 데 있다. 자연의 경우 배아 자체에서 다양한 기관들이 생겨나듯이, 사유의 경우도 추상적 일반 관념에서부터 현실을 구체적으로 분리하여 파악하는 것으로 나아간다.

 따라서 절대적인 것이 자신 속에서 상이한 것들을 설정하고, 다음 단계에서 상이한 것들을 합일하는 곳에서 자연의 원칙과 자아의 원칙을 찾아야 한다. 그것이 정신의 본질이다. 그것의 원형은 다시금 삼위일체적 과정인데, 신은 본성에 따라 성령이나 다른 한편으로 성령은 세 가지 신의 요소 가운데 최종적인 요소로 자신 속에서 성부와 성자의 차이를 합일시킴으로써 비로소 신의 본질을 완벽하게 실현한다. 이로써 자연 과정과 역사 과정에 적용되는 기본 원칙이 제시된다. "참된 것은 전체이며, 전체는 자신의 발전을 통해서 완성되는 본질이다."

(헤겔, 전집 Ⅱ, 24)

　동일, 차이와 합일의 법칙에 따라——관련 내용에 따라 "긍정, 부정과 부정의 부정 혹은 명제, 반대 명제와 통합 명제"로 표현되기도 한다——정신에 의해 규정되는 것으로 입증되는 역사가 진행된다. 왜냐하면 "정신은 (…) 정신이 아닌 것 속에서 홀로 자신 속에 머물러 있는 것"이기 때문이다.(같은 책 Ⅱ, 27 이하) 하지만 "정신은 자신에게 돌아올 수 있기 위한 중첩이며, 소외이다."(같은 책 ⅩⅦ, 52) 이러한 정신은 역사의 각 단계에서 공동체를 정립함으로써 효력을 발휘하며, 정신 공동체의 '공동 정신'으로서 개인간의 상호 이해와 행위의 특별한 형식을 가능하게 한다. 예를 들어 이것은 기독교 공동체 정신의 보급에서 뚜렷하게 나타난다. 이러한 정신 보급의 전제는 우리가 신을 그리스도의 형상으로 세상에서 만날 수 있다는 것(명제), 그리스도가 십자가 처형과 승천을 통해서 제자들로부터 떠나갔다는 것(반대 명제), 그리고 공동체를 세우는 정신에 의해서 그리스도가 "세상 끝까지 그들과 함께 있다"는 것이다.(같은 책, ⅩⅠ, 416 이하)

　정신에 의해서 움직이는 공동체(민족, 문화, 그리고 기독교회)는 각각 정신의 특별한 효력에 객관적으로 나타나는 모습을 부여하도록 규정되며(명제), 그 특별한 정신 모습을 바탕으로 다른 세계와 경계를 짓도록 규정된다(반대 명제). 이는 공동체가 최종적으로 인류에게 확장되고, 이를 통해서 인류 속에서 자신을 분리된 특수 모습으로서 고양하기 위함이다(합일 명제). 이를 통해 특별한 공동체에서 실현된 정신의 특별한 객체적 형상(그리스의 문화와 학문, 로마의 법, 정신으로서의 신에 대한 기독교 교리)은 더 높은 차원으로 이어지는 인류의 유산이다.

　이러한 역사의 필연적 행보 속에서 정신의 작용은 개인과 주체적 행위 의도를 (과제 수행 후 불필요해지는) 도구로 이용하는 섭리로 나타난다('세계 정신의 경영자'). 때문에 역사철학은 다른 철학적 분과 학문과 어깨를 나란히 하는 특별 분야가 아니다. 오히려 철학이 전체로서 역사철학이다. 철학은 개인으로 하여금 "일반 정신의 형성 단계를 섭렵하도록 가르쳐야 한다——['세계 정신'의 '작업'을 통해서] 만들어지고 전수된 길의 단계"를.(같은 책, II, 31) 철학은 추상적 연역법 대신에 역사적 분석을 떠맡는 '인내심'을 갖는다. "왜냐하면 세계 정신이 이미 오랜 시간에 걸쳐 그러한 형태를 이어옴으로로써, 세계 역사의 엄청난 작업을 (…) 떠맡는 인내심을 가졌기 때문이다."(같은 책, 32) 역사는 "시간에 떠넘겨진 정신"이다.(같은 책, 618 이하) "이러한 방식으로 자기 존재를 형성한 정신 세계는 하나가 다른 하나를 밀쳐내고, 각자가 다른 사람으로부터 세상을 떠맡는 일의 연속성을 이룬다."(같은 책, 619)

6. 마르크스주의의 역사철학

카를 마르크스는 헤겔로부터 역사의 필연적 진행과 그 진보 동력으로서의 변증법에 대한 확신을 받아들인다. 하지만 그의 견해에 따르면 그런 변증법의 원칙은 자신과 상이한 것과 자신이 속하는 것을 창출함으로써 자신 스스로에 대한 의식에 도달하는 정신이 아니라 노동이다(여기에 대해서는 프리드리히 엥겔스의 《원숭이의 진화를 위한 노동의 의미에 대해서》를 참조할 것).

생물학적 전개 과정에서 환경에 적응하는 동물과 달리 인간은 노동을 통해서 환경을 자신의 욕구에 맞춘다. 노동의 생산성(시간 단위당 수확)을 높이기 위해서 인간은 작업 할당과 재화 교환을 고안해 내야

했다. 이것은 새로운 형태의 사회적 협력과 '자연 발생적'이 아닌 새로운 사회적 관계의 성립을 요구했다. 그 사회적 관계의 핵심은 '생산 관계'이다. 생산 관계는 (먼저 농지 개간을 통한, 그러고 나서 개량된 기구와 기계의 생산을 통한) '생산 수단'의 개선과 상호 작용한다. 기존의 생산 관계(작업 분배 및 재화 교환 조직의 형태)는 새로운 생산 수단의 출현을 가능하게 하며, 새로운 생산 수단은 다시 생산 관계의 변화를 강요한다(가령 수공업 생산에서 산업 생산으로의 이행).

생산 관계와 생산 수단의 변증법이 역사의 전체 과정을 규정한다(여기에 대해 무엇보다도 《공산당 선언》과 《독일 이데올로기》를 참조할 것). 그런 역사 진행은 끊임없이 생산을 보다 효율적으로 해야 한다는 강요에 따라 생산 수단의 소유가 소수의 손에 넘어가고, 대중이 비참해지는 결과로 이어진다. 이를 통해서 '착취자에 대한 착취'로서의 혁명을 강요하고, 생산 수단을 노동자의 공동 소유로 바꿀 것을 강요하는 상황이 마련된다. 혁명의 첫번째 단계(사회주의)는 두번째 단계를——모든 특권 계급의 해체 및 계급 없는 사회 형성(공산주의)——준비한다.

자본가들도——자신의 의도와는 달리——대기업 생산에 집중함으로써 그런 목적에 기여하는 반면에, 노동자들은 단기적으로 시장에서 일할 기회를 얻기 위해서 자본가의 의지에 복종하며 계급 사회를 고정화하는 데 기여한다('잘못된 의식').

사회와 역사에 대한 마르크스주의적 견해를 표현하는 데 결정적인 것은 역사 과정에서 의식의 기능을 기술하는 방식이다. 의식은 한편으로 사회-경제적 관계를 반영하며, 다른 한편으로 변혁의 각 단계에서 그런 관계들의 변형을 앞서 드러낸다. 의식은 그러한 관계를 이해(利害)의 표현으로서 반영한다——그것이 지배자의 이해이든, 예속자의 이해이든. 경제적 예속이 사고의 예속을 통해 재생산됨으로써 의식은 그러한 관계들을 반영한다. 노동자들은 자신의 일자리를 잃지 않기 위해서 착취자들의 이념을 따른다(가령 겸손, 의무에 충실, 복종과 같은 미덕을 발전시킴으로써). 그래서 어떤 시대의 지배자들의 이념이 동시에 그 시대의 지배적인 이념이 되는 것이다. 여기서 마르크스적 인식론에서 볼 때 다음과 같은 결론이 나온다: 사상의 자유, 동등한 권리를 가진 대화 상대자들 사이의 억압받지 않는 담화, 특정한 이해를 고려하지 않는 판단의 객관성과 같은 이념은 허구이다. 왜냐하면 그런 이념은——혁명을 통해 비로소 달성되게 될——사회경제적 자유와 평등이 이미 주어져 있는 것처럼 속이기 때문이다. 정치적 실행의 입장에서 볼 때, 여기서 다음과 같은 결론이 나온다: 그런 이념은 사유와 행위의 '파당성'을 가로막기 때문에 혁명의 장애물이다. 다시 말해서 사유와 행위의 파당성 없이는 혁명이 달성될 수 없다는 것이다. 이로써 사회주의 국가에서 혁명적 엘리트의 의무는 여론 형성을 통제하고, '객관주의'를 혁명적 도덕의 위반으로 낙인찍거나, 경우에 따라 심지어 교사의 직위 해제 혹은 언론인의 직업 금지를 위한 법적 권한을 제정하는 것이다.

이로써 의식에 관한 마르크스주의적 이론의 두번째 관점이 언급된다. 의식의 이념은 현실 관계를 반영할 뿐만 아니라 역으로 현실 관계에 작용한다——그것이 혁명의 의미에서든지, 아니면 반응의 의미에서든지 간에. 때문에 시민의 사유에 영향을 미치는 일은 항상 동시에 정치적으로 중요하다. 이념의 이러한 작용은——잘못된 의식의 형태일지라도——그것이 혁명가가 실제 방식으로 달성하게 될 것을——허구적인 방식일지라도——미리 드러낸다는 점에 기인한다. 이 점은 모든 이성 주체의 자유와 평등과 같은 정치적 이념에도 적용되며, 특히 기존 세상에 대한 심판을 걸쳐 출현하게 될 '새로운 천국과 새로운 지상 세계'에 관한 종교적 이념에도 적용된다. 따라서 "종교적 불행" (가상의, 하지만 전지전능하다고 생각된 신에 대한 종속)은 "현실적 불행의 거울"(착취 계급에 대한 종속)일 뿐만 아니라 "이와 함께 현실적 불행에 대한 저항 운동"이자 그것의 극복에 대한 희망이기도 하다.(《헤겔의 법철학에 대한 비판》) 때문에 철학의 경우처럼 종교에 대해서도 다음과 같은 점이 유효하다: "너희들은 종교를 실현하지 않고서 그것을 없앨 수는 없다(그 이념을 혁명적 실행으로 옮기는 일)." "하지만 너희들은 종교를 없애지 않고서 그것을 실현할 수는 없다(그 비현실적 성격을 분명하게 하고, 사회적 현실에서 그것을 배제하는 일)." 여기서 에른스트 블로흐는 무신론적 자기 변화와 세계 변화 내에서 종교의 희망 확신을 일깨우고, "종교를 유산으로" 보존한다는 결론을 도출했다.(블로흐 1964, **XIV**)

7. 변증법적 체계의 종말 이후의 역사철학

헤겔과 마르크스 이후의 역사철학은 변증법적 체계에 대한 실망을 통해 규정된다. 변증법적 체계는 역사적 실재를 지나치게 강조한 것으로 평가된다. 가장 중요한 방법적 반박은 다음과 같다. 전체 역사가 진행되는 규칙을 안다고 생각하는 사람은 역사 진행을 함께 규정하는 자유 결정의 의미를 과소평가한다. 하지만 그는 무엇보다도 자신의 체계에 끼워맞춰지지 않는 사실에 대해서 모른다. 이것은——과거의 시각에서——자신의 진술 의도와 모순되는 기록에 대한 해석으로 이어지며——현재와 관련되어——역사철학의 이론가가 '불가능'하다고 간주하는 경험에 대한 무지로 이어진다. 이렇게 역사철학적으로 조건지어진 현실에 대한 무지는 마르크스주의적 지배 체계의 마지막 단계에서 특히 분명해졌으며, 그 대표자들은 경제적 발전뿐만 아니라 시민 의식의 변화에 완전히 놀랐다.

그밖에 역사가 진행되는 법칙을 단일 원칙(절대적 자아, 정신, 노동의 변증법)에서 이끌어 내려는 사람은 항상 단지 역사의 한 부분-관점을 기술할 뿐이며, 개인과 사회 생활을 형성하는 힘의 다양성을 알지 못한다.

변증법적 체계에 대한 실망에서 생긴 첫 결과는 실증주의였다. 실증주의는 사실을 확인하고 가능한 한 이론을 피하려는 의도에서 생겨났다. 이러한 전제 조건하에 역사철학에서 역사학의 방법론이——특히 우리가 사용할 수 있는 기록에 대한 비판적 해석을 통해 "실제로 어떠했는지"(랑케 1824)를 재구성하는 지침으로서——생겨났다. 이러한 의미에서 오늘날 많은 영어권 저술가(가령 콜링우드 1934)에 의해서 '역사철학'은 참 혹은 거짓이 확실하지 않는 출처로부터 사건의 실제 진행에 대한 정보를 얻을 수 있는 지침으로 이해된다. 실증주의적 입장 자체가 역사적 발전의 결과로 해석됨에 따라 이러한 프로그램과 역사적 성찰이 결합된다——가령 인간 사유가 '종교적' 형태에서 '형이상학적 형태'를 거쳐 '학문적' 형태로 이어진다는 오귀스트 콩트(1830-1842)의 '3단계 법칙'의 의미에서.

8. 새로운 역사철학의 기초로서의
해석학과 언어 이론

순수한 해석 절차의 규범 혹은 '해석술의 기법'이 '이해의 이론'과 결합될 때에만 그 목적을 달성한다는 것을 우리가 성찰하는 순간, 역사적 출처에 대한 학문적 해석의 목적과 조건을 성찰하는 일은 역사철학의 재탄생으로 이어진다. 프리드리히 슐라이어마허(1838)에 따르면 '해석술의 기법'과 '이해의 이론'은 '해석학'의 두 요소이다. 이런 의미로 이해되는 해석학은 한편으로 해석과 관련된 모든 '정신과학'의 기본 학문으로 발전될 수 있었으며(딜타이 1910), 다른 한편으로 역사에 대한 지식뿐만 아니라 역사적 과정 자체도 더 잘 파악할 수 있는 열쇠를 제공한다. 왜냐하면 역사적 사건의 영향은 근본적으로 그 사건이 다음 세대에 의해서 어떻게 이해되느냐에 따라서도 결정되기 때문이다. 해석학은 역사적 사건의 '효과 역사'를 기술하는 지침이 된다. 이때 역사적 기록 자체는 기록된 사건에 대한 일정한 이해를 암시하고, 이로써 그 효과 역사에 영향을 주려는 의도에 의해 규정되는 일이 드물지 않다. 반면에 그 효과 역사에 대한 비판적 해석은 다른 한편으로 새로운 전환점을 제공할 수도 있다.(가다머 1960) 기록과 해석은 역사적 과정에 동반될 뿐만 아니라 그 구성적 요소에 속한다.

역사가가 해석 대상으로 삼는 기록에 속하는 것은 건축물의 잔해, 예술품, 수공예품뿐만 아니라 무엇보다도 문서 형식으로 전해 오는, 언어로 된 저작이다. 때문에 해석학은 처음부터 언어철학과 결합되어 있다. 언어는 말하는 이가 사물과 사건을 이해하고 듣는 이로부터 이해받기를 바라는 방식을 이차적으로 표현하는 수단을 제공할 뿐만 아니라 그 형식을 통해 말하는 이와 듣는 이의 사고를 특징지으며, 언어 공동체 속에서 개인 상호간의 이해를 규정한다. 이와 관련하여 이전의 언어철학적 전통이 부각되었다. 그렇게 비코가 새로운 방식으로 주목을 받았으며, 요한 고트프리트 헤르더와 빌헬름 훔볼트는 새로운 역사철학에 결정적인 영향을 미쳤다.

헤르더는 자신의 《순수 이성 비판에 대한 메타 비판》(1799)에서 주체가 대상 세계를 정립하는 창조적 동력을 논리학의 영속적인 법칙에서 찾지 말고, 언어의 형식 법칙, 언어의 '문법'에서 찾으라고 요구했다. 이러한 기초 위에서 그는 《인류의 역사철학에 대한 생각》(1784-1791)을 발전시켰으며, 언어 공동체의 역사는 "전통과 유기체적 동력"(개인과 사회의 창조적 동력)의 상호 작용을 통해서 진보된다는 것을 보여준다. 이를 통해서 그는 언어 이론적 기초 위에서 역사철학을 정립하려는 훗날의 연구들의 모범이 되었다. 훔볼트는 대상 구성의 절차가 상이한 언어마다 "명백히 동일하지 않"으며, 따라서 "인간 언어 구성의 상이성"이 마찬가지로 다양한 대상 세계의 구성으로 이어진다는 것을 보여주었다.

여기에 이어서 금세기[20세기]에 에른스트 카시러는 자신의 《상징 형식의 철학》(1923-1929)에서 그런 점이 상이한 민족 언어에 적용될 뿐만 아니라, 상이한 전문 영역의 언어(가령 시어, 종교 언어, 학문 언어처럼 '상징 형식'의 여러 체계 가운데 하나로 입증되는 언어)에도 적용된다는 것을 설명했다. 이로써 선험철학의 '언어학적 전환'이——훗날 그렇게 불리워진——시작되었는데, 그것은 선험적 성찰과 역사적 성찰의 결합을 가능하게 만들었다.

그렇게 이해된 역사철학을 위한 새로운 동력은 분석철학, 특히 영어권 국가로부터 생겨났다——특히 이들 국가들이 실증주의적 시작을 거쳐 발전한 이래로. 여기서 무엇보다도 언어 분석의 두 주제가 역사철학적으로 중요하다. 그 하나는 (《역사의 분석철학》에서의 아서 단토(1965)의 경우처럼) 서사 언어의 형태와 기능 연구이며, 다른 하나는 표현 가능성의 한계를 넘나들며 말할 필요성으로부터 생겨나는 시와 종교 언어의 연구이다.(버렌 1963) 각각의 구어에서 표현 가능한 것의 한계를 넘나들며 말하는 것은 항상 신조어와 문법의 변혁으로 이어지며, 따라서 언어의 역사 및 사고의 역사를 전진시킨다.

이러한 과정을 적절하게 설명하기 위해서는, 경험을 가능하게 만드는 선험적 형식과 그러한 형식의 변혁을 필요하게 만드는 경험 내용 사이의 관계를 대화적인 상호 관계로 규정하는 것이 필요하다. 때문에 그러한 상호 관계에서 언어의 역사를 이해할 수 있게 만드는, 언어철학에 바탕을 둔 역사철학은 경험을 현실과의 대화로 이해하는 이론(셰플러 1995), 그런 방식으로 선험적 성찰과 역사적 성찰을 결합하는 이론(셰플러 1976)을 요구한다.

문화철학

랄프 코너스만 (킬대학교의 철학 교수)

철학의 여러 영역 중에서 특별한 위상을 요구하는 영역이 적지않으며, 이것은 의심할 바 없이 정당하다. 그런 의식이 문화철학의 경우에서처럼 그렇게 지속해서 당연한 것으로 받아들여지는 분야는 없을 것이다. 1939년 에른스트 카시러는 "철학 전체 내에서 구분될 수 있는 수많은 부분 영역 가운데 문화철학이 아마도 가장 의문시되고 가장 논란의 소지가 많은 분야"일 것이라고 썼다.(카시러 1993, 231)

1. 위기 이후의 문화철학

이 지적은 상당히 솔직하며, 그 누구보다도 문화철학적 기본 문제, 더 넓은 의미에서 문화학적 기본 문제를 설명하는 데 기여했던 한 철학자를 놀라게 한다. 하지만 이 지적은 의미가 깊다. 왜냐하면 문화철학이 다루는 대상과 문제의 측면에서 '특유한 불확실성'과 분과 학문으로부터의 거리감이 남아 있었기 때문이다. 전후의 시기에 그 판단은 오랫동안 갈라져 있었다. 한편으로는 문화 개념이 정당하게 철학적 관심을 요구하는 것이 당연한 것으로 인정되었다. 왜냐하면 문화 개념이 철학이 도외시할 수도 있는 "인류의 공동 생활과 개인 생활사의 핵심 문제"에 관한 문제를 해명하기 때문이다. 다른 한편으로 사람들은 특히 문화 분야에서 전통 사회에서의 특징적인, 현대적인 합리성의 조건에서는 더 이상 수용할 수 없는 "왜곡된 의사소통의 구조"(하버마스 1978, 68 이하)를 확인했다. 규범적 시각에서——이것이 역사철학적 동기에서 나온 '근대성 계획'을 위한 고백을 암시하듯이——문화와 그에 대한 철학적 성찰은 진부한 문제 제기로 비춰짐에 틀림없다. 그것은 어떤 경우에도 "인본주의적 유산"(하버마스 1997)의 관점에서 미미한 주목을 받을 따름이다.

1900년경의 문화철학의 생성 이래 문화 주제가 직면하는, 의미와 호평의 격렬한 요동은 20세기 독일어권 철학하기의 자화상을 설명한다. 눈에 띄는 것이 극단적인 것들의 일치이다. 근대성 강조의 측면에서의 불만은 근대성 비판의 측면에서의 솔직한 거부와 일치했다. 카시러 자신이 경험해야 했던 것처럼 문화철학이 처음부터 심한 저항에 부딪힘으로써 이 신생 분과 학문에 대한 의구심이 생겼다. 마르틴 하이데거는 문화철학을——특수화를 통해 철학적 사유의 본질적 순수성을 빼앗는——근대의 특징적인 'xx철학'의 전형으로서 배척했다. 하이데거는 당시 대중이 자신에게 부여하는 권위를 바탕으로 그런 새로운 분과 학문을 철학 몰락의 징후로 설명했다. 1929년 다보스에서 개최된 카시러와의 전설적인 논쟁에서 하이데거는 문화철학이라는 '종'을 "인식의 전체 가운데 아직 철학에 남아 있는 것에 대한 물음과 관련된 철학의 곤경"에 대한 반응으로서 설명한다.(다보스 논쟁 1991, 274) 극적인 상황에서——하이데거는 신칸트학파 코헨 · 빈델반트 · 리커르트 · 에르트만 · 릴을 증인으로 언급한다——문화철학을 둘러싼 논쟁은 철학적 사고의 존립과 효력을 둘러싼 싸움으로 표현된다.

돌이켜보건대, 이러한 극단성은 물론 모호한 성격을 지닌다. 'xx철학’ 에 대한 일괄적인 공격은 발전사적 실용성을 부인하는 것이다. 그 발전사적 실용성은 철학이 부분 영역의 형성을 통해서 18세기 이래 지속된 학문적 이론 체계의 분화 과정을 체험하는 데 있다.(뤼베 1977 참조) 철학은 그후 전문화를 통해, 그리고 그 정체성 보존하에 근대 세계의 경험과 그 특징적 학문 문화를 통해 자신에게 부여된 전문 지식에 대한 요구를 충족시키려고 시도한다.

이 점은 특별히 문화철학에도 적용된다. 문화철학은 19세기말, 세계 대전의 발발과 함께 서구 문명이 처한 위기에 대한 반응으로 이해되었다. 당대의 목소리는——그 강렬함은 ‘위기’ ‘비극’ ‘종말’ ‘몰락’ 등의 진단 속에서 암시된다——철학적 자기 반성에 영향을 주었다. 문화철학에 대한 욕구는 전해 내려온 사유 세계와 가치 평가가 전체적으로 흔들리는, 정신적으로 혼란스러운 상황에서 생겨난다. 19세기의 방식으로는 더 이상 해결될 수 없는 위기의 극적 상황에서, 철학과 학문은 인간 세계와 학문 전체에서 자신의 이론적 기초와 위상을 점검할 것을 요청받는다.

그 동기적 상황은 하이데거의 소견과 일치한다. 문화철학이라는 종은 근대 사유 및 지식과 그 기본 토대의 위기의 전형적인 징후이다. 카시러도 새로운 분과 학문의 출현을——비록 반대 결론을 내리지만——똑같이 그렇게 논평했다. 이 바이마르의 문화철학자는 문화이론적 개선의 시작 부분에서 후설의 현상학과의 논쟁에서 얻은 생각을 정립하는데, 철학의 과제 영역이 이제 더 이상 ‘인식의 분석’ 에서 끝나서는 안 되며——“순수하게 구조가 ‘의미하는’ 바에 따라, 그리고 구조의 대상의 ‘현실’ 을 고려하지 않고”——“상이한 대상 영역의 구조”를 연구할 시기라고 주장한다.(카시러 1994, 2권, 16 이하) 이로써 신칸트학파의 토대 위에서의 인식론적 틀로부터 문화철학으로의 전환이 일어난다. 카시러는 문화철학의 관점을 "표상 형성의 일반적 요인과 규칙"에 대한 분석이라고 규정지었다.

문화철학의 도입은 새로운 사고를 유발시키는 연속성의 단절과 일치했다. 당시 많은 동시대인들에게서, 특히 강력하게 자신의 스승인 게오르크 지멜에게서 감지되는 문화 회의론과 달리(지멜 1998 참조) 카시러는 피할 수 없는 위기 경험을 새로운 시작의 기회를 파악하는 생각으로 일깨웠다. 그에게도 문화철학은 당대의 철학이다. 문화철학은 철학적 사유의 토대 위에서 인간 세계에 대한 새로운, 시대에 부합되는 해석과 설명 방식을 찾아내는 시도를 한다.

2. '문화' 개념

이 분과 학문의 시작은 오래전으로 거슬러 올라간다. 그 중간에 정치적 재앙과 지적인 질곡은 비판적 문화철학이 이 땅에서[독일에서] 주변으로 밀려나는 데 일조했다. 전체주의적 이념은 배제('유대인-자유주의적 해체학파': 뢰비트 1989, 143의 보고 참조)와 편입('독일 문화철학') 사이를 오락가락했다. 그러한 명성 손상의 결과는 1945년 이후 수십 년간 계속된 무관심과 배척이었다.

이것은 그 사이에 변했다. 다른 분과 학문의 대표자들처럼 오늘날 철학자들의 문화에 대한 관심 표명이 증가한다. 이런 현상은 학문 외에서뿐만 아니라 학문 내에서도 나타나는데, 현재 적지않은 학문들이 문화를 새로운 패러다임으로 선택하고, 그런 의미에서 **문화적 전환**을 실행하는 경향을 보이는 듯하다. 문화 개념의 효력은 오랫동안 퇴색된 듯 보인 후에, 새로운 천년이 시작되기 직전에 지적 · 정치적 민속 음악의 대표곡이 되었다. 여기서 놀라운 것은 선입견이 없다는 점이며, 주의 깊은 관찰자는 쉽게 확인할 수 있듯이 당시 언급된 자기 평가에서 아무것도 달라지지 않았다는 점도 놀라운 일이다. 여전히 감지할 수 있는 어려운 점은 문화 개념이 긍정적으로, 그리고 구체적으로 무엇을 가져오는지, 쉽게 말해서 문화가 대체 무엇인지 설명하는 일이다.

카시러가 30년대말에 행한 의미심장한 표현, 즉 수많은 영역 가운데 문화철학이 아마도 가장 의문시되고 가장 논란의 소지가 많은 분야일 거라는 표현은 그런 어려움을 미리 알려 주었다. 정의 문제에는 명백히 사안의 문제가 표현된다. 다르게 말하자면, 개념 규정의 어려움은 적절하고 '객관적인' 대상 규정의 어려움이다.

물론 철학적 시각에서 보자면, 그런 상황이 즉시 도움을 요청할 정도로 걱정을 유발하는 듯이 보이지는 않는다. 문화 개념의 표준 정의를 규범적으로 제시하려는, 1백25년 전 이후의 시도를 머릿속에 떠올리면 지금까지 각각의 정의 규범이 항상 새로운 규범에 의해 밀려나는 경험을 여러 차례 확인하게 될 것이다. 이 점은 1871년의 에드워드 버넷 타일러의 '고전적인' 정의에도 적용된다. 그의 정의에 따르면 문화는 "가장 넓은 인류학적 의미에서 인간이 사회의 구성으로서 획득하는 지식·믿음·도덕·법·풍속, 그밖의 모든 능력과 습관의 총체"이다.(타일러 1871, 1) 이러한 규정 제안이 엄격히 체계적인 요구를 충족시키지 못한다는 점은 명백하다. 이것은 개념적인 확정이기보다는, 개념 확정을 위해 제공된 거의 가늠이 안 될 만큼 다양한 현상을 나열한 것에 불과하다. 그 사이에 이러한 규정은 아주 간략해져서 그 목록은 학문사적 성찰이 대상이 되었다.(크로버/클룩혼 1952; 루만 1995 참조) 우리는 어떤 의미에서 용어적 정확성 요구에 따라 이러한 상황에 불평을 터뜨릴 수 있다. 하지만 우리는 미확정성이 변칙적이 아니라 독특하다는 결론을 이끌어 낼 수도 있다. 사실상 많은 점들이 이를 시사한다. 문화적인 것의 특성은 형이상학처럼 불가피하게 주어지는 것도 아니고, 행위 이론처럼 확실한 것도 아니며, 역사철학처럼 시대에 걸맞는 것도 아니라서, 그 표현 형식이 절대적인 명망, 구체적인 현존, 외부 강제적 권위를 요구할 수 없을 것이다. 바로 이 점에서 그 대상 특유의 인지적 어려움이 생겨난다. 문화는 단지 간접적으로, 말한 것과 의식된 것과 함께 현존함 속에서 파악되며——그 손실이 직접적으로 임박해야 비로소 우리가 종종 집중해서 생각하는——증거물과 기록, 상징 세계와 명백한 사실 속에서 파악된다.

실제로 문화는 구체적인 사건이 아니며, '문화'와 같은 것은 어디에도 없다. 단지 정해진 규칙을 따르지 않는, 우리의 이해와 부합하지 않는 많은 사건들과 징후들, 다량의 유산들이 있을 뿐이다. 우리가 문화를 규정할 수 없다는 것, 그래서 그 표현 형식을 도입된 절차를 통해 적절한 방식으로 규정, 검증과 조작할 수 있게 만들 수 없다는 것이 문화의 애로 사항이다. 문화는 명백히, 그리고 본질적으로 **모호한 영역**이다.

우리가 알다시피 이런 경우는 철학적으로 이상한 일이 아니다. 정해지지 않는 것을 다루는 일에 철학자들은 풍부한 경험이 있으며, 훈련을 쌓았다——비록 그들이 그것을 높이 평가하지 않거나 게오르크 지멜의 말처럼 그 속에서 "인간의 개념 형성의 비극"(지멜 1989, 280 이하)을 인식하게 될지라도. 존재·삶·역사·자연 혹은 교양과 같은 다른 개념처럼 문화 개념도 우리가 얼마나 빨리, 그리고 쉽게 복잡한 사태를 단 하나의 낱말로 지칭하는 데 익숙한가를 보여주는 증거이다. 그러한 언어 경제성은 실제로 은유적인 기능을 통해 입증된다.(코너스만 1998 참조) 언어 경제성은 구체적인 관찰이 얻을 수 없는 것으로부터 추상화하여 파악하는 것을 허용한다. 문화 개념은 '경작' '밭갈기'

'돌봄' '세공'에서 구체적으로 행하는 것, 그리고 거기서 생겨나며 지속적인 관심을 필요로 하는 것에 대한 관찰이다. 키케로는 "하지만 영혼의 돌봄이 철학이다"라고 설명한다.

인간 충동의 발현과 보존에서 무엇이 '남아' 있는가, 무엇이 항상 새로운 작업의 동인을 형성하는가에 대해 말하는 것은 이러한 규정 이후에 점점 더 어려워지고, 뚜렷하게 불확실해졌다. 문화 개념의 변화무쌍한 역사에서 일관성이 있다면, 그것은 지속적인 비확정성 상태이다.

3. 문화철학의 출현

문화철학적 문제 영역의 측정과 경계 설정에 도움이 되는 일련의 역사적 증거들의 이름을 댈 수 있다. 개념사적인 조사 현황에 따르면 문화철학이라는 낱말은 처음으로 페르디난트 퇴니에스의 교수 자격 논문의 표지에 등장한다: 《공동체와 사회. 문화철학의 이론 개념》(1881). 이러한 발견은 시사적이다. 왜냐하면 여기서 문화철학이 학문사적으로 늦둥이라는 것을 이끌어 낼 수 있기 때문이다. 문화철학은 이제 막 1백 년이 된, 철학 가운데 가장 최근에 생긴 영역이다. 우리는 이러한 발견의 의미를 과대평가하는 것을 경계해야 한다. 첫 증거의 효력은 개념적 선(先)규정의 명확성을 암시한다(정치를 포함하여 전체 삶 영역의 학문화에 대한 선규정; 사회 세계의 기술 중심적 극대화에 대한 선규정; 특히 노동과 학습에 기반을 둔 문명의 윤리적 기초에 관한 선규정)——실제로 문화철학적 논의의 역사에서 보자면 어느 시대에도 구속력을 갖지 못했던 선규정.

이러한 의구심은 태동기에도 작용된다. 왜냐하면 문화철학은 그야

말로 이질적이기 때문이다. 한편에서는 페르디난트 퇴니에스·에밀 뒤부아 레몽·빌헬름 오스발트·루트비히 슈타인에 의해 주장된, 기술과 산업이 시대적 '사실주의'의 이름으로 삶 및 교양의 영역과 밀접하게 결합되어야 한다는 확신이 자라났다. 이러한 '사실주의적' 노선은 중요하다. 왜냐하면 이것은 문화적인 요소의 진부한 상황을 인지하고, 동시에 '고차원' 혹은 '참된' 문화 개념을 구식이라고, 즉 "예술적으로 장식된 고대의 애매한 반응물"이라고 거부하기 위한 구실을 만들었기 때문이다.(코너스만 1997 참조) 이에 따라 문화철학은 그 발전의 **첫** 단계에서 의심의 여지가 없는 유용성의 이론적 보호를 목표로 삼았다. 그 주요 관심사는 우리가 '산업기술적-학문적 체계'라고 설명하는 것의 안정화 작업이다.

그후에——다시금 카시러에 의해서——'비판적'이라고 기술되는, 문화철학의 두번째 단계가 시야에 들어온다. 문화철학의 두번째 단계는 더 이상 일관성을 선언하지 않는다. 일관성이 그 자체로서 문화철학의 입장에서 문제가 되었다. 이와 관련하여 제1차 세계대전의 충격을 통해 확인된, 위기에 대한 이해의 변화가 특히 중요하다. 이전의 위기 이론과 다른 새로운 견해의 차이점은 단절의 경험을 깊이 놓인 일관성의 표면적인, 견딜 수 있는 현상으로 설명하는 게 불가능하다는 데 있다. 총체적 분열이라는 인상은 완전히 변화된, 비교할 수 없는 상황에 직면했다는 인식을 촉진시켰다. 위기는 근대 초기의 정치 이론에서 그 개념이 생겨난 이래 심각하고 질서-위협적인 의미로 이해되었다. 하지만 위기는 항상 상위의 설명 관련 속에, '메타역사' 속에 통합될 수 있었으며, 이로써 사회 및 역사 형성의 동인으로 인정되었다. 역사철학과 함께 위대한 미래 설계의 주역들은 심지어 위기를 환영했다. 위기는 그들에겐 역동적인, 어려움 속에서 완성되어 가는 근대 계획의 확인으로 간주되었으며, 도전을 통한 정치 · 사회적 진보를 위한 시험으로 간주되었다.

무엇보다도 헤겔 및 그의 후계자들과 연관된 그런 정상화 전략이 새로운 세기와 근대의 유일한 조건하에서 더 이상 통용되지 않은 거라는 인식의 배경에서만 문화철학의 역사적 출현이 이해된다. 근대의 시작 이래 세상에 대한 지적 해명에서 인간이 처한 일련의 '상심'을 판단할 때, 그 점이 분명해진다. 먼저 코페르니쿠스적 인식에 따른 상심이다. 지구가 유사 이래 기독교적 세계상의 효력 영역에서 허용했던 우주적 독점을 요구하는 것은 부당하다는 것이다. 다음은 다윈의 인식에서 생겨난 상심이다. **호모 사피엔스 레센스**(homo sapiens recens)는 생물생활권의 진화에 연계되어 있으며, **피조물 특유의 독점**을 요구할 수 없다는 것이다. 더 나아가서 유물론적 가설에 따른 상심이다. 인간의 행위는 도덕성보다는 경제적 이해의 추구에 의해서 유도되며, 따라서 **도덕적 독점**에 대한 생각이 환상, 즉 '이데올로기'로 간주될 수 있다는 것이다.

이러한 해석은 지그문트 프로이트로 귀결되는데(프로이트 1943 참조) 그는 인간의 자기 지배와 세상 지배, 즉 문화의 모든 시도가 생명 보존적 환상일 수 있다는 문화 비판적 가설을 제시한다. 그는 **보상적 독점**의 기대도 소용없었다는 우려를 나타냈다. 즉 앞서 언급한 상심을 만회하기 위해 제공된 문화 수단과 가능성도 그 속에 담긴 기대를 실망시켰다는 것이다.

4. 맥락 속에서의 문화철학

'사실주의적' 시작 단계를 제외하면——그 발전은 제1차 세계대전의 발발과 함께 갑작스런 종말을 맞이했다——문화철학은 어떤 시대에서도 치료 프로그램으로 권장되지 않았다. 문화철학은 다가오는 문명의 전 지구적 싸움을 위한 강력한 도구로 적합하지 않다. 피할 수 없는 우연 경험, 간단히 말해서 세상에 대한 비당연성 경험에 직면하여 문화철학이 제공하는 것은 다양화·인지의 정교화·민감화이다.

문화철학은 다양하게 나타나는 하나의 호칭 개념과 관련이 있다. 문화철학은 역사적으로 이중적인, 즉 본질적 **및** 이론적으로 심각한 손실 진단과 함께 시작된다. 그 하나는 이제부터 '구체화'라고 지칭하는 것이 없어져야만 한다는 진단이며(하르트만 1994 참조) 다른 하나는 그를 통해 발생하는 손실은 이론의 동굴 속에서의 안락함을 방해하게 될 거라는 진단이다.(블루멘베르크 1989, 413 이하 참조)

문화철학의 자기 이해의 일차적 기능의 관점에서, 모든 시도는 이 학문의 발생을 단지 철학역사적 활동의 내재성에서, 즉 돌연히 발생하는 신칸트주의의 변이로 설명한다. 문화철학적 관심사의 의미는 당시 지식인들의 담화와 그 속에 담긴 징후학의 배경 속에서 이해된다:

— 문화철학은 후설에 의해 새로 정립된 현상학의 맥락, 즉 지식이 갖는 '삶에서의 중요성'을 복구하려는 시도의 맥락 속에서 이해된다.

— 문화철학은 '정치신학'의 맥락, 즉 넘볼 수 없는 군주의 권위를 통해서 근대성의 분화를 급진화시키는 노력의 맥락 속에서 이해된다.

— 문화철학은 바르부르크학파의 '문화 역사 기술'의 맥락, 즉 비언어적 전통 확립의 수단과 방법에 대한 관심의 맥락 속에서 이해된다.

― 문화철학은 인식론의 맥락, 즉 지식과 사유 역사의 구조와 형상에 대한 관심의 맥락 속에서 이해된다.

― 문화철학은 '근대 사회의 지식사회학' 을 포함하는 지식사회학의 맥락, 즉 세계상과 세계 모델의 사회적 근거를 파악하려는 시도의 맥락 속에서 이해된다.

― 문화철학은 마지막으로 '생의 철학' 과 신칸트주의의 맥락 속에서 이해된다. 문화철학은 신칸트주의와 함께 지식과 학문의 형식에 그 가능성의 조건에 대한 설명을 추가로 제공한다.

물론 이러한 맥락과 동기 배경의 집합이 완전한 것은 아니다. 이것은 단지 바이마르 시대의 문화철학적 학술지인 '로고스' (부제: '철학과 문화에 관한 국제학술지')에 20년 이상 등장한 이름, 주제, 프로그램 속에서 드러나는 다양한 얽힘을 암시한다. 주목해야 할 것은 카시러가 표현한 '비판적' 문화철학이 역사적 출발 입장의 불가피성을 항상 염두에 둔다는 것이다.(카시러 1993, 260; 1994, 제1권, 11)――그런 입장은 문학과 예술에서도 부분적으로 분명하게 나타났다.

문화 개념이 차지하는 범위는 매우 포괄적이었다――예를 들어 실러의 《미학적 편지》에서부터(코너스만 1998 참조) 19세기말 타일러의 의미 규정 제안과 함께 관철되어 오늘날 학문에서 지배적인 '가치 중립적' 문화에 이르기까지. 이러한 현상은 실용적이며, 그 자체로 정당하다. 왜냐하면 이는 여러 학문들 사이에서 문화 관련 분야에 유익한 사고 교환을 수월하게 만들기 때문이다.

하지만 철학적 시각에서 정의 규범의 경우 시간·공간에 따라 그 효력이 유동적인 규정이라는 방법론적 지적이 제기된다. 문화적인 요소의 특성을 도외시하는 것, 혹은 도외시해야 하는 것은 학문적 개념, 형태, 목적 규정의 중립화 경향에서 드러난다. 여기서 다시 문화 개념의 내적인, 변함없이 지속되는 긴장이 나타나는데, 이 긴장은 방대하고 넓게 그림자를 드리운 개념 역사의 유산일 뿐만 아니라 전적으로 대상의 특성과도 일치한다.(볼렌베크 1994; 페르페트 1997 참조) 바로 문화 영역에서 내부 시각과 외부 인지를 항상 구분하려고 하며, 그 관점과 기대 상황의 차이점을 고려하려고 한다. 본질적인 가치 설정의 무시와 강조 철회는 이론적인 면에서 인지 차단으로 작용하며, 실천적인 면에서 부정으로 작용한다. 민족학적 문화 비판은 자기 자신과 인간 공동체의 나머지 형식들을 모조리 일관되게 객체로 보는——18세기에 새롭게 결성된 **인간탐구학회**(모라비아 1989 참조)의 틀에서 표현된——서구 문화의 경향을 사실과 동떨어진 것으로 거부한다. "우리가 기뻐하는 기적의 위대한 창조자인 서구 문화는 이 기적을 그 반대면 없이 창조하는 데는 실패했다"라고 클로드 레비 스트로스가 논평한다. "일차적으로 그 여정이 우리에게 보여주는 것은 우리가 인류의 모습을 더럽게 만든 오물이다."(레비 스트로스 1989, 31) 이러한 진술은 다소 비장하게 들리나, 우리는 이 진술에 명확함이 결여되어 있다고 비난하지는 않을 것이다. 이 진술은 왜 문화 개념이 여전히 정서적인 의무감을 불러일으키는지 잘 설명해 준다. 우리는 이 진술에서 그것이 그의 약점이자 강점이라는 것을 이끌어 낼 수 있다.

5. 간문화성과 우연성

　문화철학은 오늘날 그처럼 복잡하게 얽혀진 것을 사실에 맞게 설명하고 담화적 구분 방식을 멀리 뒤로 밀쳐놓는 시도일 것이다. 문화철학의 관련 영역은 모든 인간 세계, 즉 인간에 의해 만들어진, 의미를 가진 세계, 문화의 '상징적 우주'이다.

간문화성의 관점이 구체적으로 이 방향을 가리킨다. 간문화성 개념은——철학자들에 의해 고안되고 발전되어——도입된 문화철학의 개념과 방법론을 가로지른다. 간문화성은 방향 설정으로서, 전래되는 해석학과 달리 이해 문제를——급진적으로——타인 이해의 문제로 설명하는 "철학적·문화적 자세, 입장과 인식"(말 1995, 22)으로서 제시된다. 이 개념은 인류학과 인식론의 문제 제기를 통합하고, 더 나아가서 윤리학과 현상학을 한데 묶는다. 이 개념이 문화철학에 기여하는 바는 자신과 타인, 자기 문화와 타문화 사이의 장애와 이행을 해명하는 데 있다——그 일치와 차이를 민감하게 드러내기 위해. 이처럼 이질성은 방법적인 원칙, 사물을 보는 방식과 보게 하는 방식이 된다.

이러한 관점 고수의 바탕에 깔린 단호함은 간문화성 개념을 철학의 도전으로 이해할 수 있게 만든다. 이 개념은 서구 철학의 문화적 특수성과 유럽 사상사에서의 뿌리를 검증한다. 이것은 그러한 바탕 위에서 문화들 '사이에' 작용하는, 다원적 철학하기를 얻기 위함이다. 이와 관련하여 발전된 문제 제기와 기대는 전적으로 문화철학에 대한 새로운 관심의 특징이다. 하지만 이 개념이 아직 시작 단계에 머물러 있다는 것이 모든 참여자들에게 분명하게 인식된다.

그렇지만 여기서 간파할 수 있는 사실은 바이마르 문화철학 이념과의 연계가 비판적 입장이라는 점이다. 그 주도 세력은 한편으로 철학이 근대와 20세기의 역사적 경험을 통해 인간 세계와 지식 전체에서 그 이론적 기초와 위상을 검증하도록 요구받는다는 가설을 세운다. 다른 한편으로 그들은 자기 문화의 연속성 중단뿐만 아니라 상이한 문화들의 병존도 주시한다. 확장된 문제 인식은 철학적 개념을 변화시킨다. 문화철학의 두번째 단계와 달리 현재의 **세번째** 단계에서는 "문화의 비연속성과 극단적인 이질성"을 포괄적인 철학적 구상에 포함시키고, 그것을 '변증법적' 합일(카시러 1990, 336 이하)로 기술할 수 있다는 기대는 문제가 있다. 문화철학의 가설, 문제 제기, 그리고 다양성 관점에 대한 관심은 문화철학이 20세기말의 체계 붕괴 이후에 "제일 철학으로 자리잡는다"(발덴펠스 1997, 82)는 점을 의심스럽게 만든다.

우리가 문화라고 부르는 것이 인간에 의해 만들어지고 중요하다고 생각된 세계의 '재료' 속에서 파악된다는 것이 옳다면, 문화철학은 향토색의 색조에 민감한, 열린 이론 유형의 속성을 지녀야 한다. 문화 주제의 철학적 도전은 지평 확장에서, 그리고 이와 연관된 지식과 이론적 인식의 통합 요구에서 생겨난다. **문화 연구**로 요약되는 고전 연구의 성찰 수준에 머물지 않으려는, 문화에 대한 철학적 고찰은 대안에 대한 수사학적 과장, 개념적 추상과 현상학적 세밀 묘사 사이의 양자택일, '보편주의'와 '상대주의' 사이의 양자택일을 넘어서야 한다. 그 속에서 문화철학의 철학 비판적 움직임이 확인된다. 그밖에 문화철학은 동지-적의 도식에서 벗어나야 한다. 문화철학의 과제는 당파 형성이나 양극화가 아니며, 문화적 영역 내에서의 당파 형성과 양극화를 주제로 다루는 것이다――이 영역은 문화철학 자신이 속하는 고유한 영역이기도 하다.

문화철학은 '선험적 연구'이다. 상징적 우주의 구체화 및 문화가 행위자에게 부과하는 실습과 함께 문화철학은 동시에 자신의 고유한 전제 조건을 염두에 둔다. 문화철학의 입장은 그 중심 개념의 특수한, 하지만 여전히 진부한 지위를 특징짓는다. 문화는 분야도 아니고, 실체도 아니다. 문화는 바라봄의 특수한 방식, 대상 관련의 총괄 단계이다. 여기서는 '**무엇**' 이외에도 '**어떻게**'가 주제가 되며, **사실** 외에도 **형식**이 주제가 된다. '문화적 사실'은 인지 관점 속에서 인지되는 경우에 문화적 사실이다. 문화적 사실은 그 자신과 결합된 **표상**의 관점에서, 그 자신과 연계되는 **기대**의 관점에서, 그 자신에 부과된 **의미**의 관점에서, 그 자신이 추론하는 **의의**의 관점에서, 그 자신의 표현에 부여하는 **의식**의 관점에서, 그 자신이 배열하는 **지식**의 관점에서, 그 자신 속에 축적된 **경험**의 관점에서, 달리 표현하자면 그 자신을 재현하는 상징적 우주의 관점에서 문화적 사실이다.

문화철학의 과제가 문화의 현상 세계를 추상적으로 다루는 것은 관심이 사물의 '현실'에서 그 '의미'로 넘어간 데 기인한다. 문화철학은 제도화된 자기 관찰, 문화에 대한 자기 관찰이며, 이것은 사실을——가능성의 지평을 포함해——그 조건적 틀 속에 세우는 일이다. 이러한 자기 위치 설정과 함께 학문 역사와의 비판적 연계가 유지된다. 관습의 일과성, 빨라진 변화, 기초의 급격한 붕괴, 간단히 말해서 문화적 보상 사건 내부에서의 보상 결손의 출현이 문화철학의 출발 경험이자 도전 대상이다.

이러한 배경에서 문화철학이 철학의 분야 가운데 "아마도 가장 의문시되고 가장 논란의 소지가 많은 분야"일 거라는 카시러의 말이 이해된다. 실제로 철학은 원칙, 지식과 근거의 합일에 대해 묻는 데 익숙하다. 문화철학의 **철학적** 도전은 그러한 당연성을 검사하는 데, 더 정확히 말해서 신뢰성의 부재에 대해 반응하는 준비 자세에 있다. 이미 바이마르의 문화철학은 근대성의 특수한 조건하에서 문화를 파악하는 과제를 철학에게 부여한다. 보들레르는 문화를——이 개념의 최초 사용자 가운데 한 사람으로서——"일시적인 것, 지나가는 것, 우연적인 것"이라고 묘사한다.(보들레르 1989, 226)

우연성 조건과 세계의 비딩연성에 대한 고려는 문화철학이 사회 관련 학문으로 변하는 것을 막아 준다. **문화**철학은 문화**철학**이다. 문화철학은 근대의 시작 이래 철학의 안과 밖에서 경험한 '몰이해'(훔볼트 1907, 64 이하)를 잘 다루는 기술로 재조직된다. 이러한 의미에서 자기 문화와 타문화에 대한 관심은 우리가 '문화 이해'라고 부르는 것의 전 과제를 표현한다.

우리의 관심을 끄는 문화철학의 모호성과 위력은 불안정한 입장에 처해 있다(여기에 대해 바이마르 문화철학이 그 예를 제시했다). 문화철학은 철학에게 문화라는 주제와 그 중요성을 해명할 뿐만 아니라 철학에서의 문화의 중요성을 다시 부각시킨다.

논리학

라이너 슈툴만 라이스 (본대학교의 논리학 교수)

1. 논리 상수의 역할

논리학은 종종 구체적인 추론의 학문으로 설명된다. 이때 추론은 언어적으로 표현되는, 전제로 시작해서 결론으로 끝나는 명제들의 연결이다. 다음 예에는 두 가지 전제가 있다: 물질이 **부분으로 나누어질 수 있으면 공간도 부분으로 나누어질 수 있다. 물질은 부분으로 나누어질 수 있다. 따라서 공간은 부분으로 나누어질 수 있다.** 추론의 정확성은 그 논리적 형식의 속성이다. 동일한 형식을 가진 두 개의 추론의 경우, 항상 양자가 모두 옳거나 모두 옳지 않다. 따라서 어떤 추론의 정확성 여부를 판단하기 위해서는 그 **논리적 형식**을 알아야 한다. 우리는 여기서 추론의 논리-형식적 요소와 비논리-내용적 요소를 구분해야 한다. 추론은 명제들로 구성되어 있으며, 명제들은 다시 표현들로 구성되어 있다. 따라서 우리는 내용적 표현과 논리적 표현을 구분한다. 우리는 후자를 **논리 상수**라고도 부른다. 논리 상수에 속하는 것은 위의 예문에서 등장하는 '……면–……이다' 라는 표현이다. 여기서 내용적 표현은 두 개의 완전한 명제이다: **물질은 부분으로 나누어질 수 있다. 공간은 부분으로 나누어질 수 있다.** 우리가 이 명제들을 알파벳으로 대체하면, 우리는 다음과 같이 추론 형식으로서 **긍정**

적 긍정식(modus ponendo ponens)을 얻는다: 만일 p이면 q이다. p이다. 따라서 q이다.

추론의 정확성의 척도가 되는 논리적 형식을 규정하기 위해서, 우리는 각각의 언어 내에서 논리 상수를 내용적 표현으로부터 구분해야 한다. 여기서 논리적 형식은 내용적 표현 대신에 허사(虛辭)인 알파벳을 포함하는 언어적 형상을 통해서 재현된다. 논리적 형식을 규정하는 데 내용적 표현은 더 이상 전혀 관계가 없다. 때문에 논리학은 연구에서 처음부터 형식 언어를 그 바탕으로 삼는다. 형식 언어는 논리 상수의 표현으로서 특정한 기호를 사용한다. 예를 들어 상수 '……면-…이다'를 위해 편자 모양 ⊃ 혹은 화살표 → 를 사용한다. 원칙적으로 알파벳은 내용적 표현을 대신해 기능을 수행한다. 우리는 형식 언어가 일정한 방식의 논리 상수를 포함한다는 것을 통해서 형식 언어의 특징을 나타낼 수 있다. 논리학의 여러 분야는 자신이 연관되는 형식 언어의 유형에 의해서 규정되기 때문에 논리 상수를 여러 가지 방식으로 분류하는 것은 철학적 분과 학문의 분류를 위해 흥미로운 일이다. 모든 논리 상수와 모든 유형의 형식 언어는 공통적으로 **통사적**('문법적') 규칙 체계를 갖고 있으며, 이에 따라 논리 상수와 내용적 기본 표현에 의해서 복잡한 표현(명제 혹은 술어)이 구성될 수 있다.

논리 상수의 분류를 위해 두 가지 주요 관점이 있으며, 이 관점들로부터 각각 논리학의 분류 원칙이 생겨난다. 이것이 **외연적** 상수와 **내포적** 상수의 구분이며, **연결사**와 **한정사**의 분류이다.

2. 논리 상수의 분류

연결사와 한정사

우리는 '……면 ……이다'라는 일반 언어의 기호적 형식으로서 편자 모양 ⊃을 사용하여, 위에서 든 예의 첫번째 가설을 p⊃q라는 형식 언어로 표현할 수 있다. 여기서 두 알파벳은 완전한 명제를 위해 사용되는 허사이다. 논리적 표현 '……거나'의 도움으로 이 두 명제에서 복합문을 형성할 수 있다: 물질이 부분으로 나누어질 수 있거나, 공간이 부분으로 나누어질 수 있다. 우리가 여기서 '……거나' 대신에 기호 ∨를 사용하면, 알파벳의 사용을 통해 형식 언어적 명제인 p∨q를 얻는다. 이로써 논리적 표현 '……면 ……이다'(⊃)와 '……거나'(∨)의 공통점으로 다음과 같은 점이 드러난다. 명제 구성의 통사적 관점에서 그런 논리적 표현들은 각각 이미 존재하는 완전한 명제를 **연결하여** 하나의 새로운 명제를 만드는 데 이용된다. 때문에 우리는 이러한 논리 상수를 '연결사'라고 부른다. 하지만 논리학이——위의 예처럼——꼭 두 명제가 있어서, 이들이 연결사를 통해 새로운 명제가 되는 것과 관련되는 것은 아니다. 논리적 표현 '……아니다'가 이미 완전한 명제에 추가되어, 마찬가지로 하나의 새로운 복합 명제를 생성하므로 우리는 이러한 논리 상수도 연결사라고 부른다. 이때 우리는 '한 자리' 혹은 '두 자리' 연결사라는 자격을 부여함으로서 그 차이점을 고려한다. 그래서 우리는 많은 형식 언어에서 다음과 같은 연결사를 사용한다: ¬(……아니다), ⊃(……면 ……이다), ∧(……고), ∨(……거나), ≡(……일 때에만 ……이다).

　논리 상수의 또 다른 부류를 형성하는 것이 **한정사**이다. **모든 생명체가 죽어야 할 운명이면, 모든 인간도 죽어야 할 운명이다**라는 명제에서 연결사 외에도 논리적 표현 '**모든**'이 두 부분 명제에 등장한다: **모든 생명체가 죽어야 할 운명이다. 모든 인간은 죽어야 할 운명이다.** 우리가 '……면 ……이다' 라는 표현을 r⊃s 형식으로 옮기면 편자 모양은 두 명제를 연결하는데, 두 명제는 각각 또 다른 논리적 표현, 즉 낱말 '**모든**'을 포함한다. 때문에 두 명제는 그런 논리적 구성 요소와 다른 구성 요소로 쪼개질 수 있다. 여기서 또 다른 구성 요소는 **생물체는 죽어야 할 운명이다**라는 표현을 통해 주어져 있다. 그런데 이 표현은 '**모든** 생명체가 죽어야 할 운명인가?' 아니면 '(단지) **몇몇** 생명체가 죽어야 할 운명인가?' 라는 질문을 불러일으킨다는 점에서 **불완전하다.** 우리는 한정사 '**모든**' 내지 '**몇몇**'을 통해 불완전한 명제를 완전한 명제로 보충함으로써 그 질문에 대한 대답을 얻는다.

　한정사 보충을 통해 해소될 수 있는, 표현의 불완전성에 대해서 좀더 자세히 설명하기로 한다. 여기 다음과 같은 예가 대표적이다. **x는 시간과 공간에 놓인 어떤 대상이다. x가 어떤 생명체라면, x는 죽어야 할 운명이다. x는 어떤 철학자이며, x는 어떤 논리학자이다.** 이 표현의 불완전성은 진술하는 대상이 정해지지 않았다는 것이다. 이 표현에는 단지 개념적으로만 정해진, 그래서 참과 거짓의 구분에 속하지 않는 의미적 내용이 담겨 있다. 이것은 시간과 공간에 놓인 어떤 대상의 개념이 표현되는 첫 명제의 경우에 가장 분명하게 나타난다. 그러한 개념적 내용은 **x가 모든 것에 유효하다** 혹은 **x가 몇몇의 것에 유효하다**와 같은 보충을 통해 참·거짓이 정해질 수 있게 된다. 이 점은 두 번째 표현에서 분명하게 드러난다: **x가 어떤 생명체라면, x는 죽어야 할 운명이다. x가 모든 생명체에 유효한 것은 참이다.**

우리는 전문어로 개념적 표현에 대한 한정사 보충을 **변수의 결합**이라고 지칭한다. 이러한 변수의 결합은 **전체 한정사** 혹은 **존재 한정사**를 통해 일어난다(후자의 용어는 **x가 몇몇의 것에 유효하다**라는 표현을 통해 최소한 유효한 하나의 x가 존재한다는 것을 말해 준다).

외연적 논리 상수와 내포적 논리 상수

우리는 이제 기본 명제 대신에 알파벳(p, q, r……)을 사용하는 연결사-논리(형식) 언어를 생각하며, 연결사를 통해 복합 명제를 형성할 수 있다. 명제는 참과 거짓의 구분에 속할 수 있는 언어적 형상이다. **본은 라인 강변에 놓여 있다**(1)는 참명제이고, **6은 소수이다**(2)는 거짓 명제이다. 우리는 이러한 구분을 형식 언어에 적용하려고 한다. 여기서 우리는 일반 언어로 된, 참 혹은 거짓인 명제들 대신에 알파벳 p, q, r…… 등을 사용하기로 합의한다. 예를 들어 p는 위의 예 (1)을 대신하고, q는 예문 (2)를 대신한다. 우리는 이제 이러한 합의를 바탕으로 참/거짓 구분을 형식 언어의 기본 알파벳 명제에 적용할 수 있다. 즉 우리는 π가 일반 언어로 된 참명제를 대신하면, π가 형식언어의 참명제라고 말할 수 있다. 물론 이것은 아직 복합적인 형식(언어) 명제의 진리값, 즉 참 혹은 거짓에 대해서는 아무것도 말하지는 않는다. 그렇다면 예를 들어 명제 ¬ p의 경우는 어떤가? 논리 상수에 대한 우리의 이해는 '……아니다'에 대해 다음과 같은 대답을 준다. p가 (형식 언어로 된) 참명제면, ¬ p는 거짓 명제이다. 따라서 우리는 다음과 같은 **부정의 진리 조건**을 확정할 수 있다.

$$(\neg)\ \text{명제}\ \neg\alpha\text{는} \quad \begin{cases} \text{a) 자체가 거짓이면 참이고} \\[2ex] \text{b) 자체가 참이면 거짓이다.} \end{cases}$$

부정 명제의 진리값은 ($\neg$)의 사용을 통해 오로지 그 명제 자체의 참 혹은 거짓에 달려 있다. 때문에 우리는 부정을 **함수**라고도 부르는데, 함수는 참인 것에 거짓을, 거짓인 것에 참인 것을 배정한다. 이러한 함수의 독립 변수와 값이 진리값이다. 그래서 이를 '진리값 함수'라고도 말한다. 2.1.에서 소개된 연결사들도 모두 진리값 함수라고 설명될 수 있다. 예를 들어 $(\alpha \wedge \beta)$ 형식의 명제는 두 부분이 모두 참이면 참이고, 두 부분 가운데 어느 하나라도 거짓이면 거짓이다. 우리가 진리값 함수로 파악할 수 있는 논리 상수를 '외연적'이라고 부른다.

복합 명제의 진리값이 항상 오로지 각 부분 명제의 진리값에 달려 있는 것은 아니며, 다른 요소들도 중요하다. 다음 예문은 이 점을 보여준다. 2+1은 2보다 크다(1)와 **1997년과 1998년에 미국과 이라크 사이에 충돌이 있었다**(2)라는 명제는 모두 참이다. 명제 (1)이 산술적 필연성을 표현한다고 말하는 게 어느 정도 타당하나, (2)의 경우는 그렇지 않다. 때문에 '필연성'의 의미에서 **2+1은 2보다 큰 것은 필연적이다**라는 명제 (3)은 참인 반면에, **1997년과 1998년에 미국과 이라크 사이에 충돌이 있은 것은 필연적이다**라는 명제 (4)는 거짓이다. 두 명제는 모두 '……**것은 필연적이다**'라는 표현과 각각 하나의 참명제로 구성되어 있다. 하지만 명제 (3)은 (4)와 다른 진리값을 갖기 때문에, 그러한 진리값은 오로지 각각의 부분 명제가 참이라는 사실만을 통해서 정해지는 것이 아니다. 이러한 의미에서 '……**것은 필연적이다**'라는 표현은 연결사 '……**아니다**'와 구분된다.

‘……것은 필연적이다’는 논리적 양상의 표현이며, **양상논리학**에서 논리 상수로 다뤄진다. 그 형식 언어에서 양상 표현은 한 자리 연결사의 기능을 수행한다, 즉 **통사적 관점**에서 부정과 똑같이 작동하는 것이다. 우리는 양상 표현과 하나의 명제를 결합하여 또 다른 명제를 형성할 수 있다. 하지만 양상 표현은 진리값 함수로서 설명될 수 없기 때문에 우리는 그것을 ‘내포적 논리 상수’라고 부른다.

논리학 내에서 내포적 상수로 파악되는 다른 표현들이 있다. 여기에 속하는 것이 의무론적 작용소(……**것이 요구된다**), 인식론적 자세에 대한 표현(……**라는 것을 믿는다**). ‘**후에**’ 혹은 ‘**이전에**’와 같은 시간 부사 등이다. 우리는 볼프강 슈테크뮐러(1987, 147 이하)에 기대어 명시적으로 내포적 상수를 다루는 논리학의 분야를 ‘철학적 논리학’이라고 지칭할 수 있다. 반면에 수학적 논리학은 주로 외연적 현상과 관련되며, 수학에서 사용되는 논리학은 오로지 외연적이다.

소개된 논리 상수의 두 가지 분류는 논리학의 네 가지 분야로 이어진다: 외연적 연결사 논리학 및 외연적 한정사 논리학, 그리고 내포적 연결사 논리학 및 내포적 한정사 논리학.

3. 외연적 논리학

연결사 논리학

우리는 다시 연결사-논리 언어 L을 전제한다. 이로써 명제를 대신하는 알파벳을 얻는다. 그럼 알파벳과 연결사가 있다. 마지막으로 우리는 분류 기호로서 괄호 ( )를 필요로 한다. 우리는 다음과 같은 단순한 규칙을 통해 (복합) 명제를 얻는다.

(1) 각각의 명제 알파벳은 명제이다.

(2) α와 ß가 명제이고, ∘ 표시가 두 자리 연결사이면 (α∘ß)도 명제이며, 마찬가지로 ¬α(그리고 ¬ß)도 명제이다.

(3) 규칙 (1)과 (2)에 따라 형성된 언어 L의 기호 연계만이 명제이다.

이로써 L의 명제의 양이 정해진다.

우리는 이제 명제들에게 진리값을 할당하려고 한다. L의 각 명제가 일정한 방식으로 알파벳과 외연적 연결사로 구성되어 있기 때문에 다음과 같은 사항이 적용된다. 우리가 a) 각각의 연결사를 진리값 함수로 설명하고, b) 각각의 (명제) 알파벳에 진리값을 할당하려고 하면, L의 각 명제마다 하나의 진리값이 확정된다. 우리는 연결사 ¬, ∧를 위해 이미 과제 a)를 해결했다. 우리는 진리값 도표에서 해당 함수가 진리값의 가능한 4쌍에게 어떤 값을 할당하는지 언급함으로써 그 과제를 해결한다. 예를 들어 연결사 ⊃의 경우 이렇게 나타난다.

⊃	참	거짓
참	참	거짓
거짓	참	참

진리값 함수를 통한 외연적 연결사의 설명과 진리값 도표를 통한 진리값 함수의 정의는 확실하게 결정되어 있다. 이러한 상황이 연결사를 **논리** 상수로 특징짓는다. 반대로 **변수**는 진리값을 명제 알파벳에 할당하는 것이다. 따라서 동일한 명제가 할당에 따라 참이 될 수

도, 거짓이 될 수도 있다. 예를 들어 명제 (p∧q)⊃¬p에 대한 다음 두 도표가 이를 보여준다.

(i)

p	q	((p∧q)⊃¬ p)
참	참	참 거짓 거짓

(ii)

p	q	((p∧q)⊃¬ p)
참	거짓	거짓 참 거짓

(i)에서는 p뿐만 아니라 q도 참값을 차지한다(이를 전문 용어로 '점유'라고 한다). 이에 따라 (p∧q)는 참이며, ¬p는 거짓이고, 전체 명제 또한 거짓이다. (ii)에서는 p가 참값을, q가 거짓값을 차지하며, 여기서 전체 명제에 대한 참값이 나온다.

특히 흥미로운 것은 어떤 명제 알파벳의 점유에도 참인 언어 L의 (복합) 명제들이다. 이 경우에, 진리값은 명백히 논리 상수와 명제 알파벳의 합인 명제가 어떻게 구성되어 있는가에 따라 결정되며, 전체 명제에 어떤 특별한 알파벳이 등장하는가는 중요하지 않다. 그런 경우에 진리값은 오로지 명제의 논리적 형식에 따라 결정된다. 우리는 이렇게 말할 수 있다: 특정한 논리 형식에는 그 논리 형식의 모든 명제가 동일한 진리값을 갖는 속성이 부여된다(이것은 거짓값인 경우에도 적용된다). 논리 형식의 이런 속성을 우리는 '논리적 참' (반대의 경우 '논리적 거짓')이라고 부르며, 해당 명제를 '논리적 참' 혹은 '일반적으로 유효' 하다고(반대의 경우 '논리적 거짓' 혹은 '모순적' 이라고) 부른다. 다음 명제는 논리적으로 참이다: (p∨¬ p), (p⊃p), (((p⊃q)∧p)⊃q), (((p⊃q)∧(q⊃r))⊃(p⊃r)).

우리는 이러한 주장을 다음과 같이 증명할 수 있다. 각각의 명제 α에 한정된 수의 많은 명제 알파벳이 등장하나, n개의 한정된 알파벳에겐——두 가지 진리값이 적용될 때——2^n의 진리값 점유가 있다. 명제 α의 진리값은 그 속에 등장하는 알파벳이 어떤 진리값 점유의 양상을 나타내는가에 달려 있기 때문에, 그 속에 등장하는 모든 알파벳의 모든 진리값 점유에서 α가 참일 경우에만 α는 논리적으로 참이다. 우리는 진리값 도표를 통해 체계적으로 그것을 결정할 수 있다. 예를 들어 다음 도표는 이 점을 보여준다.

p	q	r	$(((p{\supset}q) \wedge (q{\supset}r)) \supset (p{\supset}r))$				
참	참	참	참	참	참	**참**	참
참	참	거짓	참	거짓	거짓	**참**	거짓
참	거짓	참	거짓	거짓	참	**참**	참
참	거짓	거짓	거짓	거짓	참	**참**	거짓
거짓	참	참	참	참	참	**참**	참
거짓	참	거짓	참	거짓	거짓	**참**	참
거짓	거짓	참	참	참	참	**참**	참
거짓	거짓	거짓	참	참	참	**참**	참

왼쪽의 첫 세 칸은 8줄로 되어 있으며, 3개의 명제 알파벳마다 8개의 진리값 점유가 기록되어 있다. 맨 오른쪽 칸의 짙은 글씨는 각각의 줄에서 전체 명제의 진리값을 나타낸다. 즉 이 명제는 논리적으로 참이다(도표에 '거짓'이라 씌어 있으면 해당 명제가 거짓이라는 뜻이다).

진리값 도표에 대한 검증 방법은 정해진 단계를 거쳐 언어 L의 제시된 각 명제가 논리적으로 참인지 혹은 거짓인지 혹은 그 어느것도 아닌지, 즉 논리적으로 **비결정적**인지 판단한다. 때문에 우리는 이 세 가지 속성이 '판단될 수 있다'고 말한다. 이것은 인식론적으로 중요한 사실 관계이다.

　우리는 2.1절에서 총 5개의 연결사를 알아보았고, 2.2절에서 그들 각각을 진리값 함수로 설명했다. 이로써 우리는 1개의 한 자리 연결사와 4개의 두 자리 연결사를 알고 있다. 여기서 그런 연결사들이 임의로 선택되었을 가능성과 외연적 연결사 논리학의 토대가 단순히 약속일 가능성에 대한 물음이 제기된다. 우리는 이제 이 두 가지 물음을 상세하게 다루려고 하며, 이에 대해 분명하게 반론을 제시하려고 한다. 이것은 각각의 진리값 함수를 우리가 선택한 함수, 즉 **함수적으로 완전한** 체계로 귀결시킬 수 있다는 생각이다. 임의성과 약속은 우리가 상이한 그런 체계 가운데서 자주 사용되는 체계를 선택했다는 데 있다. 그런데 무엇이 일반적으로 진리값 함수인가? 그것은 일정한 숫자 n개의, 진리값을 위한 독립 변수 자리를 가진 함수이다. 이로써 우리는 n자리의 진리값 함수 개념을 보다 상세화했다. 그런데 "귀결시킨다"는 것은 무슨 뜻인가? 이를 위해서 우리가 선택한 함수들을 가지고 임의의 자릿수를 가진 함수를 구성할 수 있다는 것을 명심하고, 단 한 가지 연결사만 (여러 번) 등장하는 명제$(((p \wedge q) \wedge r) \wedge s)$를 살펴보자. 이 명제는 그 속에 포함된 4개의 알파벳이 모두 참값을 차지하는 경우에만 참이며, 다른 진리값이 점유하는 경우는 거짓이다. 때문에 이 명제는 <참, 참, 참, 참>의 연속에만 참값을 할당하고, 다른 진리값의 조합에는 거짓을 할당하는 함수를 나타낸다. 이것은 $\wedge$에 상응하는 두 자리 함수로 귀결될 수 있는 네 자리 진리값 함수이다. 마찬가지로 명제 $((\neg(p \wedge q) \supset r) \vee (s \supset \neg t))$는 연결사 $\neg$, $\wedge$, $\vee$, $\supset$에 상응하는 함수들로 귀결될 수 있는 다섯 자리 함수를 나타낸다. 이러한 '귀결'의 의미에서 다음과 같은 사항이 유효하다.

명제: 모든 n자리의 진리값 함수는 연결사 ㄱ, ∧, ∨, ⊃, ≡에 상
   응하는 함수들의 체계로 귀결될 수 있다.
(이것은 부정과 연결사 ∧, ∨, ⊃ 가운데 그 어느 하나와의 결합에도
적용된다.)

지금까지 우리는 명제가 참 혹은 거짓일 수 있다는 점을 이용해, 논
리적 참 (그리고 논리적 거짓) 명제의 부류를 **의미적으로** 그 특징을 기
술했다. 명제의 참 혹은 거짓은 명제가 그 자신과 마주 선, 그 자신에
게 **의미**를 부여하는 세계와 적절한 관계에 놓일 때에만 가능하다. 이
이외에 완전히 다른, 공리적 **체계** 속에서 논리적 참인 명제를 얻는 특
징 기술이 가능하다. 여기서는 일정한 명제가 공리로 부각되며, 공리
에서 정리를 이끌어 내고 이를 증명할 수 있게 하는 규칙이 제시된다.
이러한 **통사적** 절차에서 특징적인 것은 그것이 명제의 (논리적) 형식
만을 지향한다는 점이다.
우리는 이제——멘델슨(1997)에 기대어——정해진 많은 공리의 세
부류를 언급하는데, 여기에 유일한 증명 규칙으로서 **긍정식**(modus
ponens)이 더해진다.

(A1) $(\varphi \supset (\psi \supset \varphi))$ 형식의 모든 명제는 공리이다.

(A2) $((\varphi \supset (\psi \supset \chi)) \supset ((\varphi \supset \psi) \supset (\varphi \supset \chi)))$ 형식의 모든 명제는 공리이다.

(A3) $((\neg\psi \supset \neg\varphi) \supset ((\neg\psi \supset \varphi) \supset \psi))$ 형식의 모든 명제는 공리이다.

여기에 다음과 같은 증명 규칙이 더해진다.

(**MP**) $(\varphi \supset \psi)$ 형식의 명제와 명제 φ에서 명제 ψ로 이행해도 된다.

예를 들어 정리 (p⊃p)에 대한 증명을 살펴보자.

(1) ((p⊃((p⊃p)⊃p))⊃((p⊃(p⊃p))⊃(p⊃p)))

　　형식 (A2)의 명제이므로 공리임

(2) (p⊃((p⊃p)⊃p))

　　형식 (A1)의 명제이므로 공리임

(3) ((p⊃(p⊃p))⊃(p⊃p))

　　(1)과 (2)에서 **MP**가 더해짐

(4) (p⊃(p⊃p))

　　형식 (A1)의 명제이므로 공리임

(5) (p⊃p)

　　(3)과 (4)에서 **MP**가 더해짐

이러한 순서에 따라 5줄의 각각에 들어 있는 명제 α에 대해 다음 내용이 적용된다. 명제 α는 공리이거나, 혹은 증명 규칙 **MP**의 도움으로 2개의 앞선 명제에서 얻어진다. 그러한 명제들의 연속은 마지막 줄에 있는 명제에 대한 **증명**이다. 이로써 우리는 (언어 L의) **증명 가능한** 명제의 통사적 개념을 얻었다.

이제 이러한 개념이 논리적으로 참인 명제의 의미적 개념과 어떤 관계인가에 대한 물음이 제기된다. 이 점에 관해서 다음 사항이 유효하다.

타당성의 명제: 증명 가능한 모든 명제는 논리적으로 참이며, 그 반대도 성립한다.

이 문장은 서로 완전히 독립적인 두 가지 주장을 담고 있다. 첫째,

이 문장은 우리의 공리 체계의 정확성을 말해 준다. 우리는 그 속에서 논리적으로 참인 문장만을 증명할 수 있다. 둘째, 이 체계는 완전하다. 왜냐하면 우리는 그 속에서 논리적으로 참인 모든 명제를 증명할 수 있기 때문이다(여기서 묵시적으로 두 연결사 $\neg$, $\supset$로 구성된 체계가 함수적으로 완전하다는 것을 전제한다. 우리는 물론 우리의 공리 체계에서 논리적으로 참인 명제 ($\neg p \vee p$) 자체를 증명할 수 없으며, $\vee$의 정의를 통해서——이에 따라 ($\alpha \vee \beta$)가 ($\neg \alpha \supset \beta$)에 의해서 대체될 수 있다——이 명제가 귀결되는 명제 ($\neg\neg p \supset p$)만을 증명할 수 있을 뿐이다). 두 주장 중에서 첫째 주장이 쉽게 인식될 수 있다. 여기에다 진리값 도표 방식을 통해서 a) 모든 공리가 논리적으로 참인 명제이고, b) 명제 φ와 명제 ($\varphi \supset \psi$)가 논리적으로 참이면 명제 ψ가 참이다. 결론적으로 증명의 줄들 속에는 항상 논리적으로 참인 명제들이 담겨 있으며, 증명 가능한 명제는 항상 증명의 마지막 줄에 있는 명제로 설명될 수 있다.

한정사 논리학

우리는 연결사-논리의 형식 언어 L에서 확장을 통해 한정사-논리의 언어 S를 얻는다. 우리는 L의 어휘에 다른 기초적인 표현을 추가하며, 그런 표현에 대한 설명을 위해 2.1.절에서의 다룬 내용을 상기할 필요가 있다. 우리는 앞서 전체 한정사와 존재 한정사를 언급했는데, 이제 이에 대해 $\forall$와 $\exists$를 사용한다. 더 나아가서 우리는 기초적인 개념적 표현을 위한 기호를 필요로 한다. 이를 위해 우리는 어깨번호를 가진 대문자를 사용한다: P^1, R^2 ($\cdots$) 이런 표현들은 '$\cdots\cdots$자리 술어'라고 부른다. 어깨 번호는 그것이 (한 자리) 개념적 표현인지, 아니면 두 자리 혹은 여러 자리의 관계를 가진 개념적 표현인지를 표시한다.

더 나아가서 우리는 자연 언어의 고유 명사의 역할을 수행하는 알파벳을 필요로 한다: a, b, c…… 이것은 ‘객체 상수’라고 부른다. 우리는 이런 방식으로 완전한 명제를 형성할 수 있다: P^1a("a는 P^1이다"), R^2bc("b는 c에 대해 R^2의 관계이다"). 마지막으로 우리는 진술 대상이 정해지지 않았음을 가리키는 변수를 필요로 한다: x, y, z…… 이러한 새로운 기호들로 이루어진 완전한 명제는 예를 들어 이런 모습을 보인다: Q^3abc; $\forall x \exists y R^2 xy$; $\forall x (P^1 x \supset Q^1 x)$. 우리는 물론 이런 명제들에게도 진리값을 할당하려고 한다. 하지만 이때 언어 S의 경우——언어 L에 비해——명제를 분해하는 데 좀더 정교한 논리적 수단을 사용한다는 점을 고려해야 한다. 새로 얻은 명제의 내용적 기본 성분은 명제 p, q, r보다 통사적으로 더 작은 단위이다. 때문에 그런 성분들은 진리값을 차지할 수 없다. 우리는 이제 다음과 같은 절차를 따른다. 우리가 ‘**모든 것에 대해 x가 유효하다**’라는 한정사를 사용하면, 먼저 언어 S로 말하고 관련짓고자 하는 객체의 분야 B를 언급한다. 그러고 나서 우리는 이 분야에서 객체 상수와 술어에 **의미**를 부여하는 할당 I를 도입한다. 이러한 할당 I는 각각의 한 자리 술어 Φ^1에게는 B의 객체의 부류 $I(\Phi^1)$을, 각각의 n자리 술어 n에게는 B의 객체들 중에서의 n자리 관계 $I(\Phi^n)$을 부여한다. 마침내 I는 (S의 부분 언어 L로 이루어진) 각각의 알파벳에게 진리값을 차지하도록 해야 한다. 우리는 **분야 B와 할당 I**의 두 성분으로 이루어진 ‘B, I’를 ‘언어 S의 해석’이라고 부른다. 이제 우리는 S의 한 명제가 주어진 해석에 따라 어떤 조건에서 참인지 말할 수 있다. 예를 들어 이것은 다음과 같이 나타난다. 객체들인 $I(\kappa^1)$, ……, $I(\kappa^n)$이 (이러한 순서로) 관계 $I(\Phi^n)$에 놓이면, $\Phi^n \kappa^1$, ……, $I \kappa^n$이라는 형식의 명제는 ‘B, I’에서 참이다. 연결사 결합의 진리값은 연결사-논리 규칙에 따라 정해진다. $\forall x \alpha[x]$ 형식의 완전한 명제의 경우 우리는 다음과 절차를 따른다. 여기서 한정사를 제거할 경우, 우리는 언어 S에서 단지 개념적으로 정해진 내용만을 가리키는 표현 α[x]를 얻는다(여기에 대해서 2.1.절을 참조할 것). 이제 우리는 분야 B의 객체와 그런 개념적 표현 사이의 관계를 의미적으로 설명한다. 이런 관계는 **하나의 대상(객체)이 하나의 개념에 속하는 것을** 표현한다. 만일 그러한 관계가 존재한다면 각각의 객체가 표현 α[x]를 채운다고 말할 수 있다. B의 모든 객체들이 표현 α[x]를 채운다면, 명제 ∀xα[x]는 'B, I'에서 참이다(마찬가지로 B의 객체들 가운데 최소한 하나라도 표현 α[x]를 채운다면, 명제 ∃xα[x]는 'B, I'에서 참이다).

이러한 합의에 따라 전체 한정사 (및 존재 한정사)는 다음과 같은 의미에서 외연적 논리 한정사로 해석된다(다음 생각은 주어진 해석 'B, I'와 관계된다): 완전한 명제 ∀xα[x]의 부분인 α[x]는 분야 B의 객체들의 부류 U, 즉 자신을 채우는 객체들의 부류를 규정한다. 전통적인 용어로 우리는 이렇게 말할 수 있다: U는 **개념 α[x]의 범위**이다. 상이한 표현인 α[x], ß[x]는——개념으로 파악되어——동일한 범위를 가질 수 있으며, 그럴 경우 ∀xα[x]와 ∀x ß[x]는 당연히 동일한 진리값을 갖는다. 이 진리값은 α[x]와 ß[x]의 공동 범위가 분야 B와 일치하는 경우 참이며, 다른 경우에는 두 명제가 모두 거짓이다. 이로써 우리는 전체 한정사를 함수로 설명했는데, 이 함수의 독립 변수는 개념 범위, 즉 함수가 참값 혹은 거짓값의 할당 대상인 '외연'이다.

이러한 생각을 바탕으로 우리는 언어 S의 해석 'B, I'를 S의 명제에게 진리값을 차지하게 하는 함수로 파악할 수 있다. 연결사 논리학에서처럼 한정사 논리학에서도 어떤 해석의 경우에도 동일한 진리값을 갖는 명제가 특히 흥미롭다. 그 진리값이 참이면 우리는 다시 논리적으로 참인 명제를 말하며, 논리적으로 거짓의 경우도 이와 마찬가지이다.

(한정사—) 논리적으로 참인 명제의 예들은 다음과 같다: $(\forall xP^1x\supset P^1a)$, $(\exists x\forall yR^2xy)\supset(\forall y\exists xR^2xy)$, $(\forall xP^1x\supset\exists xP^1x)$.

언어 S의 주어진 명제가 논리적 참 혹은 거짓인지, 아니면 그 어느것도 아닌지를 판단하기 위한 효과적 절차는——진리값 도표의 방식에서처럼——한정사 논리학에서는 사용되지 않는다. 때문에 우리가 공리 체계를 통해 한정사—논리적 진리를 통사적으로 특징짓는 상황에 무게가 좀더 실린다. 이를 위해서 우리는 3.1.절의 형식 (A1)–(A3) 가운데 하나를 갖는 모든 명제를 공리로 선택하며, 다음과 같은 형식의 모든 명제를 다른 공리로서 추가한다.

(P1) $(\forall\nu\alpha\supset\alpha[\nu/\kappa])$

(여기서 $[\nu/\kappa]$는 (개념적) 표현 α에서——독립 변수 ν가 한정사에 의해 묶이지 않는 α 속에서 객체 상수 κ에 의해 대체됨으로써——생겨난 명제이다.)

여기서 앞서 도입된 증명 규칙을 사용한다.

(G) 객체 상수 κ가 명제 ß와 $\forall\nu\alpha$ 속에 등장하지 않는 경우에, 우리는 $(ß\supset\alpha[\nu/\kappa])$ 형식의 명제로부터 해당 명제 $(ß\supset\forall\nu\alpha)$로 이행해도 된다.

다시 증명의 예를 살펴보기로 한다.

(1) $(\forall xP^1x\supset P^1a)$　　　형식 (P1)의 명제이므로 공리임
(2) $(\forall xP^1x\supset\forall yP^1y)$　　(1)에다 (G)가 더해짐

두 명제의 이러한 연속에 대해 3.1.절에서 증명에 대한 언급한 것이 적용된다.

제시된 한정사 논리학의 공리 체계는 3.1.절의 의미에서 정확하고
완전하다(완전성 주장의 경우 존재 한정사가 항상 전체 한정사로 대체될
수 있다. 우리는 ∃ν 대신에 ⌐∀ν⌐를 사용할 수 있다).

4. 내포적 논리학

연결사 논리학

우리는 이제 지금까지 설명한 외연적 연결사의 목록을 내포적 논리
상수로 확대한다. 우리는 이미 2.2.절에서 그런 상수를 개괄적으로 접
해 알고 있다. 형식 언어에서 논리 상수의 사용을 위해, 우리는 규범
화된 기호를 도입하여 **N**, **O**, **G**, **H**와 같은 알파벳을 사용한다. 우리가
필연적인, 의무론적인, 인식론적인, 혹은 시간적인 내포적 논리학을
다루느냐에 따라 언어 **L**의 어휘를 그런 상수 가운데 하나로 확대한다.
이에 따라 명제 형성의 규칙 체계도 확대된다. ψ이 상수인 **N**, ……, **H**
가운데 하나라면, 3.1.절에서 다룬 규칙에 다음 규칙이 더해진다.

(**Int**ψ)가 명제이면, $\psi\alpha$도 명제이다.

우리는 '**ML**ψ' 표시로 각각의 확장된 언어를 지칭하고, 다음과 같은
설명을 도입한다: **N**α–α가 필요하다, **O**α–α가 요구된다, **G**α–사람들
이 α라고 믿는다, **H**α–α인 경우가 항상 있었다.

필연적 연결사 논리학

우리는 내포적 논리학의 문제 제기와 방법을 필연성 분야의 사례를 통해 연구할 수 있다. 우리는 Nα 형식의 명제에 진리값 할당과 함께 시작한다. 이때 우리는 명제 α 자체의 진리값보다 더 많은 것을 고려해야 한다. 이를 위해 우리는 고트프리트 빌헬름 라이프니츠에게서 암시된 생각으로 거슬러 올라간다: 필연적 진리는 **모든 가능한 세계 속에서의 진리**이다. 때문에 우리는 언어 **MLN**에——명제 알파벳의 점유을 통해 주어진——단지 하나의 (실제) 세계를 대응시키는 데 그치지 않는다. 오히려 우리는 **MLN**을 가능한 세계의 전 부류에 연관시키며 다음과 같이 **MLN의 해석 개념**을 얻는다: 우리는 이것을——부류 **K**와 할당 **I**로 구성된—— '**K, I**' 쌍으로 이해한다. 여기서 우리는 **K**를 부류로 파악하는데, 실제 (주어진 세계) 부류의 요소에 속한다. 하지만 **K**는——실제 세계의 대안으로서——다른 가능한 세계들도 포함한다. 할당 **I**는 **K**로 구성된 가능한 세계 속에서 **MLN**의 명제 알파벳 π에게 진리값 I(π, δ)를 할당한다(우리가 단 하나의 세계 δ_0와 관련되면, 우리는 I(π, δ_0) 속에서 3.1.절의 의미에서의 명제 알파벳의 진리값 점유를 갖는다).

명제 알파벳에게 진리값의 질서를 부여함으로써 우리는 이제 **MLN**의 각 명제 α와 **K**로 구성된 각 세계 δ에 대한 진리값 I(α, δ)을 규정한다. 외연적 연결사를 통한 복합 명제의 결합의 경우, 우리는 3.1절을 소급할 수 있다. 부가적으로 우리는 부류 **K**로 구성된 세계 δ를 해석 '**K, I**' 속에서 정의한다.

$$(N)\ \ I(N\alpha, \delta) = \begin{cases} \text{K의 모든 세계 } \eta \text{에 대해 } I(\alpha, \eta)\text{이면, 참이고} \\ \\ \text{다른 모든 경우는 거짓이다.} \end{cases}$$

논리적 참(거짓)은 **MLN**의 명제 α에 대해 다음과 같이 설명된다. 모든 해석 $\langle$**K**, **L**$\rangle$에 대해서, 그리고 **K**의 모든 세계 δ에 대해서 $I(\alpha, \delta)=$참($I(\alpha, \delta)=$거짓)이 유효한 경우에만, α가 논리적으로 참(거짓)이다.

필연성 명제를 위한 해석 개념은 사울 크립케(특히 1963)의 작업을 통해 본질적으로 확장되었다. 이러한 확장은 필연성의 상이한 개념들이 존재한다는 것을 고려한다. 따라서 예를 들어 낙하 법칙의 물리학적 필연성은 한정사—논리적 진리의 필연성과 구분될 수 있다.

해석 개념의 확장은 세계 가능성의 상대화에 그 본질이 있다. 이러한 생각은 다음과 같이 설명된다. (절대적으로) 가능한 세계의 부류 **K**와 **K**의 한 세계 δ가 주어져 있다고 가정하자. 그러면 우리는 상대적으로 δ에 속할 가능성이 있는 **K**의 다른 세계 η와 그렇지 못한 세계를 구분한다. 우리는 이제 언어 **MLN**의 해석의 또 다른 요소로서 수량 **K**에 관한 두 자리 관계 **R**(……은 ……에 대해 상대적으로 가능하다)을 필요로 한다. 우리는 **R**을 '양자택일의 가능성 관계'라고 부르며, $\langle$**K**, **R**, **I**$\rangle$ 3요소와 만난다. 우리는 이것을 '크립케 해석'이라고 부르는데, 반면에 $\langle$**K**, **I**$\rangle$ 쌍은 '라이프니츠 해석'이라고 불린다. 크립케 해석의 경우 진리 조건(N)은 다음과 같이 상대화된다.

$$(N_R)\ I(N\alpha, \delta)= \begin{cases} \delta(\eta R\delta)\text{과 관련해 가능한 } \textbf{K}\text{의 모든 세계 } \delta\text{의} \\ \text{경우 ' } I(\alpha, \eta)=\text{참' 이 유효하면 참이고,} \\ \text{다른 모든 경우는 거짓이다.} \end{cases}$$

필연성 개념의 상이성은 우리가 관계 **R**에 대해 상이한 요구를 한다는 점에 반영된다. 필연성 논리학의 모든 크립케 해석의 공통점은 상대성 요구이다: 모든 (절대적으로) 가능한 세계는 자신을 상대로 가능하다. 이로써 모든 해석에서 (Nα⊃α) 형식의 모든 명제가 참, **필연성－논리적**으로 참이라는 사실이 확보된다. 이것으로 가장 일반적인 필연성 개념이 파악된다. **R**이 등가 관계이어야 한다는 요구에서 나오는 **논리적 필연성** 개념은 좀더 특수하다.

양자택일 가능성 관계 **R**에 대한 상이한 요구는 상이한 부류의 크립케 해석으로 이어지며, 따라서 상이한 부류의 논리적 참명제로 이어진다. 등가 관계의 요구에서 생겨나는 논리적 참의 부류는 모든 라이프니츠 해석에서의 참명제 부류와 일치한다. 때문에 우리는 라이프니츠 해석에서 나오는 필연성 논리학을 크립케 해석에서 나오는 논리 유형의 한 경우로 이해할 수 있다.

내포적 연결사 논리학의 체계

우리는 앞절에서 일정한 명제 형식 (Nα⊃α)와——양자택일 가능성 관계의 속성으로서——재귀성 사이의 상관성을 확인했다. 그러한 상관성은 다른 경우에도 있으며, 그것은 의미적인 구성과 유사한 내포적 논리 체계의 공리 정립을 허용한다. 의미론의 측면에서, 각각의 MLΨ 언어에 대해서 Ψ 형식의 명제의 진리값이 다음 도식을 통해서 정의된다(우리는 다시 크립케 해석 〈**K, R, I**〉와 **K**의 세계 δ를 도입한다).

$$(\Psi_R)\ \mathrm{I}(\Psi\alpha,\ \delta)= \begin{cases} \text{속성 } \mathrm{I}(\alpha,\ \eta)\text{를 가진 } \mathbf{K}\text{의 모든 } \eta\text{에 대해서} \\ \text{‘}\mathrm{I}(\alpha,\ \eta)=\text{참’ 이 유효하면 참이고,} \\ \text{다른 모든 경우는 거짓이다.} \end{cases}$$

약자택일의 가능성 관계에 대한 상이한 요구에 따라, 우리는 크립케 해석의 분야들 Σ를 구분하고, 각각의 분야에 대해 유효성 개념을 설

명한다: α가 Σ의 모든 해석에서 유효할 때에만, 명제 α가 Σ-유효하다(여기서 K의 모든 δ에 대해 'I(α, δ)=참'이 유효하면, 우리는 가 '〈K, R, I〉에서 유효'하다고 말한다). Σ-유효성은 의미적인 속성이다. 다음 도표는 우리가 어떤 공리를 통해서 Σ-유효한 명제의 부류들을 각각 통사적으로 특징지을 수 있는지 보여준다.

	Σ-유효한 명제의 부류는 다음과 같은 형식의 추가적 공리를 통해 그 특징이 나타난다.	Σ는 모든 크립케 해석의 분야로, 크립케 해석의 양자택일의 가능성 관계는 다음과 같은 속성을 갖는다.
1	$(\Psi\alpha\supset\neg\Psi\neg\alpha)$	충족되어야 할 조건 (Ex): K의 모든 δ에 대해 K의 한 η가 존재하는 것과, $\eta R\delta$가 유효하다.
2	$(\Psi\alpha\supset\alpha)$	재귀성
3	$(\Psi\alpha\supset\Psi\Psi\alpha)$	타동성
4	$(\neg\Psi\alpha\supset\Psi\neg\Psi\alpha)$	충족되어야 할 조건 (Qe): K의 모든 δ, η에 대해 다음 내용이 유효하다: K의 한 ζ가 존재해서 $\delta R\zeta$와 $\eta R\zeta$가 유효하면 $\eta R\delta$도 유효하다.

이 도표의 도움으로 우리는 각 분야에 해당하는 의미적 유효성을 다음과 같이 3단계로 기술할 수 있다.

1. 우리는 추가적인 증명 규칙을 도입할 수 있다.

(Ψ) 우리는 (증명된) 명제로부터 명제 $\Psi\alpha$로 이행해도 된다.

2. 우리는 3.1.절의 연결사-논리적 공리에 $(\Psi(\alpha\supset\beta)\supset(\Psi\alpha\supset\Psi\beta))$ 형식의 모든 명제를 덧붙인다. 이 명제는 내포적 논리학의 모든 표준 체계의 공통적인 공리이다.

3. 도표의 각 줄에 적힌 분야 Σ의 유효성을 설명하기 위해서, 우리

는 추가적인 공리로서 해당줄의 왼쪽 칸에 적힌 형식의 모든 명제를 덧붙인다. 이렇게 우리는 내포적 논리학의 완전한 공리 체계를 얻는다.

내포적 연결사 논리학의 4영역

앞서 4.1.1.절에서 본 것처럼 우리는 위 도표의 줄 (2)에서 가장 일반적인 필연성 개념의 표준적 논리 체계를 얻는다. 이 체계는 문헌에서 종종 'T' 혹은 'M'으로 지칭된다(줄 (1)의 요구는 줄 (2)의 요구의 결과이며, 때문에 필연성의 표준논리학에서 항상 충족된다). 통상적으로 T를 강화한 것이 체계 S4와 S5인데, 이는 우리가 줄 (3)의 요구를 추가해 얻은 것(S4)과 줄 (3)과 (4)의 요구를 추가해 얻은 것(S5)이다. 그러면 체계 S5 속의 논리적 참명제는 다시금 언어 MLN의 라이프니츠 해석에서 참인 명제이다.

의무론적 논리학과 시간적 논리학에서 $(O\alpha \supset \alpha)$ 내지 $(H\alpha \supset \alpha)$ 형식의 명제는 공리로서는 너무 강하다. 요구되는 것, 혹은 항상 요구되었던 것 모두가 지금도, 그리고 실제로 그렇지는 않기 때문이다. 여기서는 오히려 줄 (1)의 요구가 관계된다. 우리가 이 요구에 국한하면, 다음과 같은 의미에서 타당한 의무론적 논리학 체계와 시간적 논리학 체계를 얻는다. 우리가 α에서 등장하는 상수 O를 H로 대체하면 의무론적 체계의 논리적 참명제 α는 시간적 체계의 논리적 참명제로 이행된다. 여기서 우리는 의미론의 측면에서 용어적인 구분을 실행한다. 우리는 시간적 논리학에서 K의 요소를 '시점'이라고 지칭하며, 관계 R을 '이전-관계'로 파악한다. 하지만 여기서 체계적-논리적 차이가 생겨나지 않는다. 우리는 오히려 줄 (1)에 생겨나는, 언어 MLO의 크립케 해석을 언어 MLH의 크립케 해석과 일치시킬 수 있다. 줄 (3)의 요구를 추가함으로써 우리는 강화된 두 체계를 얻는다. 여기서 우리는 의미적 측면에서 이전-관계에게 타동성을 요구한다. 공리의 측면에서 우리는 요구가 규범적-우연적이 아니라는 의무론적-논리적 요구를 갖는다. 따라서 우리는 언급한 도표의 도움으로 내포적 윤리학의 여러 영역 체계의 구조적 공통점을 인식할 수 있다.

인식론적 논리에서 ($\Psi\alpha\supset\alpha$) 형식의 공리도 너무 강하다: 우리는 거짓 명제를 참이라고 믿을 수 있으며, 이로써 ($G\alpha\wedge\neg\,\alpha$)가 유효한 경우가 생긴다. 때문에 우리는 여기에서도 줄 (1)의 요구를 전면에 세운다. 하지만 지식 개념의 논리학은 다르다. 우리가 거짓된 것을 알 수는 없다(단지 안다고 믿을 뿐이다). 때문에 공리 형식 ($W\alpha\supset\alpha$)가 모든 지식논리학의 시작이다("우리가 α를 알면, 그것은 α이다"). 이로써 지식논리학의 가장 약한 형식은 필연성 체계 **T**와 구조적으로 유사한 것이 입증된다. 지식논리학의 **S5**에 상응하는 체계는 '소크라테스적 요구'라고 불리는 공리를 포함한다(도표에서 줄 (4)를 참조): 우리가 α를 알지 못하면, 우리는 우리 자신이 α를 알지 못한다는 것도 안다. 우리가 지식논리학과 믿음논리학을 하나의 체계 속에서 다루면——두 가지 내포적 상수를 가진 하나의 언어를 구성하고 해석 측면에서 두 가지 양자택일 가능성 관계를 택하면, 공리 형식 ($W\alpha\supset G\alpha$)가 생겨난다: 우리는 우리가 아는 것을 또한 믿는다.

내포적 한정사 논리학

우리는 필연성의 한정사 논리학으로 시선을 돌린다. 우리는 한정사 논리학의 언어 'MSN'을 3.2.절에서처럼 확장을 통한 **MLN**에서 얻는다. MSN의 크립케 해석은 ⟨**K**, **R**, **J**⟩ 3요소이다: 세계 부류 **K**, 재귀적 관계 **R**. **J**는 **K**의 가능한 모든 세계 δ에게 3.2.절의 의미에서

$J(\delta):=\langle B_\delta, I_\delta\rangle$ 해석을 부여하는 할당이다. 따라서 B_δ은 객체 분야이다. 세계 δ와 I_δ의 객체 부류가 언어 MSN의 비논리 상수에게 **세계 δ 속에서의 의미**를 부여한다고 약속되어 있다(원칙적으로 객체 상수는 K의 모든 세계에서 동일한 의미를 갖는다: $I_\delta(\kappa)=I_\eta(\kappa)$가 K의 모든 δ, η에 유효하다). 이것은 술어에는 일반적으로 유효하지 않다. 논리의 근거로부터 가능한 모든 세계에서 각각의 객체에게 특정한 **객체됨**의 속성이 필연적으로 부여된다. 하지만 논리의 근거로부터 술어를 통한 지칭에 의해 어떤 속성이 가능 모든 세계 속의 한 객체에 부여되는 것은 아니다. 왜냐하면 그런 속성은 실제 세계에서 그 객체에 부여되기 때문이다. 술어는 세계마다 그 **외연**이 변한다. α가 상수 N이 등장하지 않은 MSN의 명제이면, 우리는 3.2절의 의미에서 세계 속 δ의 δ의 진리값을 I_δ의 도움으로 확정하며, 그 진리값을 '$I(\alpha,\delta)$'로 칭한다. $N\alpha$ 형식의 명제에 대한 진리값은 반대로 4.1.절의 의미에서 다음과 같이 확정된다: $\delta(\eta R\delta)$과 관련해 가능한 K의 모든 세계 η에 대해서 '$I(\delta, \eta)=$참'이 유효할 때에만 $I(N\alpha, \delta)$가 참이다.

K의 두 세계 δ, η가 동일한 객체 분야를 갖는다는 추가적인 의미적 요구를 통해 상대적으로 단순한 체계를 얻는다. 이러한 해석 분야에 상응하는 논리적 진리 부류는 이미 우리가 아는 공리와 증명 규칙을 통해 그 특징이 설명된다. 그 공리는 다음과 같다: a) 3.1.절의 공리 (A1)-(A3)에서 나오는 명제 형식 가운데 하나에 속하는 모든 명제; b) $N(\alpha \supset \beta)\supset(N\alpha\supset N\beta))$ 내지 $N(\alpha\supset\alpha)$ 형식의 모든 명제; c) 3.2절의 (P1) 형식의 모든 명제; 그리고 d) $(\forall\nu N\alpha\supset N\forall\nu\alpha)$ 형식의 모든 명제. 증명 규칙은 **긍정식**(modus ponens), 3.2.절에서의 규칙 (G)와 α에서 Nα로의 이행을 허용하는 규칙이다(마찬가지로 4.1.2.절의 (Ψ)).

내포적 한정사 논리학에서도 우리는 4.1.2.절의 도표에 포함된 변이

형의 가능성을 갖는다. 가능한 요구와 관련하여 해석 $\langle K, R, J \rangle$를 통해 정해진, 객체 분야들 B_δ 사이의 관계가 추가된다. 우리는 그러한 요구를 다음과 같이 이용했다: K의 모든 δ, η에 대해 '$B_\delta = B_\eta$'가 유효해야 한다. 두 가지의 가장 중요한 다른 변이형은 다음과 같은 요구이다:

(i) K의 모든 δ, η에 대해 적용된다: $\eta R \delta$이면, $B_\delta \subseteq B_\eta$이다.

(ii) K의 모든 δ, η에 대해 적용된다: $\eta R \delta$이면, $B_\eta \subseteq B_\delta$이다.

(여기서 $X \subseteq Y$는 집합 이론적 포함 관계를 가리킨다: X의 모든 객체가 Y 속에도 포함되어 있다.)

4.1.2절의 설명한 대로 그러한 의미적 요구와 명제 형식 (i′) ($N \forall \nu \alpha \supset \forall \nu N \alpha$)와 (ii′) ($\forall \nu N \alpha \supset N \forall \nu \alpha$)이 상관 관계가 있다(이러한 명제 형식은 위에서 언급한 공리 체계에서 증명될 수 있으며, 심지어 (i′)은 공리이다).

5. 결론

계속적인 문제 제기

앞선 설명은 물론 두 가지 점에서 제약이 있다. 우리는 a) 오직 **첫번째** 등급의 논리학을 다루었으며, b) **한 자리** 상수와 그의 의미를 소개했다. 제약 a)는 우리가 한정사 논리학의 형식 언어에서 관찰되는 객체의 **속성**에 대해 진술할 수 있다는 것을 배제한다. 우리는 단지 각 분야의 객체와 관련된 술어를 사용하는 반면에, (**첫번째 등급의**) 객체 (관련) 술어에 적용될 수 있는 **두번째 등급의 술어**는 사용하지 않는다. 이에 따라 우리는 객체의 모든 혹은 몇 가지 속성에 대해 어떤 진술도 할 수 없다. 이러한 제약의 본질적인 결과가 제시된 논리 체계의 **완전성**이다. 그러한 완전성은 다른 등급의 논리에서는 사라진다. 제약 b)와 함께 **관계**를 표현하는 모든 내포적 상수(예를 들어 인과 관계를 표현하는 문법적 접속사 '……**때문에**')는 고려 대상에서 제외된다. 이 낱말(……때문에)은 통사적 측면에서 ⊃처럼 연결사의 기능을 수행한다. '**q이기 때문에 p이다**'는 완전한 명제이나, 두 자리의 진리값 함수를 갖지 않는다. 또 다른 예가 '**p가 q에 대한 의무를 진다**'라는 표현이다. 논리적 함축의 관계도 두 자리 내포적 상수를 통해 표현될 수 있다. 가능한 세계 부류에 위상 기하학적 인접 구조를 부여하는 의미적 해석 구상도 두 자리 상수와 연관된다.

논리학 역사의 단계

역사적으로 정립된 최초의 논리학은 아리스토텔레스의 삼단논법이다. 이것은 전체적으로 외연적 부분과 필연성–내포적 부분을 포함하고 있는 한정사 논리학의 일부이다. 아리스토텔레스는 특정한 추론, 즉 단지 한 자리 술어만 등장하는 '삼단논법'에 국한한다. 연결사 '……**이면** ……**이다**'를 최초로 진리값 함수에 의해 서술한 사람은 필론이다. 그러한 서술은 3.1.절에서의 설명과 일치한다. 부정과 '……**거나**' 및 '……**고**' 형식의 결합에 대해——크리시포스에 뒤를 이어——스토아 논리학이 오늘날 의미에서의 외연적 정의를 제시했다. 여기서 우리는 이미 **긍정식**(modus ponens)과 같은 연결사–논리적 증명 규칙을 발견할 수 있다.

중세 시대의 논리학자는——예를 들어 피에르 아벨라르와 샤이어스 우드의 윌리엄(William of Shyreswood)——직접적인 논리 체계를 발전시키기보다는 논리학의 철학적 문제를 다루었다. 여기서 우리는 특히——항의 언급과 그 사용을 구분하는——가정에 관한 이론을 찾아낸다.

최초의 위대한 근대 논리학자는 라이프니츠이다. 그는 외연적으로, 그리고 내포적으로 해석될 수 있는 한 자리 술어의 논리학(개념 논리학)을 반절시켰으며, 일반적인 형식 언어를 구상했다.

근대의 외연적 논리학의 창시자는 수학자이자 철학자인 고틀로프 프레게이다. 모든 체계적 요구를 충족시키는 형식 언어를 발전시켰으며, 그 속에서 첫째 등급의 연결사 논리학 및 한정사 논리학의 타당한 공리 체계를 서술했다. 프레게가 비록 외연적 논리학의 대표자였으나, 언어적 표현의 **의의**에 관한 그의 이론은 근대의 내포적 의미론의 기원이다. 근대의 내포적 의미론은 다시금 크립케의 필연성–논리적 작업으로 거슬러 올라간다.

형이상학

에밀 안게른 (바젤대학교의 철학 교수)

1. 최고의 지식

철학적 분과 학문 가운데 형이상학에게 특별한 지위가 부여된다. 형이상학은 특별한 위상을 가지며, 특별한 방식으로 의문시되는 듯하다. 형이상학의 창시자인 아리스토텔레스는 형이상학을 '제일의 철학'이라고 부른다. 형이상학은 철학의 중심이며, 그 핵심과 기초이자 끝이다. 철학적 사유의 발생과 형이상학의 형성은 서로 뗄 수 없다. 동시에 형이상학의 이름은 최고의 모순적인 실체를 가리킨다. 형이상학이 최고의 인식적 요구를 제기했는지, 그랬다면 그 제시된 요구가 정당하고 의미가 있는지는 논란의 여지가 있다. 하지만 옳고 그름의 측면보다도 그에 앞서 정의의 측면에서 의견의 불일치가 지배적이다. 형이상학이 무엇인지 지속적으로 의심되며, 단순한 개념 규정을 통해 결정될 수 없다. 여기서 비전형적인 요소는 형이상학이 (자연철학이나 법철학처럼) 대상을 통해 정의되지 않는다는 것이며, 형이상학의 이름이 철학적 인식의 특별한 방식을 가리키고 그 대상이 인식의 특별한 방식에 의해 규정된다는 것이다. 이때 해당 지식의 종류는 철학 개념 자체와 결합되며, 다른 분과 학문처럼 철학의 '부분 영역'을 가리키지 않는다.

일반적인 이해에 따르면, 형이상학은 철학적 인식의 이중적 향상을

통해 그 특색이 나타난다. 그것은 대상 파악의 향상과 방법적 요구의
향상이다. 형이상학은 최고, 가장 참된 인식이며, 인식의 대상은 최종
근거와 포괄적인 총체이다. 형이상학은 절대적 진실과 확실성을 목표
로 삼는다. 형이상학은 가상과 실체의 뒤섞임을 깨뜨리며, 외피 너머
의 참현실을 파악하고 최종적인 명백함에 대한 진술에 이르러야 한다.
형이상학의 지식은 완전하며, 최종적인 근거를 갖추고 의심의 여지가
없어야 한다. 플라톤과 아리스토텔레스에서부터 르네 데카르트와 에
트문트 후설에 이르는 철학적 지식의 특색은 최종적인 인식을 그 바탕
으로 삼는다는 점이다. 절대 진리에 대한 지향은 형이상학의 직관을
가리킨다. 사물 자체에 존재하는 규정성이——존재 형식, 법칙성, 질
서——있다는 것이며, 인간의 인식이 이것을 추론할 수 있다는 것이
다. 이것은 주체의 인식 능력과 현실의 인식 가능성에 대한 믿음이
다. 다른 한편으로 형이상학은 가장 기초적이며 포괄적인 학문으로 간
주된다. 형이상학은 정해진 전문 영역에 대한 연구가 아니며, 모든 것
에 대해 유효하고 전체를 포괄하는 인식을 찾는다: 모든 것을 지배하
는 가장 일반적인 법칙, 모든 것의 바탕에 깔린 제일의 원칙, 모든 것
을 포괄한 총체가 그것이다. 포괄적인 인식 요구는 양극에 의해서, 즉
최초 근거로의 회귀로서, 최종적 전체로의 확대로서, 시작의 형이상학
으로서, 그리고 최종의 형이상학으로서 표현된다.

　이러한 이중적 향상을 거쳐서, 플라톤과 아리스토텔레스는 전체와
관련된 형이상학을 개별 학문과 구분하여 가장 참된 인식으로 정의한
다. 개별 학문들은 모든 학문의 기초가 되는, "가장 확실하고 가장 의
심의 여지가 없으며 전제 조건이 없는 시작"에서 출발하지 않으며, 단
지 "존재하는 것의 부분"만을 다룬다.(플라톤, 《국가》 510b; 아리스토텔
레스, 《형이상학》 1005b 9-16, 1003a 24) 역사의 진행 속에 형이상학

에 대한 물음을 던지는 두 가지 관점이 있다: 형이상학이 다양한 방식으로 표현되었으며, 상이한 논거에 따라 문제화된다는 것이다. 두 관점에서 극단적으로 상승된 요구는 그 이행과 정당성에 대한 물음을 유발시키며, 일반적으로 형이상학의 모습과 문제 제기를 더 자세히 기술할 수는 없다. 형이상학은 서구의 철학하기의 한 형태이며, 그 역사와 밀접하게 결합되어 있다. 다음 장에서는 형이상학의 근원적인 형태, 발전, 문제화, 수정에서 대해서 간략히 설명한다. 이 분과 학문에 대한 모델을 만들고 이름을 부여한 출발점은 아리스토텔레스의 《형이상학》이다(이 제목은 그 자신에게서 유래하지 않으며, 그의 제자들에 의해서 그의 저술에 붙여졌다).

2. 아리스토텔레스에 의한 형이상학의 창시

아리스토텔레스의 《형이상학》은 특징적인 형태에서 뿐만 아니라 형이상학에 대한 최초의 체계적 성찰로서도 모범적이다. 이 저작은 일정한 '형이상학적' 대상을 다루는 것이 아니라 형이상학이 무엇인가라는 문제를 다룬다. 그 시작 주제가 "추구하는 학문 자체의 본질"이다. (983a 21) 제일 철학의——이전의 학자들은 이 표현의 사용을 '주저' 했다——계획을 이해하는 데 중요한 개념에 따르면(993a 15), 형이상학은 특출한 학문의 질과 대상의 탁월함을 통해 드러나는 최고의 인식에 관한 문제이다. 이러한 두 가지 기준은 최초의 근거와 원칙을 다루는 학문에 의해서 충족된다. 이로써 형이상학에 대한 최초이자 가장 보편적인 정의가 표현되는데, 이 정의는 전통으로 이어져 계속해서 통용된다: 형이상학은 최초의 근거에 관한 학문이다. 이것은 형이상학이 모든 사물의 출처, 근원과 전통에 대해 보고하는——그 이전의——
신화의 사유 방식과 연계되는 표현 방식이다. 문제는 철학이 귀결되는
원칙이 무엇인가, 철학이 어떤 의미에서 **아르케**(근원, 원인) 개념을
이해하는가라는 것이다. 이 개념의 의미에 따라 형이상학의 연구 영역
과 문제 제기가 변한다. 아리스토텔레스가 형이상학을 첫번째 근거에
대한 학문으로 규정하는 방식에 따라 형이상학의 역사에 결정적인 역
할을 하는 두 가지 주요 방향이 구분된다.

　첫번째 방향에 따르면 형이상학은 "존재한 것 자체의 첫번째 근거"
(1003a 31)에 대한 연구를 그 목표로 삼는다. 형이상학의 대상은 가장
일반적인 존재 원칙, 현실의 구조, 그리고 대상의 필수적·본질적 특
성이다. 그것은 높은 추상성의 정도를 통해서 특수한 학문의 저편에
놓인 연구이다. 형이상학은 존재하는 것 자체에 관심을 갖는다——그
것이 생명체·삼각형·인간 혹은 신에 관한 것이든 상관없이. 존재하
는 것 자체에 대한 연구는 형이상학의 문제 제기를 **존재론**으로 정의한
다. 그 주제 영역에 속하는 것은 우리의 사유와 언어를 구조화하고,
이와 함께 가장 일반적인 현실 관계를 정하는 일반 개념과 관계 규정
이다. 하지만 일반 개념과 관계 규정은 형이상학의 자기 이해에 따른
주체적인 이해 방식일 뿐만 아니라 객체적인 존재 형식이기도 하다.
여기에 속하는 것이 근거/근거 대상, 부분/전체, 질료/형식, 가능성/현
실성과 같은 대립쌍이다. 아리스토텔레스에 따르면 형이상학의 출발
점과 핵심은 본질과 우연성의 구분이다——스스로를 위해 존재하고
스스로를 통해 자신의 규정성을 소유하는 것(예를 들어 벚나무)과 다
른 것에 관련되는 것 사이의 구분(예를 들어 벚나무의 색과 크기). 플
라톤의 관념론을 유도하는 직관(첫째의 것/자체로 존재하는 것과, 이차
적인 것/상대적인 것/다른 것과의 관련 속에서 존재한 것 사이 존재론적

차이가 있다는 직관)이 중요하다. 플라톤에 따르면 아름다운 사물은 자신이 아름다움의 관념 내지 '아름다움 자체'에 관여함으로써만 존속되고 아름다운 것으로 인식될 수 있는 것처럼, 아리스토텔레스에 따르면 이차적인 범주(질, 양, 관계 등)는 필연적으로 첫번째 범주(본질)의 사용을 역으로 가리킨다.

　여기서 존재론적 연구를 위해 존재에 대한 관찰이 '일차적으로 존재하는 것,' 즉 스스로 존재하는 것에——이것으로부터 다른 모든 존재 방식이 이해될 수 있다——국한되는 결과가 생긴다. 이어지는 두 번째 단계는 이러한 존재의 본질이 무엇인가라는 물음을 통해 유도되며, 사물이——자신의 질료 혹은 질료와 형식의 결합을 통해서가 아니라——자신의 형식을 통해서 본질적인 자주성을 획득한다는 가설에 그 핵심이 있다. 이 두 단계가 형이상학의 가설을 형성한다. 형이상학의 가설은 현실에서 본질적인 것과 비본질적인 것, 독자적으로 존재하는 것과 비독자적으로 존재하는 것 사이의 구분이 있다는 것을 의미하며, 사물이 자신의 본질 규정성(본질, 본질적인 형식)을 바탕으로 독자적인 존재를 확보한다는 것을 뜻한다. 현실에 그 견고성을 부여하고 사유가 의지하는 토대는 본질들이지, 그들 사이의 관계나 속성이 아니다. 본질을 본질로 만드는 것은 그 존재 규정이다. 가령 인간의 경우에 인간 실제와 인간의 신장, 지식, 병 사이에 원칙적인 구분이 있다. 오로지 전자를 통해서 인간은 **존재하며**, 오로지 전자를 바탕으로 인간에 다른 수식어가 부여된다. 사물의 '무엇'은 사물의 '그러한 것'의 바탕을 형성하며, 존재는 본질 속에 기초한다. 이러한——형이상학을 둘러싼 훗날의 논의의 논쟁점이 되는—— '본질주의적' 기본 가설은 질료 혹은 성질 없는 원자를 사물의 원칙으로 보는 소크라테스 이전의 자연철학에 대한 직접적인 반대 가설로 표현된다.

두번째 방향에 따르면 첫째 근거에 대한 연구는 더 이상 사물 속의 내부적인 존재 핵심을 그 목표로 삼지 않으며, 현실에서 전체적으로 첫번째 근원, 최종 목적, 그리고 최고의 질서 원칙을 그 목표로 삼는다. 이러한 사유 방향은 아리스토텔레스의 최고 존재, 신에 대한 이론에서 전형적인 특징이 나타난다. 여기서 형이상학은 **신학**으로 규정된다. 중요한 것은 이러한 방향이 신을 그 신적인 존재와 삶에서 뿐만 아니라, 현실 전체와 연관된 그 기능에서도 최고의 존재로 관찰한다는 것이다. 즉 신은 모든 움직임의 최초 근원이자 우주의 지배자로서 간주된다.(《형이상학》 XII, 6-10) 존재론의 저편에 놓인 이 두번째 방향에는 최고의 존재자와 전체 질서와 관련된 이중적인 노선이 깔려 있다. 여기서 형이상학은 광범위하게 통용되는 의미로 사용된다: 즉 형이상학은 제한된 인식을 넘어서고 지각될 수 있는 분야를 초월하며, 최후의 문제에 대답하고 단일한 해석을 제시하는 포괄적인 현실 설명이다.

아리스토텔레스의 기록에 따라 형이상학의 이중 노선이 정립된다. 형이상학은 한편으로 존재 자체를, 다른 한편으로 최고의 존재와 세계 전체를 관찰한다(아리스토텔레스는 두 연구 방향의 상관성을 주장했으나 그 결합을 설명하지 않았다). 형이상학을 둘러싼 논쟁과 그 역사에서, 이 두 갈래는 내용적으로 같은 정도로 부각되지 않았다. 존재 형식 내지 현실에 대한 진술의 범주에 관한 이론으로서의 존재론이 철학 학파의 내부 분야에서 더 두드러지게 발전한다. 피조물의 단계적 질서, 우주의 질서, 그리고 인간 역사의 구원 계획을 암시하는 형이상학적 세계상은 시대의 문화적 자기 이해의 영역에서 공감을 얻는다. 그러는 사이에 신과 세계에 대한 진술뿐만 아니라 존재론적 이론도 문제시될 수 있다는 게 입증되는데, 이것은 두 가지 측면, 즉 (단순한 언어 형식과 문화 상대적 견해와 반대로) 존재론 규정의 일반적인 객관성과 보편성의 측면과 특수한 범주 체계의 효력의 측면(가령 본질과 우연의 구분)에서 그렇다. 형이상학의 정립과 제한, 이에 대한 긍정과 비판은 중요한 실마리로서 전체 역사에 일관되게 나타난다. 때문에 그러한 형이상학의 비판적-성찰적 성격을 도외시한다면 형이상학에 대한 이해는 불가능하다.

3. 발전과 반대 운동

형이상학의 정립 측면에 속하는 것은 이중적 출발점과의 연계, 즉 존재하는 것 자체에 대한 물음과 최고의 존재자 혹은 존재하는 것 전체에 대한 물음이다. 이러한 분류는(크리스티안 볼프가 시도한) 일반적인 형이상학/존재론과 특수한 형이상학 사이의 근대적인 구분에서 특징적으로 나타난다. 이때 특수한 형이상학은 합리적 신학, 합리적 우주론, 그리고 합리적 심리학을 포함한다. 형이상학은 한편으로 대상의 구조를 다루고, 다른 한편으로 존재하는 것의 세 가지 유형, 즉 신, 물질적인 육체와 정신을 다룬다. 이러한 주요 구분의 기원이 아리스토텔레스로 거슬러 올라가는 반면에, 특수한 형이상학의 내적 분류는 이미 데카르트의 《제일 철학에 관한 성찰》(1651)이 주제로 다룬 전문분야이다. 이마누엘 칸트의 이성 비판과 게오르크 빌헬름 프리드리히 헤겔의 철학적 백과사전이 기준으로 삼는 내적 분류는 일반적인 이론과 부분적인 사태에 대한 이론의 적용 사이의 구분에 관한 것이 아니며, 형이상학이 존재하는 것 전체에 대해 물음을 던지는 상이한 관점에 관한 것이다. 특수한 형이상학의 특징인 단일화와 총괄은 형이상학-비판적 사유를 위한 동기가 된다. 이러한 분류의 추진에서 생겨난,

후설에 의한 형식적 존재론과 물질적 존재론의 구분은 같은 방식의 전제 조건이 충분한 것으로는 보이지 않는다. 형식적 존재론은 사물이 사유의 대상이 되는 조건을 연구하며, 물질적 존재론은 특정한 대상 유형의 기본 개념을 개진한다. 후자와 밀접하게 연관되는 것이 육체, 수학적 실체, 개인, 그리고 역사의 정체성 문제를 다루는 근대 철학의 존재론적 연구이다. 이것은 우리가 일정한 방식의 대상에 대해서 말할 때 사용하는 기본 개념의 설명에 관한 것이다. 이때 그러한 대상에 특별한 형이상학적 가치가 부여되지 않으며, 존재 영역의 구분은 필연적인 체계에 기초하지 않고 그 자체가 연구 대상에 속한다.

일반적인 형이상학과 특수한 형이상학의 두 분야에서 중세와 근대 초기에 지속적인 형성과 새로운 변형이 일어났는데, 이는 다른 한편으로 비판과 교정의 움직임과 일치한다. 13세기에 아리스토텔레스의 형이상학에 대한 라틴어 번역 및 주석과 연계되어 형이상학의 두번째 시작이 일어났다(아리스토텔레스의 형이상학은 수백 년 동안 알려지지 않았으며, 그 수용은 아랍-이슬람 철학을 통해 이루어졌다). 토마스 아퀴나스가 새로운 철학적 통합을 대표했는데, 존재론적 기본 문제, 신에 관한 철학적 이론, 그리고 모든 존재하는 것의 포괄적인 질서에 관한 구상은 지속적으로 고안되며, 동시에 철학을 기독교적 믿음과 융합시키는 전체적 개관 속에 통합된다. 데카르트 · 바루흐 스피노자 · 고트프리트 빌헬름 라이프니츠 · 크리스티안 볼프는——18세기의 위대한 합리주의자들——변형과 새로운 형식을 통해 형이상학적 사유를 이어간다. 동시에 영국의 경험주의의 대표자들(존 로크 · 조지 버클리 · 데이비드 흄)은——부분적으로 중세 후기의 경향, 가령 유명론에 연계되어——형이상학의 고전적인 도그마에 대해 비판적인 사유 운동을 강조한다.

　존재론과 형이상학적 세계상의 핵심은 내용적으로 의문시된다. **'특수한 형이상학'**에 속하는 가설(신의 존재, 영혼의 불멸성, 세계 질서)은 ──철학이 그런 가설로부터 물러남에 따라── 일단 기독교적 세계상의 일부로 남았으며, 19세기에 와서야 형이상학을 둘러싼 논쟁의 중심으로 들어온다. 반대로 중세의 시작 이래 아리스토텔레스 형이상학의 존재론적 진로의 배경에 대한 물음이 제기된다. 아리스토텔레스의 모델(모든 존재하는 것을 본질성에 귀결시키고, 본질 형식을 통해 본질성을 정의하는 것)을 포함하는 2단계의 반대적 구상이 좀더 확실하게 전개된다. 예를 들어 토머스 홉스는 두번째 단계를 반박한다. 그는 자신의 '제일 철학'(《물체론》, II)에서 본질과 우연의 구분을 유지하나 본질성을 육체성에 고정시킨다. 육체는 견고하고 스스로 존재하는, 우연적인 것으로서의 규정이 부여되는 기제이다. 여기에는 형식 원인의 주도성을 반박하고 자연 관찰의 분야에서 역학적인 설명을 통해 목적론적 설명을 교체시키는 물질주의적 단순화의 노선이 깔려 있다. 아리스토텔레스 형이상학의 중심에──발전 과정에서 자신 속에 있는 본질 형식을 전개하는──생명체의 패러다임이 있었다면, 현대 물리학은 육체들 사이의 외적인 상호 작용에 집중하며, 이를 통해 모든 과정, 생명체의 과정도 이해하려고 시도한다. 근본적으로 본질의 상태가 의문시되었다. 모든 것에 본질 형식이 부여되고, 이것이 대상의 다른 불변적인 요소와 다르다는 본질주의의 생각은 불확실한 직관 혹은 잘못된 투영으로서 거부된다. 훗날 이러한 비판은 본질주의의 직접적인 반대축으로 제시된다: 인간의 본질적인 것은 본질적인 형식에 있는 게 아닌 존재 방식에 있으며(마르틴 하이데거), 우선 순위는 본질에 부여되는 게 아니라 존재에 부여되어야(장 폴 사르트르) 한다는 것이다.

　언급된 두 걸음 가운데 첫걸음, 즉 존재로부터 본질로 나아가는 걸음, 첫째 범주에 대한 존재 관계 초점에 대한 물음은 전통적 사고의 해체에서 한 단계 더 나아간다. 관계와 기능의 개념하에서 본질과 다른 요소 사이의 차원 구분, 그리고 실체의 얽힘 속에서 특별히 본질적인 실체에 고정되지 않은 인식이 생겨난다. 본질을 속성과 관계의 바탕에 깔린 것으로 보는 사고는, 흄에게서 일정한 속성들의 결합으로 보는 생각 속에 융해된다. 인식의 근거를 제공하는 관련성의 직접적인 전환이 중요하다. 스스로 존재하는 것, 자신 속에서 규정된 것이 근원적으로 인식될 수 있는 것이 아니며, 사물을 다른 것과 관련시키는 구조와 기능이 인식될 수 있다. 관련 대상은 관계에 의해 이해되며, 그 역은 성립되지 않는다. 이로써 본질과 속성을 가진 사물에 관심을 두는 대신에 관계, 진행 법칙과 기능적 관련성에 관심을 갖는 새로운 학문의 기초가 놓였다. 어떤 의미에서 중세에서 근대로의 이행 과정에서 생겨난, 본질에 대한 사유와 기능에 대한 사유의 양자택일은 전래된 형이상학에 대한 강한 도전을 의미한다. 헤겔에게서 본질에 대한 사유의 극복은 불충분한 존재에 대한 사유의 자기 교정으로서 실행된다. 그의 논리학은 규정의 총괄을 통한 움직임 속에서 나타나는 참존재, 순수한 과정성 내지 절대적 합리성으로 기술되는 참존재라는 구상을 발전시킨다.

4. 형이상학과 선험철학

형이상학의 권한과 영향력을 둘러싼 논쟁에서 칸트의 이성 비판이 거역할 수 없는 바탕을 형성한다. 칸트의 이성 비판은 한편으로 형이상학에 대한 일관된 비판을 전개하여 형이상학의 전통적인 인식 요구를 제한하는 동시에 형이상학적 물음의 근원,——해결 불가능성에도 불구하고 형이상학의 문제와 사변을 인간 이성의 필연적 표현으로 인식하게 만드는——형이상학적 욕구에 대해 숙고한다. 칸트에 따르면 인간은 형이상학적 '성향'을 가지고 있다. 인간의 이성은 '고유한 욕구'에 의해서 물리칠 수 없는, 그러나 제대로 대답할 수 없는 물음에——그 물음은 인간의 능력과 경험을 능가하기 때문에——이끌린다.(《순수 이성 비판》, B 21, A VII) 이성의 과중한 자기 부담은 반박과 '끝없는 논쟁'으로 이어지는데, 그 '싸움터'가 오늘날의 형이상학이다.(A VIII) 거역할 수 없는 형이상학적 욕구는 근거가 미약한 형이상학적 가설을 해체하는 것뿐만 아니라 형이상학의 정당한 관심사가 무엇인지, 그리고 확실한 학문적 인식에서 형이상학의 기능이 무엇인지 설명하는 것을 필요하게 만든다.

칸트는 형이상학의 고전적인 두 영역에서의 문제를 다룬다. 하나는 존재하는 것의 존재성, 대상의 대상성에 관한 존재론적 문제이고, 다른 하나는 **특수한 형이상학**에 의해 연상되는 최초의 것, 최종적인 것, 그리고 전체적인 것에 관한 문제이다. 두 분야에서(두 분야는 칸트의 비판에서 '선험적 분석론'과 '선험적 변증법'과 일치한다) 전통적인 형이상학의 강한 객관성 요구가——여기에 표현된 사유의 추진 방향이 철회되지 않은 채——상대화된다. 첫번째 영역에서는 인식의 자체 추정이 의문시된다. 우리가 인식에서 사물 자체에 도달하고 (현실을 구조화하는) 원칙에 의해 현실을 파악한다는 플라톤-아리스토텔레스의 기본 확신과 달리 칸트는 '사물 자체'와 유일하게 인식 가능한 경험 대상 사이에 분명한 경계선을 긋는다. 현실 인식은 오직 감각적 경험을 바탕으로 가능하다는 것이다. 이것으로 상대주의 혹은 경험주의에 대해 말하는 것은 아니다. 존재론의 학문 이론적 후계자인 선험철학의 과제는 대상성 자체에 대한 분석이다. 선험철학은 관찰 형식과 사유 형식의 상호 작용으로 사물이 어떻게 나에게 객체가 될 수 있는지, 어떤 통합적 역량을 통해 다양하게 주어진 것들로부터 대상이 형성되고 객관성이 확보되는지 설명한다. 사물 자체에 대한 인식의 불확실성은 설명의 한계를 의미하지 않는다. 경험 대상과 관련된 구성 요소의 분석은 경험적 인식과 실증적 학문의 기초이다.

모든 경험을 넘어서는 형이상학적 생각이 논의의 대상이 되는 선험적 변증법의 영역은 이와 다르게 나타난다. 그것은 무조건적인 것의 조건과 종결적 전체를 향한 부분의 총괄에 관한 것이며——세계의 영속성, 신의 존재, 영혼의 단순성에 대한 논의에서——모순에 빠진 사유의 총괄에 관한 것이다. 하지만 비판적인 한계 설정은 여기서 단순한 형이상학의 신용 추락에 이용되지 않는다. 최초의 근거와 종결적 전체로 나아가는 일은 실증적인 인식에서 벗어나지만, 주체적으로 필요한 방향 설정으로서 정당화된다. 학문의 경계선은 구성적-인식 근거적 기능을 갖지 않으며, 규정적 기능을 갖는다. 그것은 연구에 일정한 방향을 제시하며, 인식의 이상적 목표를 정의하고, 인간에게 세상에서의 의미 있는 방향 설정을 가능하게 한다. 인간 이성의 본성에 자리잡고 있는 요구는 경험할 수 있는 것을 벗어나서 이성의 완성의 방향을 규정한다. '과도하게' 확정된 입장을 고수하는 도그마적인 형이상학의 파괴가 이성의 관심사이다. 그런 관심사 속에 한편으로 개방된 추구의 정신이, 다른 한편으로 이론적인 것으로부터 실천적인 것으로 전환이 드러난다(칸트는 유명한 격언에서 "믿음을 위한 자리를 얻기 위해서 지식을 포기[해야]" 한다고 선언한다).(《순수 이성 비판》 B XXX) 신·자유·불멸성 관념은 "순수 이성의 피할 수 없는 과제"로 남는다 (《순수 이성 비판》 B, 7)——이론적으로 완성되어야 할 대상이 아닌 이성의 실천적 관심의 가설로서. 전체적으로 형이상학에 대한 판단은 거역할 수 없은 비판과 복권의 이중성으로 남는다. 이것은 인간의 이중적 본성의 표현으로, 인간의 깊이 감춰진 욕구는 자신에게 스스로 해결할 수 없는 과제를 부여한다.

5. 형이상학 비판과 오늘날의 형이상학

칸트 이후의 철학은 칸트의 비판적 전환을 단지 부분적으로만 포기하고, 형이상학적 사유의 전통적 방식을 혁신하는 상이한 입장과 흐름을 포괄한다. 우리가 가장 많이 직면하는 것은 칸트의 비판을 첨예화하거나——비판 이후에——비판의 정당한 논거를 고려하는 형이상학적 사유의 길을 고수하는 입장이다. 여기에 속하는 것이 형이상학적 전제와 도그마적인 규정 없이 존재론적 확신을 전개하는 이론으로, 형이상학적 문제에 거리를 두고 스스로를 규정하는 구상들과 형이상학의 일방성과 오류로부터 벗어나는 사유 형식을 전개하려는 시도들이다. 여기서 연대적으로, 지역적으로, 혹은 소속 학파에 의해서 체계적인 순서 혹은 분명한 분류가 정해질 수 없다.

우리가 먼저 비판의 측면을 고찰하면 세 가지 상황을 언급할 수 있다. 첫번째 상황에서는 형이상학적 규정의 도달 불가능성에 대한 칸트의 비판이 급진화된다. 두번째 상황에서는 형이상학이 증명할 수 없는 대상이자 서구 사유의 포괄적인 오류의 핵심으로 비난받는다. 세번째 상황에서는 비판이 반형이상학적 혹은 비형이상학적 사유에 대한 구상으로 바뀐다. 첫번째 방향은 대표적으로 역사주의와 실증주의 입장이다. 그들은 형이상학을 구성하는 일반적인 것과 개념적인 것에 대한

신뢰를 반박한다. 빈학파의 논리실증주의는 형식적으로 참 혹은 거짓
이 아니거나 경험적으로 입증이 불가능한 명제를 형이상학적이라고,
즉 의미 없다고 배제함으로써 가장 극단적인 방식으로 비판을 첨예화
한다. 칸트가 자체 불변의 인식적 이상상에 대한 도달 불가능성을 분
명하게 보여주었다면, 실증주의는 이 점을 모순이라고 비판했다.

　프리드리히 니체와 하이데거에 의해 대표되는 비판의 두번째 노선
은 이와 유사한 전환을 포함한다. 칸트가 한편으로 논쟁의 근원임에
도 불구하고 다른 한편으로 인간 이성의 긍정적 본질로 본 형이상학
적 요구는 니체에게 있어 우리로 하여금 최종적 확신을 추구하게 하고
본질과 최초의 근거를 믿게 하는 취약한 직관의 표현이다. 우리의 이
성은 그 속에서 거역할 수 없는 기만에 빠지며, 단지 그런 욕구로부터
의 해방만이 우리를 기만에서 구한다는 것이다. 형이상학적 사유의 문
제점은 그 근거 없는 허구성만이 아니며, 삶에 대한 적대적이며 파괴
적인 속성이다. 순수한 존재 개념, 본질 규정과 닫힌 체계의 고정, 그
리고 항상성의 실체화는 다양하고 변화하는 생자(生者)과 고정되고 단
일화된 사자(死者)를 대비시킨다. 형이상학은 파괴의 힘에 대항하는
수호의 힘이 되는 대신에 스스로——기독교처럼——허무주의의 표
현이 된다. 이러한 진단은 형이상학을 서구 정신의 숙명과 결합시키고
플라톤과 아리스토텔레스의 고전철학에 귀결시키는 하이데거에 의해
서 배포된다. 여기에서는 소크라테스 이전 시대에——가령 헤라클레
이토스에게서——빛을 발하던 진리가 사라지며 사유의 ‘존재 망각’
이 도약점을 형성한다: 형이상학의 참과제가 존재하는 것의 존재를 사
유하는 것이라면——“왜 존재하는 것인가, 오히려 무(無)가 아닌가?”
(하이데거 1953, 31)라는 ‘형이상학의 기본 질문’을 던지는 것——고
전적인 존재론은 이 질문을 존재하는 것 자체에 대한 질문으로 사용함

으로써 존재와 존재하는 것 사이의 존재론적 차이를 숨겼다. 하이데거는 존재하는 것에 대한 고정으로 인해 생겨나는 존재의 독립성의 상실을 대상화의 표현으로 이해한다. 대상화는 이미 관념이 주체에게 보일 수 있는 형상으로 나타나는 플라톤의 관념론에서 시도된다. 여기서부터 존재를 주체 입장에서의 현존으로 파악하는 선, 그 본질이 모든 존재에 대한 주체의 지배적인 기술에서 그 특징이 나타나는 선이 그어진다. 그래서 하이데거의 후기 저작에서 표현된, 그러한 불합리의 무효화에 대한 '존재역사적' 전망은——하지만 주체적인 이성이 자력으로 이루어 낼 수 없는 전환——동시에 형이상학 저편의 사유에 대한 전망이다.

형이상학 저편의 다른 의미에서——비판의 제3노선으로서——형이상학적 사유의 일정한 핵심 내용에 구체적으로 반발하여 반대 구상을 내세우는 수많은 사조가 등장한다. 그러한 논쟁점은 내용적 주요 사항(본질, 질서, 단일성)뿐만 아니라 형이상학적 사유의 기본 자세(객관성, 보편성, 긍정성)와도 관계된다.

형이상학 형성에서 심층적인 문제는 실체 사유의 특징에 관한 것이듯 실체성과 본질성에 대한 생각을 둘러싼 논란이 생겨났다. 사유가 최종적인 대상으로서 자신을 지향해야 하며, 사유 자체가 본질 규정을 통해 정의된다는 생각은 의문시된다. 반본질주의의 입장에서는 사물 기술에서 존재 핵심과 우연적 주변부 사이에 확실한 경계선이 존재하지 않는다.(로티 1989) 물론 논쟁의 결말은 모순적이다: 본질 규정의 제거는 부분적으로 아리스토텔레스의 학설과 직접적으로 연계되는 새로운 본질주의 구상과 맞닥뜨리며(헤글러 1994 참조) 다른 중심 개념 하에서도 모든 이해를 최종적인 동일체에 귀결하는 일과 모순된다. 구조주의(레비 스트로스)는 관계가 관련 대상보다 더 이해가 잘되는 점을 강조한다. 차이에 대한 사유(자크 데리다)는 동일성의 존재가 아닌, 차이 및 차이나게 하는 과정이 의미와 진리의 장소라고 강조한다. 여기에서 반대로 고전적인 존재론의 중심 생각이 반대 구상을 반박한다. 공적인 담화에서 부분적으로 강한 호응을 통해 특수한 형이상학적 중심 개념(단일성, 질서, 전체성)에 대한 반박이 이루어진다. 탈근대주의의 지평에서 단일성에 대한 생각은 비판의 주요 대상이 되었다: 다양성과 이질성에 대한 변호는 단일한 체계와 닫힌 전체로의 강압적 통합에 반대한다. 이성, 인간의 역사와 현실을 총체적으로 기술하려고 시도하는 체계 구상과 '거대한 서사'는 도달될 수 없는 계획, 강제적인 일원화라고 비판되었다——물론 그러한 문제 제기 또한 모순적이지 않은 것은 아니지만. 한편 위르겐 하버마스는 전체적인 다원화와 맥락화에 맞서——의견 불일치와 차이의 토대로서——"목소리의 다양함 속에서 이성의 단일성"에 대한 확신을 내세운다.(하버마스 1988, 153)

마지막으로 형이상학적 질문과 사유의 기본 자세에 대한 논란은 진리와 보편적 유효성에 대한 요구 및 형이상학적 해석을 통해 표현된 긍정적 현실 관련성에 해당한다. 비록 객관적인 인식에 관한 가정과 세계의 이성적 속성에 관한 믿음이 형이상학에 부여되지는 않을지라도 형이상학은 특별한 방식으로 자신의 문제 제기와 연관된다. 형이상학은 고유한 증명 목적과 사유의 내적인 핵심에 대해 가정한다. 이러한 의미에서 객관적인 진리에 대한 책무를 요구하는 사유는 반형이상학적으로 이해된다. 강한 진리 개념의 포기는 더 이상 인식될 수 없는 자기 자신에 직면한 칸트적 자기 제한이 아니며, 주체 연관성에 대한 긍정의 다른 측면이다——그것이 모든 효력을 실용적인 유용성에 귀결시키는 실용적 전환의 표현이든, 우리 지식과 행동의 유익성에 대한 의식 증가이든. 고전적인 존재론의 자기 믿음의 자리에 현실 연관성의 모든 차원을——기초적인 도식화에서 정교한 세계 설명에 이르기까지——선택·구성·표현의 주체적인 활동으로 귀결시키는 구성주의적-해석주의적 설명이 등장한다. 긍정적인 형이상학에 대한 반박은 종결에 대한 의구심으로, 객관적인 이성의 극복으로 설명될 수 있다: 이 반박은 절대적인 것의 인식 가능성에 대항하여 부정적인 형이상학의 프로그램으로 표현할 수 있거나(칼 하인츠 하그 1983) 혹은 세계의 역사적 규약으로부터 출발하여 부정적인 것의 경험, 세계의 화해 불가능성을 철학적 성찰의 출발점으로 삼을 수 있다. 이때 철학적 성찰은 진리의 척도를 일치에서 찾는 게 아니라 거짓에 대한 저항에서 찾는다.(테오도르 W. 아도르노 1967)

이 모든 반대 움직임에서 사유는 먼저 일치와 차이, 질서와 혼돈, 진리와 오류, 의미와 무의미 사이의 긴장 영역에 머무르며, 그 양극성은 형이상학에 대한 반대 명제를 통해서 해소되지 않는다. 사유가 이러한 긴장 속에서 움직이는 경우 사유는 형이상학을 둘러싼 담화에, 넓은 의미에서 형이상학적 담화의 진행에 참여한다. 사유가 실제로 우연과 차이의 타자와의 관련성에서 벗어났을 때——데리다에 따르면 그것은 불가능한 모험이다——형이상학은 낯선 타자가 되었다.

철학의 유산을 짊어진 것을 자각하는 오늘날의 사유는 아리스토텔레스와 칸트의 물음에 매료되지 않을 뿐더러 그에 대한 대답을 시도하면서 역사적인 경험에도 매료되지 않는 사유이다. 그것은 근대성의 조건하에서 내용적인 세계상, 본질적인 목표와 최종적인 의미 해석과 직접적으로 연계되지 않은 사유이다. 그것은 주체의 출발점에서 주체적 이해의 조건을 탐구한다. 그런 사유는 부분적으로 전통적인 단일성 및 진리 전제의 저편에서 의사소통적 행위의 이성적인 구조를 재구성하는 '후기형이상학적' 사유로 정의된다.(하버마스 1988) 그것은 부분적으로 자기 관계의 해명이 닫힌 자기 연관성을 해체하고 주체적인 이성을 가능케 하는 보다 포괄적인 것, 근원을 지향할 것을 주장한다.(헨리히 1982)

특별한 명칭 없이 형이상학적 사안을 다루는 성찰은 우리 언어의 일반적인 구조에 관한 분석으로 계획된다. 피터 F. 스트로슨은 ('수정적' 형이상학처럼 더 나은 구조를 계획하는 대신에) 세계에 대한 우리 사유의 실제 구조를 기술하는 분과 학문에 대해 '기술적 형이상학'이라는 명칭을 붙였다.(스트로슨 1972, 9 이하) 분석철학 내에서 '존재론'이라는 명칭하에 넓은 영역에 걸친 다양한 연구가 발전되었다. 그런 연구들은 부분적으로 대상 유형(육체, 추상적 대상, 인간 등)과 논리적-존재론적 기본 개념(양태, 인과성, 진리)을 연구하고, 새로운 범주적 수단을 가진 전통적 존재론의 문제를 다룬다. 분석 대상은 우리의 세계 이해를 총체적으로 구조화하고 구성하는 사유 형식이다. 그러한 분석의 범위, 의도와 역량이 규정되어야 한다. 분석은 우선 구분, 상세화와 일관성 확보에 기여한다: 분석을 통해 사유의 차이, 관계와 전제 조건을 분명하게 하며, 경우에 따라 잘못된 배열과 거기서 생기는 문제를 해소한다. 하지만 분석은 개별적인 구조 기술에 국한되지 않는다. 분석은 동시에 사유의 자기 이해를 추구하며, 세계 및 자기 자신 이해에 대한 주체의 각성을 추구한다. 이러한 해석학적 두번째 과제는 첫번째 과제와 분리되지 않으며, 오히려 첫번째 과제의 승계이자 심화이다. 그것은 사유 형식 자체의 해석이며, 일정한 언어유희와 일정한 구분 및 질서 체계와 결합된 이해의 표현이다. 사유 형식은 빈 용기가 아니며, 일정한 방식의 자체 해석이다. 사유 형식은 경험을 일정한 형식으로 만들며, 그러한 형식 속에서 세계가 의미 있는 모습으로 수용된다. 범주적 분석이 그러한 해석 작업으로 이행되지 않는 경우,

분석적 개념 설명과 해석적 이해 사이에 확실한 경계가 설정될 수 없다는 사실이 남는다. 사실 영역(가령 육체-영혼 문제, 자연 개념)에 따라 우리의 자기 및 세상 이해를 위한 존재론적 설명의 결과가 명백해진다. 해석학적으로 그러한 이해의 본질은 그것이 부정할 수 없는 역사적 차원을 갖고 있다는 데 있다. 사유 형식은 인간 이해의 특성, 한 역사의 표현 형식으로 나타난다. 특히 고전적인 형이상학의 핵심에 대한 숙고는 오늘날의 성찰을 위해 그 역사를 자신의 것으로 만드는 일에 속한다.

자연철학

카렌 글로이 (루체른대학교의 철학, 정신사 교수)

1. 이름과 의미

스토아학파가 철학을 논리학·물리학 그리고 윤리학으로 분류한 이래, 자연철학(philosophia naturalis)은 자연과 그 인식 조건을 다루는 철학적 분과 학문으로 간주된다. 따라서 자연철학은 자연과학(scientia naturalis)과 밀접한 연관성을 갖는다. 18세기까지 자연철학은 용어 및 분야에서 자연과학과 동일시되었다. 가장 분명한 증거는 고전역학의 설명 때문에 자연과학의 전형적인 예로 취급되는 아이작 뉴턴의 1687년 저술 《자연철학의 수학적 원리》 혹은 장 바티스트 라마르크의 1809년 저술인 《동물철학》이다. 이것은 사변적인 동물학이 아닌 정확하게 기술하고 분류하는 동물과학을 의미한다.

오랜 시간 준비된 듯이 '자연과학'이라는 이름은 1700년경 요하네스 J. 쇼이흐처의 책 제목에 처음 등장한다: 《물리학 혹은 자연과학》(1703); 《자연-과학의 핵심》(1711). 개념 및 사안적으로 자연과학이 오늘날 의미에서의 자연철학으로부터 분리되는 것은 오랜 정밀화 및 축소 과정의 결과이다. 이 과정에서 계산·측정 등에 바탕을 두고 그런 원칙에 따르는 대상에만 관심을 두는 수량화 절차가 점점 더 자연에 대한 개입을 위한 이상적인 방법으로 입증된다. 자연과학과 밀접하게 결합되는 것은 실험의 바탕에 깔린 계획 및 각종 가설에 따라 환경에 편입된 대상을 실습하고, 이를 학문(마르틴 하이데거는 자신의 역학 논문(1954, 88)에서 실험 대체 방식을 바탕으로 그런 학문을 '받침대'라고 불렀다)의 인위적인 대상으로 부각시키는 실험 방법이다. 과학화와는 고립·분석, 그리고 해부가 결합되어 있기 때문에 이를 통해 자연의 단일 관점과 전체 관점, 그리고 다량의 관점이 점점 더 고려되지 않는다. 요한 볼프강 폰 괴테는 《파우스트》(V. 1936 이하)에서 이것을 다음과 같이 표현한다: "살아 있는 것을 인식하고 묘사하려는 자 / 먼저 정신을 쫓아내려고 하지 / 그러고 나서 조각들을 손에 쥔다네 / 아깝다! 정신적인 끈이 없구나." 정확한 수학적 자연과학의 해방 후에 남겨진 자연철학은 그러한 단일 관점과 전체 관점에 주목한다. 오늘날의 의미에서 자연철학은 세 가지 과제를 수행한다: **첫째**, 자연철학은 자연과학의 이전에서부터 그 해방까지 다룸으로써 엄밀한 자연과학의 입문적 과제를 수행한다. **둘째**, 자연철학은 엄밀한 자연과학을 체계적으로 상승시키고, 그 결과를 전체 구상 속에 합치시키며, 더 나아가서 자연과 정신, 과학과 철학의 단일화를 의도함으로써 총체적-사변적 과제를 수행한다. **셋째**, 자연철학은——자연의 한 부분만을 파악하는 지적·인지적·인식적 방식과 달리——감각, 정서, 전체 육체성과 같이 자연에 대한 총체적 파악 방식을 주제로 다룸으로써 엄밀한 자연과학의 대립자 역할을 수행한다. 자연철학은 엄밀한 과학의 전제 조건, 개념과 방법에 대한 방법론적 성찰로서 '학문 이론'이라는 명칭을 달고 고유한 길을 간다. 우리는 설명 과정에서 이러한 구분을 염두에 둔다.

2. 자연과학의 이전사로서의 자연철학

a) 고대의 자연철학

자연철학적 연구는 그리스 철학의 초기 시대까지 거슬러 올라간다. 소크라테스 이전의, 이오니아 출신의 최초 철학자들은 '자연철학자'라는 이름으로 유명하다. 훗날의 전해진 바에 따르면 그들의 저술은 자연을 다루었는데, 여기서 자연은 물론 인지되는 사물 전체를 의미하지 않았으며, 우리가 물·불·인간의 본성을 말할 때처럼 사물의 본질 내지 본질적인 속성을 의미한다.

아리스토텔레스는 훗날 자신의 규정집 《형이상학》(5,4: 1014b 16 이하)에서 당시 통용되고, 이오니아의 자연철학으로 거슬러 올라가는 자연의 여섯 가지 의미를 한데 모았다. 그에 따르면 자연은 **첫째로** 사물의 발생을, **둘째로** 성장의 토대를, **셋째로** 성장과 움직임의 근원을, **넷째로** 질료를, **다섯째로** 자연적 사물의 본질을, **여섯째로** 비유적인 의미에서 인공적 대상의 본질을 의미한다. 이처럼 연관 없이 보이는 열거의 질서는 아리스토텔레스가 선호한 자연 개념인 본질에서 선명하게 드러난다. 본질은 성장 과정의 목적이자 완성이기 때문에 움직임의 기원과 토대로 작용하며, 처음과 끝의 중계 속에서 과정 자체로 작용한다. 더 나아가서 본질은 형식을 취하는 질료를 규정함으로써 모든 요소들이 어떤 방식으로든 본질과 연관된다. 아리스토텔레스 및 초기 그리스의 자연관에서 중요한 점은 역동적인 요소의 강조이다. 이것은 훗날의 모든 규정에서도 그대로 유지된다.

phyesthai에서 파생된 physis(육체)는 원래 식물의 발생·성장·개화를 의미한다(라틴어 **natura**는 **nasci**= '탄생되다'에서 유래). 이 의미는 **physis**가 가장 먼저 등장하는 곳, 즉 호메로스의 《오디세이》(X, 303)에서 분명해진다. 그곳에서 신의 사자 헤르메스는 키케로의 여행중인 오디세우스에게 마법으로부터의 보호를 위한 약초 몰리를 알려 주면서, 그 형상(**physis**)을 설명한다. 여기서 그 형상은 마법-신화적 의미에서 발생된 것, 성장된 것, 효과를 가진 것으로 간주된다.

고대 철학이 일련의 기초적인 유럽 전통으로 이어져 내려온 문제의 진로를 미리 확정했듯이, 고대 철학은 플라톤 및 아리스토텔레스와 함께 자연관에 관해서 두 가지 이질적인 패러다임을 발전시켰다. 그 패러다임은 그후의 전통 전체를 규정하는데, 스콜라학파의 두 개념 **소산적 자연**(natura naturata: 창조된 것, 생산된 것)과 **능산적 자연**(natura naturans: 스스로 창조하는 자, 생산하는 자)으로 이해될 수 있다. 플라톤과 아리스토텔레스의 경우 동일한 사물 요소에 대한 상이한 강조를 바탕으로 그 패러다임은 잠재적인 성향을 띠었으나, 그 이후의 시기에 점점 더 갈라진다. 플라톤뿐만 아니라 아리스토텔레스도 자연을 살아 있는 것과 작용하는 것으로 본다——플라톤은 《티마이오스》(30 b, d)에서 자연을 생명체라고 지칭한다. 두 사람은 자연을 수공업적·예술적 창조 과정과 비유하여 생산되는 것으로 설명한다.

플라톤은 자신의 자연철학적 저술 《티마이오스》에서 창조 신화를 이야기하는데, 이 신화는 물론 구약의 창조 보고와 반대로 **무로부터의 창조**(creatio ex nihilo)가 아니라 이미 주어진, 형식이 없는 혼돈의 물질의 형상화 과정으로 이해되어야 한다. 이에 따르면 신적인 창조자가 주어진 관념에 맞춰 주어진 물질을 형성했다는 것이다. 고대의 존재론은 무에서의 창조를 알지 못하고 오직 항상 존재하고 불변적인 우주만을 알기 때문에, 여기서 신화는 인식 주체가 근원적인 형성 과정을 지적으로 재구성함으로써 우주의 구성 법칙을 인식하게 하는 기능을 갖는다. 여기서 인식 과정은——종종 유럽 정신사에서 그렇듯이—— 원칙적으로 우리 스스로가 생산할 수 있는 것만 실제로 이해할 수 있 는다는 통찰에 따라 수공업적 생산 과정과 예술적 생산 과정을 지향한 다. '자연적으로 존재하는 것'을 '인공적으로 존재하는 것'으로 해석 하는 일은 기술 형태적 이해 모델을 의미한다.

플라톤은 이러한 구성주의적·기술 형태적 자연관과 함께 이어지는 전통의 창시자가 되었다: 루키우스 락탄츠는 "창조자만이 자기 작품을 안다고" 말했으며(락탄티우스: 《신의 창조에 대하여》), 니콜라우스 쿠자 누스는 인간이 신을 닮은 모습으로 인해 세계를 창조하는 신의 생각을 좇아서 사물을 정확하게 인식할 수 있다는 가설을 세웠으며(쿠자누스: 《바보》, 7장), 이마누엘 칸트는 《유고집》에서 "우리는 스스로 (…) 경험 을 하면서 관찰과 실험을 통해 그것을 배웠다고 잘못 생각한다"(AA 22, 362)라고 반복적으로 표현하며, 《순수 이성 비판》(A 126)에서 오 성이 자연에 대한 입법자라고 말한다. 이러한 이론은 지금까지 에를랑 거학파의 구성주의와 조작주의(Operationalismus)에서 그 마지막 모습 을 드러냈다.(로렌첸 1968)

플라톤은 두번째 혁신, 즉 체계 개념의 도입과 함께 오래되고 중요 한 전통의 선구자가 되었다. 체계는 합계와 달리 계획적·의도적·정 돈된 통합으로, 해변에 바람이 불면 흩날리는 모래의 집합처럼 임의적 이며 자의적인 집합이 아니다. 플라톤은 합리적·이성적 원칙과 수학 적 원칙을 질서의 원칙으로 가정한다. 여기서 전자는 총괄성과 완결 성을 그 목표로 삼고, 후자는 사물의 수학적 구성 가능성을 그 목표로 삼는다. 양자의 관계는 이어지는 전통에서 수학이 형이상학에 종속되 고, 수학적 구성이 개념적-형이상학적 인식의 토대에서만 이루어지는 것으로 규정된다. 칸트는 《순수 이성 비판》(B 740 이하)에서 자연에 수학을 적용하는 것은 대상에 대한 개념적—형이상학적 인식을 전제한다는 가설을 반복한다.

자연에 대한 수학적 지배의 가설은 근대의 산물이 아니다. 그것은 플라톤으로 거슬러 올라가는데, 그는 두 가지 방식으로 그 가설을 증명하려고 시도한다. 하나는 천체의 형식적·법칙적인 관계들에 관심을 돌리는 구성 절차이며, 다른 하나는 물질적인 천체를 수학적 원리로 환원하는 환원 절차이다. 후자는 근대 물리학에서 세상의 해석 수단으로 사용되는 수학적—물리학적 가설을 위한 방법이다.

플라톤이 기술 형태적 자연 모델을 선호하는 반면에, 의사인 아리스토텔레스는 자신의 많은 경험을 바탕으로 자연의 창조력과 작용력을 강조하는 유기체적 자연 모델을 선호한다. 그는 자신의 《자연학》 2권의 제1장에서 자연 대상과 인공 대상을 구분한다. 전자는 자신 속에 움직임(여기서 움직임은 넓은 의미에서 공간적 움직임, 양적인 축소 및 확대, 질적인 변화와 탄생 및 소멸을 의미한다)과 정지의 원칙을 갖고 있으나, 후자의 경우 다른 것 속에 그런 원칙이 들어 있다는 것이다. 식물·동물 그리고 인간과 같은 유기체는 스스로 움직이고 정지할 수 있으며, 스스로 성장하고 소멸될 수 있다. 무생물적 대상도 자신의 자연적 장소로 향하려고 한다——그곳에서 멀어지는 경우: 돌은 위로 던져지면 땅으로 떨어진다. 반대로 집이나 배 같은 인공물의 발생의 근거는 건축가나 조선공이다. 그런데 우리가 자연 대상을 그 형상과 과정에 의해서 이해하려고 하면——계획적·의도적인 수공업적/예술적 생산 과정과 유사하게——여기서 가정될 수 있는 자연 목적론을 명확하게 하는 일 외에 다른 가능성이 없다(목적 의식과 단순한 목적 실현을 구분해야겠지만). 아리스토텔레스는 이러한 구분과 함께 칸트가 시도한 형식적 합목적성과 실제적인 자연 목적 사이의 차이를 이미 인식했는데, 전자는 단순히 자연 관찰의 규정적—발견 방법적 원칙으로 평가될 수 있으며, 후자는 자연 자체의 합목적인 움직임을 지칭한다. 이 점을 제외하면 아리스토텔레스의 노력은 자연목적론의 가정이 근거를 갖고 있는지 탐색하는 것이다. 그의 이론은 자연 생산과 인공 생산의 구조적 일치성을 겨냥하는데, 이는 자연 대상이 인공적 방식으로 생산되는 경우 자연적인 방식으로 생겨날 때와 똑같은 원칙에 의해 생산되어야 하며, 인공 산물이 자연적인 방식으로 생겨나는 경우 자연적인 원칙과 동일한 원칙을 따라야 한다는 생각에 그 바탕을 둔다. 자연과 인공은 서로 혼합되며, 이런 점은 자연적인 것처럼 보이는 수석 발레리나의 잘 꾸며진 정교한 움직임에서 드러난다. 컴퓨터와 로봇과 같은 인공적—기술적 도구와 인공 지능과 같은 인공적—역학적 방식을 통해 유기체적 대상과 과정을 모방하는 지금의 가능성을 볼 때, 그러한 이론은 현실성이 없지 않다.

b) 중세의 자연철학

로마 제국의 몰락에서부터 근대(르네상스, 인본주의)의 시작 전까지의 중세의 긴 기간은 초기·중기·후기의 3단계 시대를 포함한다. 초기 중세는 아우구스티누스에서 시작하여 카를 대제와 사르트르의 대성당 학교인 **스콜라 팔라티나**(schola palatina)가 등장하는 12세기말까지이다. 중기 중세는 13세기의 알베르투스 마구누스와 토마스 아퀴나스로, 후기 중세는 14세기와 15세기의 오카미스무스와 쿠자누스로 대표된다. 중세의 자연철학은 아리스토텔레스주의와 플라톤주의 사이의 중심축 변화라는 특징을 나타낸다: 초기 중세는 플라톤주의가 지배하고,

중기 중세는 아리스토텔레스주의가, 후기 중세는 다시금 플라톤주의가 지배한다. 여기서 말하는 것은 물론 플라톤과 아리스토텔레스의 오리지널 철학이 아니라 전승과 사조에 의해서 굴절된 철학, 예를 들면 고대 철학의 잠재된 경향이 더 강하게 나타나는 신플라톤주의·토마스주의적 아리스토텔레스주의이다. 공식과 수학을 강조하는 플라톤주의의 기술-형태적 자연 모델, 생명성과 유기체성을 강조하는 아리스토텔레스의 유기체-형태적 자연 모델. 중세에는 여기에 추가적으로——정신사적으로 볼 때——유대-기독교의 신앙, 고대의 사상 체계, 그리고 헤르메스, 그노시스와 카발라의 요소를 융합한다.

고대의 자연철학과 구분되는 중세의 자연철학을 이해하는 데는 여러 가지 신학적 도그마가 중요한 역할을 한다.

(1) 고대의 자연철학은 수공업적 생산 과정에서 유추된, 자연의 지적인 재구성만을 말한다. 반면에 중세의 철학은 이 가설을 강화한다. 주어진 것에 의존하는 고대의 신적인 창조자는 이제 전지전능한 창조신으로 격상된다. "하늘과 땅, 그리고 그 속에 있는 모든 것을 보라. 신이 이 모든 것을 무에서 만들었노라"라는 〈마카베오서(書)〉(2, 7, 28: 〔구약의 정경에 편입되지 못한 구약 외전〕)를 근거로, **무(無)로부터의 창조**(creatio ex nihilo)에 관한 학설은 기원후 2세기 이후 기독교의 신앙적 도그마가 된다.

(2) 신이 자연을 창조한다고 봄으로써 존재의 서열은 **창조자**(ens creans)와 **피조물**(ens creatum)의 구분과 결합된다. 여기서 후자는 한편으로 신적인 산물, 다른 한편으로 신적인 성질이 없는 **단순한 산물**을 가리키는 이중적인 의미로 평가된다. 이를 통해서 기독교 자연윤리학에 특징적인 이중성, 즉 신적인 자연에 대한 존경, 경외, 존중과 단순한 자연에 대한 멸시, 경시라는 이중성이 생겨난다. 자연에 대한 고대의

입장이 경이로움에 근거를 두었다면——자연은 신의 형상화로서(플라톤, 《티마이오스》, 34a) 혹은 영원한 신의 장식물로서(같은 책, 37c) 존경을 받았다——이제 근본적으로 경시하는 태도가 가능해진다.

　(3) 인간의 정신은 신에 속하고, 육체는 자연에 속하는 것으로 설명된다. 따라서 신과 자연 사이의 존재 서열 속에서 인간의 위치는 자연에 대해 변증법적인 입장을 취한다: 자연을 상대로 모든 피조물 속에서 동질성을 바라보는 경건한 입장에서부터 자연에 대한 지배를 요구하는 입장까지 다양하다. 아시시의 성 프란체스코의 《태양 축송》에서 해·달·땅·물·공기 등이 모두 형제 및 자매로 불리는 데 반해, 다른 입장은 〈창세기〉(1, 28)에 근거를 두고 있다: "땅을 정복하라. 바다의 고기와 공중의 새와 땅에 움직이는 모든 생물을 다스리라 하시니라." 〈창세기〉의 명령은 기술의 **대헌장**(Magna Charta)으로 해석되는 경우가 드물지 않으며, 인간과 자연의 주종 관계가 여기에 근거를 두고 있다. 반면에 그리스적인 사유는 자연을 상대로 기술-실험적인 입장을 취하지 않으며, 규칙적인 자연 진행과 행성 궤도에 대한 연구가 내적인 조화에 기여한다는 관조적인 입장을 취한다. 이러한 배경 속에서 자연의 **책 속에서의 읽기**(legere in libro naturae)라는 문구가 중세 철학의 중심 개념이 된다.

　기독교 중심의 중세에는 《성서》가 책 중의 책으로 격상되고 삶, 이론적 인식과 실천적 태도의 모든 문제에서 상담자 겸 원칙이 되기 때문에, 자연도 《성서》와 동일시된다. 자연과 《성서》 사이에 조목조목 유사성이 제시된다. **첫째**, 양자 모두 신을 원조로 삼는다. 신이 《성서》를 구술했듯이 자연도 창조했다. **둘째**, 양자 속에서 신이 모습을 드러내기 때문에, 양자 모두 초월적 속성 및 자신에 뒤에 놓인 신적인 요소를 가리키는 속성을 갖는다. 이것은 중세의 특징적인 상징적 자연관의 바탕이 된다. 즉 자연은 신의 거울 혹은 상징으로 간주된다. 따라서 알라누스 데 인술리우스(《자연의 식물에 대하여》)는 "세상의 모든 피조물은 / 우리에게 책과 그림 / 그리고 거울과 같다"라고 말한다.

신을 지향하는 것과 관련된 사항은 자연에 대한 연구가 《성서》 연구처럼 그 자체가 목적이 아니라 신을 칭송하기 위한 것이라는 점이다. 자연 연구는 신학과 구원론적 관심에 종속되어 있다. 자연의 질서와 규칙성 속에서 신의 지혜가 추앙된다.

(4) 《성서》의 의미가 역사적 의미(sensus historicus), 알레고리적 의미(sensus alleforicus), 도덕적 의미(sensus tropologicus), 상징적 의미(sensus anagogicus)로 분화됨에 따라 자연도 상이한 의미로, 즉 객관적-역사적 기술을 넘어서 상징적-알레고리적 방식, 도덕적 방식으로 해석된다. 예를 들어 페트루스 다미아니(De bono)에 따르면, 인간은 동물의 자연적인 힘과 움직임에 대한 연구를 통해서 '영원한 축복을 주는' 가르침을 얻는다.

(5) 《성서》 읽기가 원칙으로 두 가지 측면(주어진 것을 받아들이는 수용적 측면과 주어진 것을 확장하는 자발적 측면)을 보여주듯이, 자연의 책읽기도 이 두 가지 요소를 내보인다. 이 두 요소의 상이한 강조는 초기 중세와 중기 중세에는 경외적인 관찰을 바탕으로 교감적인 자연 감정, 감정 이입으로 이어지고, 후기 중세와 근대에는 플라톤적 사고 과정의 재수용과 발전에 따라 자연을 공식에 의해 다루게 된다. 이러한 공식에 따른 절차는 자연 현상을 수학적 상징으로 해석하고 수학적 규칙과 함수를 통해 그 의미를 설명하는 **기하학적 방법**(mos geometricus)에 상세히 나타난다. 이미 쿠자누스(《학식 있는 무지에 관하여》, 2권, 13장)에 이렇게 적혀 있다. "신은 세계를 창조할 때 수학 · 기하학 · 음악 심지어 천문학까지 응용했다. 우리도 사물 · 요소 · 움직임의 관계를

연구할 때 그런 기술을 사용한다.”

　물론 갈릴레이의 《검증자》(1623), 질문 6(《작품》 VI. 232)에서 비로소 고전적인 구절(locus classicus)이 나타난다: “철학은 우리 앞에 펼쳐진 이 위대한 책(우주를 의미한다) 속에 담겨 있다. 하지만 사전에 책에 씌어진 언어가 의미하는 것, 문자가 가리키는 것을 배우지 않으면 우리는 그 책을 이해할 수 없다. 그 책은 수학적인 언어로 씌어졌으며, 그 문자는 삼각형·원과 다른 기하학적 형상이다(…).”

c) 근대 시대

　1938년 아넬리에제 마이어의 논문에서 ‘세계상의 기계화’ 라고 지칭된 세계관의 급진적인 변화는――중세의 말기와 근대의 시작 무렵에 플라톤주의의 부활을 통해 준비되었다――16세기와 17세기에 일어났다. 이러한 혁명과 관련된 것은 정확한, 수학적인 형식의 자연과학을 위해서 모호한 넓은 의미의 자연철학을 제한하는 것이다. 이 제한은 곧 자연과학과 자연철학의 분리를 의미한다. 그후 자연과학과 자연철학은 서로 다른 길을 간다. 니콜라우스 코페르니쿠스의 저술 《천체의 회전에 관하여》(1543)가 그러한 변화의 시작을 표시하며, 1백 년 후 아이작 뉴턴의 저술 《자연철학의 수학적 원리》가 그 종결을 알린다. 새로운 자연관의 특징은 5개의 핵심어를 통해 표현될 수 있다. 그 핵심어는 **첫째**가 **기계적인 세계**(machina mundi) 비유이며, **둘째**가 역학과 물리학의 동일시이며, **셋째**가 세계 설명의 보편적인 패러다임을 위해 기계주의적 모델을 확장하는 것이며, **넷째**가 실험 방법이며, **다섯째**가 주종 관계이다.

　(1) 중세의 자연관은 양적인 속성과 질적인 속성을 총체적으로 갖춘

피조물에 대한 사고를 통해 규정되었다. 이러한 생각은 이제 오직 양적인 규정을 지향하는 **기계적인 세계** 비유로 축소된다. 자연은 고도로 복잡한 기계로 파악되며——오렘의 유명한 시계 비교 이후 종종 독자성과 자동성을 강조하면서 시계 혹은 톱니바퀴로 비유된다——, 신은 하인리히 모난톨리우스(《아리스토텔레스 역학》)에서처럼 기술자 신이 된다. 이러한 축소와 함께 **기계적인 세계** 비유가 등장한다. 이 비유가 칼시디우스에 의한 플라톤의 《티마이오스》 32c 번역에서, 그리고 중세까지 유기체적인 생명 우주를 지칭하는 데 사용되었으나(즉 유기체적인 속성을 가졌으나), 시간의 흐름에 따라 영혼이 없는, 죽은 그리고 덜거덕 소리나는 기계를 지칭하는 것으로 격하된다.

(2) 자연과 기계의 동일시는——인공 대상과 자연 법칙에 어긋나는 움직임에 관한 학문인——역학과——자연적인 대상과 그 움직에 관한 학문인——물리학이 합치되는 결과를 낳는다. 그리스어 **mechané**는 원래 속임, 기만, 요령, 그리고 도구의 능숙한 사용, 더 나아가서 그런 요령의 수단으로서의 도구를 뜻했으며, 이에 따라 역학은 항상 물리학의 반대 개념이었다. 하지만 갈릴레이 이후, 특히 그의 저술 《기계학》(1593/4: 1600에 수정·보완됨) 이후, 역학은 자연에 대한 능숙한 적용에 관한 학문이 된다. 역학은 더 이상 요령 있게 자연을 다루는 것을 뜻하지 않고, 자연과 일치 관계에 놓인다. 역학의 법칙은 자연의 법칙과 다르지 않게 된다.

(3) 기계주의적 사고 방식은 무기물의 자연과 다른 영역, 즉 유기체적 요소, 정신적 요소와 사회적 요소에 확대됨을 통해서 정점에 도달한다. 르네 데카르트는 자신의 저술 《인간론》(1662)에서 신경계와 혈액 순환을 가진 인간과 동물의 유기체를 자동 기계 이론(기계주의적 생리학)으로 설명한다. 요한 프리드리히 헤르바르트(《학문으로서의 심리

학》)는 19세기에 기계주의적 모델을 정신에 적용하여 기계주의적 심리학을 제공한다. 이미 그 이전에 토머스 홉스는 《리바이어던》에서 국가를 기계에 비유하여 설명했는데, 개인은 그 속에서 기계의 부품처럼 표면적으로 국가 계약을 통해서 결속되고, 통치자는 기술자처럼 계약 준수를 감시한다. 기계주의적 모델은 이러한 보편주의적 확대를 통해서 과학적인 패러다임으로 격상되며, 오늘날까지 그러한 독점화 요구를 유지한다.

(4) 기계를 자연에 적용하는 기계주의적 세계 및 자연 이해는 설계 구상뿐만 아니라 실현 가능성을 요구하기 때문에 전에는 없었던 실험 방법이 중요한 역할을 한다. 실험은 이미 고대에도 있었지만, 플라톤에게서 보듯이 인식 획득의 수단으로 거부되었다. 이것은 실험을 자연과학의 방법적 수단으로 도입하고 정착시킨 자코모 자바렐라와 갈릴레이에 와서 급진적으로 변한다.

나중에 칸트는 《순수 이성 비판》의 서문(B XII 이하)에서 실험의 명쾌한 분석을 제시하면서 실험을 법정 상황과 비교한다. 판사가 재판 절차에서 증인을 필요로 하듯이 실험자도 정확하게 표현된 질문에 반응하는 실험, 즉 가설의 참·거짓을 입증하는 실험이 필요하다. 이 비교는 자연과 인간의 관계를 선생-학생의 관계(자연은 선생의 역할을, 인식 주체는 자연에 끈에 매달려 가르침을 받는 역할을 수행)로 해석하는 데 반대한다. 실험에서는 이와 반대로 자연과 관련하여 실험의 필수 성격을 설명한다. 실험적으로 중요하지 않은 것으로부터의 추상화는 자연의 비정상적 면을 전제한다.

(5) 프랜시스 베이컨(《신(新)기관》, 격언 52)이 자신의 명언에서 '예술(=기술)과 학문'만이 물질 세계에 대한 지배를 보장한다고 표현했듯이, 기계주의적 자연 이해는 실험 지향과 이를 통한 자연에 대한 개입

때문에 윤리적으로 자연에 대한 인간의 지배 요구와 결합된다. 베이컨은 자신의 후기 저작 《새로운 아틀란티스》에서 이것을 구체화했는데, 그는 이 책에서 빛, 열과 기후 현상의 인공적인 생산, 식물과 동물의 조작(확대, 축소, 수량 확대 및 감소), 더 나아가서 유기체의 과정을 기계적으로 모방하는 데 이르기까지 현대 기술의 요술 상자를 앞서서 구상한다.

3. 사변적-관념적 자연철학

총체적 자연철학으로부터 정밀한 자연과학이 분리된 이후, 전자는 후자에서 결핍된 것을 채우는 과제를 부여받는다. 이 과제는 한편으로 자연과학의 조건, 개념과 방법에 대한 성찰을 통해서 수행되며 독립적인 성격의 학문 이론으로 이어진다. 그러한 과제는 다른 한편으로 단일 관점과 전체 관점을 주제화함으로써 수행된다. 전체 관점을 주제화하는 일은 상이한 방식으로 진행된다. 즉 그것은 니콜라이 하르트만의 관념론과 신칸트주의에서처럼 개념적-사변적인 방식으로, 아돌프 마이어 아비히의 활력설에서처럼 생명력을 강조함으로써 낭만주의에서처럼 감각적-미학적 방식으로, 헤르만 슈미츠와 게르노트 뵈메의 현상학적 시도에서처럼 육체적 방식으로, 생태학 운동에서처럼 생명 환경적 방식으로, 혹은 데이비드 봄의 홀로그램 모델에서처럼 물리학적 방식으로 진행된다. 상이한 방향은 본질적으로 두 가지 기본 모델, 즉 개념적-사변적 모델과 감각적-미학적 모델로 축약된다. 정밀한 자연과학과 반대로 관념론에서 사변적인 자연철학이 생겨난다. 사변적인 자연철학은 의식적으로 소위 개념 및 이성 부재의 자연과학과 분리를 통해 자신을 규정하고, 고차원적이고 포괄적인 자연 인식을 의도한다. 프리드리히 요제프 셸링은 《자연철학에 대한 생각》에서 이렇게 말한다 (총서 II, 70): "베이컨에 의한 철학의 변질, 보일과 뉴턴에 의한 물리학의 변질 이후 점차적으로 자리잡은 맹목적인 자연 연구가 지나간 후에, 자연에 대한 고차원적의 인식이 자연철학과 함께 시작된다. 자연의 관찰과 이해의 새로운 기관이 형성된다."

자연철학의 주요 관심사는 모든 자연 현상이 포함되는, 그리고 자연과 정신, 객체와 주체, 실재와 관념, 일반성과 특수성의 부차적인 구분이 해소되는 자연의 총체적 연관성을 개념적으로 형성하는 것이다. 즉 자연철학과 정신철학의 구분이 극복되어야 한다는 것이다. 이러한 생각과 연관된 것이 **능산적인 자연**(natura naturans) 요소를 강조함으로써 자연을 유기체로 보는 그리스적 사고이다. 셸링(총서 VI, 491)은 자연을 심지어 "영원히 살아 있는 동물 전체"라고 칭한다. 그는 자연 과정을 강과 비교하는데, 그 표면에 소용돌이와 같은 작용과 반작용에 의해 단단한 물체가 형성된다고 한다. 강이 소용돌이를 겪으며 흘러가듯이, 삶의 물결도 주어진 객체에 국한되지 않고 새로운 형상을 만들어낸다. 이러한 생각과 연관된 것이 단순하고 원시적인 형태에서 점점 더 고차원의 유기체로 발전한다는 생각이다. 이것은 오늘날 셸링에 대해 오해하듯이 물론 생물학적 진화론 혹은 소위 '자가 생성 이론'에 관한 것이 아니며, 이미 존재하는 관계에 대한 지적·개념적 재구성에 관한 것이다.

사변적 자연철학의 대표자인 셸링은 양극성과 제3자 속의 균형 원칙을 자신의 방법적 근거로 삼는다. 사변적 자연철학은 모든 영역, 모든 단계에서 반복되는데, 물질 영역, 무기물의 영역에서 끌어당기는 힘과 반발하는 힘의 대립 및 (물질적 공간 채움을 위한) 그 힘들의 결합과 함께 시작하여 실재 물질과 관념적 빛의 대립 및 (자성 및 전기와 같은 화학적 현상에서) 그들의 결합으로 구성된 화학적 영역으로 이행된다. 사변적 자연철학은 계속해서 생물학적 영역으로 이어지고, 기계적-화학적 대립 과정 및 자가 조직 속에서 그 과정의 결합으로 이어진다. 여기서 자가 조직은 다양한 상승적인 기능을 통해 단순한 재생산에서 민감성과 예민성을 거쳐 조직 원칙에 대한 인식으로 이어진다. 일련의 잠재성에서 최고의 단계를 형성하는 것이 정신철학에서 잘 설명되는 지능이다. 게오르크 빌헬름 프리드리히 헤겔은 자연철학을 달리 평가함으로써 셸링과 구분된다. 셸링은 자연철학과 정신철학을 등가물로 보고, 단지 그 바탕에 깔린 동일철학의 상이한 관점으로 보는데 반해, 헤겔의 체계에서 자연철학은 논리학과 정신철학 사이에서 둘째 자리, 종속적인 위치를 차지한다. 실현되는 관념은 의식 없는 '자신 밖의 존재'의 형태를 취함으로써 논리학의 끝에서 먼저 자연 속에 수용된다. 이것은 관념이 자연의 여러 단계에서 점진적인 의식을 통해 자신에게로 오고 정신과학에서 상세히 설명되기 위함이다. 자연은 우연의 작용에 대항하여 자신이 생산한 형상을 고정시킬 수 없다는 점에서 정신에 종속된다: "개념 규정을 단지 추상적으로만 획득하고, 특별함의 실행을 외적인 규정성에 맡기는 것은 자연의 **무기력함**이다."(헤겔, 총서 **VII, I**, 37)

　니콜라이 하르트만도 나중에 자신의 저술《자연철학》에서 유기체 개념을 설명하기 위해 계층 모델을 사용한다. 이에 따르면 유전적 결정자 부류의 기능 복합체가 유기체의 형상과 구조를 구성한다. **복합 유기체**(nexus organicus)의 본질은 그러한 유전적 결정자의 계층성과 상호 의존성에, 그리고 "이질적 결정자 형태의 복합적 통합"(하르트만 1980, 708)에 있다. 하르트만에 따르면 물론 세계 유기체라는 구상을 위해서 유기체적 결정 유형을 보편화하는 것은 불가능하다. 자연의 총체적 구조의 본질은 이질적 결정자 유형의 결합, 그것들의 단순한 계층성에 있다.

좀더 복잡한 조직 형태를 갖춘 계층 모델은 아돌프 마이어 아비히의 총체주의에서도 나타난다. 그곳에서는 더 큰 비전으로 확장되어, 자연과학과 기술학을 총체적으로 문화학에 통합하려는 시도가 나타난다. 왜냐하면 그런 학문은 문화적 현실의 한 부분을 형성하기 때문이다. 자연과 관련되는 인간은 자연과학적 연구의 주제일 뿐만 아니라 자연과학적 시도에 대해 체계적인 위상을 제시하는 문화학·정신과학·사회과학의 주제이기도 한다.

4. 미학적-낭만주의적 자연철학

미학적-낭만주의적 자연철학은 개념 구성에 근거를 두고 이를 수단으로 전체 연관성을 확립하려는 사변적 자연과학과 완전히 다른 종류이다. 미학적-낭만주의적 자연철학은 비인지적 인식 방법, 즉 관찰, 환상, 상상, 느낌, 감각, 기분, 정신적 상태, 생명에 호소한다. 이것은 합리적인 개념성과 반대되거나 이를 포괄하는 능력이다. 사변적 자연철학이 사색을 위한 개념의 구체화를 통해 자연 전체를 파악하려는데 반해, 미학적-낭만적 자연철학은 개념을 육체적 상태에 통합시킴으로써 자연 전체를 파악하려고 한다. 이로써 지금까지 다룬 개념적-수학적 기술 방식 및 규정과 완전히 다른 기술 방식 및 규정이 등장한다. 노발리스는 자신의 소설 《하인리히 폰 오프터딩겐》(총서, 85)에 나오는 시에서 이를 암시한다: "숫자와 형상이 더 이상/모든 피조물의 열쇠가 아니라면/피조물들이 노래하거나 키스하고/대학자보다도 더 많이 안다면(…)." 이제 예술 속에도 드물지 않게 다듬어져 표현되는 인간 존재의 특성, 특히 분위기적인 특성, 인상학적인 특성, 몸짓 특성, 비언어적 의사소통의 특성이 중요한 의미를 획득한다.

a) 분위기적인 것

정밀한 자연과학이 전체적으로 무시하곤 하는, 그러나 감각적-미학적 자연철학에서는 특히 흥미로운 자연의 요소는 분위기적인 요소이다. 분위기적인 것은 개별 대상과 관련하여 영험한 기운이라고 부르며, 복합적인 연관성과 관련하여 분위기라고 부른다. 그것은 대상을 둘러싸고 있는 정신적 환경, 대상으로부터 나오는 광채, 그리고 (억압이나 타격이 아니라 감정적인 관계를 통해서) 대상이 인간에게 주는 전체 인상이다. 이른 아침에 이슬이 꽃과 나뭇잎에 맺히고 햇살이 안개 속을 비치며 새들이 지저귀는 산의 풍경은, 날이 저물고 소음이 잦아들며 고요함이 찾아오는 저녁 분위기와 다른 느낌이 나고, 검은 구름이 하늘을 뒤덮고 후덥지근한 날씨가 사방에 가득 차며 멀리서 천둥과 번개가 올 때와는 다른 느낌이 난다. 아무도 이 점을 부인하지 않을 것이다.

18세기의 정원 건축가들, 특히 크리스티안 케이 로렌츠 히르쉬펠트(《정원예술》)는 공원과 정원을 설치하고 나무·연못과 언덕을 배치하면서 우수적인 풍경, 엄숙한 풍경과 위엄 있는 풍경을 서로 구분하여 묘사했다. 공간과 환경뿐만 아니라 하루 중의 시간과 계절도 분위기에 영향을 준다. 가을이 작별과 죽음을 의미하는 것처럼 봄은 새로 깨어나는 생명과 도착을 의미한다.

b) 인상

내적인 속성과 연관된 외적인 형상이 주는 전체적인 느낌인 인상도 자연의 전체 현상에 속한다. 이 개념은 원래 인류학에서 유래하는데, 예를 들어 에른스트 크레치머(기초)는 인간 육체의 유형을 뚱뚱한 사람, 근육질의 사람, 마른 사람으로 구분한다. 이 개념이 자연, 특히 풍경에도 적용된다. 그래서 우리는 종종 산의 실루엣에서——힘을 감추고 있으나 언제든지 자연의 힘으로 속박에서 벗어날 수 있는——잠자는 거인의 모습을 본다. 마찬가지로 사자와 강함, 독수리와 빠름, 양과 부드러움의 동일시는 인간의 속성을 자연에 비유하는 은유법에 그 바탕을 두고 있을 뿐만 아니라 생명에 내재한 속성에 그 바탕을 둔다.

c) 몸짓

자연의 몸짓은 인상과 직접적으로 연관된다. 하늘로 치솟은 가지는 기도하는 몸짓으로, 고개를 숙인 나뭇잎과 가지는 슬픔의 표현으로 받아들여진다. 그래서 우리는 슬픈 버드나무〔독일어는 Trauerweide로 슬픔+버드나무가 합쳐진 말이며, 우리말로는 수양버들을 의미한다〕라고 말한다. 고정적인 인상과 달리 자연의 몸짓은 육체에서 그 흔적이 나타나는 동작 느낌(압박하는 느낌, 깨어나는 느낌, 앞으로 나가는 느낌)이다. 루트비히 클라게스는 자연 형태와 움직임을 우리가 참여하는 일반적인 생활 과정의 흔적이라고 설명했다.

d) 비언어적 의사소통

자연과의 비언어적 의사소통도 자연 경험의 맥락에 속한다. 비언어적 의사소통은 새소리, 경고 외침, 영역을 표시하는 노래, 집단 결속시키는 수다와 같은 음향의 울림을 통해서, 나방의 넓게 펼쳐진 날개에 그려진 부엉이 눈과 같은 시각적 신호를 통해서, 냄새 표시를 통해서, 혹은 위협의 몸짓이나 부풀어오르는 볏과 같은 신체 신호를 통해서 실현된다.

필리푸스 아우레올루스 테오프라스투스 파라켈수스와 야콥 뵈메는 전체 자연을 오늘날 징후와 유사한 기능을 가진 기호 체계로 표시한다. 의사가 도움을 주고 자연의 작용력을 이용하기 위해서는 똑같은 사항을 이해해야 한다.

낭만주의적 · 감각적－미학적 자연 구상은 근대의 생태학 운동에 의해 계승된다. 근대의 생태학 운동은 그리스 말 oikos(＝집)에 따라 자연을 다양한 종들이 함께 살아야 하는 공동의 살림살이, 생활 관계로 설명한다. 인간 사이의 관계에서 호감과 혐오, 친화와 적대, 사랑과 증오가 인간과 자연의 관계에도 적용된다.

이러한 모든 경험 방식은 추상적이며 수학적으로 축소된 자연과학과는 전혀 다른 자연을 상정한다. 이러한 사고의 부활은 자연에 대한 과학적 이해와 별개로 여전히 자연에 대한 감정적 이해를 유지한다는 증거이다.

정신철학

디이터 슈투르마 (에센대학교의 철학 교수)

1. 개념과 문제 영역

정신철학은 인간 의식의 현상, 상태, 속성, 과정과 표현 양식을 주제로 다룬다. 정신철학은 현재 방법 면에서 근본적으로 분석철학에서 발전된 이론 모델을 따른다. 독일어권에서 '정신철학' 개념은 전적으로 영어 philosophy of mind가 번역된 것이다. 셸링과 헤겔에게서 정점에 도달한 정신철학의 전통적인 구상은 현대 철학의 체계적인 맥락 속에서 아무런 역할을 하지 못한다.

정신철학의 주도적인 문제는 뇌와 의식의 관계 내지 육체와 정신의 관계로도 지칭되는 육체와 의식의 관계에 관한 문제이다. 이러한 문제의 분석과 해결 노력은 육체와 영혼이라는 본래적인 문제를 대체했다. 다수의 새로운 시도들은 영혼에 대한 가정이 낱말 의미상 무의미하거나 분명하지 않다는 점에서 출발하면서, '육체와 영혼의 문제'라는 표현을 은유적인 표현으로 규정한다.

육체와 의식 내지 육체와 정신의 관계에 대한 연구 외에도, 현재 특히 소위 인공 지능을 둘러싼 논쟁이 크게 주목을 받는다. 인공 지능 연구는 최신의 과학적·기술적 발전을 바탕으로 의식을 설명하려고 시도하는 인지과학과 신경학의 여러 프로젝트와 유사하다. 그러한 설명

시도는 인간 의식의 인간 중심적 현상 영역을 넘어서는 데도 적합하다. 현대 정신철학의 또 다른 중점은 개인 개념과 이 개념의 의미적 세분화에 있다. 이와 관련하여 무엇보다도 '지향성' '감각적 자질(Qualia)' '개인적 정체성' 규정을 열거할 수 있다. 개인 개념은 특히 철학적 인류학 · 윤리학 · 정치철학 · 사회철학 · 문화철학과 같은 인접 분과 학문과의 연결 기능을 수행한다.

2. 주요 경향

논리적 경험주의

논리적 경험주의에서는 철학을 정밀한 자연과학의 방법적 표준에 근접시키기 위해서 철학적 전통의 기반이 근본적으로 수정된다. 논리적 경험주의 인식 비판의 공격점은 심리학의 전통적인 철학이다. 심리학의 전통적인 철학의 경우 단지 빈 개념을 사용하며, 증명 절차가 논리적 검증을 견디지 못한다는 비판이 제기된다. 그러한 공격은 물리학의 언어를 겨냥하는 단일한 학문 체계를 목표로 삼는 새로운 방법적 패러다임의 전제 조건하에서 행해진다.(카르나프 1931)

루돌프 카르나프에 따르면 학문적인 보편 언어는 물리학의 언어이다. 물리학 언어의 장점은 그것이 관찰 가능한 대상 · 사건을 지향하며, 그러한 관계를 바탕으로 비로소 보편성 · 상호 주관성 · 객관성을 가능하게 할 수 있다는 데 있다. 물리학의 언어가 모든 학문을 통합하는 체계 언어가 되려면, 일반적으로 비물리학적 명제가 물리학적 명제로 번역될 수 있다는 것이 가정되어야 한다. 카르나프는 이 가정을 분명하게 인정한다. 여기서 모든 분과 학문에서 고유한 개념이 물리학적 용어로 대체되어야 한다는 것을 주장하지는 않는다. 다만 모든 심리학적 표현에 대해서 그것이 직접 혹은 간접으로 물리학적 개념으로 귀결될 수 있는 정의를 세울 수 있어야 한다는 것을 요구한다.

물리학의 언어를 학문적 보편 언어로 정립하는 것은 정신철학에 결정적인 영향을 끼친다. 카르나프는 심리학에서 단지 '인간 및 다른 동물들의' 육체적인 태도 혹은 육체의 물리적인 과정에 대해서만 말할 수 있다는 것을 확인한다. 때문에 심리학은 정신 과정의 규정에서 우월한 위치를 차지하지 못하며, 단지 물리학의 한 지류로 간주되어야 한다는 것이다.(카르나프 1932) 카르나프는 정신적 현상을 완전하게 물리학적으로 기술하는 일이 아직 마련되지 않았음을 인정한다. 하지만 그러한 결함은 단지 우리의 생리학적 지식이 불완전한 상태에 있기 때문이므로 학문적 진보가 계속되면 해소된다는 것이다. 그리고 'A가 흥분했다' 라는 명제가 물리적인 상태와 관련된다는 사실 관계는 생리학적인 무지에 의해서 다루어지지 않은 채 남아 있다고 주장한다.(카르나프 1932)

논리적 행동주의

논리적 행동주의 개념은 일상 언어철학의 언어학적 전환의 틀에서 공개적으로 관찰될 수 있고 표현될 수 있는 행동에 대해 우선 순위를 주장하는 시도의 특징을 나타낸다. 이로써 이미 논리적 경험주의에서 함축적으로 나타나는 경향이 수용된다. 논리적 행동주의의 주요 저작으로 간주되는 길버트 라일의 《정신 개념》(1949)은 특유의 방식으로 전통적인 입장의 극단적 비판을 새로운 설명 모델과 합치시킨다.

라일에 따르면 정신과 영혼의 문제는 데카르트의 '기계 속 유령에 대한 도그마'에 그 근거가 제시된다. 이 도그마는 정신이 육체처럼 공간 속에 존재하는 것이 아니라 다른 내적 세계에 속하는 것으로 이해한다. 정신과 육체의 병립에 대한 생각은 데카르트의 이분법(**사유하는 것**(res cognitans)와 **외연을 가진 것**(res extensa))에서 철학적으로 절정에 달한다. 이분법은 인간의 지적인 행동의 경우에 독특한 방식의——정신적인——원인에서 출발하며, 기계 속의 유령이라는 허무맹랑한 생각을 낳는다.

이분법적 시도와 반대로 라일은 인간의 입장, 속성과 행동을 오직 상호 주관적 언어 사용과 기술 가능한 태도의 관점에서 설명하려는 행동주의적 목표를 구상한다. 라일에 따르면 심리학적인 표현은 의식 내부 속의 접근 불가능한, 각각 의식 소유자만이 접근의 특권을 가진 과정과 관계되는 것이 아니라 원칙적으로 최소한 제3자의 입장에서 기술될 수 있는 행동 방식과 관계된다고 한다. 우리가 자신의 입장과 속성을 이해하는 방식은 우리가 타인의 입장과 속성을 이해하는 방식이라는 것이다.(라일 1949)

논리적 경험주의와 논리적 행동주의는 방법적·내용적 약점에도 불구하고 과학적 자연주의를 지향함으로써 지금의 논쟁에 이르기까지 그 영향력이 남아 있다. 그밖에 논리적 경험주의와 논리적 행동주의는 정신철학이 확실한 방식으로 자신의 대상 영역, 문제 제기와 해결책을 제시해야 한다는 것을 지적한다.

동일성 이론과 배제적 유물론

이미 학문적 보편 언어에 대한 물리학적 개념의 틀에서 이행 가능성 형식은 중심적인 위치를 차지한다. 이행 가능성 형식은 새로운 정신철학의 가장 중요한 시도들 가운데 한 시도, 즉 동일성 이론에게 길을 제시한다. 헤르베르트 파이글은 이미 30년대에 논리적 경험주의의 입장에서 형이상학적으로 중립적인 설명과 정신-영혼 문제의 논리적 분석을 목표로 삼는 동일성 이론을 발전시켰다. 그는 이와 관련하여 정신적 사건이 엄격한 의미에서 육체적 과정과 동일하다는 고전적인 가설을 제시한다.(파이글 1934)

동일성 이론의 본격적인 시작은 일반적으로 50년대 중·후반 U. T. 플레이스, H. 파이글과 J. J. C. 스마트의 저술로 본다. 동일성 이론의 첫 단계의 가장 중요한 저작은 플레이스의 《의식은 두뇌 과정인가?》(1956) 파이글의 《'정신적인' 것과 '물리적인' 것》(1958), 그리고 스마트의 《감각과 두뇌 과정》(1959)이다. 두번째 단계에서 특히 데이비드 M. 암스트롱(1968)에 의해서 개념적인 확대가, 그리고 파울 파이어아벤트(1963)와 리처드 로티(1965)에 의해서 배제적 유물론의 급진화가 진행된다.

동일성 이론의 시도는 전체적으로 일견 극복할 수 없을 듯이 보이는 물리적인 것-심리적인 것의 이분법을 동일화 혹은 동일성 주장을 통해 해소하려는 노력으로 이해할 수 있는데, 이로써 전통적인 육체-영혼의 문제가 해결된다. 동일화를 위해 다음 세 가지 가능성이 고려된다. 1) 물리적인 것과 심리적인 것은 그들 바탕에 깔린 제3요소의 관점으로 동일시된다. 2) 물리적인 것은 심리적인 것의 일종으로 동일시된다. 3) 심리적인 것은 물리적인 것의 일종으로 동일시된다. 동일성 이론의 목표 구상을 규정하는 것은 오로지 세번째 가능성이다. 동일성 이론의 대표자들은 다른 가능성에 대해서 무관심하거나 논박을 전개한다. 이런 측면에서 동일성 이론가들은 엄격하게 논리적 경험주의의 물리학적인 규정을 따른다.

　동일성 이론은 일원론적 방향 이외에도 특히——논리적 행동주의와 달리——의식의 내적 상태를 신화적인 일로 간주하지 않는 점에 그 특징이 있다. 정신적인 면과 물리적인 면의 관계를 설명할 때, 동일성 이론은 오히려 처음부터 의식의 내적 상태의 인과적 역할을 허용한다. 정신적인 면의 인과적 작용에 대한 가정은 학문 이론적 낙관주의, 즉 유심론적 표현이 단지 제한적으로 자연과학적 진보 과정에서 구체적으로 형상화될 수 있는 연구 영역을 보여준다는 생각에 의해서 유발된다. 특히 동일성 이론의 소위 오스트레일리아 해석(플레이스 1956; 스마트 1959)에 의해서 전체적인 유심론적 어휘가 준비된다. 플레이스는 물리학주의(Physikalismus) 안에 의미론에 의해서 포괄되지 않는 정신적 사건의 독자적인 부류가 존재한다는 것을 부정한다.

　파이글처럼 플레이스도 인간의 행동을 자극-반응으로 축소시키는 기존의 행동주의적 모델이 본질적으로 적합하다는 데서 출발하지 않는다. 하지만 고전적인 행동주의의 실패가 내성(Introspektion) 개념의 부활로 이어져서는 안 된다는 것이다. 플레이스에 따르면 철학과 심리학에 널리 퍼진, 내성적인 의식 상태에 관한 가정은 고유한 의식 상태에 관한 생각을 사실과 사실 관계의 기술로 간주하는 논리적 오류에 그 바탕을 둔다. 플레이스는 이러한 오류를 현상학적 오류라고 부른다. 우리가 자신의 감각적 인지의 도움으로 주변을 파악하고 이러한 방식으로 그 속에서 방향을 잡는 상황은, 우리가 그를 위해 '신화적인 객체' 혹은 '신화적인 현상 영역'을 필요로 한다는 것을 의미하지는 않는다. 내성의 신화의 자리를 오히려 자신의 의식 상태를 기술할 수 있는 인간 능력의 객관적인 기록이 차지한다.

　파이글을 제외하고, 동일성 이론의 대표자들은 유심론적 표현이 단지 가설적인 명칭이라는 데서 출발한다. 그들은 학문적 진보가 점차 유심론적 개념을 물리학적인 기술로 대체하고, 이로써 유심론적 개념을 불필요하게 만드는 것을 기대한다. 이러한 일반적인 대체 기대는 파이어아벤트(1963)와 로티(1965)의 배제적 유물론의 본질적인 요소이기도 하다. 하지만 그들은 유심론적 어휘의 결합만을 메워 주는 동일성 이론의 제한적 조건에 머무르지 않는다. 왜냐하면 물리학주의의 존재론적 대안 부재는 일상 생활에서 사용되는 심리학적 어휘가 실제에서 일치되는 것을 찾을 수 없고, 따라서 오류로 관찰될 수 있다는 것만을 말할 수 있기 때문이라는 것이다.

기능주의

힐러리 퍼트넘은 정신적 상태를 두뇌 과정과 동일시하는 입장에 반대하여, 정신적 상태는 동일성 이론의 축소와 배제에서 고려되지 않은 기능적 연관성에 속한다는 중요한 반론을 제시한다. 우리가 고통·분노·기쁨과 같은 상태를 고려한다면, 그런 상태는 상이한 유기체에서 상이한 방식으로 실현될 수 있다는 점이 나타난다. 이러한 사실에 비추어 의식의 결정적인 요소가 물리적인 속성이 아닌 기능적인 속성으로 해석되어야 한다는 것이다.(퍼트넘 1975)

퍼트넘은 기능주의의 개념적 발전을 통해 의도적으로 정보 처리 분야와 소위 튜링 기계(가상의 계산 기계)의 발상을 다시 끌어들였다. 프로그래밍이 가능한 계산기에 대한 구상은 앨런 튜링이 '기계가 생각할 수 있는가?' 라는 물음에 대한 답을 제공하기 위해 끌어들인 것이다. 여기서 그 대답은 이데올로기적적인 입장을 겨냥하지 않고, 검증 가능한 절차 단계를 겨냥한다.(튜링 1950) 특수한 문제 해결 상황에서 정보를 처리하는 기계의 작동 방식이 인간의 행동 방식과 구분되지 않는다는 점이 설명된다면, 기계가 최소한 관련되는 단면에서는 인간의 의식과 같은 기능적 속성을 가져야 할 것이다. 왜냐하면 기능주의에서는 컴퓨터 소프트의 기능과 의식 과정의 기능 사이의 유사성 관계에서 출발하는——빈약한——인공 지능 가설이 암시되기 때문이다. 퍼트넘에 따르면 튜링 기계에서 이끌어 낼 수 있는 이론의 본질은 지적인 행동에서 기능적 실현과 물질적 실현이 구분되어야 한다는 점이다. 의식 상태의 기능적 상태와 인과적 역할은 그것의 물질적 요소에서 설명될 수 없으며, 단지 그것의 기능적 속성과 실현을 통해서만 설명될 수 있다. 컴퓨터공학의 방법과 설명 모델로의 그러한 접근은 오늘날까지 수많은 기능적 시도를 특징짓는 것으로 남아 있다.

영향력 있는 기능주의적 정신철학의 구상은 데이비드 루이스와 제리 A. 포더에 의해서 제시되었다. 루이스는 동일성 이론의 요소들을 자신의 기능주의적 의식 과정 설명에 통합시켜, 정신적 상태의 인과적 역할 및 원인-결과의 관계와 보다 잘 상응하도록 한다. 루이스에 따르면 고통 개념은 특별한 원인과 결과를 보여주고——일상 생활의 인과적 일반화에 의해 확실하게 파악되는——체계적인 연관성에 속하는 상태를 가리킨다. 하지만 고통과 두뇌 상태의 동일성이 모든 가능한 세계에 적용되는 것은 아니라는 것이다. 오히려 우리의 일상 경험 세계와 완전히 다르게 실현되는 고통 상태를 갖는 생명체가 존재할 가능성을 고려해야 한다고 한다. 우리의 일상 경험 세계에서는 의식 상태가 실제로 물리학적 존재론의 척도에 의해서 실현된다.(루이스 1980)

포더는 정신철학의 기능주의의 의미에 대해서 다소 조심스러운 태도를 취한다. 그의 의구심은 무엇보다도 의미적 속성이 대리자와 대리되는 대상의 인과적 결합에 종속된다는 가정에 그 바탕을 둔다. 때문

에 의식 상태의 기능주의적 설명이 컴퓨터 모델을 지향하는 시도에서
보듯이 순수하게 통사적인 형태로 수행될 수 없으며, 오히려 통사적
요소와 의미적 요소로 구성되는 정신의 대리 언어에서 출발해야 한다
는 것이다.(포더 1981)

반환원주의

특히 인지과학·신경학과 인공 지능 연구의 최근 발전과 문제 제기
에서 엿볼 수 있듯이, 현대의 정신철학은 전통적인 의식철학적 시도
와 달리 고도의 전문 직업화에 도달했으나 고유의 전통 관점에서 높
은 대가를 지불하여야 했다. 왜냐하면 다른 학문 분야와의 연계를 통
해서 철학적 본래 입장의 윤곽이 불분명해지기 때문이다. 우리가 간학
문적 요구의 의미에서 이러한 경향을 완전히 달갑지 않게 생각하지 않
더라도, 이러한 경향이 일상 경험과 다른 학문 분야의 자기 이해 및
세계 이해와 깊이 관련되는 일련의 중대한 본질적 환원과 결부된다는
사실에 주목해야 한다. 많은 환원 절차의 틀에서 정신철학이 무엇보다
도 설명하려고 하는 것, 인간의 의식 현상이 시야에서 사라진다.

현대 정신철학의 주요 경향에는 여전히 환원주의적 이론이 주류를
이룬다. 하지만 방법적·사실적 영역에서 전체적으로 인간 의식의 다
양한 모델에 기여한 반박과 숙고들이 환원주의적 이론을 뒤따른다. 반
환원주의적 입장의 중심 요소는 법칙적 비규정성 논거 이론, 존재론
적 불완전성 논거 이론, 그리고 좁은 과학적 한계를 넘어서는 자연주
의의 확대 계획이다.

파이글은 이미 강한 환원주의적 경향을 가진 논리적 경험주의의 이
론의 틀에서도 일련의 반환원주의적 반론을 제시했다.(파이글 1958)

그의 눈에 띈 것은 법칙에 따라 예견된 것에 반하는 의식 현상이 명백히 존재한다는 사실이다. 파이글은 그러한 이론의 결함에 대해서 **법칙에 매달리는 자**(nomological danglers)라는 개념을 창안했다. 그는 여러 차례의 개념적 시도를 통해 두 가지 입장의 조화를 추구했다. 하나는 현상적 어휘가 물리학주의 이론에서 어떤 위치도 요구할 수 없는 논리적 경험주의에 대한 기본 확신이며, 다른 하나는 물리학주의가 적절하게 고려할 수 없는, 특별한 경험 자질("직접적으로 경험된 감각적 자질")을 갖는 의식 상태가 존재한다는 인식이다.(파이글 1958) 유명한 토머스 나겔의 물리학주의 비판도 그러한 설명 결함의 진단에 그 바탕을 둔다.(나겔 1965, 1974)

정신적 사건과 물리적 사건의 인과적 관계의 분석에서 생겨난 도널드 데이비슨의 '비정상적 단원론'도 유사한 길을 간다. 데이비슨은 절대로 물리학주의의 존재론적 조건을 부정하지는 않으나, 물리학주의로부터 모든 정신적 상태가 오로지 물리학적으로 설명될 수 있다는 결론을 이끌어 내지는 않는다. 행위 상황에서 의도적인 상태는 그 내적 속성을 바탕으로 물리학적 법칙의 엄격한 의미에서 예견되지 않는다. 따라서 정신적 속성과 물리적 속성 사이에 인과적 비정상성이 가정되어야 한다는 것이다.

파이글과 데이비슨의 분석에서, 그리고 사울 A. 크립케(1972)와 나겔의 분석에서도 물리학주의의 법칙적 비규정성과 존재론적 불완전성에 대한 진단이 함께 나타난다는 점이 추출될 수 있다. 두 이론은 비록 상이한 출발점과 목표 설정을 보여주나, 존재론으로의 확정을 피하고 부분적인 측면에서만 물리학주의와의 모순을 암시하는 인식비판적 방향은 공통적이다.

반환원주의적 제한이 차지하지 않은 존재론적 영역은 물리학주의의 일방적인 자연주의 사상을 확장하는 몇몇 시도에 의해서 측정되었다. 이러한 시도에서는 반자연주의적 혹은 형이상학적 기초가 추구되지 않고, 인간의 의식의 경험 자질, 지향성과 규범성이 자연주의적 사실 관계로 입증된다. 하지만 의식의 자연주의적 편입은 정신적 상태가 물리학주의의 의미에서 인과적으로 파생될 수 있다는 것을 의미하지는 않아야 한다는 것이다. 반환원주의적 자연주의의 창시자 가운데 한 사람인 피터 F. 스트로슨은 그러한 추정을 허무맹랑한 것으로 간주한다. (스트로슨 1985)

학문적 축소에 대항하는 반환원주의적 자연주의의 발전은 존 맥도웰에 의해서 제시되었다.(맥도웰 1994) 그는 물리학주의의 일종인 무분별한 자연주의뿐만 아니라 전통적인 이분법으로의 귀환도 거부한다. 인간 생활 형태의 특수한 속성이 이차적인 본성으로서 포괄적인 존재론적 구상에 통합될 수 있도록 하는 자연주의 형태가 추구되어야 한다는 것이다. '이성의 공간(space of reasons)' (셀라스)의 자연주의적 편입은 물리학주의가 파악하는 존재론적 영역에 머무르며, 의식의 인간적인 특성을 배제하지 않는다고 한다. 이러한 방식으로 인간 본성과 이와 함께 정해지는 규범적인 관점의 내적 연관성이 유지된다는 것이다.

올바른 자연주의를 둘러싼 논쟁은 특히 정신적 사건과 물리적 사건의 관계에서 수반(Supervenienz) 개념의 어떤 구체적인 형태가 가정될 수 있는가에 달려 있다. 수반 개념은 정신적 속성과 물리적 속성 사이의 종속성을 가정한다: 물리적 속성의 변화 없이는 정신적 속성의 변화가 없다면, 정신적 속성은 항상 물리적 속성에 이어 발생한다. 이러한 종속성은 근대의 정신철학에서 반환원주의적 시도(퍼트넘 1975, 데이비슨 1980)와 환원주의적 시도(김재권 1993)를 똑같이 포함하는 넓은 해석 영역을 포괄한다.

3. 내용적 중점

육체-의식의 문제를 둘러싼 논쟁 외에 정신철학의 또 다른 중점은 개인의 본성과 속성을 설명하는 것이다. 이러한 계획은 스트로슨의 《개인》(1959)과 함께 결정적인 추진력을 얻는다. 개인의 행위 및 언어 개념 분석 이외에 무엇보다도 지향성, 의식의 자질, 개인의 정체성이 그 중심이 놓인다.

지향성

경험 자질 외에 지향성이 의식의 가장 두드러진 특징이다. 고통·우울·자만심 혹은 이와 유사 상태에서 보듯이, 의식의 매 경우가 의도적 의식의 경우는 아니더라도 자신이 아닌 어떤 것(그것이 다른 의식 상태이든, 아니면 시간과 공간에 얽힌 대상과 사건이든 간에)과 연관되고, 그것에 의해서 행동할 수 있다는 것은 의식의 특출한 속성으로 간주되어야 한다. 그러한 의도적 연관의 속성은 모든 물리적 사건에는 없다. 현대의 정신철학은 재현 혹은 명제성으로서의 지향성이라는 주제를 의미론적으로 다룬다.

월프리드 셀라스는 분석철학의 기초가 되는 연구인 《경험주의와 정신철학》(1956)에서 본성의 경험주의적 신화에 대한 근본적인 비판의 틀에서 의식의 지향성 문제를 다루었다. 이때 그는 의식의 내성적인 접근이라는 전통적인 가설과 분명하게 경계를 긋는다. 개인이 의식을 가지고 있다는 사실이 이미 그 자신이 의식에 대한 올바른 이해를 갖고 있다는 뜻은 아니라는 것이다. 우리가 정신적 상태를 경험적 사실 관계로 취급하고, 그것을 파악하는 과정에서 관찰 가능한 현상과——
이론 구성의 의미에서——비경험적 규정을 끌어들이는 경우에 의식
에 대한 이해가 생긴다고 한다. 따라서 정신철학의 경험주의적 구상
의 틀에서 마침내 일상 경험에 대한 정신주의적 사고의 교정 필요성이
나타날 것이다.

셀라스의 정신철학의 체계적인 핵심은 명제성 가설에 있다. 전통적
인 모델에서 가정한 것과 달리 지향성이 명제성의 바탕을 이루는 것이
아니라, 지향성은 명제적 형식 외에는 출현할 수 없다는 것이다. 셀라
스의 생각은 외적으로 관찰될 수 있는 행동이나 회화적인 상상과 동
일시할 수 없는 내적의 사유 과정 관련 개념을 목표로 삼는다. 이 개
념은 외적인 언어 행동의 의미론의 일반적인 유효성에 대한 가정과 일
치되어야 한다. 본성의 신화에 대한 그의 비판의 자연주의적 결과는
표상적인 속성을 가진 신경생리학적 상태가 존재해야 한다는, 물리학
주의를 비판하는 고백이다. 셀라스에 따르면 사유의 명제적 내용과 사
유 내용에 대한 정신주의적 담화는 동일한 구조를 갖는다.

정신적 상태의 표상적인 기능은 정신 언어의 구성 내지 재구성 노
력의 핵심이다. 특히 포더의 심리 의미론은 정신 언어의 재구성에 크
게 기여했다.(포더 1975, 1987) 그는 상징 처리적인 내적 구조가 명제
적 심리의 바탕에 깔려 있다는 가정에서 출발한다. 때문에 명제적 심
리의 경우 두 가지 요소에서 출발되어야 한다고 말한다. 하나는 특별
한 구조 속성을 가진 유기체이며, 다른 하나는 언어와 유사한 내적인
표상 체계이다. 포더는 의식이——정신적 과정의 차원과 정신적 상태
의 내용을 구성하는——표상을 조정하는 기능을 가진 '기관'이라고
생각한다. 하지만 이때 표상의 명제적 내용은 기능 종속적이기보다는
구조 종속적이라고 생각된다. 포더에 따르면 표상의 구조적 종속은

기능주의적 시도에게 심각한 장애를 의미한다.

존 R. 설은 명제성에 비해 지향성을 인간 의식의 보다 근본적인 현상으로 이해한다.(설 1983) 그는 지향성의 여러 가지 형태를 구분한다. 내적인 지향성은 '나는 p를 희망한다'와 같은 명제적 심리를 통해서 표현되며, 파생된 지향성은 'I am afraid that p는 나는 p를 두려워한다'와 같은 언어적 의미 부여를 통해서 표현된다는 것이다. 하지만 그 외에 일련의 비유적인 혹은 은유적인 사용 방식의 지향적인 표현들이 있다는 것이다. 그런 표현들은 원래의 구성 연관성 및 인간 의식에서 분리되어, 원래 의미에서 지향적 체계가 아닌 대상에 종속된다고 한다. 설은 이것을 '가장(假裝) 지향성'이라고 부른다.

'가장 지향성'의 형식은 지향적 체계에 대한 다니엘 C. 데네트의 도구주의적 이론의 중심에 들어 있다.(데네트 1978, 1987) 데네트는 행동이 부분적으로 의도·의견과 소망의 척도에 의해서 설명되어야 하는 그러한 체계를 지향적이라고 칭한다. 지향적 표현을 통해 설득력 있는 설명 전략과 예상 전략이 제시될 수 있을 때 그런 표현들이 의미 있고 정당하다. 데네트는 기능적 심리, 물리적 심리, 지향적 심리의 적용을 구분한다. 체스 컴퓨터의 경우 우리가 물질적 속성과 관계없이 그 기능적 체계에 대한 자세한 지식을 갖고 있다면, 기능적 심리 속에서 정확히 예상이 가능하다는 것이다. 반면에 물리적 심리의 예상이 오직 물질적 합성에 의존한다면, 그런 물리적 심리는 고도로 발전된 체스 컴퓨터의 물리적 불투명성과 기능적 복잡성 때문에 쓸모가 없을 거라는 것이다.

지향적 어휘의 인플레이션적 도구화에 대항하여 특히 설이 반론을 제시했다.(설 1980, 1992) 그는 '중국 방'의 사유 실험을 통해, 지향성 개념의 중요성을 강조하기 위해 도구주의적 기능주의의 설명력을 무력화시키려고 한다. 중국 방에서는 사용된 언어와 그 속에서 표현된 명제에 대한 이해가 없는 언어적·인지적 능력에 대한 모의 실험이 실행된다. 그런데 인공지능 지지자들은 설의 사유 실험을 강하게 거부했다. 인공지능 계획의 복잡한 구성에 적합지 않은 그의 단순화 전략이 특히 비판의 대상이 된다. 설은 지향성이 자연적인 토대와 결합되어 있다는 데서 출발한다. 반면에 인공지능 가설의 대표자들은 지향성의 물질적 토대가 원칙적으로 대체될 수 있다고 주장한다. 데네트는 심지어 지향성 개념이 완전히 불필요하다고 여긴다. 지향성에 관한 자연주의적 토대와 기능주의적 토대의 입장은 여전히 서로 상반된다.

자의식과 감각적 자질

지향성의 대체 가능성과 실험 가능성에 대한 물음은 주체성, 자의식과 경험적 자질의 환원성에 대한 찬반 양론을 다루는 문제 영역까지 깊이 파고든다. 근대 정신철학의 대표자들은 이 문제 영역에 현재까지 이어지는 전통적인 의식철학의 잔재가 많이 남아 있다고 추정한다.

근대 고전철학의 전통적인 주체 이론의 어휘는 **언어학적 전환**을 통해 근본적인 수정을 겪었다. 이때 무엇보다도 '나'와 '자신'이라는 표현의 물질화가 철회되었다.(안스콤베 1975; 투겐하트 1979) 이러한 수정에서 나온 비판적인 결과는 그런 표현들이 의미적으로 고유 명사나 특성 묘사가 아니라는 인식이다. 언어 분석적 연구에서 자기 지칭의 형태들이 중요한 의미에서 환원적이지 않다는 일련의 암시들이 생겨났다.(카삼 1994) 여기서 열거할 수 있는 것은 무엇보다도 '자기'라는 주어 사용에 대한 루트비히 비트겐슈타인의 분석(비트겐슈타인 1934)과 '유사 지시적 표현'에 대한 헥토르 네리 카스타네다의 이론이다.(카스타네다 1966, 1967) 언어 분석적 비판은 전체적으로 정신철학에 영향을 주어 의식 상태의 특별한 경험적 자질에 주목하게 되었다. 인간 의식의 주관적 자질 문제는 현대 정신철학에서 단지 개별적인 경험 관점에서 접근 가능한 듯 보이는 정신적 상태의 내적인 속성을 가리키는 '감각적 자질' 개념을 통해 제기된다. 감각적 자질 개념을 둘러싼 논쟁에서 사유 실험은 중요한 역할을 수행한다. 나겔의 유명한 물음 **'박쥐가 되는 것은 어떨까?'** 도 여기에 속한다. 이러한 물음은 물리주의적 혹은 기능주의적 동일화를 통해 파악될 수 없는 세상 속 사실과 연관된다. 다른 사고 모델들은 바뀐 색깔 스펙트럼의 가능성과 경험 과정에서의 경험 자질의 부재를 지향한다.

반환원주의적 물리학주의 비판과 감각적 자질 문제의 결합은 프랭크 잭슨의 **지식 논거**에서 이루어진다.(잭슨 1986) 그 논거는 나겔의 불완전성 논거와 유사한 이론의 길을 걷는다. 잭슨은 오로지 흑백의 환경에서 자라지만 제3자의 관점에 의해서 색에 대해 모든 것을 아는 마리라는 인물을 가상으로 제시한다. 마리가 마침내 처음으로 빨간 대상을 인지한다면, 그녀는 빨강을 감지하는 첫 경험을 하게 된다는 것이다. 그녀는 이런 방식으로 완전한 지식임에도 불구하고 전에는 실제로 도달하지 못했던 사실에 대한 지식을 얻게 된다고 한다.

잭슨은 마리의 경험이 단지 그녀 자신에게서만 나온 것이 아님을 분명히 밝힌다. 그녀는 다른 사람이 행한 경험을 통해서도 뭔가를 배웠다는 것이다. 그녀는 인지 과정의 신경생리학적 상태에 대한 자신의 모든 지식에서 뭔가가 숨어 있었다는 것과 그것이 뭔가를 인지하는 사람에게 비로소 분명하게 눈앞에 나타난다는 것을 알게 된다. 지식 논거에 따르면 개인의 경험은 제3자의 관점에서는 단지 부분적으로만 기술될 수 있다. 의식 상태의 경험적 자질을 함께 끌어들이는 당사자의 관점이 보충될 때 비로소 인지 상황을 완성시킬 수 있다는 것이다.

감각적 자질의 문제는 정신철학에서 방법적 측면에서 뿐만 아니라 본질적인 측면에서도 매우 중요하다. 방법적 문제 제기는 물리학주의 혹은 배제적 유물론에서 주장된 것처럼 무엇보다도 환원주의적 전략의 효력 범위와 관계된다. 인간 의식의 경험 자질은 나겔·잭슨 혹은 특히 콜린 맥긴에 의해서 물리학주의와 기능주의의 의식철학적 일반화 입장에서는 넘을 수 없는 장애물인 것으로 밝혀졌다. 의식된 경험이 공간적으로 확인 가능한 요소의 조합에 의해서 생겨날 수 있는 것은 인간의 지성에 비추어 상상할 수 없다는 것이다.(맥긴 1991) 존재하는 것에 대해서 모두 물리학적인 동일성 검증 절차를 이용할 수 있다는 가정은 경험주의의 또 다른 도그마로 간주되어야 한다는 것이다. 물리학주의와 기능주의는 특히 비규정성 논거와 불완전 논거의 불분명한 방법적 형식과 감각적 자질 개념의 의미적 불명료성을 비판하는 강한 역반응을 불러일으켰다.(처치랜드 1989; 데네트 1991)

개인의 정체성

정신철학의 맥락에서 개인 정체성 이론은 무엇보다도 특별한 방식으로 시대를 넘어서 정체성 관계와 변화 과정을 다루어야 하는데 그 특색이 있다. 개인 정체성 이론은 시간과 공간 속에서의 개인의 실제적 현존, 자세히 말하면 개인의 정체성, 연속성, 단일 조건과 실제적 진행을 연구해야 한다. 이때 체계적인 관심사를 넘어서서 인간의 자기 이해와 그에 대한 실천적 해석을 직접적으로 다루는 일련의 문제 영역이 나타난다. 따라서 '인간'과 '개인' 개념의 의미적 연관성은 탄생하고 진행되는 생명과 연관된 응용윤리학의 결정 상황에 대한 결정적인 요소로서 입증된다.

개인 정체성 이론의 체계적인 과제 설정은 실제적인 이론 관점과 인식론적 이론 관점의 교차를 통해 그 특성이 나타난다. 시간을 넘어서서 개인의 정체성을 규정할 때, 어떤 필요충분조건에서 일정한 시점(t1)의 한 개인이 다른 시점(t2)의 개인과 동일한지 설명해야 하며, 이것은 동일한 개인이 상이한 시점에서 현존의 인식 가능성을 위한 주관적·객관적 동일화 기준을 가져야만 가능하다.

개인에 대해 가정될 수 있는 정체성 구조는 현재의 토론 환경에서는 아주 논란의 소지가 많다. 개인의 정체성은 한편으로는 내적인 속성들 사이의 합리적인 관계(윌리엄스 1973) 혹은 외적인 속성들의 합리적 관계(노지크 1981; 파르피트 1984; 슈마커 1984)로 파악되며, 다른 한편으로는 동일성 확인이 가능한 관계나 다른 사실 관계로 귀결될 수 없는, 그래서 그냥 전제되어야 하는 단순한 사실로 파악된다.(치점 1976; 스윈번 1986) **단순한 관점**의 입장은 육체의 쇠락 혹은 파괴와 관련해서 생존적 선택을 고려하는 반면에, 대다수의 합리적 입장은 그런 가능성을 처음부터 배제한다.

현대의 정신철학에서는 실체철학적 전제 논거의 차용은 드물게 이루어진다.(스윈번 1986; 포스터 1991) 현재의 논의에서 이론적 선택의 폭은 어차피 현대 개인적 정체성 이론에 관한 견해를 반영하는 두 가지 문제 제기로 축소되었다. 1) '개인적 정체성의 경우 오로지 심리학적 연속성의 문제인가?' 2) '개인은 육체인가?' 첫번째 물음은 명백히 존 로크의 이론 방향(1975)을 따르며, 데렉 파르피트(1984)에 의해서 긍정적인 대답을 얻는다. 두번째 문제 제기는 새로운 논쟁의 도화선으로 간주된다. 이 문제는 버나드 윌리엄스에 의해서 제기되었다. 그는 이에 대한 긍정적인 대답의 틀에서 포괄적인 사유 실험을 이용했다.(윌리엄스 1973) 그것은 이미 로크에게서 사용된 논증 기술로서 그 어떤 다른 학문 분야에서보다 개인적 정체성 이론에서 특징적으로 나타난다. 개인에 관한 현대 이론과 개인 정체성 이론의 중요한 기본 방향은 그 사이에 규범적 관점을 작성하는 데 있다. 이미 로크에 의해서 개인 개념이——그의 인식론적 기초 외에——실천적으로 해석되었다. 그는 배려(concern) 개념을 통해 실천적 관점을 수용한다. 이 개념의 구조적 특성은 미래의 생활 단면을 목표로 삼는 데 그 근거가 있으며, 그러한 목표는 개인의 행동 방식의 분석과 행동 평가에 수용되고 명확하게 규정된다.

개인의 행동 평가에 대한 현대 이론의 중심에 두번째 단계의 의도가 담겨 있다. 해리 프랑크푸르트는 이와 관련하여 '두번째 질서 욕구'라는 개념을 제시했다.(프랑크푸르트 1971) 그는 원래 저작 《개인》에 나타난 스트로슨의 개성 이론적 시도를 비판하나, 이미 오래전에 고유한 논증의 길을 열었다. 찰스 테일러(1985)의 '강력한 평가자' 개념, 규범적 정체성 개념(나겔 1970)과 서사적 정체성 개념(데네트 1978)이 그러한 논증으로 귀결될 수 있다. 규범적인 논증의 길은 성찰된 행동 평가가 개인 삶의 필수 요소로 이해되는 데 그 특색이 있다. 이때 행위의 대안에 대한 몰두는 장시간에 걸친 각 개인의 고유한 실천적 정체성 형태로 나타난다. 개인에 관한 현대 철학은 최소한 개념적으로 '자의식' '의식' '의지의 자유' '도덕성' '책임성' 같은 주체성 규정에 대한 큰 그림을 그리는 데 성공했다.

철학교수법

에케하르트 마르텐스 (함부르크대학교의 철학교수법 교수)

1. 새로운 분과 학문과 오래된 문제

철학교수법은 새로운 분과 학문에 속하나 오래된 문제를 다룬다. 유교와 불교에서 제자와 스승의 관계, 파르메니데스의 교훈시, 플라톤(《7번째 편지》)에서의 갑작스런 인식과 공동 대화 사이의 긴장, 중세의 스콜라 철학, 이마누엘 칸트가 크리스티안 가르베의 대중철학과 벌인 논쟁, 혹은 1812년과 1822년의 철학 수업에 대한 게오르크 빌헬름 프리드리히 헤겔의 의견에서 보듯이 철학적 인식 혹은 통찰을 어떻게 가르치거나 배워야 하는가, 혹은 가르치거나 배울 수 있는가라는 문제는 철학의 시작 이래에 내적으로 동반된——외부에서 부과되지 않은——문제이다. 무엇보다도 칸트와 헤겔의 대립은 현재 논의의 연결점을 제공한다.

칸트는 자신의 《도덕형이상학의 기초》의 첫장에서 모범으로 삼은 플라톤적 소크라테스 전통에 따라, 그리고 크리스티안 가르베의 '대중철학' 에 대한 반응으로 지식 생산물과 과정을 서로 결합시키려고 시도한다. 그는 '코페르니쿠스적 전환' 을 통해 주어진 관념적 우주의 초월성을, 시간을 초월한 것으로 이해되고 선험적으로 해석되는 보편적인 인간 이성의 초월적 인식 조건에 귀결시킨다. 그래서 칸트는 끝으로

'방법론'의 주요 저술에 주목하여, 그것을 구체적으로 교수법적-방법
적으로 전개한다. 그는 "1765/66년 겨울학기 강좌 개설에 대한 소식"
에서 폭좁게 주어진 교재를 겨냥하는 기존의 강의 체계에 반발한다.
칸트도 당시 규정대로 형이상학과 윤리학 강의에서 일정한 모델(알렉
산데르 고틀리프 바움가르텐)을 바탕으로 삼았으며, 이는 논리학 강의
에서도 마찬가지였다(게오르게 프리드리히 마이어). 하지만 그는 수업
매체가 수동적인 수용의 방법으로 잘못 이용되어서는 안 된다고 주장
한다. 칸트의 요구는 "철학을 배우는 것"이 아니라 "철학하기를 배우
는 것"이며, 이는 "자신의 오성을 사용하려는 용기를 가져라!"는 요
구와 일치한다.

경험 중심적·귀납적 방법을 통해서 자발적 사유가 촉진될 수 있다
──비록 그것이 자동적으로 중개되는 것은 아닐지라도. 칸트가 《실
천 이성 비판》의 끝부분에 있는 '방법론'에서 '청소년 교육자'에게
주는 충고는 판단력 연습을 위해 '단순한 도덕적 교리' 대신에 그 자
신이 열 살짜리를 위해 예를 보인 것처럼 책임감 있는 행위의 사례를
인용하라는 것이다. 이로써 칸트는 실천철학의 영역에서 감정적 학습
을 통해 경험 중심적 학습을 확장한다. 더 나아가서 그는 《도덕형이상
학》의 윤리적 방법론에서 '미덕 형성의 실험적(기술적) 수단으로서' 교
수자의 모범 사례를 덧붙이고, '윤리적 교수법'에서 '소크라테스적 대
화' 방법을 역설한다.

전체적으로 칸트는 각자의 경험에서 "보다 많은 분명함, 상세함과
질서를 만들어 내려는"(가르베 1974, 1063) 시도가 존경할 만한 철학
이라는 가르베의 확신과 공통점을 가질 수도 있다. 덧붙여 칸트는 자
신의 강의를 듣는 사람들로부터 이해하기 쉽고 재미있으며 정서적인
선생으로 칭찬을 받았다(보로프스키·야흐만·바시안스키의 칸트 전기

를 볼 것). 칸트는 인생에 대한 구체적인 충고를 주기도 했는데, 클라겐푸르크 출신의 마리아 폰 헤르베르트의 '애정 상담가' 역할을 하기도 했다.(베르거/마호 1989)

칸트의 자발적 사유교수법은 종종 헤겔의 체험교수법과 대비된다.(클렘 1978, 65 이하 참조) 실제로 헤겔은 뉘른베르크의 에기디엔 김나지움 수업(1808-1815)에서 철학적 체계의 요약에서 출발했는데, 그 점은 그의 강의 방법에 따라 가르친 《철학적 입문》에 설명되어 있다. 그가 1812년의 철학 수업에 대한 평가에서 설명한 교수법적 실행과 세 가지 방법적 기본 원칙은 칸트와 헤겔의 대비에 대해 정당성을 부여한다. 첫째, 헤겔은 그곳에서 동시대의 장 자크 루소, 혹은 요한 하인리히 페스탈로치와 프리드리히 빌헬름 아우구스트 프뢰벨을 계승하는 박애주의적 교육학에 대항하여 순수 과정적 지식 습득을 거부한다. "근대적 시각, 특히 교육학에 따르면 철학 내용이 수업되어서는 안 되며, 철학 없이 학습해야 한다는 것이다. 이것은 도시·강·지방과 사람을 사귀지 않고 계속해서 여행을 해야 한다고 말하는 것이다."(헤겔 1970 제4권, 410) 둘째, 헤겔은 교재 속 지식이 사라짐으로써 생겨나는 필연적인 결과가 내용 없고 '체계 없는 철학하기'일 거라는 오해를 반박한다. 셋째, 헤겔은——피타고라스 정리의 학습의 경우에서처럼——체험이 자발적 사유를 배제할 필요는 없다는 점을 지적한다.

자세히 살펴보면, 이 세 가지 점에서 칸트와의 원칙적인 차이점은 없다. 칸트도 마찬가지로 철학 체계의 원칙에 대한 지식을 목표로 삼아 출발하는데, 이때 그런 지식은 물론 단순 학습되는 것이 아니라 철학적으로 사유하는 사람들에 의해서 생각되어야 한다. 헤겔은 물론 칸트에 비해 이미 정립된 철학적 지식과의 연계를 보다 더 강조한다: "철학적 공부가 자발적 행동일지라도 학습은 이미 존재하는, 형성된 학문을 배우는 것이다. 그런 학문은 습득되고 조성된 내용을 가진 보물이다. 이러한 존재하는 유산은 각 개인에 의해서 습득되어야 한다. 교사는 그것을 소유하며, 앞서서 생각하고, 학생들은 뒤이어 생각한다."(헤겔 1970, 제4권, 412) 때문에 헤겔에서는 구체적인 수업 실행에서 체험이 보다 더 중요하다: "그는 단락을 받아쓰게 하고, 그것을 설명했다――날카롭고 집요하게, 그러나 차분하게. 그는 자신이 말한 것을 확인하지 않았으나, 종이를 앞에 놓고 앞을 바라보았다――담배를 왼쪽, 오른쪽에 흩어 놓은 채. 학생들은 받아쓰기를 다시 한번 깨끗하게 베껴야 했다. 학생들은 마찬가지로 구두 설명을 글로 적으려고 해야 했다."(로젠크란츠 1844, 249) 1816년의 대학교 교수법적 평가(헤겔 1970, 제4권 418 이하)와 1822년의 김나지움 철학 수업에 대한 두번째 평가에서 나타나는, 체험에 대한 헤겔의 강조는 동시대의 교육학에 대한 대응책으로 이해될 수 있을 뿐만 아니라 그의 철학 개념에서 파생된 체계적인 결과이다. 그는 칸트의 도덕적-실천적 '세계 개념' 철학과 달리 사변적 논리학의 체계를 목표로 삼았다.

2. 실제와 이론으로서의 교수법

다른 분과 학문의 교수법과 달리 철학이 어떻게 가르치고 배워야 하며, 어떻게 가르치고 배울 수 있는가라는 문제는 철학이 원래 무엇이고 무엇이어야 하는가라는 물음이 철학 내적인 문제 제기에 속한다는 특수한 어려움을 동반한다. 반대로 다른 분과 학문 교수법의 공통점은 교수법 학자들 사이에 교수법의 과제에 대한 의견이 거의 일치하지 않는다는 문제를 안고 있다. 그리스어 **didáskein**에서 유래하는 낱말

'교수법'은 1613년에 볼프강 라트케의 교육학적 제안에 대한 보고서에서 처음으로 교육학의 전문 용어로 나타난다. 그곳에서 이 낱말은 방법적인 수업 지시의 의미에서 '교수 기술'로 번역된다. 이 전문 용어는 1657년 요한 아모스 코메니우스의 《대교수학》에서 방법론을 넘어서는 의미를 얻는다. 여기서 코메니우스는 신적인 세계 질서의 계급론으로부터 수업의 목적·내용·방법과 학교의 설립을 총체적으로 이끌어 낸다. '교수법'은 두 가지 의미로 이해된다. 하나는 주어진 교육 계획과 교육 체계에서 주어진 교과 내용을 전달하기 위한 '방법론'으로서의 교수법이며, 다른 하나는 목표, 내용의 선택, 그리고 적합한 교육 체계에 관한 질문이다. 두 가지 의미는 오늘날까지도 논쟁 속에서 대립되며, 한편으로는 교육학적 실천의 직접적인 지침에 대한 욕구를 충족시키고, 다른 한편으로는 그러한 실천에 전제된 가정을 고수하려는 욕구 혹은 그에 대한 비판 욕구를 충족시킨다. 그런데 실제로 존재하는 그러한 전제 가정을 도외시하는 것은 철학의 성찰적·비판적 자기 이해와 모순될 것이다.

하지만 교수법 실천의 전제된 가정에 대한 성찰만으로는 아직 충분하지 않다. 그런 성찰은 단지 교수법 실천에 대한 지식을 개선하는 데 기여할 뿐이며, 그에 대한 능력의 개선으로 이어지지는 않는다. 여기에 이론과 실제의 구체적인 전달이 이루어져야 한다. 이때 먼저 다시 이론적 차원을 다루고, 그런 구체적인 전달이 어떻게 이루어져야 하는지 생각해야 한다. 그리고 철학적 행위 이론 이외에 특히 학습심리학적·집단 역동적·상호 작용적 이론을 끌어들여야 한다. 구체적인 이론-실제 전달의 중요한 부분은 성찰된 교수법적 능력을 훈련하는 일이다. 즉 주어진 상황에서 학습 및 교수 과정을 활성화하고, 구조화하며, 개선할 수 있도록 하는 일이다. 여기에다 일반 원칙을 개별 경우에 적용할 수 있고, 특별한 경우에서 출발하여 일반 원칙을 인식할 수 있는 판단력을 훈련하는 일이 필요하며, 그에 상응하는 행동에 대한 훈련이 요구된다. 이때 '배우는 것'과 '가르치는 것'을 어떻게 이해할 것인가라는 추가적인 어려움이 제기된다. 대략적으로 접근할 때 정보 과정과 형성 과정이 서로 구분될 수 있다.(블란케르츠 1969) 몇몇 수업 과정에서는 전문 지식과 기계적으로 학습될 수 있는 명제들을 (그 교육 가치에 대한 추가적인 문제와 함께) 더욱더 강조하는 데 반해, 철학 에서는 주체 및 주체의 자기 이해 혹은 실천적인 방향 설정과의 연관 성이 본질적인 듯하다.

어쨌든 철학적 교수법을 둘러싼 논쟁에서는 두 가지 주요 경향이 구분된다. 하나는 교수법적 과정의 객체 측면을 더 강조하고(레푸스 1980), 다른 하나는 교수법적 과정의 주체 측면을 더 강조한다(하인텔 1980). 하지만 궁극적으로 두 가지 측면을 전달하는 일에서 전래되는 철학의 사실 내용의 도움으로 철학하기의 자발적인 활동을 촉진하고, 그런 능력을 배양케 하는 일이 중요하다.(마르텐스 1979, 1983, 1990)

3. 철학의 학습 장소

철학의 내적인 교육 문제는 철학의 시작 이래 교수법적인 고민을 불 러일으켰다. 하지만 제도화된 철학 교육/학습 장소의 교육 정책적 확 대를 통해 비로소 고유한 분과 학문으로서 철학교수법의 필요성이 제 기되었다. 이때 무엇보다도 철학 내지 윤리학 수업의 확대는 (칸트의 네 가지 문제인) 지식·행동·희망과 인간됨의 기본 문제에서의 불확 실에 대한 반응으로 이해될 수 있다. 이러한 기본 문제는 학문적-기술

적 진보의 상반된 가치와 함께, 그리고 추가적으로 민주화 및 세계화
의 과정과 함께 개인과 사회 전체에 제기되는 문제이다.

　고대의 철학자 학교와 중세의 수도원 학교(마호 1994) 이후, 근대의
주요 철학 학습 장소는 '순수한' 철학 전공자(전공과 부전공의 박사, 석
사)와 그밖의 철학 전공 후보자(교직 과정 내의 철학 중간시험)가 속하
는 대학의 **철학 세미나**이다. 독일의 몇몇 주에서는 철학이 교육대학의
'동반 교과'의 가능한 요소이며, 다른 모든 학과 출신의 '자유애호가'
외에 철학을 수업 교과로 공부하는 학생들이 대학에서 철학을 학습한
다. 또 다른 철학 학습 장소는 **김나지움**이다. 철학 학습 장소로서의 김
나지움은 남유럽과 북유럽, 그리고 오스트리아에서 오랜 전통을 갖고
있다.(페이 1978) 독일에서는 철학 수업이 문화부 장관의 결정에 의한
김나지움 상급 과정의 개혁과 함께 1972년에 비로소 도입되었다. 그후
철학은 개별 연방주의 교육 자치권에 따른 상이한 규칙에 맞춰 대입과
관련된 정식 수업 과목이 되었다. 그밖의 다른 유럽 국가에서도(그륀
더/그루시카/마이어 1997) 심지어 전 세계적으로(드로이트 1995; 유네
스코 철학 분과의 뉴스레터 1995 외) 철학 수업의 확대를 관찰할 수 있
다. 더 큰 인원 범위와 관련되는 세번째 철학 수업 장소는 전체 학교
유형 중에서 **초급 학교**이다. 독일에서는 종교 수업의 선택 과목으로서
(기본법 7항 3조) 부분적으로 이미 1학년에 '도덕 수업' '가치와 규범'
'철학/도덕' '철학' 혹은 '실천철학'이라는 다양한 명칭의 철학 수업
이 개설되어 있다.(프란첸 1994; 마이어 1997) 이러한 현상은——국가
에 따라 상이한 모습일지라도——거의 모든 유럽 국가들에 나타난다.
(브뤼닝 1998) 무엇보다도 도덕 수업은 이미 6세의 아이를 위해 장려되
었으며, '아이들과 철학하기'가 철학과 교수법의 특수한 분야로서 학
교 외의 교육(집 안에서의 일, 어린이 과업, 청소년 과업)과 일반적인 수

업 원칙으로서의 철학하기를 촉진했다. **아동의 철학적 진보를 위한 기관**(Institute for the Advancement of Philosophy for Children)에서의 매튜 리프맨의 작업과 가레트 매튜의 경험은 20년대 개혁 교육학의 시작 이후 전 세계적으로 모방되었고(마르텐스 1990) 다양한 교수법적 연구와 시도로 이어졌다.(엥글하르트 1997)

일반적인 **수업 원칙**으로서의 철학을 가르치는 보다 일반적인 네번째 학습 장소가 마침내 철학의 협소한 영역 제한을 극복한다. 1972년의 김나지움 상급 단계 개혁(4.1.절)에 따르면 철학적 문제가 전체 교과 영역 내지 과제 영역에서 '고려되어야' 한다――반면에 다른(사회학적·정치학적) 문제는 언급되지 않는다. 더 나아가서 이미 초급 과정과 모든 유형의 학교의 학습 목표 표현 속에 철학 없이는 이해될 수 없는, 심지어 직접적으로 철학적 성격을 가진 성숙함, 사려 깊음, 혹은 성찰성과 같은 요구가 등장한다. **성인 교육**에서 철학을 가르치는 다섯번째 학습 장소가 보다 폭넓은 학습 인원을 겨냥한다: 사회교육원, 대학에 의해 위임된 비학술적 성인 교육, 법적으로 정착된 연수 휴가. 반면에 여섯번째 학습 장소인(라디오와 텔레비전의 제3프로그램, 교육방송, 신문 문예란, 상이한 '시대 정신' 잡지와 같은) **공적인 미디어**는 제도화된 교육 체계에 포함되지 않는다. 하지만 이러한 학습 장소는 '비밀 교육자'로서 학생·청소년과 성인에게 교육적인 영향을 미친다. 열거한 여섯 가지 학습 장소는 모두 제도화되지 않은, 그리고 제도화될 수 없는 일곱번째 학습 장소인 **일상이라는 학교**와 연관된다. 우리는 각자 가족, 교육, 그리고 직업과의 개인적·사회-정치적 관계 속에서 일정한――대부분 명확하지 않고 검증되지 않은―― '생활철학'을 갖고 이를 발전시킨다. 생활철학은 다른 학습 장소를 통해서도 형성되며, 학습 기대와 관심을 통해서 그런 학습 장소를 특징짓는다.

4. 철학교수법: 불필요한가, 부차적인가, 해로운가 아니면 본질적인가?

철학교수법은 여러 가지 이유에서 **불필요한** 것처럼 보일 수 있다. 우리는 먼저 모든 교수법을 단순히 가르치는 기술로 이해하여 불필요한 것으로 간주할 수 있을 것이다. 교사·교육학자는 선천적인 재능을 갖고 있어야 하며, 교수법 학자일 뿐 아니라 철학자도 타고나야 한다는 것이다. 교수자의 사실 내용에 대한 확고한 지식과 학습자의 사실 내용에 대한 관심이 철학을 매력적이고 명확히 이해할 수 있도록 만들기 때문에, 이해와 동기 유발의 도움을 주는 교수법은 불필요하다는 것이다. 하지만 실제 학습 문제를 고려해야 하는 한 불필요성 가설의 옹호자들도 교수법이 한걸음 더 나아가면 철학을 위해 추가될 수 있고, 추가되어야 한다는 것을 인정한다. 교수법이 철학에 있어 **부차적**이라고 말할 수 있다. 철학의 중요성과 정당성이 이미 철학하기 과정 이전에 정해져 있다는 것이다. 단지 철학의 실제적인 교육을 위해서 학습 및 동기유발 심리학·수사학·수업공학·커뮤니케이션 훈련 및 행동 훈련, 미디어 사용을 통한 준비가 필요하다는 것이다. 교수법적 추론 도식에 따르면 철학과 같은 교과는 사실 내용에 대한 지식을 사용하고, 일반교수법은 교육 기술을 제공하며, 교과교수법은 지식을 수업에 적용한다.

교수법이 철학에 해로울 수도 있다고 말한다. 요령이 '부도덕한' 요령일 수 있다는 것이다. 간단히 말해서 뭔가를 단순화한다는 것, 혹은 심지어 내용, '사실'을 위조한다는 것이다. 교수자는 대중적인 설명을 통한 소위 인간 사랑에서 학습자의 수용 능력과 사고 능력을 고려하며

(캄바르텔 1979) 학습자의 실제적인 관심과 의식 상태를 철학적으로 중요한 것에 대한 기준으로 받아들인다. 교수법이 해로운 게 틀림없으며 단지 외형적인 판매 기술 혹은 질 나쁜 수사법이라는 비난은 플라톤적인 소크라테스와 소피스트 사이의 논쟁까지 거슬러 올라갈 수 있다. 우리의 구체적인, 사회적인 상황과 관련하여 테오도르 W. 아도르노는 명확하게 그런 비난에 대해 논의하였다.(아도르노 1966, 특히 49 이하와 91; 1969)

이 세 가지 가설은 모두 원형-모사 관계에서 출발한다. 원형, '사실 자체' 혹은 진리로서의 철학이 교수법적 관점에서 그대로 반영되어야 한다는 것이다. 이때 모사는 실행 과정에서 항상 원형이 뒤에 머물러야 한다는 것은 당연하다. 하지만 객체에 대한 성찰 과정에서 그 바탕에 놓인 철학 개념은 성찰하는 주체에 대한 성찰을 도외시하며, 논거를 분석하면서 논증하는 주체를 고려하지 않는다. 반면에 성찰하고 논증하는 주체에 의해서 객체 및 논증 차원은 완성된 산물로서 다시 성찰하고 논증하는 과정과 연결된다. 따라서 네번째 관계 규정에 따르면, 철학과 교수법은 상호적인 규정 관계이며, 교수-학습 과정 혹은 교육 과정으로서 상호 **구성적이다**. 때문에 철학은 교수와 학습이 가능한 개념, 명제와 명제 체계의 사실로 이해될 뿐만 아니라 특히 놀람, 의심, 근거 제시, 구분과 인정의 특수한 화행을 가진 철학하기 활동으로 이해된다.

5. 근거 제시: 인간 삶 형성의 기본적인 문화 기술로서의 철학하기

왜 다양한 학습 장소에서 철학하기가 행해져야 하는가? 철학 학습

장소의 확대는 현대적 · 전 지구적 성찰 문화와 그것의 이중 가치에 의
해서, 그리고 기본적인 인권으로서의 자유로운 인간 삶 형성에 대한
요구에 의해서 설명될 수 있다. 최소한 그런 요구에 따르자면 우리는
—— '계몽주의 시대' 는 아니더라도—— '계몽의 시대' 에 살고 있다.
(칸트) 모든 종류의 효력 요구는 원칙적으로——아이들을 상대로 하
는 경우도 포함하여——해명 제시라는 명령의 지배를 받는다. 하지만
계몽 과정은 전체적인 효력 요구의 배경에 대한 무제한적 물음으로서
현재 많이 토로되는 확신 결여의 큰 부분을 차지한다. 때문에——소
크라테스의 '청소년 파괴자' 처럼——어린이와 청소년을 망치기 전에
우리가 자발적 사유 혹은 철학하기를 포기하는 게 더 낫지 않을까? 그
러한 철학에 대한 회의가 시인하듯이 성찰이 전부는 아니나 성찰 없
이는 모든 것이 아무것도 아니고 배속의 공허한 느낌과 다르지 않으
며, 타인의 머리에 의해 조정되는 것이고 맹목적인 반응에 불과하다.
반면에 철학적 성찰은 자유의 표현이며 경험이다. 아무도 자신의 삶을
풍요롭게 만드는 자유를 사용하라고 강요받지는 않으나, 자유는 선택
된 인간 그룹(최정예 철학)을 위해 예약될 수 없으며, 아이들 · 청소년
과 문외한(대중철학)을 배제할 수도 없다.

　우리 사회와 학교는 최소한 자신에 대한 요구에서 계몽적이고 자주
적으로 나아가려고 한다. 우리가 '성숙한, 민주주의적 역량을 지닌, 의
사소통적 능력을 가진 학생' (개인적인, 사회적인 삶 형성, 미래 세대, 혹
은 자연 등에 대한), '책임 능력' (각각의 전문 지식의 인식론적 · 인류학
적 · 규범적 전제 조건을 인식할 수 있는), '성찰 능력,' 판단력, 혹은——
새롭고 복잡한 상황 극복의 근거가 되는——협동 능력, 융통성과 조
직적 사유와 같은 '바탕 및 핵심 자질' 에 관한 표현을 찾으려고 한다
면, 단지 일반적인 교육 목표 · 원칙 혹은 임의의 학년의 임의의 수업

교과를 조사하기만 하면 된다. 학교는 여러 가지 이유에서 계몽의 학교로 이해되나, 계몽 교육이 충분히 이루어지지 않기 때문에 계몽된 학교는 아니다. 교육 계획과 수업 교과에 근본적으로 요구되는 계몽 활동을 위한 구체적인 틀이 마련되어 있지 않으며, 교사들도 그런 교육에 필요한 능력을 갖추고 있지 않다. 따라서 계몽 교육이 필요하며, 이것은 철학 없이는 이루어지지 않는다. 왜냐하면 사람들은 철학을 계몽 문화의 기본적인 기술 혹은 교수·학습 가능한, 훈련 가능한 지식과 능력으로 이용하며, 이를 해당 수업 실행으로 전환하기 때문이다.

이것은 여러 가지 의미를 갖는다――개념 형성으로서의 철학, 대화 행위로서의 철학, 해석 과정으로서의 철학, 그리고 판단 형성으로서의 철학. 첫째, 개념을 형성할 수 있다는 것은 인간의 존엄성과 용기 혹은 세상의 시작과 같은 '올바른' 개념을 형성한다는 것을 의미하는 것이 아니라, 우리의 지식 요구·결정·희망·자기 해석(칸트의 네 가지 물음)의 핵심 개념을 그 사용 속에서 부각시키고, 그것의 가능한 축소 속에서 인식하며, 적절한 방식으로 사용할 수 있다는 것을 의미한다. 이렇게 이해된 개방적 개념 형성은 동시에 자신의 고유한 상징 세계와 더 자유로운 관계를 맺고, 이를 통해 삶을 더 인간적으로 만들어 갈 수 있는 개인의 자기 형성이다.

둘째, 사람들이 개념의 이면을 수용·비판·인정함으로써 개념 형성 과정에서 내적인 대화에 의해 다른 사람의 견해도 함께 대표된다. 그 밖에 개념 형성은 자신에 대한 질문, 의구심, 근거 제시, 구분, 인정과 같은 화행을 수행하는 행위이다. 따라서 개념 형성은 동시에 담화적이며 감정적인 대화 행위이다. 학생들이 학급에서 대화 자세의 점차적인 형성을 통해 서로를 이해하고, 서로간의 다른 점을 인정하며, 공동의 해석을 이끌어 나가고 자신의 생각을 설명하는 법을 배우고 익히듯이,

더 나아가서 개인의 대화 행위는 다른 주체와의 교환을 통해서 연마되고 확대된다. 때문에 문화 기술로서의 철학은 고대 소피스트의 논리학과 수사학류의 중립적인, 임의로 사용될 수 있는 지식이 아니라 자유와 연계된 개인적이며 공동적인 실천이다. 이에 상응하는 수업은 단지 정보를 제공하는 데 그치지 않고 자기를 형성하는 것이다.

셋째, 개념 형성과 대화 행위는 물론 내용적인 해석의 다양성에 대한 지식과 능력 없이는 불가능하다. 예를 들어 우리가 극단적인 갈등의 경우에 무엇이 인생에서 가치가 있는지 혹은 개인적인 요소가 무엇을 의미하는지 이해하려고 할 때, 분석적-논증적 개념 방법이나 일상적인 대화 자세만으로는 충분하지 않으며, 상이한 입장에 대한 내용적인——종교적 혹은 전근대적 바탕에서 나오는——해석 능력을 필요로 한다. 그렇게 해서 '삶' 혹은 '개인'이 자연주의적-유물론적, 기독교적 혹은 인본주의적 관점에서 절대적인 자기 목적으로, 혹은 목적을 위한 단순한 수단으로, 더 나아가서 동물과 컴퓨터 사이의 중간 존재로 이해된다.(마르텐스 1997) 훈련되고 가르침을 받은 해석 능력이——특히 간문화적인 의사소통에서——비로소 상호적인 인식과 자신 및 타인의 입장 인정을 가능하게 한다. 임의적으로 보이는 사유 가능성 혹은 해석 가능성의 내용적 차이가 바로 철학의 방향 설정을 야기하는 차이이다. 낯선 사람과의 교류에서 상이한 입장을 가능한 관점으로 이해하거나, 이를 비판 혹은 수용하기 위해서는 학생들은 자신의 고유한, 종종 스스로에게 불분명한 해석의 내용적 대안에 대한 지식을 필요로 한다. 철학은 풍부하고 다양한 역사적·간문화적 사유 경험으로부터 특출한 방식으로 필요한 사유의 자료를 제공할 수 있다.

하지만 형식적인 기술처럼 재료학의 내용적인 기술도 먼저 익히고 나서 사용할 수 있는, 목적을 위한 단순한 외적 수단이 아니다. 오히려 철학의 방법, 자세와 내용은 서로 분리되지 않으며, 각각 구체적인 경우에 자유롭고 인간적인 방향 설정의 표현으로 입증되어야 한다. 이로써 인간 삶 형성에 관한 문화 기술로서의 철학의 네번째 측면이 시야에 들어온다. 학생들이 방법적으로 자세의 측면에서, 그리고 내용적으로 주어진 해석에 대해서 성찰적으로 행동할 수 있다면 틀림없이 이미 계몽 능력 배양을 위한 교육을 잘 받은 것이라고 할 수 있다. 하지만 학생들은 많은 양의 해석적 방향이 제시될 경우 어떻게 결정해야 할지 여전히 알지 못할 것이다. 학생들이 자유를 생각 **속에서** 실천할 수는 있으나, 생각을 **통해서** 실천하지는 못한다. 때문에 방법·자세와 내용으로서의 철학에 구체적인 경우에 요구되는 판단력으로서의 철학이 더해져야 한다. 판단력으로서의 철학과 함께 올바른 판단에 대한 확신을 얻을 수 없으나, 상황에 맞는, 절대적으로 분명하지는 않으나 올바른 행동에 대한 예민한 감각을 얻을 수 있다. 이때 네 가지 모든 측면에 담긴 주도적인 의도는 진리에 대한 규정적인 사고 혹은 인간 삶에 대해 관심을 갖는, 바람직한 근거를 가진 참된 견해이다.

6. 방법과 내용

방법적으로 유효한 것은(일상 언어적 · 교양 언어적 · 학문 언어적) 사전 지식을 상세히 밝히고 구조화하며, 이것의 모순점 · 결함과 불분명성을 검증하고(문제 목록), 그런 지식을 전통 및 학문의 집단적인 지식수준과 연계시키는 것이다. 그러면 대화적 방법의 본질은 열린 대화(해명), 전문가 강연(텍스트 · 발표 · 강의 등), 그리고 배운 내용을 자신의 출발 물음과 연관시키 일(전문가와의 대화 내용을 실천)의 3단계이다. 정반합의 교수법이라고도 불리는 이 3단계에서 공적인 철학과 사적인 철학의 긴장이 분명해지며, 그러한 긴장이 교수자 관점의 우월성 혹은 학습자 관점의 우월성에 의해 희생되지 않는다.

아마도 사람들은 빨리 그러한 방법적 구성에 의견 일치를 볼 수 있을 것이다. 하지만 개별적으로 동반 체험의 측면을 실천해야 하는가, 아니면 자발적 사유의 측면을 실천해야 하는가라는 커다란 문제가 있다. 하지만 철학을 계몽 과정으로서 중요하게 생각한다면 개별 사안에 대한 **자발적 사유**가 중요하다. 철학적 전통과 학문의 요소와 연관성에 대한 통찰은 목적을 위한 수단이며, 그 자체가 목적은 아니다. 각자 자신에게 주어진 것을 스스로 통찰하고 검증해야 한다. (자신의 물음과 검증이 없이) 타인의 견해를 무조건 받아들이는 것은 철학을 성찰적 학문으로 파악하는 일반적인 입장과 일치하지 않을 뿐만 아니라, 자주와 민주주의라는 사회·정치적 목표와도 일치하지 않을 것이다.

넓은 의미의 대화적 운동으로서의 3단계 혹은 나선형 운동으로서의 3단계는 원칙적으로 종결되어 있지 않으며, 고정되는 시작도 없다. 그 운동은 각각의 상황에 따라 상이하게 시작된다. 따라서 텍스트를 듣거나 읽음으로써 고유한 사고가 자극을 받으며, 관심과 견해가 비로소 나타나고 (중간에 불필요해지곤 하는) 열린 수업 대화가 개시된다. 역으로 물론 이따금 텍스트나 강연을 포기할 수도 있다. 하지만 각각의 방법과 매체의 유동성에도 불구하고 대화적 3단계는 구체적인 교수법적 상황에서 정당성 부여와 구조적인 도움을 줄 수 있으며, 대화적·문제 지향적 철학하기를 작동시키는 데, 즉 구체적인 문제 제기에 대한 대답을 찾는 데 도움이 되어야 한다.

열린 수업 대화도 상이한 동기를 가질 수 있다. 개별 참여자 혹은 집단이 작업 제안을 모으고 정리하며 회의에서 토론하거나 다른 정보(기사나 책)를 참조함으로써 수업 대화가 계획의 시작 단계에서 진행될 수 있다. 더 나아가서 열린 수업 대화는 새로운 주제 영역 혹은 수업 시간을 도입할 수 있는데, 이때 관심사와 의견이 제시되고 표현된다. 하지만 수업 계획과 시험 준비의 압력이 모든 것을 억누르지 않는다면, 열린 수업 대화는 즉흥적으로 철학적 필요에 의해 일어날 수도 있다. 물론 열린 수업 대화는 모든 참여자의 자발성·즉흥성·창조성에 달려 있으며, 교사에게 집단에 활력을 불어넣는 능력을 요구하며, 결과적으로 교사에 대한 교육의 필요성이 제기된다. 자주적인 능력 혹은 자발적 사유는 분석적–논증적 연역에 국한되지 않으며, '자신'의 무의식적·감정적인 부분도 포함한다. 때문에 상상력 풍부한 사유 가능성을 머릿속에 그리는 일과 '준비 없는' 쓰기와 말하기는 철학 수업에서 확고한 위치를 차지한다.

열린 수업 대화에서 (텍스트 독해의 형태나 강연 경청과 같은) 주어진 사고 과정 따라하기로의 이행이 일어나는 장소는 사전에 표시할 수 없다. 언제 학습자 집단의 생각과 논거가 모두 다 빠짐없이 열거되고 논의되는지, 그리고 그에 따라 '전문가 질의'로 대화 범주를 확대하는 것이 의미가 있는지 여부를 확정하는 것은 각각의 교수법적 상황에 달려 있다. 이행을 위해서는 경청을 위한 학습자 집단의 입장과 문제 제기가 규정되어야 한다――두 단계를 서로 연관시키고 제3단계에서 비판적인 대조를 가능하게 하기 위해서.

이미 경청하는 자의 '정신 내의 대화'(플라톤, 《소피스테스》263e)인 독백의 수용 단계에 이어 대화에서 실현된 사유 과정을 검증하는 일이 뒤따른다. (구두적인 혹은 서면적인) 텍스트를 다루는 일은 논증적인 대화의 형태를 띠어야 한다. 이때 제기된 주장이 문제와 관련하여 얼마나 중요하고 옳은지 여부를 검증해야 하며, 경우에 따라 여기에 새로운 관점을 끌어들여야 한다.

새로운 방법처럼 공동의 철학하기의 **내용**도 임의적인 조건에서 일하는 각각의 학습자 집단에서 구체화되고 정당화될 수 있다. 예를 들어 내용 언급의 임의성은 교육 계획과 비교하여 기록될 수 있다. 하지만 칸트의 **논리학** 강의에서 유래하는 유명한 '네 가지 물음'(A 25/26)은 가능한 철학적 내용의 현재 연관적 방향 제시를 위한 틀을 제공할 수 있다.

(1) 나는 무엇을 알 수 있는가?

우리의 삶의 조건은 근대의 학문과 기술의 기초에 그 근거를 둔다. 부인할 수 없는 학문과 기술의 성공과 함께 그 부정적인 결과도 눈에 띄게 증가한다. 기술·학문과 이성에 대한 비성찰적 회의주의는 비성찰적 긍정주의만큼이나 자기 파괴적이다. 그런 자세와 달리 철학은 학문적-기술적 세계 속에서의 삶의 조건에 대한 계몽 기회를 제공한다. 철학은 자연과학·정신과학·사회과학의 목적, 방법, 기본 개념과 역사를 설명하며, 그런 학문과 일상 지식 및 다른 지식 형태의 관계를 설명하려고 한다.

철학은 우리가 이성을 어떻게 이해하는지 묻는다.

(2) 나는 무엇을 해야 하는가?

새로운 핵심 기술의 사용 문제에서 두드러지는 학문적-기술적 진보의 위기, 그리고 국가와 민족의 공동 생활에서, 사회 내에서, 개인의 생활에서 나타나는 상이한 가치관의 충돌은 새로이 철학의 도덕적-실천적 문제에 대해 주의를 환기시킨다. 자유는 무엇을 뜻하는가? 의지는 얼마나 자유로운가? 나는 내 자신 원하는 것을 해도 되는가? 일정한 상황에서 행위에 대한 결정은 무엇에 달려 있는가? 우리는 어떤 상위 규범을 갖고 있는가? 그러한 규범은 어떤 도덕적 기본 원칙에 따라 정당화될 수 있는가? 인간은 도덕적이어야만 하는가?

철학은 규범과 가치에 대해 묻는다.

(3) 나는 무엇을 소망해도 되는가?

인간의 행위는 항상 삶에 대한 시각, 종교, 진보에 대한 믿음, 시민적 삶의 설계, 사회적 이상향과 예술을 동반한다. 바람직한 삶을 어떻게 설계할 수 있는가? 바람직한 삶은 어떤 소망을 그 바탕으로 삼으며, 그런 소망은 어떻게 정당화될 수 있는가?

철학은 적절한 삶의 설계에 대해 묻는다.

(4) 인간은 무엇인가?

우리의 지식·행동과 소망은 우리가 인간으로서 자신을 어떻게 이해하느냐에 달려 있다. 하지만 역으로 우리의 지식, 행동과 소망에서 나타나는 위기는 인간에 대한 전통적인 견해, 즉 인간을 이성의 존재, 자연에 대한 지배, 그리고 역사적 발전의 출발점이자 종착지로 보는 견해에 대한 근본적인 의구심을 낳았다. 개인의 존엄성의 근거로 삼을 수 있는 인간 본성이 존재하는가? 우리는 인간으로서 어떻게 학문 및 기술과 함께 살아가려고 하며, 다양한 세계 문화 속에서 어떻게 행동하려고 하는가?

철학은 인간의 자기 이해에 대해 묻는다.

(브란덴부르크 주의 ‘김나지움 상급 과정’을 위한 ‘철학 요강’을 참조.)

7. 제도화된 철학교수법의 과제

이론과 실천으로서의 철학교수법은 앞서 설명한 역사적·체계적·시사적 이유에서 마땅히 철학에 속한다. 그런데 철학교수법이 어떻게 고유한 기관, 학문적 교과로 성립하는 것이 가능한가? 철학교수법은 명백히 철학 혹은 교육학에 귀속되지 않으며, 간학문적으로 관련 학문과 교육학 사이에 놓여 있다(일반적 교수법, 학습 이론, 교수 이론, 교육 이론, 수업 연구, 동기심리학 등). 물론 지금까지 철학교수법이 실제로 인원과 기구를 갖춘 학과 형태로 제도화되지는 않았다. 오히려 충분한 혁신적인 연구 작업 없이 교수법적 활동을 방법적-실습적인 교사 교육에 국한하는 게 보통이다. 이것은 무엇보다도 오래전에 정립된 다른 학문과 그 교수법과 달리, 철학은 수업 교과로서 상대적으로 새로운 교과에 속하며, 때문에 철학교수법의 특수한 과제에 대한 불분명성이 지속되기 때문이다. 여기에다 철학의 '학교화' 혹은 '대중화'에 대한 편견이 더해진다.

제도화된 철학교수법의 과제 혹은 요구 사항들은 원칙과 응용 문제에 따라 구분될 수 있다(여기서는 단지 상이한 해석학적-분석적·경험적·실천적 연구 방법을 간단히 지적하려고 한다). 기본 원칙에 관해서 다음과 같은 점을 열거할 수 있다.

(1) 철학교수법적 성찰, 제도와 실습의 역사.

(2) 핵심 문제 혹은 핵심 개념, 예를 들어 철학과 교수법, 학습 가능성과 교수 가능성, 외적 긴장과 내적 긴장(대중화와 요소화), 방법과 수단, 구상성과 담화성, 그리고 과정과 산물 사이의 관계.

(3) 대중적인 혹은 기초적인 철학 입문 혹은 개관의 작성 및 분석
(좁은 의미의) 응용 문제로서 다음과 같은 내용을 열거할 수 있다.

(4) 직업 교육과 재교육(철학 교사, 모든 학생 혹은 최소한 교직 이수자를 위한 '기초 철학 시험').

(5) (교사 교육과 교과의 새로운 도입 과정에서) 수업 방식에 대한 학문적 연구.

(6) 교육 계획 작성과 분석.

(7) 교재 작성과 분석.

(8) 수업 연구(동기, 방법, 매체, 학습자 성과 점검 및 평가, 개인적인 교육 진행 과정).

(9) 교육 계획과 (시청각) 교육 매체의 수집(시청각 자료실).

(10) 비교철학교수법(독일 각주, 유럽, 제도화).

(11) 상이한 학습 장소에서의 교수법(슈텐블로크 1995).

지금까지 설명한 바와 같이 이처럼 구분된 철학교수법의 제도화는 대학·학교 혹은 그 외의 철학 전달의 실습 과정을 개선할 뿐만 아니라 제도화된 철학 자체에 활력을 불어넣을 수도 있다. 상이한 장소에서 학습·교수 및 교육 과정의 주도 및 실행으로서의 철학 전달은 당연히 역사적으로 충실하고 학문적으로 정확한 철학의 자극에 의존한다. 하지만 거꾸로 분과 학문으로서의 철학은 위상 보전과 교육 정책적 인정에 따른 단순한 생존의 측면에서 뿐만 아니라 활력 있는 지속적 사유에 따른 본질적인 생명의 측면에서도 구체적인 인간의 실제적 철학하기에 달려 있다. 철학하기의 내용적 심화 및 첨예화, 그리고 상이한 언어 형태와 경험을 통해 분과 학문으로서의 철학에 영향을 미침으로써 두 가지 측면은 서로에게 자극을 준다. 철학이 경험**으로부터** 파생하는 것은 아니나 **경험과 함께** 시작되며, 항상 경험, 전달 과정의 경험과 맞부딪친다. 때문에 철학교수법은 철학 이론의 자기 만족과 교수법적 실천의 편협성과 싸워야 하는 과제를 갖는다.

정치철학

볼프강 케르스팅 (킬대학교의 철학 교수)

1. 일반적인 정의

인간은 자신이 어떤 생활을 영위하고 싶은지 자문할 뿐만 아니라, 자신이 어떤 정치적 질서 속에서 살고 싶은지 스스로에게 묻기도 한다. 도덕철학은 첫번째 질문에 관심을 보이며, 정치철학은 두번째 질문에 대한 답을 구한다. 정치철학의 과제는 정의로운 공공 단체와 그 경제적·법적·정치적 제도의 규범적 원칙을 설명하고, 그 근거를 제시하는 일이다. 정치적 인류학은 정치철학의 체계적인 기초를 형성한다. 왜냐하면 모든 정치적 질서에 대한 설계는 그 바탕에 깔린 인간상의 모사, 인간의 욕구와 이해의 거울, 그리고 인간의 가치관과 이성 개념의 거울이다. 반면에 정치철학의 체계적인 골격은 인간 본성과 합리성의 기본 규정의 배경 속에서 국가 지배와 제도적 사회화의 필요성을 드러내려는 제도 이론 및 지배 이론이다. 하지만 정치철학의 체계적인 목표는 국가 내적인 분야와 국가 사이의 분야에서 정치 권력 행사와 제도적 질서의 형성을 위한 규범적 원칙을 발전시키는 다양한 정의(正義) 이론을 제시하는 일이다.

2. 플라톤, 정치적 아리스토텔레스주의와
   자연법적 사고

철학은 시간을 초월하여 유효한 인식에 대한 추구가 허상이며, 어떤 철학적 구상도 시간을 뛰어넘을 수 없다는 것을 배웠다. 이것은 정치철학에도 해당된다. 정치철학은 사회의 정치-문화적 자기 이해에 대한——개념적으로 고양된——성찰 형태로서 실제 정치적인 생활 관계와 밀접하게 연관되어 있다. 따라서 정치철학은 역사를 갖고 있으며, 정치철학적 구상의 변화 속에 정치적 현실의 커다란 변화가 반영된다. 이 역사의 시작에 《국가》에 나오는 플라톤의 정의 질서가 있다. 플라톤적 공공 단체의 기본 원칙은 각자가 천성적인 소질에 따라 남보다 잘할 수 있는 것을 허용하고 관직 중복과 과도한 업무를 엄격히 금지하는 전문화 원칙이다. 이러한 전문 관료적인 기본 원칙의 정치적·철학적 핵심은 공공 단체를 지배 전문가한테 맡기며, 그런 전문가는 철학자 가운데서 고를 수 있다는 것이다. 왜냐하면 플라톤의 확신에 따르면 철학자만이 자신의 특별한 인식 자질을 바탕으로 선에 대한 불변적인 이데아를 통찰할 수 있으며, 따라서 홀로 정의를 실현하는 능력을 갖고 있고 완전한 정치적 공공 단체를 이끄는 데 필수적으로 요구되는 규범적·기술적 지식을 소유한다.

플라톤의 정치철학은 정치적 사유의 역사에서 전통 형성이라는 성찰적 패러다임의 의미를 획득하지 못했다. 이와 달리 그의 제자인 아리스토텔레스의 정치철학은 근대의 시작 무렵까지 인간과 인간의 사회·정치적 생활 관계에 대한 유럽적 이해에 깊은 영향을 끼쳤다. "인간은 본성적으로 정치적인 존재이다."(아리스토텔레스, 《국가》 1253a 2) 이러한 기본 원칙은 정치적 아리스토텔레스주의를 온전히 내포한다. 고전적인 정치는 **정치적 존재 형식**(bios politikos), 즉 정치적 공동체에서의 시민의 삶을 인간의 유일한 본성적인 존재 방식으로 간주한다. 함께 이야기하고 함께 행동하는 공동체에서만, 활동적인 정치 생활에서만 인간 본성이 발전될 수 있으며, 인간의 이성 능력, 언어 능력과 행위 능력이 완전해질 수 있다는 것이다. 또 인간은 사회·정치적 작업에 함께 참여할 때에만 행복하고 성공적인 삶을 영위할 수 있다. 인간은 천성적으로 시민이 되는 것을 지향하며, 따라서 개인을 시민으로 만들 수 있게, 그리고 개인을 윤리적·정치적으로 단련하고 공동 의식을 갖출 수 있도록 사회의 법과 기구를 만들어야 한다고 한다.

인간의 정치 세계를 포괄적인 형이상학적 존재 질서 및 자연 질서에 구속적으로 편입하려는 생각은 스토아학파와 기독교의 자연법 사유를 특징짓는다. 하지만 정치적인 아리스토텔레스주의가 구체적인 삶의 형태의 형이상학적 근거로서 분리주의적이며 도시 국가의 철학인 데 반해, 자연법적 사고는 보편주의적인 특징을 나타내며 세계의 철학이다. 자연법은 정의로운 공공 단체의 형성 원칙이 세계·존재·자연 혹은 창조 속에 포함되어 있으며, 그것이 인간의 이성에 의해 인식될 수 있다는 것을 가르쳐 준다. 인간에 의해 만들어진 가변적인 세상의 법과 달리 자연법은 불변의 자연스러운 법이다. 자연법은 인간의 모든 정치적인 조직 형태의 모범이 되는, 규범적으로 작성된 자연 질서이다.

3. 니콜로 마키아벨리와 토머스 홉스

한편으로 정치적인 아리스토텔레스주의의 도덕 개념과, 다른 한편으로 스토아-기독교의 자연법 모델에 의해 대표되는 고대와 중세의 정치철학은 16세기초의 마키아벨리와 17세기 중반의 홉스의 두 시도에 의해 해체되었다. 우리는 마키아벨리의 저작에서 새로운, 단호히 반아리스토텔레스적인 인간상을 만나게 된다. 그의 정치적 인류학은 처음으로 근대적인, 얽매이지 않은, 존재론적으로 고정되지 않은, 반사회적인, 홀로 서는, 그리고 자기 중심적인 인간, 비정치적-개인적인 인간, 그리고 재물과 권력·영향력을 끝없이 최대화하려는 **경제적 인간**(home oeconomicus)를 주제로 삼는다. 마키아벨리의 인간은 **정치적 동물**(zoon politikon)이 아니라 끝없는 욕망을 쫓음으로써 지속적인 질서 위협으로 변하고, 따라서 국가 기관에 의한 통제를 불러오는 극단적인 개인주의자이다. 홉스의 《리바이어던》에서 인간과 자연에 대한 그러한 근대적 시각은 새로운, 당시 학문의 분석적·수학적 방법에 심취한 철학적 이론 프로그램과 결합된다. 이로써 영국인 홉스는 근대 정치철학의 창시자가 되었으며, 그의 영향력은 오늘날까지도 지속된다. 근대의 전체 정치철학은 이마누엘 칸트와 요한 고틀로프 피히테에 이르기까지 홉스가 자신의 국가철학적 계약론에서 발전시킨 논거 표본과 모델 구성에 기대고 있다. 이뿐만 아니라 현대의 정치철학도 홉스의 범주와 학설을 이용한다.

4. 개인주의와 계약주의적 논거

홉스와 함께 정치철학은 개인주의적인 성격으로 변한다. 개개의 인간은 더 이상 주어진 공동체에 대한 소속감을 통해서 존재, 가치와 의미를 경험하는 것이 아니다. 이제 거꾸로 개인의 관심, 권리와 가치관이 사회적·정치적 제도의 기능에 반영이 될 때, 그런 제도가 개인의 소망·권리와 가치관의 실현에 유용한 도구임이 입증될 때 비로소 그런 제도가 정당성을 부여받을 수 있다. 이러한 새로운 개인주의적인 정당성 입증 방법론의 개념적 조직과 논증적 전개를 위해서, 근대 정치철학은 홉스 이래 자연 상태 구상, 계약 모델과 지배 계획 혹은 헌법 계획을 서로 결합하는 삼중적인 계약주의적 논거를 사용한다.(케르스팅 1994 참조)

　계약 이론은 정치적 지배의 합법성 조건과 제도적 사회 질서의 규범적 기초를 가설적인, 자유롭고 동등한 개인 사이에서──제대로 정의된 출발 상태에서──체결된 계약에서 찾는 정치철학적 구상이다. 계약 이론은 사회적 정당성 요구가 신의 의지, 혹은 객관적 세계 질서를 근거로 내세움으로써 충족될 수 없다는 근대성 특유의 체계적인 확신의 정립을 의미한다. 신학적 세계관의 퇴색, 근대 학문의 객관적인 사실 인식에 따른 전통적인 자연관의 상실, 그리고 사회적 관계의 경제화와 시민 사회화의 쇄도에 따른 고정된 사회 질서의 붕괴는 근대 세계의 새로운 정신적 기초, 그리고 인간의 새로운 자기 관계 및 세계 관계와 조화를 이루는 문화적 정당성 실천의 새로운 조직을 요구했다. 이러한 새로운 근대성에 부합되는 정당성 구상의 체계적인 골격이 규범적 개인주의이다. 규범적 개인주의는 개인을 도덕적 자주성으로 무장시키고, 신과 자연의 입법적 권위를──각자가 자유로이 공정한 절차와 동등한 참여의 기초 위에서 다른 사람과(계약적으로) 합의한 법에 의해서만 제한되는──각 개인의 권리로 대체한다.

5. 국가의 정당성 입증과 무정부주의에 대한 반박

근대 정치철학은 원래 지배의 합법성에 대한 문제 제기를 통해서 그 특성을 드러낸다. 근대 정치철학은 국가의 정당성을 증명하고, 자연 상태 이론을 발전시키려고 했다. 모든 국가적인 질서 유지와 안전 보장 활동이 결여되어 모두 자신이 가진 수단을 통해 자신의 이해를 추구하는 상태가 견딜 수 없는 상태이며, 따라서 국가와 법으로 통제된 상태가 모두에게 이롭다는 것을 증명함으로써 **자연 상태로부터의 탈피**(exeundum e statu naturali)라는 견해를 확산했다. 물론 국가 유지를 위해 필요한 개인 자유의 제한은 단지 상호성의 조건에서만 허용될 수 있다는 것이다. 즉 그것은 자연 상태의 거주인들이 자유 과업에 대해 책임을 가지고 동시에 합의를 통해서 보장받은 독점 권력의 성립을 허용하는 계약의 바탕 위에 가능하다.

근대 정치철학의 역사적 시작은 명백히 그 체계적인 시작과 일치한다. 왜냐하면 17, 18세기의 국가철학적인 계약론이 중점을 두었던 국가 정당성 증명은 필연적으로 모든 근대 정치철학의 바탕을 형성하기 때문이다. 우리가 자유롭고 자주적인 개인을 정치철학의 주역으로 설명하고, 그에게 자연적인 권리와 이해를 부여한다면 모든 형태의——국가적-중앙집권적 입법 및 사법 권한을 가진——권력은 정당성 입증이 필요하다. 근대 정치철학의 개인주의는 정치적 권력을 근본적인 문제 요소로 만든다. 정치철학에 의해서 입안된 정의의 법이 얼마나 제도적으로 세분화되고, 얼마나 도덕적으로 섬세하며, 얼마나 정치적인 요구를 담고 있던 간에 국가의 정당성이 입증되지 않는다면, 또 국가

지배의 합법성을 극단적으로 부정하는 무정부주의자를 제대로 반박하지 못한다면 그런 법은 휴지에 불과하다.

근대 정치철학의 국가 정당성 입증은 맨 처음 홉스에게서 유래한다. 물론 홉스는 자연법이나 절대적인 헌법, 혹은 개인의 기본권에 의해 제한되지 않는 권력을 국가에게 부여함으로써만 국가의 이점을 보장할 수 있다고 믿었다. 홉스는 그렇지 않는 경우에는 국가가 자신에 부여된, 사회적 욕구를 충족시키는 과업을 완수할 수 없다고 생각했다. 따라서 홉스의 경우 국가의 근거는 절대주의 근거와 일치한다. 때문에 국가 정당성 입증에 대한 그의 견해는 무정부주의자를 납득시킬 수 없다. 왜냐하면 그것은 자유옹호자가 볼 때 무정부주의적 입장이 그럴듯하게 보이도록 만드는 국가적 전능의 무서운 모습이기 때문이다. 하지만 절대주의는 국가 애호가에게도 국가성을 옹호하는 데 너무 많은 대가를 요구한다. 지배의 합법성이 지배 제한과 결합될 때, 그리고 국가 권력의 행사가 일반적인 동의를 얻을 수 있는 원칙을 통해 제한되고 ——무정부주의자가 국가 사법 권한에 의해서 침해된다고 보는——개인의 자유권에 이바지할 때, 무정부주의에 대한 반박이 비로소 성공한다. 그것이 무법 상태에서는 침해되는, 따라서 국가적 보호가 필요한 개인의 자유권이라는 것을 증명함으로써 무정부주의를 반박할 수 있다. 국가 옹호자들이 그것을 증명함으로써 법치 국가의 정치철학을 발전시킨다.(노지크 1974 참조)

6. 인권과 법치 국가

근대 정치철학의 규범적인 기본 이론은 인권적 평등주의이다. 모든

인간이 단지 인간이라는 이유로 양도될 수 없는 권리를 갖는다는 것이
우리의 정치적-도덕적 확신의 핵심 내용이다. 이러한 확신은 더할 나
위 없이 극단적이다. 자연적인 권리를 가정함으로써 국가의 입법 권한
이 상대화되었을 뿐만 아니라 인간 사이에 존재하는 경험적·역사적·
문화적 차이가 모두 중립화된다. 인권을 요구하기 위해서는 생물학적
인간됨만으로도 충분하기 때문에 경험적 요소, 가령 인종적·종족적
혹은 성적 차이에 따라 법적 차별이 제거된다. 인권이 인간의 경험적
차이를 넘어서는 것처럼 인권은 국가 사이의 경계도 무시한다. 인권 속
에서 표현되는, 인간 공동 생활에서의 원칙은 국가를 넘어서는 범국가
적인 유효성을 갖는다.

　인권은 우리의 확신 체계에서 최상의 규범과 우리가 정당성을 둘러
싼 담화에서 의지할 수 있는 최후의 심판자 역할을 한다. 우리는 인권
을 바탕으로 정당성의 근거를 제시한다. 우리는 정치적 요구가 인권에
부합된다는 것을 입증함으로써 그 도덕성을 강조한다. 인권은 모든 성
문법에 구속력 있는 기초를 제공하는 상위 헌법을 형성한다. 그런 점
에서 인권 속에 자연법 전통의 근대적 승계를 찾아볼 수 있다. 인권은
모든 가치 충돌에서 최후의 발언권을 갖는다. 인권은 모든 다른 가치
적 요구를 능가한다. 따라서 인권은 특히 현대의 다원적인 사회에서 공
동성을 보장하는 확신의 토대로 등장한다. 문화적 차이와 도덕적 다
원주의의 조건하에서 자유로운 의사소통과 정치적 통합은 인권의 인
정을 통해서만 달성될 수 있다. 우리가 인권을 통해 정당성의 근거를
제기하기 때문에 인권 자체에 대한 근거를 제시할 수는 없다. 인권은
――비트겐슈타인의 말처럼――삽이 튕겨져 나오는 바위를 형성한
다. 인권은 단지 해석되고 설명될 수 있을 뿐이다. 이것이 바로 근대 정
치철학의 과제로 인권적 평등주의의 규범적 토대에 대한 해석을 통해

국제적 원칙 구조와 공동 기구를 위한 일반 원칙을 발전시킬 수 있다.

우리가 인권 명제를 계약 이론적 사유 실험과 결부시키면, 국가적 지배는 인권의 실현에 헌신하는 경우에만 일반적인 동의를 얻을 수 있는 것으로 생각되며, 따라서 합법적인 것으로 간주될 수 있다. 인권은 법치 국가, 즉 정치적 권력 행사가의 내용, 형식과 목적이 오로지 법에 의해서 규정되는 국가를 요구한다. 법치 국가의 이상적인 형태는 인권의 자기 제도화이다. 법치 국가에서는 인간이 다스리지 않고, 법이 다스린다. 법치 국가는 개인의 기본권을 위해서 물질적-도덕적으로 절제해야 한다. 법치 국가는 종교적 프로그램이나 도덕적 목적의 실천을 위해서 국가 권력을 행사해서는 안 된다. 시민의 행복, 도덕 정신 치료는 법치 국가와 상관이 없어야 한다. 왜냐하면 가치의 다원화는 신념의 개인주의화의 또 다른 측면이기 때문이다. 따라서 행복·윤리와 종교는 근대 사회에서 논란의 소지가 많으며, 일반적인 인정이 요구되는 정치의 토대로 적절하지 않다. 행복·윤리와 종교는 근대 사회에서 국가 목적의 목록에서 사라졌으며, 시민의 개인적인 사안이 되었다. 국가는 시민의 종교적 신념, 가치관과 행복관에 대해 엄격히 중립적인 입장을 취해야 한다. 국가는 사회의 종교적·도덕적 대립에서 한쪽 편을 들어서는 안 되며, 오직 대립이 폭력 없이 법적인 틀에서 이루어지는지 지켜볼 뿐이다.

7. 민주주의철학

민주주의 정치철학은 정치학자의 경험적-실용적 민주주의 구상들과 구분된다. 민주주의 정치철학은 규범적이며, 인권과 일치된 지배 형태에 관심을 갖는다. 장 자크 루소와 칸트처럼 현재의 주도적인 민주주의철학은 법치 국가와 민주주의가 서로 분리될 수 없는 관계이며, 법치 국가가 스스로 민주주의를 만들어 내고 민주주의만이 완전한 법치 국가의 특성을 보장한다고 확신한다. 국민 주권성 개념도 이와 다르지 않다. 민주주의철학은 이 개념을 중시하며, 이 개념의 규범적 내용을 적절한 의사소통 조직과 비공식적 의사 형성 과정을 통해서 정치적으로 보장하려고 한다. 법적으로 생겨난 공동 조직의 지배가 합의된 일반 의사에 일치하는 것은 인권 명제와 계약 이론의 배경에서 어렵지 않게 납득될 수 있다. 지배 주체와 지배 객체의 직접적인 일치를 이행하는 민주주의는 이성적인 제안이 아니라는 주장이 적지않다. 따라서 민주주의 촉진에 대한 규범적 요구는 주로 제도화된 개혁보다는 사회적 대중의 정치화, 조언적 정치를 통한 시민 사회의 형성을 목표로 삼을 수 있다. 이러한——하버마스의 담화 이론을 통해 그 근거가 제시되고 현재 '시민 사회'와 '조언적 민주주의'라는 표어로 진행되는——민주주의철학적 전통은 루소와 칸트의 근대 민주주의 이론에 담긴 법치 국가적인 표현들을 도덕적 은유법으로 변화시켜야 한다. 왜냐하면 법과 민주주의에 대한 조언적 이해는 정치적인 공개 석상에서의 사회적인 토론, 다양한 담론과 비공식적=우연적 의사 형성 과정을 시민의 자기 입법 활동 및 집단적인 자주권 행사로 해석하기 때문이다. 이로써 국민 자주성 개념은 전통적인 헌법적 뉘앙스를 잃고, 담화윤리적 특성을 가진 조언 절차와 일치한다.(하버마스 1992; 보만/레그 1997) 이것은 물론 제도적인 원칙과 헌법적인 보장을 전제한다. 시민들은 자유롭고 법적 질서가 유지된 상태에서만 참여 권리를 인식할 수 있다. 하지만 다른 한편으로 집단적인 자기 입법자는 규범적인 사전 규정에 의해서 얽매일 수 없다는 것도 유효하다. 왜냐하면 집단적인 자기 입법자는 정치적 근대성의 조건하에서 일반적으로 구속력 있는 규범성의 근원으로 고려될 수 있기 때문이다. 이로써 조언적 민주주의와 법 질서가 순환적 연관 관계에 놓인다는 점이 드러난다.(슈말츠 브룬스 1995 참조) 국가와 사회의 자유주의적 이분법은 이러한 규범적 민주주의철학에 종속된다. 시장과 국가를 함께 묶는 새로운 중심을 만들어 가는 시민의 정치적 자기 세력화는 규범적 구상의 소실선에서 일어난다.

하지만 담화 이론가와 조언적 시민 사회의 옹호자만이 민주적 자기 조직에 대한 생각을 부활시키고 국가적 관료주의와 자본주의 경제 틈바구니에서 부서진 사회적 중심을 회복시키려고 한 것은 아니다. 공화주의자들도 '강한 민주주의'를 원한다.(바르버 1984; 페티트 1997) 하지만 전자가 절차윤리적인 보편주의 규정을 지향하는 반면에, 후자는 공동의 실천과 분권주의에 비중을 둔다. 이러한 차이에도 불구하고 양자 모두 엄격한 전제 조건을 갖는데, 물론 공화주의가 담화윤리적인 보편주의에 비해 좀더 분명하게 그러한 전제 조건을 설명한다. 양자 모두 현저하게 지적·도덕적 능력을 가진 시민을 전제한다. 왜냐하면 여기서 고안된 정치적 행위 자세와 창조 능력의 민주주의적 회복은 법적인 제도 질서 이상의 것을 요구하고, 공동선을 가진 시민, 즉 공동체를 공동의 프로젝트로 바라보는 시민을 요구하며, 공동의 미덕과 정서, 공동의 소망과 염려, 공동의 의미와 목표를 통해서만 가능한 공동체성을 요구한다.(다거 1997) 때문에 현재의 정치철학이 그러한 민주주의 윤리적 공동체 의식의 근원을 찾는 것이 필요하다고 생각하는 것은 놀라운 일이 아니다. 정치철학이 시민적 자기 규정의 강화를 통해서 정치적인 요소를 획득하는 데 관심이 있다면, 애초의 제도적 기관에 대한 칭송은 사라질 것이다. 이제 개인을 도덕적 자기 훈련과 정치적 일체성으로부터 해방하는 제도적 기관의 부담 경감 효과는 더 이상 칭송되지 않는다. 따라서 현대의 정치철학은 민주주의 이론의 영역에서 다시 정치적 훈련이라는 고전적인 주제로 되돌아간다. 왜냐하면 교육을 통해서만 요구되는 역량의 재(再)주체화가 가능하며, 부르주아와 관료주의적 통치 객체를 정치적 자의식을 갖춘 시민으로 변화시킬 수 있기 때문이다.

8. 사회 복지 국가 건설과 분배의 정의

근대의 고전적 정치철학은 국가 권력을 오직 법 수호에 사용한다는 법치 국가의 철학이다. 권리가 철학적으로 어떻게 규정되든간에——존 로크의 경우처럼 자유와 생명과 재산의 삼원적인 개인 기본권, 혹은 칸트의 경우처럼 이성에 근거한 인간의 권리——복지 국가의 사회 역량에 대한 법적인 요구는 원래 인권적인 평등주의에 들어 있지 않았다. 아주 뒤에, 그러니까 산업적 자본주의가 사회적인 책무를 떠맡을 준비를 갖추고 정치적 세계에서 공동체적으로 지원되는 사회적 안전 체계를 구축한 이후에 비로소 정치철학은 사회적 평등과 사회적 기본권 및 사회 복지 국가 건설이라는 주제 영역을 발견했다. 존 롤스의 《정의 이론》에 자극받아 평등적 자유주의가 현대 정치철학 속에 정립되었다. 평등적 자유주의는 올바른 분배 질서 구상을 위해 정치-문화적 자명성의 규범적 기초를 이용하고, 인권적 평등주의의 사회 복지 국가를 발전시키려고 한다.(롤스 1971) 분배 정의의 옹호자와 맞서는 사람은 **자유론자**이다. 자유주의적 사회 복지 국가 적대자들은 국가 활동의 법적인 제한을 고수하며, 모든 형태의 국가적 분배 정의를 거절한다. 왜냐하면 그들은 프리드리히 아우구스트 폰 하예크처럼 분배 정의 개념을 의미적 신기루 혹은 이데올로기적 착각으로 간주하거나, 로베르트 노지크처럼 분배 프로그램의 조세적 재정지원을 개인 자신과 재산에 대한 자기 통제권 침해로 본다.(폰 하예크 1976; 노직 1974) 평등적 자유주의는 제도적 기구의 정의를 최고의 미덕으로 보는 사회는 도덕적으로 우연적인 재화 분배, 즉 자연적 자질과 사회적 신분의 선호적 혹은 차별적 조건에 종속되는 재화 분배를 용납할 수 없다고 확신한다. 정의 사회는 오히려 경제적 공동 작업에 의해서 생산된 재화를, 동의를 얻을 수 있는 규칙에 따라 분배해야 한다는 것이다.

그러한 문제를 해결하기 위해서 사회 복지 국가의 정치철학은 상이한 길을 간다. 한편에서는 사회-경제적인 불평등의 허용 기준으로 기능하는 롤스의 구별 원칙을 신봉한다. 평등한 재화 분배 원칙에서 벗어나는 것은 그것이 모두에게 이득이 될 때에만 정당하다는 것이다. 가장 나쁜 처지에 놓인 사람이 평등 분배의 상태에서보다 사회-경제적 불평등 상태에서 더 나은 처지가 될 때, 평등 분배 원칙의 위배가 모두에게 이점이라는 뜻이다. 이 원칙의 의미는 불평등 분배의 정당성이 모두에게 유익한 경제적인 생산성을 통해 입증되어야 한다는 데 있다. 반면에 불평등이 가장 나쁜 처지에 놓인 사람들에게 이로운 작용을 하지 못하면 분배 정의는 국가적인 분배 프로그램을 요구한다. 다른 한편에서는 평등 원칙에 좀더 강한 비중을 둔다. 그들은 복지의 평등 보장 혹은 드워킨처럼 자원의 평등을 요구한다.(드워킨 1985) 후자의 경우 불평등한 자연적 소질과 불평등한 사회적 출발 조건에 의해서 발생되는 개인적인 삶의 이력의 이점과 단점을 균형적인 보상을 통해서 보강하고, 반면에 각자 책임지는 자원 사용의 모든 불평등 결과를 자기 판단의 대가로서 개인에게 책임지우는 이점이 있다. 이로써 이 원칙은 아무에게도 삶의 성공 자원이 미리 주어지지 않으며, 스스로 삶에서 행한 것에 대해서 각자 책임을 지는 정의 이론적 기본 의도에 부합된다.

이러한 평등주의적 모델과 맞서는 것이 자유 개념에 중점을 두고 사회 복지 국가의 역량을 자유 기능적·자주 기능적으로 그 근거를 제시하는 시도이다. 자기 규정이 물질적인 조건에 달려 있다는 점을 생각한다면, 자유에 대한 권리가 기초 생활에 대한 권리로 확대되는 것이 중요하다. 개인의 자력으로 기초 생활이 보장되지 않으면 공공에 의해서 보장되어야 한다. 이러한 논거가 인권적인 기초에 그 바탕을 두고 있는 데 반해, 다른 이론은 사회 복지 국가를 시민의 독립성을 가능케 할 목적으로 정치 공동체에게 부여되는 집단적 정치 역량으로 해석한다. 여기서는 자유권으로 무장된 개인이 아닌 시민이 논거의 핵심이다. 정치적-시민윤리적 사회 복지 국가의 근거로 제시되는 국가적인 복지의 연대윤리적인 정당성은 사회 복지 국가의 정치철학 내에서 지배적인 정의 원칙과 멀어진다. 왜냐하면 그곳에서는 사회 복지 국가의 정립이 분배 정의의 도구, 정의 책무의 실현이 아니라 집단적인 연대 책무와 조력 책무의 효과적인 완수로 이해되기 때문이다. 하지만 이 모든 상이한 구상에도 불구하고 국가 역량의 목록이 전통적인 법적 안전 보장의 역량을 넘어서 확대되어야 하며, 조세와 납부를 국가적으로 강제하는 분배가 우리의 정치-문화적 기본 확신의 규범적 원칙을 바탕으로 정당화되어야 한다는 생각은 공통이다. 이러한 가치관의 배경 속에서 사회 복지 국가에 반대하는 입장을 취하는 **자유론자**가 내세우는 절대적인 개인 권리는 이데올로기적 구성물이라는 것이 입증된다.

9. 국제 관계에 관한 정치철학

국제적 관계에 관한 규범적 정치철학의 창시자는 칸트이다.(칸트

1795 참조) 그의 정치철학의 이성적인 기본 원칙에 따르면 모든 사람은 안정된, 법적으로 질서가 잡힌 관계 속에서 살 권리를 갖는다. 권리 보장이 국가 내적인 폭력에 의해서 뿐만 아니라 국가 사이의 무법성에 의해서 위협받기 때문에 그러한 기본적인 권리는 한 사회의 법치 국가적인 충족을 통해서 완전히 보장되지는 않는다. 그것은 추가적으로 국가 사이의 법적 평화와 국가 사이의 행동을 규정하는 법적인 규칙을 요구한다. 칸트 이전에 국제적 관계에 대한 정치철학은 정당한 전쟁과 부당한 전쟁의 차이를 구분하거나(**전쟁을 할 권리** ius ad bellum) 전쟁에서 취할 행동에 관한 규범을 세우는(**합법적인 전쟁** ius in bello) 전쟁철학 혹은 힘의 균형을 통해 가능한 한 오랫동안 전쟁을 방지하는 것을 목표로 삼는 기술적인 평화철학이었다. 이제 칸트는 국제적인 평화를 정치적 술수로부터 떼어내어 이성적 책무의 수준으로 고양시켰다. 평화는 합리적으로 이점을 제공하는 상태일 뿐만 아니라 전 지구인 모두의 인권에 그 바탕을 둔 정치적인 책임이기도 하다.

정치철학은 현재 그 어느 때보다 국제 관계에 관심을 보낸다. 국제 평화, 국제적인 인권 보호와 국가들 사이의 정의 문제는 이제 정치철학의 핵심 주제에 속한다.(쉬바스카/케르스팅 1998 참조) 직업적으로 현실에 주목하는 정치철학은 1990년대에 세계의 모습이 급격히 변화되었고, 결속된 국가적 단위와 자주적인 민족적 운명 공동체의 전통적인 중심 사상이 세계 정치적 현실 뒤로 멀찌감치 물러났음을 인식해야만 했다. 국가들은 어느덧 점점 더 밀접한 상호 의존과 협력의 체계로 성장되었다. 이로 인해서 국가를 넘어서는 부담, 국경을 초월하는 갈등 노선과 국제적인 방어 문제가 발생했다. 세계는 점점 더 보편적이며, 이성에 근거한 세계 시민적인 헌법을 요구하는 인간들의 공동 삶의 세계임이 입증된다. 국가들 사이의 자연 상태는 전 지구적인 법 상태로 이행된다. 현재의 정치철학은 그러한 전 지구적인 질서의 규범적인 기초를 확립하는 데 노력한다.

국제적인 관계에 관한 정치철학의 문제 목록은 포괄적이며 요구 수준이 높다. 정치철학의 성찰 과제의 시작 부분은 기본 개념의 설명과 확립이다. 따라서 헌법적·국가정치적 유산과의 논쟁에 중요한 의미가 부여된다. 그것은 주권과 정치적 자기 결정의 전통적인 조합을 새로이 생각하는 일이며, 변화된——정치적·경제적 영역에서 심층적인 상호 의존의——세계 정치적인 관계의 배경 속에서 정치적 행위자로서의 국가의 규범적 특성을 형성하기 위해서 개인 도덕적인 술어의 일상적인 사용을 새로운 숙고하는 것이다. 더 나아가서 국제 관계에 관한 정치철학은 물론 전 지구적인 법 질서의 기초에 관한 칸트의 물음을 끌어들여 국제적인 정의의 기본 원칙을 둘러싼 논의를 계속하며, 인권을 개념적·법 이론적으로 규정하는 정치적 인권 이론을 다룬다. 이때 특히 주목하는 점은 인권과 시민권의 관계이며, 사회적인 청원권을 인권적으로 해석할 수 있는 가능성과 그것을 전 지구적인 분배 프로그램의 정당성 확보를 위해 이용할 수 있는 가능성에 관한 것이다. 국제 관계에 관한 정치철학은 정치적 경계의 정의 이론적 문제를 다룬다. 왜냐하면 세계적인 범위가 아닌 국가를 나누는 국경이 국제 관계에 관한 정치철학을 요구하는 정치적인 장소이기 때문이다. 여기서 국제 관계에 관한 정치철학은 도덕·법과 정의의 이론으로서, 완전한 세계를 위해 헌신하는 대상인 가장 복잡한 국제 정치에 속하는 문제와 만나게 된다. 그것은 전쟁 관련 중재 및 인본주의적인 중재의 문제이고, 사람과 돈의 국제적인 이동의 문제이며, 망명 정책과 난민 도움의 문제이고, 한편으로 민족적이며 애국주의적인 상이한 요구와 다른 한편으로 비당파적 도덕과 인권의 보편주의 요구의 문제이다. 여기에서 정치적 분파적인 자기 규정과 주권이 충돌한다. 즉 국제 관계에 관한 정치철학은 여기서 보편주의적 자유론의 국경 완화와 정체성을 지향하는 분권주의 및 공동체주의 사이의 충돌과 연관된다.

정치철학은 적절한 전 지구적 질서 형태를 찾는 과정에서 국가 내적인 헌법 구조를 지향한다. 국가 내적인 헌법 구조는 국제적인 평화 설계의 모델을 형성한다. 이때 한편에서는 법치 국가 모델을 선호하고, 개별 국가의 부분적인 주권 포기에 의해서 형성될 수 있는 전 지구적인 제도의 구성을 통해 생겨나는 국제적인 법 질서를 주장한다. 다른 한편에서는 요구 수준이 좀더 높아져서 제3세계의 경제적인 수탈을 종식시키는 국제적인 분배 정의를 구상한다. 그것은 세계의 저개발 지역의 빈곤이 분배의 문제라기보다는 구조의 문제이며, 따라서 국가적인 안전, 법치 국가와 민주주의의 확립이 모든 원조에 선행되어야 한다는 반박을 극복해야 한다. 국제 관계에 관한 정치철학에서 제3의 그룹은 현실주의자들의 환상주의에 대한 비판을 가속화한다. 왜냐하면 현실주의자들은 국제 질서의 운명을 유독 그런 피상적인 조언적 민주주의에 맡기려 하고, 전 지구적인 민주주의와 세계 시민적인 대중을 추구하기 때문이다.(헬드 1995 참조)

10. 자유론과 공동체주의

근대의 정치철학은 처음부터 심한 긴장 상태를 통해 그 특징을 드러낸다. 정치적 근대성에 대한 성찰 형태들은 항상 가속화된 근대화의 손실을 기록하고 소멸된 전통 세계에 대한 기억을 유지하는 근대성에 대한 회의적인 비판에 직면했다. 반개인주의적 · 반자본주의적 · 반자유적·반민주주의적 사고는 루소 이래 근대 법치 국가 이론과 민주주의 이론의 발전 과정을 그림자처럼 따라다녔다. 현재의 이론 현황에서 그러한 긴장은 자유론과 공동체주의의 대립을 통해 드러난다. 이때 공동체주의는 자유론에 대한 비판적인 반박에서, 정치적 성찰의 지배적인 이론에 대한 반박에서 전적으로 여성주의적 입장의 지원을 받는다.(멀홀/스위프트 1992; 케르스팅 1997, 397 이하)

자유론과 공동체주의는 서로 다른 표현을 사용하며, 이론 구상에서 상반된 주도적 개념을 사용한다. 자유론의 언어가 개념적 교차점(**개인**과 **이해, 계약**과 **절차, 자주**와 **권리**)을 중심으로 전개되는 데 반해, 공동체주의의 언어는 복합적인 성격의 개념(**정체성**과 **성격, 공동체**와 **소속성, 미덕**과 **교육**)을 사용한다. 공동체주의자들은 자유론의 철학적 인식 프로그램을 배척하며, 계약주의적 정당성을 항상 이미 인정된 것의 해석학적 수용으로 대체한다. 공동체주의자들은 근대성을 긍정하는 자유론의 보편주의적 가치 설정과 정의 이론적 방향, 그리고 (자유론에 의해 정립된) 법, 시장과 담화의 보편적 사회화 수단을 비판한다. 공동체주의자들은 전통 세계를 강화시키고 집단적 선의 사회 통합적 정책을 선호하는, 근대성에 대해 회의적인 분권주의를 위해 투쟁한다. 공동체주의자들은 아리스토텔레스주의자이며 공화주의자이다. 그들은 자유주의적 철학의 규범적 토대를 범주적으로 지배하고 사회 형태를 자발적인 연상과 임의 집단으로 재구성하는 원자론적 개인주의를 비판하며, 선택 불가한 소속의 선행성을 강조한다.

모든 이러한 비판의 동기는 오래전부터 잘 알려져 있다. 그것은 반자유적 사고의 상용 레퍼터리에 속한다.(홈스 1993 참조) 공동체주의는 정치적인 반작용의 산물이며 고유한 체계적 모습을 갖지 않는다. 공동체주의의 철학적 의미는 오직 자유론의 이론 구상에서 단점과 실수를 드러내어 자기 비판을 유도하는 데 있다. 자기 비판적 자유론은 개념적 정당성 요구가 제기되는 자신의 이론 언어가 자유 공동체의 존립 조건을 충분히 파악하고 자유주의적 자기 존립의 정치를 이끄는 데 적절하지 않다는 것을 알게 되며, 보편주의적·중립주의적 자기 오해를 통찰하고 자신을 특별한 삶의 방식과 집단적인 선으로 이해하게 될 것이다. 공동체는 법적인 공존 질서 이상이며, 시민은 법적으로 통제되는 개인 이상이다.

법철학

쿠르트 젤만 (바젤대학교의 형법, 법철학 교수)

통상적인 이해에 따르자면 법철학(이 개념은 18세기 후반 이후에 비로소 입증된다)은 특히 그 연구 대상, 즉 법과 관련하여 존재론적·윤리적 문제를 다룬다. 따라서 법철학은 한편으로 법 개념에 대해서 묻고, 다른 한편으로 유효한(실증적인) 법의 윤리적인 근거 제시의 가능성과 비실증적인 공정성 기준에 대해서 묻는다. 개념에 대한 물음이 실용적인 정의에 대한 물음에 한정될 때에만 두 주제 영역은 분명하게 구분될 수 있다. 개념 문제에 대한 깊은 이해는 이미 그 속에서 법의 목적과 정당성을 목표로 삼는 것이다. 따라서 개념 문제는 더 이상 유효 근거에 대한 물음과 분리될 수 없다. 물론 이 물음과 비실증적 올바름 기준의 합리적 근거의 가능성에 대한 (좁은 의미의) '법윤리적' 복합 문제는 구분될 수 있다. 비실증적 올바름 기준은 전통적으로 '자연법적인' 것으로 간주되나, 그에 대한 설명은 '법실증주의적' 입장에서도 의미 없지 않다.

1. 법실증주의를 둘러싼 논쟁

법실증주의를 둘러싼 논쟁(오트 1992; 알렉시 992)은 '법'이 규정에 따른 입법 요소와 사회적 효과(다음 페이지 2장 참조)를 통해서만 정의되어야 하는가, 혹은 추가적으로 내용적 올바름의 요소를 통해서 정의되어야 하는가라는 문제이다. 비실증적 올바름 기준의 합리적 근거의 가능성에 대한 물음에서 연상되는 것을 무시하면, 그러한 대립은 실용성 기준에 따라 결론지어질 수 있다. 그것은 어떤 입장이 비도덕적인 것으로 의견 일치를 본 규범에 대해 복종 거부를 촉진하는 데 쓸모 있는가라는 문제이다. 더 나아가서 어떤 입장이 더 분명한지(즉 오해를 피하는지) 주의해야 한다. 최소한 관찰자의 시각에서 볼 때, 실증주의적 법 정의는 전체적으로 실용적인 것으로 나타난다. 참여자의 시각에서 내용적 올바름이 정의의 필수 요소이어야 하는지는 논란의 여지가 있다. 하지만 결과가 실증적인 법과 일치한다는 것이 참여자의 시각에서도 충분하기 때문에 정의를 위해 올바름이 요구되지는 않는다. 그것은 법이 도덕적 규범을 병합하는 곳에서도 적용된다.(6장 참조) 결정하는 사람은 단지 열린 틀에서 움직이는 게 필요할 뿐이며, '올바른 도덕'의 생각을 따를 필요는 없다. 그럼에도 불구하고 전통적으로나 근대의 언어 사용에서나 추가적인 요소를 받아들이는 법 정의는 널리 퍼져 있다.(3장)

　우리가 근대적 법실증주의의 입장을 따르기로 하면, 이것은——이마누엘 칸트의 경우와 달리——실증적인 법에 대한 복종 의무 관련 언술과 전혀 결부되지 않는다. 한스 켈젠 혹은 허버트 라이오넬 아돌푸스 하르트의 경우 복종 의무의 문제는 오직 도덕적인 기준에 따라 결정된다.(켈젠 1960, 69 이하; 하르트 1961, 203 이하)

2. 효력과 효과

규정에 따른 입법과 권위 있는 공포는 법 규범을 유효하게 한다. 반면에 '사회적인 효력'이라고 불리는 효과는 규범에 종속되는 사람들의 실제 행동을 고려한다. 효력은 명령 이론에서 입법자의 권위의 명령으로 설명된다. 이것은 명령뿐만 아니라 효력 보장과 법에 대한 정의도 법 규범 전체에 속한다는 점을 내포한 것이다. 따라서 우리는 이러한 현상을 포괄하는 효력 개념, 가령 (권위 있게 제정된) 설명 도식으로서의 규범으로부터 출발하거나 최소한 두 가지 규범 유형(행위 지침과 권한 양도)을 구분하는 것이 옳다.(하르트 1961, 77 이하) 가정으로서의 효력과 달리 사회적인 효과는 경험적으로 검증될 수 있는 사실이다. 준수의 규칙성 정도 혹은 비준수에 대한 제재의 정도를 효과의 기준으로 삼을 수 있다.

일반적인 이해에 따르자면 효력은 물론 효과와 관련성을 보여준다. 완전히 준수되지 않는 규범의 경우——도덕적인 규범과 달리——법적인 효력을 말할 수 없다. 두 개념의 원칙적인 구분을 주장한 켈젠 자신에게 있어서도 최소한의 효과는 포기될 수 없다.(켈젠 1960, 10) 역으로 우리가 행동의 규칙 준수 여부를 법 규범에서 판단할 때에만 법의 효과를 말할 수 있다.

3. 제도로서의 법 혹은 상호 작용 관계로서의 법

이처럼 법적인 효력과 법적인 효과의 개념이 상호 관련이 된다면,

두 가지 요소를 포함하는 법 개념을 찾아야 한다는 점이 떠오른다. (한편으로 권위를 가진 제정된 규범 전체로서의) 효력과 (사회적 질서로서의) 효과의 이분법 대신에 법을 제도적 질서 혹은 특수한 인간 상호 작용의 형태로 본다면, 두 가지 현상의 결합을 보다 잘 인식할 수 있다.

　법의 사실적인 측면과 규범적인 측면을 통합할 가능성은 제도주의적인 법실증주의에서 발견될 수 있다.(맥코믹/바인베르거 1986) 제도는 사회적 사실이나 그 기술을 위해서는 규범적인 명제를 필요로 한다. 우리가 법을 상호 작용 관계로 파악하면 법의 특수성이 좀더 분명해지고, 그러면 물론 추가적인 요소를 가진 법 정의의 열거(특히 목적 설정을 위한 특별한 진술)가 떠오른다.

　다음 세 가지 예가 이 점을 분명하게 한다. 칸트의 경우 법은 자유의 일반 법칙에 따라 한 사람의 자의적 행위가 다른 사람의 자의적 행위와 합치되는 '조건의 전형'(칸트 1956c, 337)이다. 따라서 법은 자유 극대화 원칙에 맞춰 외적인 자유의 동등한 개인 영역적 균형에 관한 것이다. 각각의 자유 영역에 대한 침해는 동등한 자유의 법적인 관계를 강제적으로 회복하게 하는 권한을 부여한다. 게오르크 빌헬름 프리드리히 헤겔의 경우 법은 동등하고 자유로운 사람으로서 상호 존중 관계이며, '주인'과 '종' 사이의 인정 딜레마를 해결하기 위한 관계이다.(헤겔 1970a, 145 이하) 칸트의 경우와 달리 여기서는 법이 개인 상호간에 긍정적인 관련성을 가지며, 다른 사람의 '안녕'을 위한 관계이기도 하다. 루만은 법을 규범을 통해 일반화되고 오랜 기간을 거쳐 제도화되는 상호간의 기대로 이해한다. 법은 기대에 대한 반사실적 확인의 기능을 가진 커뮤니케이션이라는 것이다. 이때 그러한 확인의 토대로서 '옳음'과 '그릇됨'의 구분 도식(코드)이 만들어진다는 것이다.(루만 1993, 38 이하와 124 이하)

이러한 견해에 따르면 법은 자유 영역을 보장하며, 상호간의 인정을 보장하거나 기대를 일반화한다는 것이다. 법과 다른 규범적 질서혹은 상호 작용 관계를 정립하려는 전통적·근대적 구분 시도는 원칙적으로 목적을 지향하는 그러한 입장을 바탕으로 삼는다.

4. 법과 도덕

그전부터 가장 중요하게 여긴 구분은 법과 도덕의 구분이다. 18세기 이후에 그 구분이 분명하게 확인되며, 최소한 세 가지 상이한 변형측면에서 중요하다. **첫째**, 우리는 법이 얼마나 도덕적이어야 하는가, 다시 말해서 법의 효력이 어느 정도 도덕적 생각과 상이한가를 물을수 있다. 이 문제는 특히 근대 이전의 자연법 학설에 의해서, 그리고특히 후에 정치적 변동 이후에 다시 논의되었다. **둘째**, 이것과 구분되어야 하는 것은 법이 경쟁하는 올바름의 척도들과의 관계에서 어느 정도 그것들과 연관되는가, 법이 평화 보장을 위한 최소한의 행동 표준을 보장하는 데 국한되어야 하지 않는가라는 문제이다. **셋째**, 다른, 특히 18세기에 논의된 문제 제기가 있다. 인간 행위의 영역 가운데 그목표 설정과 행위 동기의 측면에서 법제화될 수 없는 행위는 없는가라는 문제가 그것이다. 이러한 논의는 칸트의 법 의무와 미덕 의무의구분에서 절정에 달한다. 법 의무는 단지 "다른 사람과 한 개인의 외적·실천적 관계"와 관련되며, 이미 살펴본 바와 같이 다른 사람의 자유에 대한 개입이 단지 같은 양의 자유 보존에 필요한 정도에서만 허용된다. 반면에 미덕 의무는 자신의 완성과 타인의 행복을 향해서 좀더 나아간다.(칸트 1956c, 336 이하 내지 515 이하) 여기서 법과 도덕의 구분은 무엇이 법의 대상이 될 수 **없는지**, 무엇이 국가 권력을 위해 동원될 수 없는지, 어떤 목적을 위해 강제되어서는 안 되는지 분명하게 하는 데 기여한다. 이것은 법적인 상호 작용이 자유 개념을 지향하는 데서 생겨난 결과이다. 이 점은 헤겔의 인정 관계에서도 중심에 놓인다――비록 그곳에서 말하는 참여자 사이의 실증적인 관련성이 어느 정도 욕구에 대한 고려를 허용하더라도.

우리는 그 구분을 위해 법 개념이 인간의 상호 작용에 주는 영향을 고려할 수 있다.(엘샤이트 1979, 41) 가령 누군가가 필요에 따라 소송을 제기할 수 있기 위해서 친구 관계에서 서면으로 약속을 하게 하는 경우, 이를 통해 우정의 경계(및 법의 경계)가 세워진다. 즉 법은 도덕에 바탕을 두는 자기 규정적 친분 관계의 경계를 표시한다. 삶의 관계들은 법적인 성격을 띠는 경우에(도덕적으로 요구되는) 상호적인 촉진의 설명 도식으로부터 이해의 '법적' 경계로 전환된다.

5. 대안을 둘러싼 논쟁

소위 대안을 둘러싼 논쟁은 바로 이러한 상황을 받아들여 법적인 갈등 해결에 맞서 도덕적 갈등 해결의 이점을 설명하려고 한다. 법에 의지하는 경우 삶의 연관성을 잃고, 따라서 제3자가――필요에 따라 강제로――갈등을 해결한다는 점이 법을 반박하는 비판자의 논거이다. 그리스의 소피스트로부터 중세를 거쳐 근대로 이어지는 법 비판의 전통은 여러 가지 관점을 포함한다: 사회의 방해, 구체적인 삶의 연관성의 도외시, 사회적 삶의 세계에 대한 통제를 통한 자유 위협, 갈등 상황의 불필요하고도 위험한 형식화.

하지만 직접적인 친분적-즉흥적인, 친분 원칙에 바탕을 둔 관계에 따른 법적 절차의 회피는 개인이 그런 관계에서 약자인 경우 그런 요소에 얽매일 수 있다는 것을 의미한다. 반면에 법에 의지하는 것, 즉 직접적인 관계를 떠나는 중립적인 제3장에게 판단을 맡기는 가능성은 법 외적인 연결에 맞서 자유로운 입지를 제공한다. 즉 그런 가능성은 "의사소통적 자유의 의무로부터 해방"(하버마스 1994, 152)이라고 말할 수 있는 입지를 제공한다. 갈등의 법적인 형식화와 반대로 갈등을 실제로 '해결하고,' 이런 목적으로 인간을 구체적인 개성 속에서 파악하려는 것은 갈등 참여자에 대한 전체적인 고려에서 생겨나는 자유의 제한을 통해서 보다 효과적인 갈등 해결의 이점을 얻는다.

6. 법의 도덕적인 측면

전통적으로 그리고 현대에서 법철학이 법과 다른 유사한 현상을 구분하는 것은 중요한 문제이나, 다른 한편으로 근대적인 법실증주의는 법 자체가 도덕적인 면을 갖고 있다는 사실, 즉 실정법에 어느 정도 도덕이 병합되어 있다는 사실과 모순된다. 실정법은 법 체계 속에서 행위하는 사람에게 명시적으로 '인간의 존엄성' '자유' '평등' 등의 의무를 부과하는 곳일 뿐만 아니라 해석의 여지가 열려 있는 모든 경우에서도——특히 '과도하지 않음' '타당하지 않은' '부당한' '본질적인 침해' '상스러운' 등과 같은 개념에서 명백하게 나타난다——실정법은 그 자체가 갖고 있지 않는 올바름의 기준을 전제한다.

그런 경우에 법은 종종 명시적으로 혹은 함축적으로 구체적인 행동 지침을 주는 대신에, 최대화 규칙 혹은 상황 유형에 따라 변화하는 규칙을 형성하는 원칙을 표현한다.(드워킨 1977, 22 이하) 각각의 원칙이 다른 반대적인 원칙에 의해 제한될 수 있는 상황을 고려하여 특정한 목표를 추구해야 한다. 그러한 원칙이 구체적인 적용에서 어느 정도까지 합리적인 설명을 허용하는지는 매우 논란의 소지가 많다. 실정법이 그런 원칙을 사용하는 곳에서도——유럽 대륙의 헌법에서——많은 분야에서 그 내용적 기록은 실정법적으로 규정되지 않는다. 따라서 그런 원칙의 적용은 최소한 비실증적인 올바름의 기준을 요구한다. 전통적으로 '자연법' 분야는 그런 올바름의 기준의 명명을 요구한다.

7. 자연법

자연법은 대부분 인간이 자신의 이성으로 인식할 수 있는 규범 혹은 인간 행동에 대한 비실증적인 올바름의 기준 전체를 말한다. 자연법적인 규범의 특징은 그것이 갈등의 경우에 실정법에 반해서, 혹은 실정법 없이도 구속력이 있다는 것이다.

자연법적인 논증은 두 가지 정치적인 목적을 추구한다. 하나는 실정법을 그 자체와 상이한 어떤 판단 기구를 통해서 합법화하는 것이고, 다른 하나는 같은 판단 기구에 기대어 실정법을 문제시하는 것이다. 오늘날 자연법 학자들로부터 선호되는 두번째 견해를 수용하자면, 자연법은 실정법에 더해 추가적인 법을 만드는 것이 아니라 개별적인 경우에 실정법의 효력을 상실시킬 수 있는 권한이 부여되는 것이다. 모든 자연법적인 학설의 공통적인 기본 생각은 법에 대한 국가의 보편적인 처분 권한을 거부한다는 것이다.

그리스의 사유 방식에 따르면 일차적으로 자연의 영속적인 질서가 법의 기초였다. 이러한 자연 질서, 특히 인간의 사회 이전-집단적 본성에 대한 생각은 몇몇 소피스트에게서 실정법에 대한 반대 카드로 제시되었으나(아리스토텔레스 1981, 2 이하), 반대로 소크라테스에서 아리스토텔레스에 이르는 고전철학에서는 기존 관계들을 합법화하는 데 사용되었다. 플라톤의 몇몇 저술의 예외를 제외하면, 그리스의 자연철학에 대한 사유에서 규범적 질서는 자연 질서와 뚜렷하게 구분되지 않는다. 그리스의 자연철학, 특히 스토아학파에서 인간 이성은 중요한 역할을 수행하지만, 일차적으로 이미 자연 속에 형성된 목적론을 파악하기 위한 기관으로 이해되었다. 자연 목적과 이성 목적의 대립은 기껏해야 첫 시도들에서만 존재한다.

이성의 접근을 허용하는 자연 목적론은 기독교적 계시록을 통해서 처음으로 균열을 겪는다. 이제 기적의 경우처럼 드물지 않게 자연적인 질서와 모순되는, 이성이 아닌 신적인 개입 혹은 신적인 계시를 통해서 비로소 인식될 수 있는 초실증적인 기관이 존재한다. 게다가 유대인의 전통에서 나온 성령 역사에 대한 사유는 무한한 우주에 대한 생각을 밀어낸다.

하지만 중기 중세까지는 아직도 **신적인 법**(ius divinum)과 **자연적인 법**(ius naturale)의 조화를 이루는 작업이 이루어진 반면에, 13세기와 14세기에는 그런 딜레마에서 방법적인 결론 도출이 생겨났다. 신적인 입법과 이성에 근거한 법의 분리에 따라 자연적인 질서가 아닌 신의 의지 속에서 자연법 규범의 구속력의 근거를 찾는 결론이 생겨난다. 토머스 홉스는 17세기에 이러한 발전을 이어가며, (고대의 자연법과 분명한 차이를 보이며) 사회 계약의 모델에서 자연 상태를 극복될 수 있는 그 어떤 것으로 서술함으로써 자연적인 질서와 자연법을 구분한다.(홉스 1839, 116) 사무엘 푸펜도르프는 홉스의 **방법적인** 구분을 극복하고, (홉스보다 낙관적으로) 자체로는 규범성이 부여되지 않는 인간의 자연적인 **사회성**(socialitas)에서 법을 내용적으로 발전시킨다.(푸펜도르프 1759, 205 이하)

홉스와 푸펜도르프의 경우 유익성 고려 혹은 자연적인 충동에서 나온 사회 계약에 기여하는 개인적인 결정이 법의 기초라면, 칸트의 경우 이성적인 의지의 자기 입법(자주성)이 올바른 행동의 기초가 된다. 그러한 이성적인 의지가 보편화될 수 있는 어떤 것을 원할 수 있기 때문에 행동의 규칙을 보편적으로 유효한 규칙으로 생각하고, 이를 보편화할 수 있는 가능성이 올바른 행동의 기준이 된다. 이제 올바름의 기준은 완전히 자연으로부터 떨어져 나간다. 왜냐하면 자연 상태를 탈피하는 동기조차도 자연적인 동기가 아니라 오로지 이성적인 방식에서 생겨난 것이기 때문이다.(칸트 1956a, 27 이하, 58 이하; 1956b, 135 이하) (고대의) 목적론적인 자연법을 (근대의) 이성적인 자연법과 체계적으로 결합시키려는 헤겔의 시도는 자연법 이론의 분야에서 오랫동안 추종자가 없었으나, 오늘날 '공동체주의'에서 다시 수용된다.(9장 참조)

8. 규범 근거의 일반적인 문제

이러한 전통에 직면하여 사람들은 20세기에 먼저 규범적인 근거의 구조를 연구하려고 시도한다. 인지주의적 근거 및 비인지주의적 근거, 그리고 근거의 원상 복귀 문제를 둘러싼 논쟁이 법철학에 수용되었다.

객관적인 내용적 올바름의 기준은 실패라는 대다수의 견해에 따라 보다 형식적이고 주관적인 기준을 기대하는 점이 확실해졌다.

사회계약설에서 알려진 합의에 대한 근대적 직관은 올바름의 기준으로서 다양하게 수용되었다. 여기서 주목할 것은 사람들이 계약을 체결해야 할 상황에 놓이는 경우 가설적인 사회 계약의 발상이 무엇이 사회 계약의 **이성적인 내용이어야 하는가**에 대해 묻는다는 점이다. 이로써 계약주의적 근거 모델은 항상 **다른** 올바름의 기준을 가리킨다.

특히 하버마스에 의해 대표되는 담화윤리학의 변형을 거친 합의 이론은 그러한 이분법을 수용하려고 한다. 하버마스는 법과 도덕 모두에 똑같이 유효한 담화 원칙을 간단히 형식으로 표현한다. "행위 규범은 합리적인 담화의 참여자로서의 모든 가능한 관련자의 동의를 얻을 수 있을 때 유효하다."(하버마스 1994, 138) 일견 단지 담화 속에서 합의 과정적 측면을 강조하는 듯이 보이는 합의 이론은 다른 올바름의 기준에 종속된다. 담화가 '합리적'인 담화가 되기 위해서는 효력 요구가 지배 요구를 통해서 왜곡되지 않아야 된다는 조건을 만족시켜야 한다. 하버마스가 담화를 위한 논증 규칙으로 **보편화 기본 원칙**을 바탕으로 삼는다면, 합의에 종속된 올바름의 기준을 목표로 삼는 것은 더욱더 분명해진다. "그러면 도덕적인 근거 담화에서 담화 원칙은 보편화 기본 원칙의 형태를 띤다."(하버마스 1994, 140) 담화윤리학자가 원칙적으로 칸트와 다르게 논증하는 것을 고수하는 경우, 이것은 규범이 보편화될 수 있는가라는 문제가 내적인 독백이 아니라 담화의 실용적인 조건하에서 결정되기 때문이다.

더 나아가서 사실적인 담화로부터 '선험적–화용적인 최종 근거'에 관한 학설이 분리된다. 특히 카를 오토 아펠에 의해서 대표되는 이러한 규범 근거 제시의 방법에 따르면, 논증 가능성의 규범적인 조건을 표현하는 규칙이 있다고 한다.(아펠 1986, 217 이하) 그러한 규칙에 따르면 누가 뭔가를 주장하거나 자기 주장의 유효성을 논증하면서 담화에 개입하든 간에 그 규칙을 전제하지 않고서 그런 행위가 이루어질 수 없다는 것이다. 그러한 선험적-화용적인 상황은 가령 담화윤리학의 몇몇 화용적·의미적 담화 규칙에 부합되어야 한다. 누군가 그러한 규칙(가령 동등한 담화 참여자로서 상호간의 인정 규칙)을 반박하려고 하면, 동시에 그런 규칙을 전제해야 한다. 그렇지 않으면 그는 자기 자신과 모순될 것이다. 하지만 그 반대적인 것이 자기 모순인 진술은 '최종 근거'로 간주되어야 할 것이다. 실제 실행상의 모순은 물론 단지 몇몇 진부한 담화 규칙의 경우에만 발생할 것이다. 그리고 우리는 합리적 논증을 위한 조건이——모순을 피하는 것이——동시에 최종 근거적인 법적·도덕적 규범의 효력 근거일 수 있는가를 의심해야 할 것이다.

규범 근거에 관해서 덜 야심적인 이론은 규범의 장기적인 이해 관계 개념 혹은 규범의 공동 인정을 지향한다. 이해 관계의 충돌이 있을 때 우연적인 우월성이 아닌 논거가 결정하는 상태가 종종 장기적인 이해 관계 혹은 공동 인정의 대상으로 간주된다. 사람들은 이를 위해서 다른 사람을 합의의 능력을 갖춘 주체로 인정해야 한다는 것이다. 이것은 두 가지 점을 함축한다. 사람들은 동일한 근거로 타인 앞에서 자신의 행동에 대해 책임을 져야 하는 점에서 타인과 자신이 동등해야 한다는 것이다. 또 타인은 합의에서 단지 이미 합의 대상이 되었거나 논증적 결정의 전제 조건인 근거에만 복종한다는 점에서 자유롭다는 것이다. 더 나아가서 이것은 명백히 물질적인 생활 조건에서 어떤 (역사적으로 그리고 문화와 관계없이 규정될 수 있는) 동등성의 최소 표준을 요구하며, 법적인——그런 원칙을 실증하는——규범 체계의 작동을 요구한다는 것이다.(일팅 1982, 633 이하; 외르던 1988, 307 이하)

이로써 오늘날 논의되는 많은 규범 근거를 위해 비슷한 내용을 가진 '2단계 모델'이 탄생한다. 규범적으로 규정된 평화적인 공동 삶의 근

거 있는 전제 조건과 그밖의 비실증적 올바름의 기준이 맞서는데, 후
자의 경우 아주 상이한 이해 관계 및 문화적으로 이전에 형성된 도덕
적 직관과 관련된 적절한 근거가 있다는 것이 인정된다.

9. 정의에 관한 최근 논쟁

규범 근거 제시의 방법적 문제 외에 내용적인 논쟁 문제는 법윤리
학에 있으며, 일차적으로 분배 정의의 기준에 관한 문제이다. 여기에
대해 세 가지 입장이 오늘날 국제적으로 심도 있게 논의된다: 법 지향
적 입장, 공정성 지향적 입장과 공동체주의적 입장. 마찬가지로 널리
퍼진 것은 공리주의의 윤리적 이론이나, 이것은 분배 정의의 이론이
라 부를 수 있다. 공리주의의 입장에서는 행동과 규범의 긍정적인 결
과와 부정적인 결과를 고려하여 관련자에게 최대의 유익함을 가져다
주는 행동과 규범이 가장 유익하다고 본다.(벤담 1970, 2) 공리주의
추종에 따른 '법의 경제적 분석'은 법적인 규칙을 판단할 때 그것이
전체 사회적 자원을 낭비하는지 여부를 고려한다. 하지만 더 효율적
인 법이 분배 정의의 관점에서 문제가 있는지 여부는 이 이론의 주제
가 아니다. 공리주의에 따르면 전체 사회적으로 더 효율적인 법이 선
호될 수 있는 것은 인간에게 전체적으로 상이한 결과를 가져올 때이
다. 명백한 불평등을 피하기 위해서는 분배 평등에 대한 이론 영역에
서 추가적인 기준을 보충적으로 끌어와야 한다.

법 지향적 정의 이론의 추종자들은 분명하게 공리주의자와 맞선다.
그러한 정의 이론은 기본적으로 존 로크의 철학으로 거슬러 올라간다.
(로크 1823, 201 이하) 로크는 인간이 이미 자연 상태에서 양도할 수

없는 권리, 그 중에서도 특히 생명과 자유와 자기 일의 결과에 대한 권리를 가지고 있다는 데서 출발한다. 분배 정의의 문제는 특히 맨 마지막 권리의 가정에서 생긴다. 왜냐하면 로크는 이와 함께 사유 재산의 근거를 제시하기 때문이다. 모든 자연 재화는 원래 공동 소유이나 개인의 신체는 그렇지 않으며, 따라서 개인 일의 산물도 공동 소유가 아니라는 것이다. 로크에 따르면 국가의 권한은 개인의 재산을 보호하는 데, 가령 생명과 재산과 자유를 보호하는 데 한정된다는 것이다. 국가는 '최소 국가'이어야 하며, 모든 사회 복지 국가적인 활동은 개인의 권리를 침해한다고 본다. 하지만 로크 이론의 추종자들도 예를 들어 소홀히 취급될 수 없는 자연 재화의 가치 때문에 그런 자연 재화의 소유자가 소유하지 못한 사람에게 보상을 해야 한다고 말함으로써 그 결과를 수정하려고 한다.

존 롤스과 같은 다른 사람들은 공정성의 관점에 따라 평등을 정의의 기초로 보는 데서 출발한다.(롤스 1972) 따라서 그들은 자유와 재산은 개인이 사회로 가져오는 권리가 아니라 사회 안에서, 사회적 연관 속에서 발생하는 권리라는 것을 고려한다. 따라서 평등에서 위배되는 것은 모두 그 근거가 제시되어야 한다. 롤스는 자유 영역에서 그러한 위배의 근거가 제시될 수 없다고 간주하며, 자유가 전체적으로 동등하게 분배되어야 한다고 본다. 반면에 롤스에 따르면 완전한 평등의 상황에서보다 사회적·경제적 불평한 상황에서 가장 처지가 나쁜 사람들의 사정이 더 나아지는 조건에서만 그런 사회적·경제적 불평등이 허용된다.

반면에 공동체주의적 입장은 법 지향적 정의 이론 혹은 공정성 지향적 정의 이론을 지나치게 '개인주의적'이며 '보편주의적'이라고 본다.(혼네트 1993) 그들은 자유론이 잘못된 개인주의적 인간상을 표방

한다고 비난하고, 근대 국가의 중립성 가설을 의심하며, 형식적인 보편주의적 정의 기준만으로는 근대 국가가 생명력이 없다고 간주한다. 이 점에서 '발생학적 공동체주의'의 의미로 이해되는 공동체주의 가설은 반박하기 어려운 듯하다. 이 가설은 원래 단지 진부한 견해를 표현한다: 인간은 개인으로 존재하며, 그 다음에 서로 사회적 접촉에 이른다. 인간은 역사적인 사회의 구성원이며, 사회 속에서 그리고 사회를 통해서 개성과 같은 것을 계발한다. 공동체주의자들은 '규범적 공동체주의'가 '발생학적 공동체주의'의 필연적인 결과가 아니라는 점을 별로 주목하지 않는다. 개인이 필연적으로 주어진 사회적 맥락에서 비로소 개인으로 발전된다는 점이, 개인이 그러한 사회적 구조를 받아들여야 한다는 것을 의미할 필요는 없다. 원칙적으로 보편주의적 방향 설정은 개인의 '좋은 삶'과 전체 공동체의 결속을 위해서 충분하지 않다는 공동체주의자들의 두번째 가설을 인정해야 한다. 그런데 보편화 요구를 가진 정의 구상은 원칙적으로 실천적인 맥락화의 필요성을 전혀 고려하지 않는다. 그러한 구상은 단지 맥락 종속적 인정에 맞서 모든 사람을 '인간으로서' 인정하는 것이 전제 조건이라는 점을 증명하려고 애쓴다.

종교철학

클라우스 미하엘 코달레/미하엘 퀸라인

(예나대학교의 실천철학 교수/철학석사, 연구원)

철학은 신화로부터 벗어난 이래 원칙 이론적 관점에서 신적인 것을 모든 존재의 근원으로 보았다. **근대 철학도**——르네 데카르트 · 바루흐 데 스피노자 · 고트프리트 빌헬름 라이프니츠 · 크리스티안 볼프——**본질 개념의 변형**을 통해 존재론적인 접근 방식을 고수했다.

이마누엘 칸트는 여기서 극단적인 단절을 시도한다. 그는 이러한 **철학적-존재론적 신학**에게서 근거를 박탈한다. 그가 **실천적 자기 이해의 이성적 차원**으로서의 신적인 것에 대해 물음을 던짐으로써 **종교철학**의 길을 개척한다. 종교철학에서는 종교의 의식 특징적 조건과 자기 이해에 대한 물음이 제기된다. 이러한 주체 구조에 대한 설명 후에 부차적으로 종교적 말씀과 표현 방식의 자료(절대적인 것 혹은 '신')가 고찰될 수 있다.

물론 종교철학적 담화를 위해 중요한 역할을 하는 자극은 토마스 아퀴나스 혹은 라이프니츠로부터 출발한다. 여기서 그런 전통의 역사를 펼쳐 놓는 것이 우리의 의도가 아니기 때문에 우리는 대략적인 설명에 그쳐야 한다.

많은 '계몽된 사람'에 따르면 종교는 서구 사회에서 주변적인 현상이 되었다. 이것이 종교철학의 가치에 영향을 주지 않은 것은 아닌 듯하다. 헤겔은 종교를 철학 속에 '보존'하려고 하지만, 루트비히 포이어바흐와 카를 마르크스, 프리드리히 니체와 지그문트 프로이트는 종교를 소외된 존재 상태의 **표현**, 그러한 소외의 이데올로기적 은폐 혹은 환각적인 치료(마르크스: '마약')로 파악했다. 여기에다 다양한 세속화 이론들이 언급될 수 있다. 우리는 종교적인 에너지와 계명이 세속화 과정에서 그냥 사라지는 것이 아니라 합리적으로 변형된 기관의 틀에서 구속력으로 변화된다는 **성스러운 대상의 언어화**라는 가설(하버마스 1981, 2권, 118 이하)을 지적할 수 있다.(퀸라인 1996; 1997 참조) 여기서 언급된 경향들은 거의 **종교철학**을 허용하지 않는다. 이 점은 종교적 명제의 무의미성을 증명하는 것을 목표로 삼는 분석철학의 경우도 마찬가지이다——종교적인 것을 부차적으로 취급하는 자세를 문제시하는 종교철학의 기술은 다른 점을 강조해야 할 것이다.[5]

1. 18세기와 19세기의 종교철학

이마누엘 칸트

칸트는 종교가 인간의 실천 이성적 목표 설정과 자기 이해를 위해 중심적인 규정적 의미를 갖는다고 지적했다: 도덕성과 종교는 깊숙이 교차된다——도덕적 자기 의식의 감독(타율성)을 배제하는 것이 그의 핵심 문제이기는 하지만. 종교와 도덕은 결합되어 있지만, 그 어느것

---

5) 일차적으로 신학의 일정한 역사적 형태에 관한 **입문**으로 이해되는 종교철학은 ——**신학적** 분과 학문의 전형 속에서——의미가 있으나 이 글의 기술에서 아무런 역할을 하지 못한다. 종교의 경험적인 현상에서 출발하는 현상학적 종교 이론도 고려되지 않는다. 이것은 종교학에 속할 것이다.

이 다른 것으로 환원될 수는 없다.

칸트의 입장에서는 제한성 관계의 유한성을 넘어서 무제한성에 대한 생각에 이르는 행보는 **피할 수 없다.**(1968, 439 이하) 하지만 그것은 스스로에게 의무를 지우는 이성에 대한 선험적인 설명이기 때문에 그러한 행동은 '단순히 주관적인' 행동이다. **유추적 추론**의 바탕 위에서——"모든 이성적인 세상 존재의 입법자"의 관점에서——주체는 자신의 책임을 "우리와 구분되는, 그러나 항상 우리 내부에 상존하는 성스러운 존재" 앞에서의 책임으로 상상한다. 그 성스러운 존재는 동시에 고유한 의무 전체를 신의 계명하에 판단하는 의미를 만들어 내는 정의 규칙을 구체화한다. '신'이라는 발상과 관련된 주관적-논리적 근거는 성찰과 관찰의 교차점에 그 뿌리를 갖는다. 우리는 "**다른 존재**와 (일반적으로 입법적인 이성이 대변하는) 그의 의지, 즉 신을 생각하지 않은 채 단순히 우리 자신의 책임(도덕적 강요)을 분명하게 인식할 수는 없다."(같은 곳, 487 이하) 여기에서 **자기** 관련 속에 있는 인간이 위험에 처한다. 그것은 신을 고려한 자기 자신을 향한 의무에 관한 것이며, (역사적인 종교에서 결정적인 역할을 하는) 신을 향한 의무는 아니다.

칸트는 '신'과 '불멸성'이라는 이성적 가설의 특수한 구조와 함께 비판의 동기를 제시했다. 칸트는 이렇게 논증한다: 인간은 행복을 지향하지만, 도덕적 행위를 통해 도덕에 순종함으로써 결과적으로 고통과 불행에 빠지며, 그런 경우에 단지 행복을 **누릴 수 있는 자격**이 있다는 게 입증될 수 있을 뿐이다. 그렇다면 인간이 **완전한** 행복을——**지복**(eudaimonia)——소유한다는 것을 어떻게 생각해야 할까? '신'과 '불멸성' 가설은 그 완수 가능성을 보장해야 할 것이다.

방향 제시적 전망

칸트가 종교철학을 도덕철학적 담론에 연계하는 방식은 절대적인 차원과 어울리지는 않는 협소한 방식이다.

합리적인 통제 이성이 담화를 더 강하게 특징지으면 지을수록 배제된 것은 현존하면서——그것이 간접적으로 어떻게 효력을 발생하느냐에 따라——, 합리적인 담화를 물들이며, 삶의 실천을 (통제 이성의 척도에 따라 불필요하고 쓸모없는) **의미 과잉**으로 만드는 것이 점점 더 분명해진다. 순간적이며 갑작스러운 감각 집중——**실존적 시간**(kairos)——합리적 대화의 끝부분에서의 무한적인 영혼 현존의 절대적-개인적인 경험——이것은 다음과 같은 설명의 핵심이다: 용서의 행위에서 구체화되는 잉여 '논리학' 의 시각에서 보면, 인간의 죄지음과 정의에 대한 요구는 적절하게 연구될 수 있다. 여기서 언급되는 모든 입장들은 다양하게 그러한 상황을 그려내며 이런 점에서——종종 관련 철학자들의 자기 이해에 반해서——체계적으로 연계되어 있다. 개별 '입장' 들 사이의 심한 차이들은 절대적-비목적적 의미 지평이 삶에 대한 해석과 삶의 형성(가령 역사 이해와 정치 이해에서)에 어떻게 관련되느냐에 따라 생겨난다.[6]

---

6) 여기에서 나타나는 초점은 왜 우리가 **종교적 말씀** 문제에 몰두하는, 분석철학 내의 주목받는 경향을 다룰 수 없는지 납득하게 해준다.

게오르크 빌헬름 프리드리히 헤겔

젊은 헤겔(1986)은——칸트에 **맞서**——종교의 **과잉적** 의미에 주목한다: "행동과 말에서 어떤 유익한 활용의 목적 없이" 잘못 발달된 존재 차원으로서의 종교. 종교가 권위 중독, 보험 성향과 보상 기대라는 특징을 가졌다는 종교적 존재에 대한 반복적인 비판에서, 그러한 텍스트는 포이어바흐·쇠렌 키에르케고르와 니체를 미리 암시한다. 진리 **주관화**의 우위는 절대적 영혼 현존의 **실존적 시간**에서 벗어난 '아름다운' 자유의 의사소통적 실천, 즉 예식과 축제에서 표현되는 자유의 의사소통적 실천에 집중된다.

이미 고트홀트 에프라임 레싱과 프리드리히 하인리히 야코비, 요한 고트프리트 헤르더와 요한 볼프강 폰 괴테는 '반공리주의적' 도약을 통해서 젊은 헤겔도 움직였던 인식의 지평을 열었다. 그 결정체의 핵심은 스피노자였다. 비밀스러운 스피노자식의 핵심 구호는 '신은 하나인 모두(hen kai pan)' 이다: 여기서 종교는 내적인 자기 경험 속에서 직접적으로 파악될 수 있는 근원적인 하나로, 다양한 모든 대상의 총체성을 위해 스스로를 규정하는 것이다.

'고전적인 헤겔' 도 '용기와 진리와 자유를' (1966, 28) 강조해서 말하는 것은 절대적인 영혼 현존이 성찰적 방식으로는 절대로 규정될 수 없다는 인식과 연관된다. 왜냐하면 모든 명백한 명제는 단지 유한한 것을 지칭하기 때문이다. 따라서 사변적인 잔리는 단지 **간접적으로** 표현된다——언어에서, 그리고 도덕적 실천에서.

헤겔은 이따금 철학을 '반복적인 (종교) 예식' (같은 곳, 236)으로 특징지었다. 여기서 예식은 삶에서 목적으로부터의 절대적인 자유가 표현되는 것을 의미한다. 자유가 절대적인 목적이며, 예식은 절대적인 것의 존재를 칭송하며, '무한한 것과의 완전한 자유로운 관계'를 구체화한다. 일상적인 행동이 항상 목적을 갖는 데 반해, 예식적인 행위의 목적은 그 행위 자체이다(같은 곳, 270)──철학 이론도 그러하듯이. 개별적인 주관성은 효율성 추구에서 벗어나 종교 예식에 매진하며(같은 곳, 258) 자기 자신으로부터 분리되어 신적인 사랑을 실천하고 존재의 불안 구조를 극복한다.

프리드리히 슐라이어마허와 '후기' 셸링

프리드리히 슐라이어마허(1984)는 종교와──**내적인 종속 감정**에 뿌리를 둔──종교적인 경험이 어느 정도까지 존재의 본편적인 차원에 속하는가를 알아냈다. 진리 이해의 **주관화**와 **탈도그마화**를 위한 슐라이어마허의 자극은 종교적 표현 형식의 **다양화** 경향을 유리하게 했다──근대의 종교 이해를 위한 전형적인 경향들.

후기 셸링의 경우 새로운 구분 의식이 태동한다: 사유와 존재의 일치는 최종 말씀이 아니라는 것이다──철학의 **최종** 말씀도 **아니라는** 것. 셸링은 부정적인 철학과 긍정적인 철학의 구분을 도입한다. 부정적인 철학은 이성의 힘을 그 고유 자원으로부터 완전한 발전으로 이끈다. 긍정적인 철학은──계시의 철학으로서──종교적 신화와 상징 속에 주어진 개인의 존재를 위한 삶의 의미에 대한 해석과 방향을 드러낸다. 그것은 이미 이상적인 조합을 요구한다: 19세기의 키에르케고르 혹은 20세기의 프란츠 로젠츠바이크와 같은 사상가들은 열광적으로 헤겔에 몰두했다. 그후 후기 셸링의 베를린 강연과 함께 변화, **존재로의 전환**이 실행된다.

중간 요약: 절대적인 것에 대한 철학의 표현은 《독일 관념론》의 구상에 나타난다. 하지만 그러한 이론들의 형이상학적 전제 조건은 '강력'하며, 삶 세계의 세속화 과정에서 철학자들이 그러한 구상을 제한 없이 실천하는 것이 점점 더 어려워진다. 헤겔의 제자들은 헤겔의 사후에 종교철학적 주제를 전면에 내세웠으며(카를 다우브 · 브루노 바우어 · 다비트 프리드리히 슈트라우스 등; 코달레 1997c 참조) 마침내 체계의 전제 조건을 변화시킴으로써 헤겔이 해결하지 못했던──환원 불가능한 주관성과 본질적인 도덕성 사이의 관계에 대한──규정들이 좀더 분명한 특징을 바탕으로 해석되었다. 시민 국가에서의 소위 도덕적 관계에서 이성을 신성화하는 것에 반대하는 자세가 커짐으로써 개인의 주관성에 대한 강한 집중으로 이어졌다. 그러한 과정은 우리의 설명에서 키에르케고르를 중심 인물로 취급하는 결정에 잘 반영된다.

쇠렌 키에르케고르

키에르케고르는 절대적인 영혼 현존의 의미가 종교의 기능 부여와 일치하지 않는다는 것을 밝혀냈다. 그의 결론: **절대적인은 목적이 없다.** 신에 대한 이해는 삶의 목적을 위해 사용될 수 없다. 말 그대로 "무조건적인 것에는 모든 합목적성이 사라진다"(1974, **T V**. 96 이하)는 것이다. 이러한 견해가 진지하게 받아들여지는 곳에서만 종교 비판(포이어바흐 · 프로이트 등)이 극복될 수 있다. 많은 사람들에게는 '과잉적임'과 '의미 없음'이 의미적으로 일치하는 반면에 존재는 '과잉 속에서의 자유'로서 최상의 자유 형상을 취한다. 자유로서의 절대적인 진리는 확장적인 자기 주장의 계산을 넘어서는 자기 소모의 순간에 그 모습을 드러낸다. '믿음은 열정이다.' 그러한 존재론적인 기능 부재는 우리를 공포로 몰아넣는다. 키에르케고르는 단지 절망적인 불안감을 통해서만 신의 주권 속으로의 도약이 성공할 수 있다고 확신하였다. (1952, 168)

예외-존재를 위한 용기: 이 사상가는 '보편적인 것'을 상대로 절대적인 자기 인식을 자아에게 요구한다――인생에서 그것이 중요한 문제라면. 행위에서의 자기 변화는 순간의 변화 속에 수행된다; 미룸, 기회주의적 기대와 고려 혹은 다른 사람을 곁눈질함 없이. 신적인 과잉 의미에서 **존재의 목적으로부터의 자유를 향한 출발**은 각각의 사람들에게서 다른 모습으로 나타난다. 개인적인 선험성 운동의 **비일치성**은 의사소통적 이해의 과정과 조화될 수 없다. 왜냐하면 개인적인 것과 보편적인 것 사이의 절대적인 차이가 제거되어서는 안 되기 때문이다.

이러한 **패러독스** 경험에서 자아의 고유한 사유 형상이 될 수 없는 현실이 출현한다: 패러독스가 입증되는 곳에서는 그러한 실체를 규정함으로써 그에 복종하려는 사유가 실패한다. 오성이 실패하는 곳에서만 패러독스를 말할 수 있다.(1958, 280) 오성의 범주적인 힘이 충분한 정도에 한에서 그 힘이 발휘될 수 있는 것이다!

키에르케고르에 따르면 믿음의 열정(코달레 1988 참조)은 삶에서의 결정과 방향 설정에서 스스로를 **가능한 힘들게** 만들 때에만 분별없다. 하지만 그것이 어떤 절대적인 내용이 아니라 **자기 변화의 일정한 정체성 형식**이라면, 그 길은 결정적이다.(1958, 135) 이러한 변형 과정에서 '신'은 외적인 것이 아니라 '무한한 것 자체' 혹은 '무한한 자아성'(1970, **T IV**. 306)이다.

프리드리히 니체

신에 대한 형이상학적 사고는 니체의 생각과 상반된다. 그는 그러한 사고를 존재적으로 위협적이라고 느꼈다.(1968, 106) 이 사상가의 신경에 거슬리는 것은 바로 키에르케고르가 다루는 패러독스 경험에 대한 생각이다: 끊임없이 노력해도 유한한 것으로서의 사유가 적절하게 파악할 수 없는 것과 맞닥뜨리게 된다는 것. 그래서 니체는 차라투스트라로 하여금 비밀을 폭로하게 한다: **"신이 있다면 나는 그것이 신이라는 것을 참을 수 없을 것이다. 따라서 신은 없다."**(같은 곳) 변화 없는 것, 움직이지 않는 것에 대한 **형이상학적** 구상은 니체의 반박을 불러왔다. 왜냐하면 그는 그 속에서 유한하고 변화되는 것에 대한 **혹평**을 보았기 때문이다.

"예전에 우리가 먼 바다를 바라볼 때면 신을 말했다. 하지만 이제 나는 너희들에게 초인을 말하라고 가르친다."(같은 곳, 105) 이러한 말바꿈, 그 속에 나타나는 내재성을 선동으로 간주할 수 없다. 그보다는 이렇게 되물을 수 있다. 인간이 초인을 생각할 수 있는가? 오히려 이것은 '신'이라는 비유와 결부된 **굴종**을——마찬가지로 그 의미가 다함이 없는 x에서 불타오르는——**환희**로 대체하는 상징적인 교체가 아닌가?

강함은 **주권**의 다른 표현이다. 니체는 이렇게 설명한다: "사람은 번성하기 위해서 얼마나 많은 믿음을 필요로 하는가? 사람은 뭔가에 고정되어 흔들리지 않으려면 얼마나 많은 '단단한 것'을 필요로 하는가?"(1973, §347)——그것은 사람이 자주적인 성격인가에 따라 결정된다. 이러한 주권 견해에서 예수는 '자유로운 영혼'의 전형적인 유

형으로 등장한다: "그는 모든 고정된 것으로부터 아무것도 자신의 것을 만들지 않는다. (…) 그 자신이 알고 있는 경험 '삶'은 모든 종류의 말·형식·법·믿음·독단에 저항한다."(1969, §32) 하지만 강함과 주권의 지표는 **최종적**으로·사랑 능력이다: "커다란 문제는 모두 **큰 사랑**을 요구하며, 강하고 안정된——자신에게 단단히 고정된——영혼만이 그런 능력을 갖는다."(1973, §345) 우리는 니체를 스스로 그런 '강하고 안정된 영혼'으로 볼 수 있는 근거를 갖고 있지 않다.

때문에 니체의 경우 **개인적으로** 증오와 피괴욕이 우위를 견지했다는 것이 그의 이론과 일치한다. **영원한 회귀**에 대한 구상은 근본적으로 **약한** 자아를 위한 이데올로기적 '단단한 버팀목'일 수 있다. 그렇지 않다면 자체로 목적 없는 삶을 긍정하는 생각을 지탱할 수 없을 것이다.

니체는 **신비적 직관**(intuitio mystica)(1974, 230)의 전통에서, 절대적인 것의 미학적 내재성에서——시간 속에서 시간의 중지가 일어나고 존재의 비극적 무거움이 순수한 관찰을 통해서 가볍게 되는——'돌연적인 영원성'의 '엄청난 순간'을 찬양한다. 《차라투스트라》에서 그것은 '완전한 한낮의 시간'(1968, 338)이다.

2. 20세기의 종교철학

막스 셸러

셸러도 니체가 기독교를 상대로 강하게 비판한 혐오감과 복수심의 인생관 침투를 싫어한다. 하지만 그는 기독교적 이해에서 사랑이 자연적 충동 생활의 규칙성, 가령 적에 대한 증오·복수와 보복 요구를 깨뜨린다"(1955, 71)는 확신을 표현한다. 이에 따라 그의 확신은 고대와 달리 죄의 개념을 완전히 다르게 평가한다. 약자에 대한 온정이 분명한, 상실의 두려움에 전염되지 않은 의식에서('힘의 즉흥적인 흘러넘침'에 따른 내적인 지속성에서, '고유한 존재와 삶의 강력한 충만함'에서) 실행된다는 것이다. 자주적인 자기 포기를 위한 자극은 반공리주의적이다. 그러한 자극은 "본래적으로 삶의 고유한 요소이며, 모든 특별한 '목적'과 '목표' 이전의 것이다. 추후에 오성, 숙고를 통해 그러한 목표와 목적에 대한 '충동'이 생겨난다."(같은 곳, 76) 약자와의 그러한 연대는 약자를 무기력함 속에서 강화시키는 것이 아니라, 그들 속에도 잠재적으로 존재하는 긍정적인 힘을 발산시키려는 것이다. 따라서 그러한 연대는 약자에게 절대 긍정적인 가치를 부여하지 않는다! 그러한 견해는 인간 사이의 '원칙적인 **불신**'에서 출발하는 전형적인 근대적 시도를 반대한다.

카를 야스퍼스

야스퍼스는 자신의 죄 이론의 조건 구조에서 성스러움의 차원을 설명한다.(1946) 그는 죄의 4차원을 구분하다: 법적인 차원, 정치적인 차원, 도덕적인 차원과 형이상학적 차원. 우리는 여기서 도덕적 차원과 형이상학적 차원에 집중하기로 한다. 죄의 **도덕적** 차원은 사건, 행위 및 행위 포기와 관련된다. **형이상학적** 차원은 결함이 있는, 자유를 부여받은 존재에 대한 이해에서 생겨난다. 도덕적 차원의 기준은 양심이며, 형이상학적 죄 경험의 기준은 신이다. 형이상학적 관점에서 나는 근본적으로 세상의 모든 불의에 대한 책임을 함께 지며, 그래서 생존이 죄처럼 느껴진다는 것이다.(1946, 65) (우리는 쇼펜하우어와 호르

크하이머에게서도 죄에 대해 유사한 생각을 발견할 수 있다.) 죄의 **형이
상학적** 차원은 "순수한 법과 파괴적인 폭력의 작용을 제한하는" 실천
으로 이해될 수 있는 은총을 암시한다. 은총 내지 자비는 "법으로부터
자유로운 정의의 공간"을 연다.(같은 곳, 36) 죄에 연루됨에도 불구하
고 **벗어나는** 초월성과 관련하여 **무한한** 신뢰가 생겨날 수 있다는 것이
다.(1962, 373) "감춰진 신과 무한한 신뢰는 함께 하나를 이룬다──
믿음의 내용을 고백하지 않는 존재는 절대로 그것에 도달할 수 없다."
(같은 곳, 367) 여기서 개인 존재 속에서의 존재 근거를 표명한 것이라
면, 그것은 그 개인이 어떤 대가를 치르더라도 실패의 위험을 겁내지
않는다는 점에서 그렇다.(1947a, 947) **비극적인 것** 속에는 철학적 믿
음이 에워싸고 있는 **비극적이지 않은 것**이 드러난다. 초월성의 신호들
이 자아에게 죄에 의한 타락의 **무한성/과도함**을 경고함으로써 자기
폐쇄로부터 존재를 지켜 준다. 하지만 야스퍼스에 따르면 그밖에 인간
들 사이에서 판단을 위한 법은 **사랑의 정도를 통해서 제한되어** 있다.
(1946, 41) 그외에 "세상에서는 접근 불가능한, 용서에 대한 영원한 희
망의 신호가 '설득력 있는,' 즉 중요한 신호가 되도록 **행동하는 것이**"
중요하다는 것이다.

　'심연' 속에서의 이러한 초월적 연관성은 자아를 **한계 경험** 속에서
'어지럽게' 만든다. 왜냐하면 자아는 자신을 가두는 사유의 암시에
저항함으로써 '지속적인 불충분' 속에 갇히기 때문이다.(1947b, 30 이
하) 때문에 초월성의 **현존**도 단지 이탈하는 신을 **암시하는 흔적** 속에서
만 파악될 수 있다. 그러한 신호의 세계 때문에 개념적–동일시 사유
는 실패한다. 하지만 바로 그러한 **실패** 속에서──야스퍼스에 따르면
──생각할 수 없는 것이 **포괄적인** 세계로 입증될 수 있다는 것이다.

폴 리쾨르

야스퍼스를 자세히 다룬 폴 리쾨르에 의해서 '인간의 오류 가능성'
(1971 참조)에 대한 철저한 분석이 시도된다. 리쾨르는 **산상수훈**과 결
부하여 **충만의 윤리학**의 기본 틀을 제시하고 상황에 맞춰 사랑과 정
의 사이의 중재를 부각시키는 것을 목표로 삼는다. 우리가 사랑이 정
의의 등가성 논리학을 포괄한다고 말할 수 있는데, 사랑이 초도덕적
인 힘으로서 정의의 수단들을 **변형시킬** 때에만 그 인간적인 의미가
보존된다. 황금률은 그 효력을 상실하는 게 아니라 **고결함**의 모습 속
에서 새롭게 해석되어야 한다.(1990, 55) 따라서 충만의 논리학은 합
리성의 **저편에 놓인** 시도가 아니며, 영원히 완수될 수 없는, 단계적으
로 **자비**와 **동정**을 모든 사회적 상호 작용의 수단에 도입하는 과제를
위해 자극을 준다.(같은 곳, 67)

'충만의 논리학'의 선언으로서의 용서

죄-정의-사랑의 연계에 따라 모든 '**갖기 위해 준다**(do ut des)'-논
리학에 선행하는 '예측 불가능한' **용서** 행위를 훌륭한 선언으로 기술
하는 것은 설득력이 있다. 자아가 '**이미 용서가 허락됨**'이 표현되는 자
주성에 따라 행동할 수 있을 때에만 유사형이상학적 상호간의 책임 주
장이 받아들여질 수 있다.

실패의 가능성이 처음부터 고려될 수 있기 때문에 정의 담화의 등
가성 논리학에 앞서 '용서 정신'에 **우선권**이 부여된다.(코달레 1997a,
1997b 참조) 통합을 위해 애쓰고 자신이 처한 위험성을 아는 도덕적

주체는 그러한 용서의 정신에 의존한다. 그것은 실패 속에서도 **자기 존중**의 가능성을 확보하기 위함이다.

프랑스 철학자 블라디미르 장켈레비치(1967)는 칸트와 연계하면서도 그를 반박하며 그런 관점에 대해 말했다. 그의 견해에 따르면 개인 상호간의 용서 과정에서만 **유일하게** 삶에 **무조건적**인 도덕적 의미가 부여된다. 시대 초월의 시기가 출현하며, 신적인 순간에 악행의 일시적인 것을 흡수한다는 것이다. 따라서 **용서**는 한 개인이 다른 한 개인의 신체적 존재에 도달할 수 있는 유일한 행위이다. 그것은 놀라운 일이고 특이한 일이며, **시간 속에서** 그런 사건이 일어남으로써 미래가 개척되고 질적으로 새로운 개인 상호간의 관계가 정립된다.(슈패만 1989, 239 이하)

한스 블루멘베르크는 한 논문(1954 참조)에서 마찬가지로 칸트에 맞서 좀더 고차원적인 이성 가설을 체계적으로 고려해야 하는 것은 아닌가라는 문제를 다루었다——"죄지은 상태의 구제 불능적 무한성을 포기하는"(같은 곳, 565) **은혜로운** 신에 대한 가설.

용서 이론에 대한 중요한 자극은 헤겔·키에르케고르·셸러·야스퍼스와 리쾨르에게서 나타난다.

마르틴 하이데거

마르틴 하이데거는 자신의 존재 분석 작업에서 파울루스·아우구스티누스·마르틴 루터 및 키에르케고르를 집중적으로 다루었다. 《존재와 시간》에서 공포·근심·죄와 양심의 신학적 근거가 박탈된다. 존재 분석에서는 신과의 연관성이 사라진다. 하이데거는 1927년에 (기독교적) 신학을 실증적인 학문으로 분류하는데, 신학의 문제 제기가 '존재적으로' 존재자의 일정한 영역과 연관되는 반면에 철학은 존재-논리적으로 존재 자체에 대해 묻는다.(1978, 48 이하) 이런 점에서 철학과 신학은 완전히 구분될 수 있다. 신을 최고의 존재로 생각하는 신학에 대해서, 하이데거는 신학이 그리스의 존재-신학적인 형이상학에 얽매여 있다고 비판한다.

하이데거 자신은 고유한 사유 과정의 결론에서 신 **문제**를 전혀 회피하지 않았다. 형이상학은 자체 논리학에서 존재를 근거로, 신을 **자체원인**(causa sui)으로 규정한다. 하이데거에 따르면 이러한 고정 관념은 신빙성을 상실했으며, 가장 의심스러운 것임이 입증되었다. "신은 죽었다"라는 니체의 말은 이러한 역사적 변천을 증명했다: "이러한 성스러움의 사라짐은 (…) 성스러움의 입구를 폐쇄한다."(1961, 394 이하)

니체처럼 하이데거는 형이상학 포기에 대한 철학적 선언이 관철되었음을 안다. 때문에 형이상학적 신의 말씀의 붕괴 속에서 진지한 철학 내의 침묵이 확산된다. 우리는 중간 시기에 살고 있다: "지금은 사라진 신들**과** 다가오는 신의 시간이다."(1971a) "우리가 신을 위해서는 너무 늦게 왔고, 존재를 위해서는 너무 일찍 왔다. 시작된 존재의 시는 인간이다."(1954, 7) 기술과 학문의 (마력이 상실된) 세계의 '고난'과 반대로 그런 세계로부터 퇴거한 적막 속에서 **신화적인** 경험 차원이 번성한다: "말해지지 않은 것 속에서" 이 사상가는 "들길에 널려있는 변화된 사물들"의 말을 감지하고, (거장 에카르트를 떠올리며) "침착함"을 얻으며——"영원의 문"으로서의——"지적인 유쾌함"에 도달한다.(1969, 4 이하)

그런데 침묵 속에서 얻은 것을 어떻게 다른 사람이 이해할 수 있도록 언어로 옮길 수 있는가? 추구하는 말은 깊은 의미를 가진 암시에 국한된다. **결과**를 보려는 사람은 어찌할 바를 모른다. "하지만 노력의 빈

곤은 부에 대한 약속이며, 그러한 부의 보물들은 절대로 오산할 수 없는 쓸모없는 것들의 화려함 속에서 빛난다."(1967, 60 이하) 하이데거에게는 프리드리히 횔덜린의 시어가 "도래하는, 동시에 그 과정에서 숨겨진 신에 대한 생각"(같은 곳, 24)으로 간주된다. 따라서 이미 **지금** 시인과 사상가들의 **실존적 시간들**(kairoi)에서 존재가 '빛을 발하게' 될 전환기의 도래가 예고된다.(1971b)

하이데거의 제자인 빌헬름 바이쉐델(1983)은——하이데거보다 더 회의적으로——신을 '어딘가로부터 온 권력' 으로 생각했다. 바이쉐델의 입장에서는 '절대적' 이란 것은 소위 '최종적으로 유효한' 진술이 가진 불확실성이다. 철학이 "신의 문제에서 신에 접근한 것이 아니라 완전히 심연의 무에 접근하는"(같은 책, 36) 모험을 감행했다는 것이다.

한스 요나스

하이데거의 제자인 한스 요나스의 입장에서 **근거 제시가 불가능한 대상에 대한 근본 신뢰**(퍼트넘)에 대한 역사적 타격은 신정론에서 리스본의 지진을 대신하는 '아우슈비츠' 를 통해서 두드러진다. 그런 끔찍한 경험이 요나스로 하여금 사유 실험에서 신에 대한 이해를 고려하도록 만들었다.(1984, 61-86) 신화를 알 수 있는 것 저편에 놓인 영역에 대한 '확실한 추측' 수단으로 남겨둔 플라톤에 기대어 요나스는 가설적인 신화를 다룬다.

창조에 모든 것을 쏟아붓고 이제 세상에 의해서 고통받고 변화하는 신에 대한 신화는 그노시스적 형상을 갖는다. 그러한 신은 인간의 자유에 종속된, 즉 위험에 처한 신이다. 요나스는 아우슈비츠에서의 침묵에 대해서 다음과 같은 사실을 확신한다: "신이 원하지 않기 때문이 아니라 할 수 없었기 때문에 개입하지 않았다."(1984, 82) 요나스는 무의미했으며 무의미한 채로 남는 일에 대해 속죄함으로써 자신의 행동에서 신성의 구체화를 정당화하는 엄청난 노력을 고수한다.

이러한 시각은 **심판의 순간**에 그 타당성이 강화된다——"우리의 전체 존재가 몰입되고, 우리가 영원성의 시야에서 그것이 마치 시간이 허용하는" 마지막 순간인 것처럼 느끼고 행동할 때.(1963, 49) 따라서 그것은 내재의 연속성을 능동적으로 깨뜨리는 일이다. 이러한 실체적 시간에 대한 집중 속에서 "가장 길게 진행되는 것이 아니라 가장 짧게 진행되고 내적으로 가장 많이 시간적 흐름과 맞서는 것이 죽는 존재를 불멸의 존재와 결합한다"(같은 곳, 52) 사실이 드러날 수 있다.

비판 이론: 아도르노, 틸리히

테오도르 아도르노는——마찬가지로 아우슈비츠를 바라보며——역사적 객관성을 지배에 의해 정립된, 주체를 소외의 사슬에 고정시키는 기능 연계로 이해한다. 절대적 의미에 대한 생각이 어떤 경우에도 사악한 존재 현실과 혼합되어서는 안 된다는 것이다. 아도르노는 조심스러운 표현으로 내재성 속의 초월성에 대한 이해를 추구한다. 그러한 이해는 형이상학의 전통적 **대답**을 배척하고, 형이상학의 물음을 보류한다. "중심이 떨어져 나가지 않은 생각은 초월성으로 귀결된다"(아도르노 1966, 393)는 경험, 모든 개념은 최종적으로 절대적인 것 속에서 일치한다는 경험은 다시금 경험적으로 유한한 주체에 의해서는 정해질 수 없는 의미를 가리킨다——비로 그 의미가 주체의 성찰 없이는 추론될 수 없지만. 이러한 의미 개념은 **모든 행위의 저편에 놓인 객관성**을 내포하며 행해진 것으로서는 이미 허구이다."(같은 곳,

367) 이러한 의미 경험이 잘 이루어지는 현재의 모습은 "각각의 행운은 전체 행운의 파편"이라는 확신이 자라는 **순간**이다(같은 곳, 209): "어떤 빛도 초월성이 반사되지 않는 인간이나 사물을 비치지 않는다." (같은 곳, 394)

부정적인 변증법은 의식의 마법('마력')과 역사적인 조건 체계의 불행한 폐쇄성을 묘사한다. 사유가 그러한 구조를 벗어나고, 스스로 그러한 구조의 **진리 요구**에 대해 결정을 내릴 수 있는 것은――막스 호르크하이머도 분명하게 지적한―― '완전히 다른' 차원에 대한 직관적인 접근성에 달려 있다.

마찬가지로 키에르케고르와 셸링의 영향권에서 움직이는 파울 틸리히(1963)는 '비판 이론'의 사상가들과 밀접하게 연계되었다. 그의 종교철학에서는 **순간**이 핵심적인 역할을 수행한다. 틸리히는 시간 속에서 영원성의 갑작스런 출현을 **역사존재론적**으로 해석한다. 실존적 시간에서 근원적인 것, 창조적인 것의 힘이 발생하며, 모든 낡은 형태를 혁명적으로 부수고 새로운 형상을 부여한다. 이때 합리적인 형상 부여의 가설에 맞서 강제성이 비합리적으로 독자화되며 악마적인 모습을 띨 수 있다.

대화철학과 유대교의 영향

20세기에 실존철학은 커다란 변화를 겪은 **대화철학**으로 표현된다: 유일하고 환원 불가능한 개인적인 요소는 일반적인 것보다 '더 높은' 것으로 간주되어야 하고, 우연적인 것은 그 충만성에서 필연적인 것보다 더 유익하다는 것이다.

이러한 방향은 프란츠 로젠츠바이크 · 마르틴 부버 · 오이겐 로젠슈

톡 · 페르디난트 에브너 · 에버하르트 그리제바흐(코달레 1996 참조) · 가브리엘 마르셀과 오늘날에 이르러 에마누엘 레비나스에 의해서 대표된다. 유대인 사상가들(헤르만 코헨이 그들에게 중요한 자극을 주었다)의 강한 대두가 이 방향을 특징짓는다. 그런데 먼저 이 사상가 모두의 공통점을 강조해야 한다: 그것은 관념주의적 철학으로부터의 탈피와——자아의 자신 이해와 세계 이해를 혁신적인 방식으로 개조하는, 즉 자아로 하여금 자신을 발견하도록 이끄는 힘을 가진 말을 하는——타인과의 접촉 순간에 대한 **상황윤리적** 집중이다. 모든 주의는 타자가 말하는 순간에 집중된다. 대화적인 사건의 (통제 이성에 선행되는) **중간** 세계의 오래전 일은 그러한 사상가들에 의해서 특수한, 포괄적인 초월 경험으로 확장된다. 핵심적인 것은 생명을 불어넣는 힘을 가진, 달리 말해서 명명을 통한 창조적인 신의 말씀이다. 이러한 지식의 원천성은 메타논리적이다. "세상이나 신처럼 인간을 증명하는 것은 가능하지 않다. 지식이 이 세 가지 가운데 하나를 증명하고자 하면 필연적으로 무(無)에 빠지게 된다."(로젠츠바이크 1976, 68)

레비나스에게도 다음 사항이 적용된다. 구체적인, 감각적으로 현존하는 타자(他者)는 절대적인 타자의 흔적 속에서 움직이는데, 절대적인 타자는 "항상 사유를 넘어서며"(1987, 26) 그런 점에서 그에 대한 모든 기술은 이미 임시적인 것이다.(1983, 115, **A.** 42) 무한한 요구에 대한 그런 경험의 대리 불가능성은 증거와 증언 속에 나타난다. 레비나스가 제시하는 많은 것들은 이미 오래전에, 20년대의 사상가들에게서 (그리고 그리제바흐 같은 비유대인에게서도) 나타난다. 이러한 철학의 강조적인 언어는 물론 끔찍한 고통에 의해서 전율한다——**아우슈비츠**의 경험에 상응하는 인간 모습과 관련된 '**서사적인 철학**' 의 각 명제 속에서.

루트비히 비트겐슈타인

비트겐슈타인은 합리적으로 진술 가능한 것의 한계를 명확하게 규정하려고 시도했다. 윤리학과 종교에서 주제로 다루어지고 **비트겐슈타인도 기본으로 간주한** 경험들은 물론 적절하게 언어로 표현될 수 없다. "패러독스는 경험과 사실이 초자연적인 가치를 가진 듯 보인다는 것이다."(1991, 80 이하) 뭔가에 대해서 **경이롭다고** 놀라는 경험은——가령 세상이 존재한다는 것!——'안정감'이나 '죄'에 대한 경험처럼 억누를 수 없다. 삶의 최종적인 의미나 절대 선에 대해 뭔가를 경험하고 그것에 대해 진술하는 것은 비트겐슈타인의 입장에서 인간 본성에 속한다——"세상을 **넘어서고** 언어의 한계를 향해 달려가려는"(같은 곳, 82) 경향(혹은 충동)으로서. 그러한 넘어섬의 움직임은 모든 이성적인 존재의 입장에서 무엇이 그런 경우인가를 확정하려는 언어로는 파악되지 않는다. 평이한 체험 가능성의 가설은 비트겐슈타인의 불신을 일깨운다. 왜냐하면 그는 "내가 생각할 수 있는 어떤 묘사도 '절대적인 가치'라고 말하는 것을 묘사할 수 없으며, 내가 그밖에 그 누군가에게 떠오르는 모든 의미 있는 묘사도——그것이 의미 있기 때문에——처음부터 배척할 거라는 것"(같은 곳)을 분명하고 확실하게 보았다. 비트겐슈타인의 표현 노력은 다음 문장을 통해서 종결된다: "나는 세상 존재의 기적(이것이 비록 언어의 문장이 아니더라도)에 대한 올바른 언어 표현은 언어 존재 자체라고 말하고자 한다."(같은 곳, 81) 그밖에 키에르케고르와 관련하여 분명하게 드러나는 것은 비트겐슈타인의 입장에서 '믿음'이란——삶의 실천 과정에서 입증되어야 하는, 믿음 언어의 패러독스한 개념이 **의미하는** 것을 **보여주는**——해석

관점의 **열정적인** 이용이라는 것이다.

실용주의: 제임스, 퍼스

경험론에 의해서 명백성이 입증될 수 있는 것 저편에 놓인 창조적인 경험이 생길 수 있다는 것, 그리고 그것이 행위 속에서 **증명되고 진실로 판명된다는 것**은——비트겐슈타인의 입장에서처럼——미국 실용주의자들의 입장에서도 삶 이전의 **일**에 속한다. "따라서 사전에 어떤 사실의 발생에 대한 믿음이 없다면, 그 사실이 전혀 일어날 수 없는 경우가 있다."(제임스 1948, 61)

제임스가 다음과 같은 사실을 확인한다면, 신적인 것에 대한 개인의 비일체적 관계가 전제되어 있다(1997, 63 이하): "관찰의 진리 내용에 대한 최종적인 기준은 그 출처가 아니라, **관찰이 전체에 작용하는 방식이다.**"(같은 곳, 53)——**존재의 불안 구조**, 이와 결부된 도덕주의를 극복하고 "침착성과 열광적인 기쁨 사이의 모든 가능한 형식을 수용할 수 있는"(같은 곳, 74) 태도 속에서: "핵심적인 특징은 (…) 최종적으로 타인과 좋은 관계에 있다는 느낌이다"——"외적인 삶의 조건이 변하지 않더라도" 모든 것을 관철하는 "**존재적 준비 자세.**"(같은 곳, 263)

찰스 샌더스 퍼스는 마침내 칸트 이래 조롱받는 우주론적 논거(1995, 339)의 복권 속에——자유로운 관조를 가리키며——다시 신의 실체성에 대한 가설을 발전시키는 데 주저하지 않았다. 정직한 학자가 "자신의 삶 영위와 모든 행위 결과를 이러한 가설과 조화시키려고 노력하는 것"(같은 곳, 340 이하)은 전혀 잘못된 것이 아니라는 것이다.

기능적 종교 이론: 뤼베, 루만

종교가 계몽 실천의 조건하에서 급격히 변화하는 사회를 안정시키는 데 필수적이라는 주장이 있다. 이때 '우연성 극복의 실천'은 절대적으로 마음대로 처리될 수 없는 것으로 경험되는, '내적인 종속성'의 느낌을 강화하는 '삶의 존재 목록'의 특징을 나타내는 핵심어이다. 종교는 우리 존재의 절대적 우연성 **인정**에 대한 일정한 입장이 형성되는 매체이다. 삶의 질을 위해서는 "마음대로 처리될 수 없는 것과의 이성적인 관계"(뤼베 1986, 231)를 형성하는 것이 매우 중요하다.

루만에 따르면 종교는 그 암호를 통해서 "규정될 수 없는 것을 규정될 수 있는 복합체"(루만 1977, 20)로 이행 가능케 한다. 다르게 말하면 "원칙적으로 열린 세계로의 환원"(1991, 939)을 가능하게 한다: "도덕적 가치와 요구의 근거 제시, 집단적·개인적 두려움의 흡수, 과도적 상황과 불명료성의 조정은 그러한 전체 기능의 틀 속에서의 (필요에 따라 발휘되는) 개인 역량이다."(1984, 16) 인간은 각각 당연히 자신을 주장하기 위해서 항상 우연성을 축소시키고 선택하는 것이 **필요하다**. 이러한 과정은 존재적인 의미에서 받아들여질 수 있는데, "왜냐하면 신 속에서 그러한 선택의 완벽성이 보장되기 때문이다."(1977, 131 이하) 우연성을 다루는 일에 '일종의 필연성'을 부여하는 '신'이라는 암호가 비규정적 가능성의 텅 빈 영역 앞으로 움직인다.(같은 곳, 130)

그러한 이론이 설득력이 없지 않다. 물론 종교의 그런 기능이 철학적 **문제 제기**의 영역에서 **부차적인** 것으로 간주되어야 하는지에 대한 물음이 생겨난다. 따라서 로베르트 슈패만은 기능에 대한 사유가 '신'이라는 비유의 근본적인 교체 가능성으로 이어지고, 그러한 상대화가

믿음을 통해 '절대적인 것'에 대해 이해하는 것과는 모순된다고 주장
했다.(1985, 16 이하) 우리가 전면에 내세운 관점과 사상가들은 어쨌든
전체적으로 다음과 같은 확신을 표현한다: 합리적으로 이루어진 삶 형
태의 토대 위에서 믿음 속에서의 신뢰할 만한 진리 관계에 대한 철학
적 규정은 기능적·합목적적 해석 표본을 극단적으로 정하는 결정을
그 바탕으로 삼는다.

3. 결론

인간 존재는 '인간'의 시각에서는 무의미하고 유익하지 않는 아주
오래된 설명으로부터만 자신의 심층 차원을 얻는다.

사회철학

데틀레프 호르스터 (하노버대학교의 사회철학 교수)

1. 사회철학의 일반적인 특징

'사회철학' 개념은 다양하게 사용된다. 최소한 일곱 가지 규정 방식을 열거할 수 있다. **첫째**, 사회철학은 철학의 실천적 분과 학문을 위한 포괄적인 분야로 이해된다. **둘째**, 절차적인 면에서 기술적인 사회철학을 규범적으로 보충하는 기능이 사회철학에 부여된다. **셋째**, 사회철학은 시대를 진단하는 분과 학문으로 파악된다. **넷째**, 사회철학은 앵글로 색슨의 전통에서 우리가 정치철학이라고 부르는 것을 가리킨다. **다섯째**, 사회철학은 사회 발전 과정의 병리 현상이 설명되는 분과 학문으로서 등장한다.(혼네트 1994c, 9 이하) **여섯째**, 막스 호르크하이머는 철학적 이론과 학문적 실천 사이의 변증법적 관계를 인식했으며, 그것을 사회철학이라고 불렀다.(호르크하이머 1988, 29 참조) **일곱번째**, 사회철학은 이 글에서 개인과 사회의 관계 및 거기서 발생하는 문제를 파악하는 분과 학문으로 이해되며, 이때 무엇이 문제인가에 대한 규범적인 척도는 전체 사회 질서의 원만한 기능 수행이어야 한다. 일곱번째 규정에는――우리가 쉽게 인식할 수 있듯이――두번째, 세번째, 다섯번째와 같은 다른 규정들이 포함되며, 규범성은 기능성으로 이해되는 것이지 사회적 관계의 올바름에 대한 철학적 훈계로 이해되지는 않는다.

　사회적 질서를 위협하는 사회 문제에서 출발하는 것을 나는 사회철학적 성찰을 위한 철학 이전의 실마리라고 부른다. 이러한 관점에서 사회철학에 대한 일곱번째 규정은 사유의 목적이 문제 해결에 있는 실용주의와 가깝다: 미국 실용주의자들의 견해에 따르면 각 연구 과정은 문제가 된 일상성에서 생겨난다. "[때문에] 인식에 관한 응용 지향적 혹은 행위 지향적 시각은 지식으로서의 확신이 단지 국지적으로, 습득 및 그 응용 과정과 관계에 따라 정당화되어야 한다는 것을 요구한다."(파페 1996, 183) 간단한 예를 들어 보자: 우리가 매일 별문제 없이 어떤 문을 지나가면, 그 문을 자세히 들여다보게 되지 않는다. 손잡이를 밀었는데 문이 열리지 않을 때 비로소 우리는 자세히 들여다보게 될 것이다. 우리의 '연구' 과정에서 그 원인을 확인할 수 있을 것이다: 나무가 뒤틀렸거나 경첩에 기름칠이 안 되어 있거나, 혹은 문이 잠겨 있다. 우리가 원인을 연구하고 이론을 발전시켰다면, 우리는 그때부터 실질적인 문제 해결 과정으로 넘어갈 수 있다: 대패질을 하거나 기름칠을 하거나, 혹은 문을 열어 달라고 관리인에게 요청한다. 우리가 문이 두 공간 사이의 적절한 통로가 아니라는 것을 확인했다면, 우리의 연구는 혁신적인 결과를 낳은 것이다. 찰스 샌더스 퍼스는 이러한 과정을 비유적으로 다음과 같이 일반화했다: "모든 개념의 요소들은 인지의 문을 통해 논리적 사유의 안으로 들어오며, 합목적적 행위의 문을 통해서 사유로부터 떠난다. 그리고 이 문에서 출입증을 제시하지 못하는 것은 이성에 의해서 무자격자로 체포된다."(퍼스, 파페의 같은 곳에서 인용) 윌리엄 제임스는 철학적 논쟁의 경우 그 구체적인 결과에 대해서 묻는다면 많은 논쟁이 무의미한 것으로 추락할 것이라고 생각한다.(제임스 1977, 31 참조) 사회철학적인 결과들은 그 결론에서 "시간을 초월한 이성 진리와 시간에 속박된 사실 진리 사이의 차이가 더 이상 분명하지 않다"는 리처드 로티의 이상 관념에 근접한다.(1988, 84) 그것은 철학적 개념들이 그와 관련된 사회 구조의 발전에 따라 그 의미 내용을 변화시킨다는 것을 의미한다. 일반적으로 사회철학이 무엇인가에 대해서는 일차적으로 이 정도의 이야기를 할 수 있다. 사회적인 현상에 대한 철학의 관점은 오늘날 상이한 사회철학적 방향에 의해서 상이한 방식으로 추진되는데, 이 문제에 관해서는 끝부분(제4장)에서 다시 언급할 것이다. 먼저 한 예를 통해서 사회철학이 무엇인지 좀더 자세히 규정되어야 하며(제2장), 사회철학의 출발과정을 간단히 살펴보는 게 필요하다(제3장).

2. 사회철학의 특징
——구체적인 예와 관련하여

현재 가장 중요한 사회철학은 비판 이론이다. 비판 이론은 오늘날 의식적으로 1931년 사회연구소의 책임자인 막스 호르크하이머의 취임 강연(강연 제목은 〈사회철학의 현황과 사회연구소의 과제〉)으로 시작된——특히 하버마스에서 의해서 이어지는——오랜 전통과 연결된다. 호르크하이머는 사회철학이 당시에 일반철학적 관심사의 핵심이라는 점을 환기시키고, 그 점을 다음과 같이 설명한다: 사회철학의 최종적인 목표는 "인간이 단순히 개인이 아니라 사회의 구성원인 점에서 인간의 운명을 철학적으로 설명하는 것이다. 때문에 사회철학은 특히 인간이 사회적 삶과 연관되는 것으로 이해될 수 있는 현상에 관심을 기울여야 한다——국가 · 법 · 경제 · 종교, 간단히 말해서 인간의 물질적·정신적 문화 전체."(호르크하이머 1988, 20) 호르크하이머는 연구소 책임자로 취임하면서 동시에 그를 위해서 설립된 사회철학과의 교수직을 맡는다.(같은 곳, 30 참조)

학문적 객관성이라는 이상의 의무를 지는 전통적인 사회 이론과 달리 비판 이론은 그것을 넘어서 규범적 목표를 명쾌하게 설명해야 한다는 요구를 내세웠다. 그것은 해방에 대한 관심이었다. 비판 이론은 그 이론적 명백성을 위해 철학 이전의 명확한 연관점을 찾았다. 해방을 목표로 삼는 사회 이론을 위해서, 그것은 사회적 문제로서 인식될 수 있고 효과적이며 해방에 대한 관심을 담지하는 것이어야 한다. 이를 통해서 비판 이론이 사회학 이론과 구분되는 것이지 "사회학적 계몽 내용의 우월성이나 철학적 입증 절차를 통해서"(혼네트 1994*a*, 81) 구분되는 것은 아니다. 호르크하이머와 아도르노의 전통적인 비판 이론은 억압과 착취에 대한 저항을 표현했던 프롤레타리아 속에서 그러한 연관점을 보았다. 때문에 아도르노에게는 마르크스의 《자본론》에서 소외에 관한 장(障)이 특히 중요했다.(같은 책, 89 참조)

우리는 여기서 시험삼아 사회철학적 연구의 그러한 출발점을 내가 앞서 일곱번째 정의로 제안한 사회철학의 일반적인 규정과 비교해 보기로 한다. 그것은 사회 속에서 개인의 문제에 관한 것이다. 호르크하이머는 오직 자주적인 주체에 치중하고 개인과 사회의 관계, 혹은 개인들 사이의 관계에 관심을 두지 않은 철학을 사회철학으로 인정하지 않는다.(호르크하이머 1988, 21 참조) 전체 사회 질서는 빈곤과 부유의 불균형에 의해, 억압과 착취에 의해 방해를 받는다. 이것은 노동자 계층의 구성원들에게서 나타나며, 때문에 그들은 계급 없는 사회를 추구한다. 계급 없는 사회가 비판 이론 연구의 규범적인 목표이다.

하버마스는 "마르크스주의의 생산 패러다임을 의사소통 행위의 패러다임으로 전환하는데, 이 패러다임의 틀에서는 사회 발전의 조건이 사회적인 노동이 아니라 사회적인 상호 작용 속에서 형성된다는 것이 분명하게 드러난다."(혼네트 1994a, 82) 하버마스의 견해에 따르면 의사소통 패러다임은 한편으로는 본질이며, 실제 상호 활동을 가능케 하고, 따라서 사회학적으로 조사될 수 있으며, 다른 한편으로는 규정적인 해방을 목표로 삼은 원칙이다. 왜냐하면 그 속에 각자가 (명령하고 반박하며, 허락하고 금지하며, 고려하고 요구하는 등의) 동등한 권리를 갖는, 계급 없는 미래 사회를 향한 전망이 담겨 있기 때문이다. 그것은 모든 측면에서 기회 배분이 동일한 사회일 것이다. 의사소통 패러다임의 규정적 요소는 규범적-철학적 요소이다.

(벤하비프(1995, 65)와 달리) 혼네트에 따르면 이러한 패러다임의 단점은 그것이 마지막에 언급한 측면에서 해방을 목표로 삼는 내용을 담고 있으나, 그 내용이 손상을 입은 사람에게 반드시 손상으로 경험될 수 있는 것은 아니라는 것이다. 반대로 결핍된 언어 능력을 가정할 수 있으나, 그것이 사회 변화의 욕구를 일깨우는 (경험될 수 있는) 손상에 대한 가정은 아니다.(같은 곳, 85 참조) 혼네트의 비판은 바로 이 부분에서 시작된다. 노동 패러다임의 해방주의적 내용은 저항을 담당하는 프롤레타리아 속에서 항상 인간적 사회 관계 규칙의 손상을 포함하며, 따라서 미래 지향적·해방주의적으로 그러한 손상의 해소를 함축한다. 이와 달리 의사소통 패러다임은 혼네트의 입장에서 계속해서 발전될 수 있는 비판 이론의 사회적 연관점이 아니다. 왜냐하면 그것은 어떤 경우에도 경험될 수 있는 손상을 내포해야 하는 것은 아니기 때문이다.

오래 지속되는 대량 실업과 관련자의 지속적인 고통이 비로소——혼네트에 따르면——새로운 패러다임에 대한 생각을 불러일으킨다.

실업자들은 자신들의 고통이 멸시 혹은 최소한 존중과 인정의 결여에서 나온 것임을 경험한다. 혼네트의 입장에서는 이것은 사회적 하층 계급의 저항 행동을 입증하는 연구에 반영된다. "그러한 연구에 몰두해 보면, 긍정적으로 표현된 도덕 원칙에 대한 방향 설정이 아닌 직관적인 정의관의 손상 경험이 하층 계급의 사회적 저항 태도의 밑바탕에 깔려 있다는 것이 분명해진다. 그리고 고유한 품위, 명예 및 고결함의 존중과 연관된 기대가 항상 그러한 정의관의 규범적 핵심을 형성한다. 이러한 결과들이 각각의 연구 맥락을 넘어서 일반화된다면, 사회적 인정의 획득 속에서 모든 의사소통적 행위의 규범적 전제 조건을 확인한다는 결론이 명확해진다: 주체들은 도덕적 개인으로서 사회적 역량에 대해 인정받는다는 상호적인 기대의 시각에서 서로 만난다."(같은 곳, 86) 여기서 혼네트는 상호간의 사회적 인정이 사회적 상호 활동 과정의 밑바탕에 깔린 규범적 기대라는 결론을 이끌어 낸다. 마땅한 것으로 간주된 기대가 어긋나면, 사회화된 주체는 그것을 무시로, **도덕적 관점**(moral point of view)의 손상으로 받아들인다. 사회적 인정 경험은 개인의 정체성 발달의 전제 조건이며, 모든 인정 결여 혹은 무시는 인격의 상실로 받아들여진다. 그것에 대한 징표는 무엇보다도 인간이 그런 경우에 분노나 화와 같은 도덕적 감정을 발달시킨다는 것이다. 이를 통해 혼네트는 비판 이론 발전을 위한 확실한 출발점을 찾아냈다. 저항은 미래를 지향하는 내용, 즉 모든 인간에게 동등·상호적인 존중을 보장하는 사회를 지향하는 내용을 담고 있다.

비판 이론이 사회학이고자 하는 요구를 내세우나, 니클라스 루만 같은 사회학자들은 그것을 인정하지 않는다. 혼네트에 따르면, 우리가 분석으로 척도로서 정의로운 사회의 이상을 그릴 때에만 사회의 분석이 이루어질 수 있다고 한다. 그리고 우리는 불완전한 사회의 어떤 메커니즘이 지속적인 발전을 가로막는지 보여주어야 하며, 동시에 우리가 계발해야 할 발전 잠재력을 보여주어야 한다는 것이다.(혼네트 1994b, 11) 체계 이론은 그런 규범적인 요소와의 연관성에 대해 비판한다. 루만은 반면에 "현실을 객관적·중립적으로 평가"하려고 한다. (1973, 277) 왜냐하면 사회 질서에도 불구하고 여전히 문제가 발생하는 것은 더 나은 사회라는 목표를 향한 열광적인 전망이 감춰진 기만적인 요소가 사회 질서 속에 들어 있다는 추측을 낳게 하기 때문이다. 우리는 그의 이론도 사회 질서의 기능 발휘라는 목표를 지향한다는 점을 반박해야 한다.(호르스터, 1997, 19 참조) 이러한 목표는 사회철학에 대한 나의 일곱번째 규정에서 변화된 규범성의 의미와 일치한다. 물론 루만은 그 계획을 통해 사회를 안정화시킬 가능성이 없다고 본다. 헬무트 빌케가 더욱 발전된 체계 이론에 대한 이해에서 그러한 가능성을 찾아낸다.(아래 내용 참조)

루만과 달리 다른 연구자들은 이미 사회학의 탄생 과정에서 규범적 연관점을 본다: "사람들은 종종 사회학을 근대 사회의 위기 학문이라고 지칭한다. (…) 세속화·개인화와 산업화의 사회적 결과는 커다란 사회적 문제와 결부되며, 그런 문제에 대해서 철학적 학문 분야가 더 이상 충분히 대답할 수 없다."(피르싱 1994, 16) 이러한 과제는 이제 사회학이 담당해야 한다. 사회학은 기술을 통해서 그 해결에 기여해야 한다. 이러한 정의는 사회학을 사회철학과 밀착시키거나——아도르노가 말했듯이——사회학과 사회철학을 동일하게 만든다. 아노르노의 입장에서는 "사회철학이 (…) '비판적 사회 이론'과 일치한다."(아도르노 1972, 538) 이러한 사회철학에 대한 정의는 사회학자 레네 쾨니히가 자신의 학문을 사회철학과 엄밀하게 구분한 것에 대한 반발이다. 쾨니히에 따르면 사회철학은 "유용한 이론적 가설의 표현에서 특이한 궁색함의 특징을 나타내는 사회학 대신에 단지 철학"(쾨니히 1958, 91)일 뿐이다. 이러한 진술과 함께 쾨니히는 특히 페르디난트 퇴니에스를 반박한다.

3. '사회철학' 개념의 역사

사회철학에 대한 이러한 상이한 시각과 함께, 이미 철학적 분과 학문인 '사회철학'의 탄생 과정에서 역사적인 논란의 모습이 나타났다. 그 이전에 '사회철학'이라는 낱말이 언급된 경우를 제외하면 사회철학은 1890년대에 탄생된 것으로 보아야 할 것이다. 이미 모제스 헤스가 1848년에 자신의 행동철학에서 '사회철학'이라는 개념을 언급했다. 하지만 그는 물론 이 개념을 프랑스 사회주의자들의 철학을 지칭하는 데 사용했다.(헤스 1972, 37 참조) 이 개념은 1894년 이후에야 비로소 게오르크 지멜과 루돌프 슈탐플러에 의해 논의되고 보완되었다. 두 사람에 의해 사회철학의 성격이 규범적인 동시에 기술적인 것으로 규정된다. 사회철학은 사회적 사실과 연계되나, 규범적인 목적을 지향하면서 그에 맞춰 변화할 수 있어야 한다. 그 이후 '사회철학' 개념이 보다 폭넓게 사용된다. 그 이전에 그 개념이 사용되지는 않았음에도 불구하고 실질적인 면에서는 사회철학이 존재했다. 악셀 혼네트는 그 시작을 루소의 철학에서 본다.(혼네트 1994c, 18 참조) 물론 개인과 사회의 관계 및 거기서 생겨나는 문제나——혼네트가 말하듯이——병리 현상(가령 관계 상실, 물질화, 소외, 허무주의, 공동체 붕괴, 몰개성화, 시장화, 집단 노이로제)에 몰두했던 초기 근대의 다른 철학자들, 가령 토머스 홉스를 언급할 수도 있을 것이다.(같은 곳, 51 참조)

‘독일사회학회’의 창설 해인 1910년, 첫 독일 사회학자의 날에 페르디난트 퇴니에스는 창립 연설에서 사회학이 일차적으로 철학적 분과 학문이라는 견해를 대표했다. 그는 사회철학을 순수 기술적 학문으로 규정했다. 그는 사회학과 사회철학이 가치 중립적으로 연구해야 하며, ‘무엇인가’에 몰두해야지 ‘무엇이어야 하는가’에 몰두하지 않아야 한다고 주장했다. 이로써 퇴니에스는 사회학과 사회철학을 동일시했다──훗날의 아도르노와는 다른 측면에서. 그후 ‘사회철학’개념은 1931년 호르크하이머가 좀더 자세한 규정을 시도하기 전까지 철학과 사회학에서 상이한 뉘앙스를 가진 채 사용되었다.

4. 현대의 가장 중요한 사회철학 구상들

이제 현대 사회철학의 중요한 흐름에 눈을 돌려보기로 하자. 사회의 심각한, 하지만 쉽게 인식될 수 있는 불완전성은 그러한 사회철학적 입장의 상이한 실제 상태가 척도로 삼을 수 있는 당위적 사고를 통해서 조정되어야 한다. 다루어질 수 있는 사회철학적 방향은 탈근대주의, 후기구조주의, 보편주의, 공동체주의, 여성주의철학과 신체계 이론이다. 공동체주의자·보편주의자와 신체계 이론가들은 개인과 사회의 관계에서 발생하는 문제의 해결책을 사회와 공동체에 대한 변화된 시각에 찾는다. 반면에 탈근대주의와 후기구조주의는 개인에 대한 변화된 시각에서 해법을 찾는다. 즉 구체적인 인간을 지켜보고 거기서 결론을 이끌어 내는 것이 사회철학적 프로그램이다. 여성주의철학은 공적─사회적 영역에서의 여성 배제를 통해서 발생하는 불평등과 불의가 해소되기를 바란다.

a) 후기구조주의

아마도 중요한 후기구조주의적 사상가라고 할 수 있는 사람은 미셸 푸코이며, 그밖에도 장 보드리야르 · 자크 데리다 · 줄리아 크리스테바 · 자크 라캉 등을 들 수 있으며, 가장 유명한 후기구조주의 철학자로 장 프랑수아 리요타르를 들 수 있다. 구조주의는 먼저 언어철학에서 발전했다. 페르디낭 드 소쉬르에 의해 언어에서 주체 및 객체에 배열적인 틀을 부여하는 구조가 발견되었다. 클로드 레비 스트로스가 연구했듯이 낯선 문화는 고유한 구조를 갖고 있으며, 미셸 푸코가 사회학적 시각에서 조사했듯이 우리 자신의 문화도 구조를 갖는다. 구조는 사회 질서를 객관적으로 생각할 수 있는 가능성을 열어 준다. 구조는 사회적 질서의 중개자이며, 푸코의 입장에서는 그것은 권력의 미시 구조를 통한 질서에 관한 것이다. 푸코는 자신의 저작인 《사물의 질서》(1966), 《광기와 문명》(1972), 《감시와 처벌》(1975), 《성의 역사》(1976)에서 권력 구조에 관해 연구한다. 단지 권력의 세밀한 미시 구조를 분명하게 함으로써만 개인이 사회를 변화시키고, (탈출이 불가능한 공장, 감옥과 학교의 사회 시설을 이용한 육체, 규범과 지식 훈련의 제어 체계 속에서 개인이 맞닥뜨리는) 권력의 작용에 맞서는 것이 가능하다.

미셸 푸코는 인간을 지배하는 그러한 사회 구조에 대항하여 개인적인 처세술과 자기 구성의 윤리학을 끌어들인다. 그러한 윤리학은 "사람이 살아야 하고 행동해야 하는 방식——사람이 도덕적 존재로서 스스로를 구성해야 하는 방식"(푸코 1986, 37)을 보여준다. 처세술의 윤리학은 어떤 내용을 포함하고 있는가? 푸코에 따르면 그것은 다른 구조를 통해서 자신을 타율적으로 구성하게 만드는 대신에 주체로서 스스로를 자주적으로 창조하는 일이다. 새로운 처세술을 필요로 하는 주체는 자신만의 기술을 바탕으로 스스로를 만들어 나간다. 개인은 그러한 바탕 위에서 고유한 도덕적 규칙, 고유한 삶의 방식을 창조한다. "고대 철학에서는 성찰적 인간이 종종 예술가와 비교된다: 자신의 고유한 삶을 형성하는 것은 이따금 조각가나 화가처럼 몇 걸음 뒤로 물러나서 작품을 살펴보며 고치거나 새로 시작되어야 하는지 검증하는 것, 그런 다음에 다시 '작업' 하는 것을 의미한다." 개인과 처세술의 도덕 측면에서 그것은 "한 개인이 자신의 삶에서 자신을 상대로 혹은 타인을 상대로 어떤 태도를 취하는가"라는 질문을 던지는 것이다. "(…) 중요한 것은 항상 개인이 모든 법적 혹은 의사소통적 규칙의 이면에서 어떤 결정을 내리느냐 하는 것이다. 자주적인 주체는 항상 자신의 결정을 내린다. (…) 자주적이란 '자기 입법'과 다르지 않다——나는 어떤 상황에서도 나 자신에게 그런 규칙을 부여할 수 있다."(슈미트 1996, 26-29) 요약하자면, 후기구조주의적 철학자들은 사회학적으로 사회 속에서 인간을 지배하는 구조에 시선을 돌린다. 이것이 그들에게는 철학 이전의 연결점이다. 그들은 규범적-철학적 방식으로 구체적인 개인 발전 가능성을 성찰한다.

b) 공동체주의

공동체주의자들의 진단에 따르면 사회적 문제 혹은 병리 현상은 오늘날의 미국 시민들이 인류 역사상 가장 유동적인 시민들이기 때문에 생겨난다고 한다. 이것은 높은 이혼율, 잦은 파트너 및 주거지와 일자리 교체에서 드러나고, 그런 교체가 생기면 대부분 새로운 종교적 공동체와 다른 정치적 단체에 소속되는 일이 생긴다는 것이다. 이러한 지역적·사회적·정치적 유동성은 계속해서 증가한다고 한다.

그곳에서 미국인 연구가 로버트 N. 벨라·알라스데어 매킨타이어·마르타 누스밤·마이클 샌델·찰스 테일러·마이클 왈처는 민주주의 존재에 대한 커다란 위험을 발견한다. 교양이 부족한 개인들로 구성된 사회에는 민주주의적 국가 형태 보존에 대한 관심이 결여되어 있다는 것이다. 그들은 이러한 위험을 가리키면서 미국 민주주의에 대한 알렉시스 드 토크빌의 고전적 분석과 연관된다(토크빌 1985, 340 이하): 폭군은 심화된 개인주의화로 인해 병든 사회를 쉽게 억압할 수 있다. 왜냐하면 "강화된 유동성을 포함하는, 근대적 문화의 개인 소유화 경향, 전통 사회의 몰락, 거대 도시의 성장과 (부분적으로 개인 소유화 과정의 결과인) 소비 사회의 강요는 원자론적인 의식을 불러일으키며 우리 사회의 공화적인 측면에 대한 의식 내지 믿음을 사라지게 하는 경향을 드러내기" 때문이다.(테일러 1988, 183 이하) 이로써 공동체주의자들의 선(先)철학적 근거가 언급된다.

마이클 왈처는 이러한 위협적인 상황으로부터 해결 방안을 모색한다: 우리는 이전에 유효했던 공동체 가치를 다시 찾아야 한다. "우리는 도덕적 세계를 찾으려고 할 필요가 없다——우리는 이미 늘 그 속에서 살았으므로."(왈처 1987, 29) 도덕적 가치는 물론 현대의 시각에서 새롭게 해석되어야 한다——이것이 철학의 과제이다.

모든 공동체주의자들은 "근대의 정치적 이념이 기독교의 기원까지 소급될 수 있는 전통의 흐름을 통해서 확인"된다고 확신한다.(조스텐 1992) 사람들이 현대 미국에서 그러한 연관성을 기술하기 위해서 노력을 기울여야 한다는 것이다. 그리고 민족 의식과 공동체 의식을 좀더 강하게 고취시키고, 그러한 사회 위협적 위험을 몰아내기 위해서 사람들에게 전통적인 가치와 그러한 연관성을 의식하게 만들어야 한다는 것이다. 공동체주의자들의 가설에 따르면, 미국 건국의 아버지들은 자신들을 모세 후계자로 보고 미국을 새롭게 축복받은 땅으로 여겼으며, 자신들의 기술에서 그러한 점에 대해서 추호도 의심하지 않았다.(왈처 1988, 13 이하; 벨라 외 1987, 56 이하 참조)

c) 보편주의

카를 오토 아펠 · 위르겐 하버마스 · 로널드 드워킨 · 존 롤스와 같은 사회철학자들의 입장에서는 구속력 있는 공동의 기준점에 대한 개체화된 인간의 집중은 다른 방식으로, 즉 보편적 당위 규범을 통해서 이루어진다. 여기서 가장 중요한 보편주의자로 소개되는 존 롤스는 그러한 기준점의 발달 과정에서 어떤 행동을 취하는가? 그는 결정 이론과 유희 이론을 사용한다. 두 이론은 결정 근거의 합리적인 제시에 관한 것이다. 롤스는 이 이론들의 사용을 통해서 어떤 다른 사회보다 공평 원칙이 지켜지는 사회에서 사는 것이 더 유리하다는 견해에 이른다. 그러한 사회의 성립과 존속의 필수 조건은 (1) 원칙들이 일반적이라는 것이고, (2) 원칙들이 보편적으로 사용되는 것이며, (3) 원칙들이 공개적으로 알려지는 것이고, (4) 원칙들과 경합하는 요구들이 규정되는 것이며, (5) 원칙들이 최후의 결정 기구라는 것이다.(롤스 1975, § 23 참조) 케르스팅은 그런 조건들을 간단히 "일반성 · 보편성 · 공공성 · 규정성 · 최후 결정성"(케르스팅 1993, 139)이라고 부른다.

이것은 자기 개인의 이득을 선호하고 타인의 이득을 배제하는——가령 불법 승차처럼 다수가 그 대가를 지불함으로써 자기 이득이 가능한 경우——이기주의적 윤리를 제재하는 외형적 원칙이다(그런 경우 최소한 조건 1과 2가 충족되지 않을 것이다). 롤스는 합리적인 선택을 가능하게 하기 위해서 또 다른 조건들을 도입한다: 결정은 만장일치로 이루어져야 하며, 참여자가 자기 이득에 따라 선택하지 않도록 비밀리에 이루어져야 한다.(175, §24 참조)

롤스는 조건 선택에 있어 각각의 인간이 단지 자신의 이익을 최대화하려 한다는 현실적인 가정에서 출발한다. "이러한 상태는 결정 이론과 유희 이론의 기본 관점과 일치한다. 정치적 사회의 구성원들은 자신들의 주관적 합리성 개념에 따라 외형적 의미에서 이기적이다. 그들은 자신의 이득을 추구한다——그 이득이 물질적 의미에서 이기주의적이든, 이타적이든, 아니면 사회적으로 규정되지 않았든 간에. 유희 이론이 도입하는 변형에 따라, 그것은 상대방에 대해 자신의 요구를 유효하게 만들려는 다수의 합리적 이기주의자들에 관한 것이다."(회페 1977, 34) 공리주의는 전체 사회의 이익을 가치 있는 것으로 보고, 개인에게서 이 점을 행동의 동기로 인식한다. 따라서 합리적인 규약 선택을 할 때, 공리주의는 수용될 수 있는 이론으로서 고려되지 않는다. 롤스는 "개인의 도덕적 자주성에 우위를 둔다."(마이어 1996, 12) 그것은 심화되는 개인주의화의 조건하에서 설득력이 있다. 왜냐하면 어떤 인간도 사회 전체의 안녕에 눈길을 주지 않을 것이기 때문이다.

롤스는 언급한 전제 조건에서 출발하여 다음과 같이 결론짓는다: "따라서 우리는 사회적인 협동을 위해 합의하려는 인간이 공동의 행동에서 기본 권리, 기본 의무와 사회의 재화의 분배를 규정하는 기본 원칙을 선택한다는 것을 상상하려고 한다. 인간은 미리 상호간에 자신들의 요구를 어떻게 조정하고 설립 문서가 어떤 모습을 갖춰야 하는지 결정해야 한다. 인간 각자가 무엇이 자신에게 좋은 것인지, 다시 말해서 어떤 목표 체계를 따르는 것이 이성적인지 판단해야 하는 것처럼, 인간 집단도 한번은 무엇이 정당하고 정당하지 못한 것으로 간주되어야 하는지 결정해야 한다. 이성적인 인간이 그러한 자유와 평등의 이론적 상황에서 내리게 될 결정은 정의의 기본 원칙을 규정한다."(롤스 1975, 28) 그러한 자유와 평등의 이론적 상황은 미리 그리고 한번은 인간들이 상호간에 자신의 요구를 어떻게 조정해야 하는지를 결정해야 하는 '근원적 입장' 이다.

이러한 상황에서 성립되는 정의의 원칙, 그리고 자유 · 기회 · 수입 · 재산과 자기 존중의 사회적 토대와 같은 기본 요소들(같은 곳, 83)의 분배에 기준이 되는 정의의 원칙은 다음과 같다: 그의 '최종 원고' 의 §46에 나오는 첫번째 정의의 원칙은 이러하다: "각각의 인간은 모두에게 주어지는 동등한 기본 자유의 포괄적인 전체 체계에 대한 동등한 권리를 갖는다." 두번째 기본 원칙은 다음과 같은 점을 요구한다: "사회적 · 경제적 불평등은 다음과 같은 속성을 가져야 한다. (a) 사회적 · 경제적 불평등은 정의의 기본 원칙에 따라 가장 혜택을 받지 못하는 사람에게 가장 큰 이득을 가져다 주어야 한다. (b) 사회적 · 경제적 불평등은 공정 기회 균등의 원칙에 따라 모두에게 개방되는 직무 및 직위와 연관되어 있어야 한다."(같은 곳, 336) 롤스는 정치적으로 싸워 얻은 권리의 측면에서 무조건적인 평등을 요구한다. 불평등은 일정한 조건에서, 즉 경제적인 측면에서 그것이 모두에게 이득을 가져올 때에만 허용된다.

언제 불평등이 정의의 유지 측면에서 허용되는지는 롤스에 의해서 더욱더 세분된다. 롤스의 견해에 따르면 불평등은 단지 더 나쁜 처지에 있는 사람들에게 이득이 생겨날 때에만 허용된다: "그러한 삶의 기회의 불평등이 어떻게 정당화될 수 있는가? 차별 원칙에 따르면 차별이 더 나쁜 처지에 놓인 사람의——여기서는 배우지 못한 노동자들——이득으로 발전될 거라는 전망이 있을 때에만 불평등이 정당하다.

불평등의 축소가 노동자 계층의 처지를 더욱더 나쁘게 만들게 될 거라고 예상될 때에만 불평등이 허용된다."(같은 곳, 98 이하) 따라서 불평등의 축소가 이미 불이익을 받는 사람들의 처지를 더 나쁘게 만드는 것을 의미할 때에만 불평등의 존속이 하용된다.

이제 불평등의 확인은 정당한 것도 아니고, 정당하지 못한 것도 아니다. 단지 자연적인 것 혹은 신으로부터 주어진 것으로 받아들여져서는 안 되는, 변화될 수 있는 사실 확인에 대해서만 정당성 여부를 말할 수 있다. 그리고 그것이 어떻게 변화되는가는 정의의 문제이다. 이로써 덜 우대받는 사람들에게 이득을 줄 때에만 우대 조치를 허용하는 차별 원칙에 대해 설명되었다. 정의의 기본 원칙은——롤스가 말하듯이—— '어휘적인 순서'(같은 곳, 62)를 따른다. 이것은 첫번째 기본 원칙이 항상 우선 순위라는 것을 의미한다. 마찬가지로 롤스는 두번째 기본 원칙 내에서도 어휘적인 순서를 가정하는데, 이번에는 두번째 부분 명제가 첫번째 부분 명제보다 우선 순위이다. 롤스의 정의 이론은 정치적인 방식으로 성찰되는 문제에서 출발하는, 하지만 실제 사회 문제 해결을 목표로 삼는 사회철학을 담고 있다.

d) 여성주의철학

탈근대주의적 철학자 및 공동체주의적 철학자들과 같이 여성주의 철학자들도 순수 보편주의적 시각을 협소한 시각으로 인식했다. 이러한 인식은——첫머리에 인용된 로티의 격언과 실용주의적 의도의 의미에서——남성 주체의 특정한 집단의 경험을 인간 자체의 경험과 동일시하는, '일반화된 타자'에 대한 철학적 발상이 사회적 사실과 대립됨으로써 생겨났다. 이것은 계몽의 시작 이래 다음과 같이 표현된다:

"미국의 '권리장전(Bill of Rights)' 선언의 개척 시대에 말했던 '우리'는 전적으로 재산을 소유한 백인 남성 가장과 연관되었다. 여성과 재산이 없는 노동자, 흑인 노예와 아메리카 원주민은 그 '우리'에 포함되지 않았다."(벤하비프 1997, 50) 그 결과 여성은 사적인 영역으로 밀려난 반면에 남성은 공적인 영역을 구축했다. "모든 형식적인 동등성의 기본 원칙에도 불구하고 여성과 남성의 사회적 출발 상황은 똑같지 않다; 그것은 도덕적 문제 제기와 도덕 이론의 측면에서 중요한 결과를 낳는 상황이다."(파우어 슈투더 1993, 36) 이런 방식으로 평등과 정의를 표방하면서 인구의 절반이 변두리로 내몰렸던 것이다. 이러한 사태를 지적하고 그러한 사회적 상태를 변화시키려는 정치적 목적을 갖는 것이 사회철학의 입장이어야 한다는 것이다.(파우어 슈투더 1996, 54) 이를 위해서 변화된 보편주의가 선호되고, 소수의 경험과 욕구가 고려된다. 그러한 보편주의는 "구체적인 타자의 도덕적 정체성을 인정함으로써 보편화된 타자의 존엄성에 대한 정당한 평가"를 허용한다고 한다. 세일라 벤하비프에 의해 고안된 "상호 작용적 보편주의는 각각의 보편화된 타자는 구체적인 타자라는 것을 고려한다."(벤하비프 1995, 183) 이에 따르면 평등과 정의에 관한 보편적 관념은 차이를 가능하게 하고, 이를 보호하는 과제를 떠맡는다. "일반적인 것을 지향하는 요구는 특별한 것을 인정하는 추진력이 된다."(테일러 1993, 29) 이렇게 변화된 보편주의는 그 사이에 많은 다른 학자들(하버마스 1996, 7; 회페 1990, 147 이하; 나글 도체칼 1993, 39; 파우어 슈투더 1993, 43; 퇴니에스 1995, 51), 그리고 존 롤스(1994, 6 참조)에 의해서 대표된다.

여성적인 시각의 수용은 이 점을 넘어서 철학적 도덕 논의에 강력한 자극을 준다, 왜냐하면 "당시 영향력 있는 도덕에 대한 견해들은 공평성에 대한 비성찰적 고정성으로 인해 윤리학의 축소와 빈곤을 가져왔기 때문이다.”(파우어 슈투더 1993, 51) 연구를 통해 발견된 것은 개인적인 도덕적 우선 순위 규정이 존재한다는 것이다. 마찬가지로 도덕적 감정과 동기가 인정되었으며, 선한 삶에 대한 추구는 도덕적으로 허가의 대상이 아니라는 것이 드러났다. 도덕의 영역에서 자세한 사회적 관찰 방식에 바탕을 둔 구분은 여성주의적 철학의 덕택으로 볼 수 있다. 로렌스 콜베르크는 자신의 연구에서 여성이 도덕적 갈등에 대한 평가에서 배려 및 도움과 관련하여 갈등을 해소한다는 것을 확인했다. 하지만 그밖에 대부분의 여성들은 해당 사안의 맥락에 대한 추가적인 정보 없이는 갈등을 해결할 준비가 되어 있지 않았다. 그러한 문제는 콜베르크에 의해서 도덕적 문제의 정의 측면에서 의미 없는 것으로 거부되었다. 이러한 거부가 그후 일련의 연구들을 촉진하는 비판을 불러일으켰다: 가장 유명한 연구가 캐롤 길리건(1982 참조)의 연구였다. 감정성과 맥락성은——벤하비프에 따르면——도덕적 범주와 달리 단지 평가적 범주 속에서만 기술될 수 있는 주변 문제는 절대 아니라는 것이다.(벤하비프 1995, 203 참조) 그때부터 사람들은 비여성주의적인 철학 논의에서도 도덕철학의 분야에서의 구분에 대한 칭찬의 목소리를 들었다.

e) 체계 이론

마지막으로 나는 위에서 언급한 범주에 따라 마찬가지로 사회철학이라고 지칭할 수 있는, 체계 이론 내에서의 최근 발전을 소개하려고 한다. 루만의 체계 이론은 그 자신의 사회학적인 분석을 바탕으로 현대 사회가 동등한 위상으로 병렬된 독자적인 하부 체계(경제 체계, 보건 체계, 정치 체계, 교육 체계)로 구성된다는 결론에 도달한다. 그런 사회 체계들 가운데 그 어느것도 우월성을 요구할 수 없으며, 다른 체계를 조정할 수 있는 방식으로 지배적이지 않다. 그 점은 정치나 경제도 마찬가지이다. 구체적인 예를 통해서 사실을 검증해 보자. 얼핏 우리는 오늘날 경제 체계가 주도적이라고 생각할 수 있다. 하지만 루만은 우리가 경제 전체에 대해서 그 점을 가정할 수 없다는 것을 입증한다. 교육 체계가 앞서서 큰 성과를 이루어내지 못한다면 경제 체계가 기능을 발휘하지 못하거나 붕괴될 수 있다는 것이다. 왜냐하면 그런 경우에 아무도 기계를 사용할 수 없거나 사용설명서를 읽지 못하거나 컴퓨터를 다루지 못하기 때문이다. 정치적 판단도 마찬가지로 다른 부분 체계와 연계될 수 있어야 한다. 그런데 항상 그렇게 되는 것은 아니라는 점을 우리는 독일 통일 후에 확인할 수 있었다. 자금 형태(보조금, 세금 감면)로 연방 정부가 제공한 투자 촉진이 예상대로 서독 기업에 의한 동독 기업의 회생에 사용되지 않고, 시장 지배를 위한 경쟁 기업의 붕괴시키는 데 사용되었다.

따라서 사회 체계는 루만의 이론에서 자체 생산적인 체계이다. 사회 체계는 다른 체계를 상대로 닫혀 있으며, 뚜렷한 역사의 바탕 위에서 고유한 법칙에 따라 스스로를 생성·보존한다. 사회 체계는 주변 환경으로부터 자신의 체계에 통합될 수 있는 것, 자신의 구조에 적합한 것, 그리고 자신의 작동 방식에 연계될 수 있는 것만을 수용한다. 루만의 경우 개별적인 체계가 어떻게 상호 작용하는가를 보여주는 것이 중요한 과제이다. "현대 사회를 단지 서로를 고려하지 않고 자신의 고유한 자체 생산의 재생산 규칙을 따르는 수많은 독립적인 기능 체계로 기술한다면, 한쪽에 치우친 모습이 나타날 것이다. 그런 경우에 그런 사회가 왜 짧은 시간 안에 폭발하거나 붕괴되지 않는지 이해하는 것이 어려울 것이다."(루만 1997, 776) 체계들의 응집은 구조적인 연결을 통해서 보장된다. 이것은 환경이 변화하여 사회 체계들의 상이한 구조들이 일정한 지점에서, 일정한 측면에서 서로 결합될 수 있으며, 따라서 한 체계가 다른 한 체계와 연계될 수 있다는 것을 의미한다. 루만은 구조적 결합의 몇 가지 예를 든다: "정치와 경제의 결합은 일차적으로 조세를 통해서 이루어진다. (…) 법과 정치의 결합은 헌법을 통해서 규정된다. (…) 법과 경제의 관계에서 구조적 결합은 소유물과 계약을 통해서 이루어진다."(같은 곳, 781 이하) 체계들은 상이한 구조적 결합을 통해서 사회라는 전체 체계로 합쳐진다. 문제는 매번 그러한 결합이 성공적인가라는 것이다. 루만에 따르자면 그것이 성공적인 경우에 새로운 형태가 생겨난다. 그것이 성공적이지 못하면, 발전적인 잠재력이 소모된다고 한다.

체계들이 오로지 이기주의적·자체 생산적인 이해를 추구한다면, 항상 협동 부재로 인한 사회적인 문제가 생겨난다. 그밖에 사회 속의 인간은 항상 동시에 여러 체계들의 작용에 영향을 받는다. 따라서 인간은 협동상의 어려움을 항상 감지할 수 있다.

헬무트 빌케와의 연계점에서 체계 이론은 규범적인 요소를 추가한다. 그는 각각의 개별 체계 자체보다 더 많이 알고 있는, 자체 생산적 체계들 사이의 통제자 혹은 중재자의 역할이 미래의 민주주의 정치에 주어진다고 생각한다. "중재자, 사회자 혹은 통제자의 형태를 취하는 제3의 기관은 반대자들에게 새로운 관점을 위해 꼭 필요한 **우회로**를 설득함으로써 경쟁하는 행위자들의 편협한 자기 준거성의 악순환을 중단시킨다."(빌케 1997, 112) 정치가 모습을 한 제3의 관찰자는 이 자리에서 통제자로서 활동을 개시하며, 가령 다음과 같은 체계 포괄적 관심사를 지적할 수 있다: 오직 이익의 극대화라는 관점에서 경제 활동이 계속된다면 매출이 더 이상 늘어나지 않을 것이다. 왜냐하면 실업자는 돈을 지출할 수 없고 물건을 살 수 없기 때문이며, 환경이 곧 훼손되어 경제의 기본 조건이 머지않아 상실되기 때문이다. 이러한 지적은 중앙집권적인 정치로의 회귀가 아니며, 여러 사회 체계들이 안고 있는 상이한 체계들의 기능 발휘를 위해 총체적으로 해결되어야 할 문제에 대한 관심 혹은 체계들의 자주성에 개입함 없이 자극과 촉진을 통해서 사회 체계들의 맥락 조건을 조정하려는 자세이다.

이러한 협력은 정치가 관련 체계들 사이에서 사회자 혹은 중재자로서 신뢰를 쌓을 수 있는 협상을 통해서 생겨난다. 협상 체계는 하부 체계들이 동등한 협상 파트너로서 서로를 인정하는 체계이다. 협상에 참여하는 체계들 가운데 그 어느것도 '우월성을 요구' 할 수 없다.(같은 곳, 142) 공정성을 이루어 내는 과제가 정치에 부여된다.(같은 곳, 280) 즉 정치는 체계들로 하여금 서로를 인정하고 민주주의적 협상 절차를 수용하도록 만들며, 정의와 공평성 대한 규범적 의무를 따르도록 만든다.(같은 곳, 139 참조) 그것은 체계의 자주성과 시장의 이기주의적 논리를 고려할 때 결코 간단한 줄타기가 아닐 것이다. 따라서 "공공의 이익과 안녕이라는 중심 가치에 따라 개별 이해 관계의 충돌을 조정하는" 과제가 정치에 부여된다면, 21세기의 "정치는 사소하지 않은 과제"를 떠맡는 것이다.(빌케 1977, 281)

언어철학

요헴 헨니히펠트 (코블렌츠–라우다우대학교의 철학 교수)

플라톤의 문헌(《테아이테토스》, 155d 2 이하)과 아리스토텔레스의 문헌(《형이상학》 I, 2; 982b 12 이하) 이후 철학은 경이와 함께 시작된다. 그러한 경이는 우선 인간과 직접적으로 연관되는 미지의 사물들과 그 비밀들을 목표로 삼는다. 그러고 나서 인간의 지식 욕구는 멀리 떨어져 있는 것, 즉 달·태양과 천체를 겨냥한다. 마침내 인간은 존재의 형성에 대한 지식을 추구한다. 이와 관련하여 언어에 대한 놀라운 물음이 생겨난다. 인간이 이론적·실질적으로 지향하는 모든 존재는 인간에 의해 **명명되기** 때문이다. 때문에 언어철학은 이름과 명명의 특성 문제를 다룬다(1). 존재와 우리 자신에 대한 언어적 이해의 특성을 밝히려는 시도는 필연적으로 언어의 기원 문제에 봉착한다(2).

철학적 성찰에 관한 시도가 해당 사물의 당연성의 상실을 전제한다면, 이 점은 마찬가지로 언어에도 적용되어야 한다. 그리스에서 언어철학의 시작은 무엇보다도 이름과 사물이 일치한다는 고대의 의식이 의문시된다는 것을 의미한다. 이름이 우리와 사물을 갈라 놓고 참된 인식을 방해한다는 의심이 생겨난 것이다. 때문에 언어철학은 항상 언어 비판적인 동인에 따라 발전한다(3).

1. 이름과 기호

이름의 신뢰성에 대한 사색의 첫 증거는 헤라클레이토스와 파르메니데스의 파편에서 발견된다. 여기서 후에 이어지는 소피스트 및 플라톤의 토론에서 나타나듯이 다음과 같은 점을 주목해야 한다. '이름'의 본질에 대한 물음은 고유 명사의 특수한 문제가 아닌 낱말 자체, 그리고 존재에 대해 말하는 일을 겨냥한다. 파편적인 출처로 인해 두 사상가의 철학적 학설과 언어에 대한 의견을 놓고 격렬한 논쟁이 전개되었다. 확실한 사실은 헤라클레이토스와 파르메니데스의 출발점은 많은 사람들의 신뢰할 수 없는 유동적인 의견으로부터 참된 인식을 구분하는 것이다. 단순한, 근거 없는 견해를 고수하는 '많은 사람들'은 올바른 방식으로 언어를 다루지 않는다. "그들은 듣는 일에도 말하는 일에도 능숙하지 않다."(헤라클레이토스, 단편 **B** 19) 근거 없이 이름에 얽매이고 낱말 뒤에 숨겨진 의도에 대해 생각하려 하지 않는 사람은 참된 것에 대한 통찰에 이르지 못한다.(파르메니데스, 단편 **B** 8, 38 이하, 53 이하 참조) 하지만 헤라클레이토스와 파르메니데스가 극단적인 언어회의론자는 아니다. 참된 것에 통찰이 언어적으로 표현되고 전달될 수 있다는 것이다.

낱말의 신뢰성에 대한 비판적인 물음은 소피스트에 의해서 활기차게 전개된 이어지는 토론에서 다음과 같은 대안에 집중된다. 낱말과 사물 사이에 자연적인 일치가 존재하는가, 혹은 우리는 단지 낱말이 인간의 관습과 법칙에 그 뿌리를 두고 있기 때문에 그 이름을 이해하는가? 이러한 논쟁점이 플라톤의 대화 《크라틸로스》의 주제이다. 소크라테스의 대화 상대자는 가설과 반박 가설을 다음과 같이 표현하는

크라틸로스와 헤르모게네스이다: "소크라테스여! 크라틸로스는 각각의 사물이 본성적으로 자신에게 부여되는 올바른 명칭을 갖고 있다고 주장합니다. 나는 합의와 약속에 근거를 둔 낱말의 올바름 외 다른 올바름이 있다는 것을 확신할 수 없습니다."(383a 4 이하; 384c 9-d 1) 소크라테스는 먼저 언어의 상이성을 바탕으로 자연적인 올바름을 거부하는 헤르모게네스의 견해를 검증한다. 헤르모게네스의 견해는 일단 납득할 만한 듯이 보이나 다음과 같은 점에서 소크라테스가 제시한 낱말의 본질 규정과 모순에 빠진다: 우리의 말하기와 명명하기는 수공업자의 활동과 비교될 수 있는, 사물을 실제로 다루는 일이다. 수공업적인 생산이 적절한 도구에 의존하듯이, 언어적인 실천이 성공하려면 도구가 필요하다. 그러한 도구가 바로 언어이다. "따라서 낱말은 가르쳐 주는 도구이며, 본질을 구분하고 나누는 도구이다(…)."(388b 1-c 1) 낱말을 수단으로 사물들이 서로 구분되고 나뉨으로써 우리는 서로에게 가르쳐 줄 수 있다. 그런데 도구가 임의적으로 만들어지는 게 아니라 일정한 목적을 위해 만들어질 때 쓸모가 있기 때문에 낱말도 임의적으로 형성될 수 없다. 사물이 자신의 본질에 부합되도록 명명이 될 때 언어적인 이해가 가능하다.

　이로써 헤르모게네스의 견해가 반박되고 자연적인 올바름의 가설이 정당한 것으로 입증된 듯이 보인다. 하지만 그러한 가설의 정당성을 입증하려는 시도는 실패한다. 왜냐하면 소크라테스가 근거로 끌어들인 어원론적 절차는 소리 모방 이론처럼 불합리한 논증임이 입증된다. 대화의 불만족스러운 결과는 극단적인 입장에 대한 제약을 통해서 낱말의 올바름에 대한 적절한 견해를 얻을 것을 종용한다. 《크라틸로스》에서는 물론 그러한 중용적인 길을 가지 않았다. 그 대신에 소크라테스는 모든 언어회의론을 동반한, 언어에 의존하지 않고 사물에 다가갈

수 있는 희망을 표현한다. "어떤 방식으로 사물에 대한 인식을 얻어야
할지 혹은 찾아야 할지, 그것을 통찰하는 일이 아마도 우리에게, 너와
나에게 어려운 일일 것이다. 하지만 낱말을 통해서가 아니라 그것[사
물]을 통해서 사물을 연구하고 알아 나가야 한다는 점에서 우리가 의
견 일치를 보는 것으로 충분하다."(439b 4-8)

아리스토텔레스는 《해석론》에서 (간접적으로) 《크라틸로스》에서 논
의된 견해들을 비판할 뿐만 아니라, 플라톤의 훗날 대화의 결과(《테아
이테토스》《소피스테스》)를 다시 끌어들임으로써 그러한 문제 제기를
수정한다. 개별 낱말이 아닌, 진술의 의미에서 완전한 문장만이 엄격
한 의미의 참 혹은 거짓일 수 있다는 것이다. 하지만 그러한 문장을
구성하는 개별 낱말(명사·동사)은 그 의미가 낱말과 사물의 자연적인
연관성에 기대지 않는다. 그런 이름은 오히려 '합의를 바탕으로' (16a
19, 17a 1 이하) 뭔가를 지칭하는 음성적 선언이다. 즉 일정한 낱말에
일정한 의미가 자연적으로 부여되는 것이 아니다. 사람들은 언어 공동
체 속에 그 의미를 이해한다. 인간 공동 생활의 다른 형태(예절·관습)
가 단지 합의의 토대 위에서 효력을 발휘하듯이 언어적 의사소통도
'합의에 따라' 이루어진다.

이러한 아리스토텔레스의 낱말 본질 규정은 언어철학의 두 가지 핵
심 문제에 대한 대답이다. 첫째, 그것은 인간의 언어와 조음되지 않은
동물의 소리 표출 사이의 차이를 설명한다. 동물의 직접적인 소리는
자연적인 방식으로 뭔가(욕구·위험 등)를 표출하는 반면에, 언어적 의
사소통은 이성 및 의지, 통찰 및 목적과 결합되어 있다. 둘째, '합의에
따른 지칭'이라는 아리스토텔레스의 공식을 통해서 모사 이론으로는
해결할 수 없는 언어의 상이성 문제가 해소된다. 아리스토텔레스는 이
점을 간결하게 설명한다: "모두가 같은 문자를 갖고 있지 않듯이, 모

두가 같은 언어를 말하지도 않는다."(16α 5 이하)

아리스토텔레스는 또 다른 중요한 점에서 앞서 학자들의 언어관을 수정한다. 그들은 낱말과 사물 사이의 연관성이 **중개된다**는 점을 주목하지 않았다. 낱말은 일차적으로 사물과 연관되지 않으며, 존재와의 인지적·사유적 교류 속에서 우리에게 각인되는 정신적 인상과 연관된다. 결과적으로 낱말은 직접적으로 정신적 인상을 가리키고, 간접적으로 사물을 가리키는 기호이다. 때문에 우리는 이러한 지시 성격에 따라 낱말을 이해할 수 있다. 왜냐하면 사람들은 언어 공동체의 전통 속에서 각각의 연관성에 대해 합의했기 때문이다. 아리스토텔레스는 문자 기호와의 비교를 통해서 그러한 지시 성격을 설명한다: "음성적인 표출은 정신 속 인상의 상징이며, 씌어진 것은 음성 속에 표출된 것의 상징이다."(16α 3 이하) 우리가 문자를 본래 발화된 낱말의 상징으로 간주할 때에만 문자가 적절하다고 이해된다. 마찬가지로 발화된 낱말을 통해서 사물로부터 얻은 정신적 인상을 가리킬 수 있을 때 발화된 낱말의 의미를 파악한다. 모든 사람이 같은 낱말을 말하기 때문에 언어적 의사소통이 성공하는 것이 아니며, (상이한 언어의 상이한) 낱말들이 같은 사물과 정신 속에 공동의 인상을 가리키기 때문에 성공하는 것이다.

이처럼 《해석론》의 판단은 명백한 듯하다. 이와 함께 아리스토텔레스는 문제의 언어관에 '관습주의적 기호 이론'이라고 부를 수 있는 길을 마련해 준다. 그 이론은 아리스토텔레스의 입장을 다음과 같은 방식으로 뒷받침한다: 낱말은 사물을 밝히는 데 아무런 기여도 하지 않는 단순한 기호일 뿐이다. 사람들은 인간의 의사소통에 꼭 필요한 적절한 수단을 갖추기 위해서 기호의 의미에 대해 임의적으로 합의했다. 이렇게 중세에는 《해석론》에 대한 보에티우스의 주석으로 거슬러 올라가는 견해, 즉 '인간의 의견'에 따라 설정된 이름에 대한 견해가 이어진다. 근대의 학교철학은 언어를 '기호를 통한 생각의 임의적 표현'으로 정의함으로써 그러한 견해를 공고히 한다. 이러한 언어관은 언어적 이해 없이는 약속에 대해 상상하기 어렵다는 반박에 직면할 뿐만 아니라 기호 개념에 국한함으로써 언어와 사유의 관계를 간과하는 위험에 처하게 된다. 이때 언어가 기호의 성격을 갖는다는 점은 이론의 여지가 없다. 우리는 말함으로써 사물과 생각을 가리킨다. 하지만 언어가 단순히 기호에 불과한지, 말과 인식 혹은 말과 세계 이해 사이에 근원적인 일치가 존재하는지에 대해 의문이 제기된다. 그런데 언어의 기원은 어떻게 설명될 수 있는가?

2. 언어의 기원

언어의 기원에 대한 물음은 여러 측면에서 제기된다. 언어의 근원적인 기능은 무엇인가? 존재, 인식과 언어의 상관 관계를 설명하기 위해서 형이상학적 근거를 상정해야 하는가? 인간 언어의 시작은 어떤 모습인가? 상이한 관점의 질문들, 하지만 서로간의 경계가 항상 분명하게 구분되지 않은 질문들 가운데 역사적인 기원에 관한 질문이 특히 먼저 떠오르는 흥미로운 질문인 듯하다. 18세기의 두번째 반세기에 활발하게 전개된 논쟁이 이것을 잘 입증한다. 에티엔 드 콩디야크에 따르면 인간 언어의 기원은 이렇게 상상해 볼 수 있다: 사람들은 먼저 손짓과 몸짓으로 의견을 교환하고, 그 다음에 자연의 소리를 모방했으며, 마침내 자연의 소리가 조음된 소리로 대체되었다. 하지만 이러한 가설은——루소의 반박처럼——인간 사회의 언어 없는 상태를 가정해야 한다는 문제에 부딪힌다. 그런데 언어적 의사소통이 없는 사회가 존재할까? 1746년 베를린 학술원장으로 임명된 프랑스인 피에르 루이 드 모페르튀는 역사적 언어 기원의 문제가 독일에서도 학문적 논쟁 대화의 중심 주제가 되는 데 적극적으로 기여했다. 1754년 학술원에서 콩디야크와 가까운 이론을 발표한 모페르튀는 1756년 같은 토론회에서 요한 페터 쥐스밀히로부터 반박을 받았다. 자연 충동은 인간의 언어와 같이 완벽한 작품에 대한 만족스러운 설명 근거일 수 없다는 것이다. 쥐스밀히는 신 자신이 언어를 창조하여 인간에게 선물했다는 데서 출발해야 한다고 주장한다. 상당한 시간이 흐른 후 (1769년) 베를린 학술원은 언어 기원의 문제를 만족스럽게 설명하기 위해 상을 내걸고 그 문제에 대한 답을 공모한다. 학술원이 내건 문제는 다음과 같다(헤르더 1966, 137 참조): "인간은——인간에게 자연적인 능력이 부여되었다고 가정할 때——언어를 창조할 수 있었나? 인간은 어떤 수단을 통해 언어를 창조할 수 있었을까?" 1772년에 발행된 요한 고트프리드 헤르더의 〈언어 기원에 관한 논문〉이 그 상을 획득한다.

헤르더 저작의 서론에는 한편으로 쥐스밀히에 대한 논박이, 다른 한편으로 콩디야크와 루소에 대한 논박이 제시된다. 헤르더는 신적인 기원에 대한 가설에 맞서 감정 언어가 유효하다고 주장한다. 감정 언어 속에서 이미 많은 동물들에게서 관찰할 수 있는 발화에 대한 욕구가 드러난다는 것이다. 우리가 단지 이런 종류의 표출에 눈을 돌리면, 초자연적–신적인 기원이 아닌 자연적–동물적 기원이 명백해진다. "인간은 이미 동물로서 언어를 갖는다."(헤르더 1966, 5) 하지만 헤르더는 순수 자연적 기원을 내세우는 견해에 맞서 단순한 음의 표출에서 인간 언어가 파생되고 설명될 수는 없다고 주장한다.

헤르더에 따르면, 언어와 인간 존재의 연관성이 고려될 때에만 인간 언어의 특별함이 적절하게 파악될 수 있다. 헤르더는 인간의 본질적 특징을 동물과 비교함으로써 얻는다(훗날 겔렌은 이러한 방법적 시도를 경험적으로 입증 가능한 인류학의 유일한 길로서 관철하려고 시도한다). 본능적인 확신과 특별한 기술적 능란함 면에서 동물은 인간보다 우월하다. 하지만 그러한 결핍된 자연적 능력이 다른 측면에서 특별한 것으로 입증된다. 인간의 감각이 제한된 영역을 지향하는 데 그치지 않기 때문에 인간은 세상의 개방성 속에서 자유롭게 자신의 감각을 펼칠 수 있다. 인간은 선천적인 기술적 능란함을 갖추고 있지 않기 때문에 수많은 활동을 학습하고, 고유한 작품을 창조할 수 있다. 인간은 본능에 매어 있지 않기 때문에 자유로우며, 스스로가 목적 그 자체이다. 헤르더는 이러한 인간 능력의 특별한 속성을 **사려 깊음**이라고 부른다. 이때 다음과 같은 점을 주의해야 한다: 사려 깊음은 자연적인 결손을 보충하기 위한 추가적인 능력이 아니다. '사려 깊음'은 인간의 감정·인식·사유와 의지의 기본 특징이다.

사려 깊음이 표현되는 근원적인 활동은 개념 형성 활동으로 다음과 같이 설명될 수 있다: 인간은 자신에게 밀려 들어오는 다양한 느낌들 중에서 몇 가지를 분리하여 집중적으로 관찰한다. 인간은 특징적인 속성을 확인하고 다른 (부차적인) 특징은 도외시한다. 마침내 인간은 그러한 속성들 가운데 하나를 일정한 인지 대상의 본질적인 특징으로 인정한다. 그런데 '인정하'는 것은 '긍정하고' '판단하며' '말하는' 것을 의미한다. 이러한 방식으로 인간에 의해서 특별한 것으로 확인된 특징은 동시에 인식되는 **낱말**이다. 이러한 방식으로 개념 형성의 성찰적 활동으로 나타나는 사려 깊음은 언어 없이는 불가능하다. 따라서 인간은 언어적 존재이다. "인간은 스스로 언어를 창조했다!——

살아 있는 자연의 소리에서——자신의 지배적인 오성의 특징으로! 이
것이 내가 증명하려는 것이다."(같은 책, 46)

헤르더는 논문의 진행 과정에서 다양한 방식의 소리가 울리는 자연
이 언어의 첫 스승이라고 기술한다. 때문에 청각은 말 연습을 하는 인
간에게 있어 특출한 기능이다. 청각은 중간적인 감각, 즉 느낌과 시각
사이를 중개하는 감각이다. 우리가 느끼면서 우리 자신에게 돌아오고,
보면서 외부 사물에 의해 규정되는 반면에, 들으면서는 순수 내면성
속에서 혹은 외부 세계의 무한한 다양성 속에서 우리 자신을 잃지 않
는다. 명확성, 심도와 지속성의 측면에서도 청각은 중개적인 위치를
차지한다. 인간 언어 창조의 특성은 옛 언어에서 나타나는 경험적 증
거를 통해서 확인된다. 우리에게 비범한 은유로 나타나는 옛 어근들
은 다양한 느낌이 아직 명확하게 구분되지 않았음을 알려 준다. 수많
은 동의어들은 추상화 능력이 더 발전해야 한다는 것을 입증한다. 헤
르더는 자신의 저작의 결론 부분에서 언어 발달의 필연성과 독특함을
설명한다. 인간의 삶처럼 언어도 틀림없이 발전한다는 것이다. 그 점
은 개인의 언어뿐만 아니라 가족 공동체의 언어와 여러 민족의 언어
에도 적용된다.

이미 요한 게오르크 하만이 헤르더에 대한 비평에서 지적하듯이, 헤
르더의 논증이 약점이나 모순점이 없는 것은 아니다. 특히 경험적 사
실을 바탕으로 역사적 언어 기원을 증명해야 한다는 헤르더의 요구는
거부되어야 한다. 역사적 기원에 대해서는 근본적으로 확실치 않은
가설밖에 세울 수 없다. 우리는 단지 역사적인 자료의 토대 위에서만
——그것도 이미 언어를 전제하는 자료——좀더 상세한 것을 알 수
있을 것이다. 하지만 헤르더 설명의 성과는 역사적인 기원에 관한 논
점을 넘어서 언어와 사유의 근원적인 연관성을 지적한 데 있다. 이러

한 연관성은 경험적으로는 그 비밀을 풀 수 없으며, 단지 순수 개념 작업에 의해서만 (선험적으로) 설명될 수 있다. 헤르더는 (우는 양을 예로 들어) 사려 깊음 내지 성찰을 낱말 창조의 활동으로 기술함으로써 그러한 길을 가려고 한다. 하지만 그의 시도는——많은 성과에도 불구하고——의문시된다. 왜냐하면 그의 저작은 역사적 기원과 체계적 기원, 경험적 자료와 개념적 설명의 상이한 관점을 명확하게 구분하지 않기 때문이다.

헤르더의 목적은 이성(성찰·사려 깊음)과 언어의 본질적인 일치를 보여주는 것이다. 우리가 언어 없는 인간 상태를 생각할 수 있다는 허상에 빠지면 **필연적인** 일치에 관한 지적은 성공할 수 없다. 우리는 언어가 사유(성찰)의 필요 조건이고, 사유가 인간 현실과 경험의 필수 조건이라는 것을 증명해야 할 것이다. 그러한 선험적 증명은 칸트의 비판철학 이래 **선험적 연역**이라고 부른다. 물론 칸트에게서 언어에 앞선 사유의 우선 순위는 의문의 여지가 없다. 때문에 하만과 헤르더는 칸트의 이성 비판이 추상적인 상태에 머무른다고 비판한다. 왜냐하면 그의 이성 비판은 언어가 인간의 모든 인식의 필수 조건이라는 것을 간과하기 때문이라는 것이다.

칸트와 달리 요한 코틀리프 피히테는 언어를 상세히 주제로 다루고, 비판적 선험철학 내에서 언어의 체계적 위상을 규정하려고 시도했다. 피히테는 《언어 능력과 언어의 기원에 대하여》라는 저작에서 철학의 과제는 언어 발생의 가능한 정황에 대한 가설을 세우는 것이 아니라는 점을 강조한다. 상이한 가설에 의존하기보다는 인간 이성의 본질로부터 언어 창조의 필연성을 유도해 내야 한다는 것이다. 이 유도(연역)는 그 출발점이 인간의 분명한 본질적 특징인 경우에만 확실한 지식에 도달할 수 있다. 피히테에 따르면 인간 이성의 단일성은 명백하다. 인간에 대한 최고 계명은 다음과 같다: "너 자신과 일치하라."(전집 VII, 305) 때문에 우리는 행동과 자세에서 이성과의 일치라는 성향에 의해 규정된다. 이성 없는 사물이 이성과 마주서게 됨에 따라 이러한 일치(일반적인 '합리성')에 대한 추구가 모순에 빠진다. 인간은 스스로 본성에 종속되고 사물을 이성적으로 조정함으로써 그런 모순을 해결한다. 이것은 학문과 예술, 법과 국가, 종교의 본래 목적이다. 그런데 인간은 남과 다르게 행동한다. 나는 다른 사람들 속에서 나와 일치하는 뭔가를 찾아낸다. 이러한 일치가 나와 너 사이에서 행동의 상호 작용을 가능하게 한다. 나는 다른 사람의 목적을 인식하고 내 행동을 그에 맞추며, 내 본래 목표를 변경한다. 하지만 다른 사람의 이성과 자유를 인정하는 그러한 상호 작용은 오해의 위험성을 갖고 있다. 가령 평화적인 의도의 행동이 적대적인 것으로 이해될 수 있다. 우리가 다른 사람에게 자신의 생각과 행위 의도를 분명하게 전달할 수 있다면, 그런 잘못된 추측을 피할 수 있다. 그것은 언어를 통해서만 가능하다. 왜냐하면 피히테에 따르면 언어는 '임의적인 기호를 통한 우리 생각의 표현'과 다르지 않기 때문이다.

이로써 언어는 인간 의사소통의 필수 조건으로 해석된다. 이러한 종류의 의사소통은 자신과 합일을 추구하는 인간의 노력을 실현하기 위한 필수 조건이다. 이렇게 피히테는 언어를 인간 본질의 토대로 정립하는 데 성공한다. 피히테는 헤르더처럼 언어철학이 인류학적 토대를 필요로 한다고 지적한다. 피히테의 연역은 **사유와 언어의 필연적인** 연계를 입증하려 하는 헤르더의 요구로 다시 되돌아간다. 피히테에 따르면 우리가 언어를 '이성 사용'(전집 VIII, 309 주석)의 필수 조건으로 보는 것은 언어를 과대평가하는 것이라고 한다. 그에게 있어 낱말은 단지 생각을 표현하는 기호일 뿐이며, 개념 형성은 언어 없이도

가능하다. 이와 같은 언어에 대한 평가절하는 강의 속에서의 심층 연역을 통해서도 교정되지 않는다. 피히테는 언어 없이는——즉 다른 사람의 의견 전달 없이는——개인의 자의식이 자유롭게 구성될 수 없다는 것을 증명하지만, 이러한 맥락에서도 언어는 단지 기호일 뿐이며 사유의 원칙적인 우월성은 의문의 여지가 없다고 확신한다.

헤르더의 중심 가설의——언어는 성찰적 개념 형성의 필수 조건이다——근거를 칸트와 피히테의 선험철학의 토대에서 제시하는 과제는 빌헬름 폰 훔볼트에게 맡겨진다. 훔볼트는 카위 저작의 서론에서 언어와 '내적 정신 활동'의 연관성을 상세히 다뤘다(카위 언어는 13세기에 사멸한 자바 섬의 사제 언어이다). 이 서론의 제목은 "인간 언어 구성의 상이성과 그것이 인간의 정신적 발전에 미치는 영향에 대하여"(총서 **VII** 1 이하)이다.

훔볼트에 따르면 언어의 본질에 대해 적절한 인식을 얻기 위해서는 언어가 원래 죽은 작품(에르곤)이 아니라 살아 있는 활동(에네르게이아)이라는 점을 주목해야 한다는 것이다. 사전이나 문법서(혹은 다른 책)에 미라처럼 보존된 것이 아닌 생생한 활동이 언어의 근원적인 역량을 보여준다. 각각의 발화에서만 언어는 "영원히 반복되는, 조음된 소리를 생각의 표현으로 만들 수 있는 정신 작업"(총서 **VII**, 46)이라는 것이 판명된다. 이 점은 사유가 먼저 언어 없이 실행되는 것으로 이해되어서는 안 된다는 것이다. 훔볼트는 그러한 발생학적 정의를 통해 우리가 말하면서 단순히 언어 작품을 이용하는 것이 아니라, 사물과 사태에 대해 적절하게 의사소통할 수 있기 위해서 언어의 음을 살아 있는 정신으로 채우려고 노력한다는 점을 지적한다.

언어가 사유의 필수 조건이라는 것을——개념 속 사유로서 이해된다——훔볼트는 다음과 같은 과정을 통해 설명한다: 모든 인식의 토대는 (인식) 주체와 (인식) 객체의 결합이다. 이러한 종합은 언어에 의해서 야기된다. 왜냐하면 발화 행위 속에서 정신적인 활동이 구체화되기 때문이다. 단순한 생각이 아닌 발화된 낱말이 실제적 객체, 즉 인지할 수 있는 객체이다. 그런데 이 객체는——들리는 낱말로서——동시에 주체로 되돌아간다. 비로소 낱말 속에서 다른 경우에는 흔적 없이 지나가는 성찰이 파악될 수 있다. 비로소 낱말 속에서 사유가 **분명한** 생각, 즉 개념이 된다. 사유가 엄밀한 의미에서 개념 속 사유라면, 언어 없이는 사유가 불가능하다는 점이 유효하다. "따라서 사람과 사람 사이의 의견 전달 과정을 살펴보지 않더라도 언어는 폐쇄된 고독에 빠진 개별 존재의 사유의 필수 조건이다."(총서 VII, 55)

설명된 주체와 객체의 상호 작용은 개인뿐만 아니라 타인과의 의사소통에도 적용된다. 훔볼트에 따르면 그러한 상호 작용은 사회적 맥락에서 좀더 분명하게 경험된다. 발화가 다른 사람에 의해 이해되고 수용되는 경우 객체성은 증가한다. 다른 사람 자체가 주체이며, (성공적인) 의사소통 상황에서 인간의 단일성이 드러나기 때문에 주체성은 증가한다.

훔볼트는 우리가 언어 속에서 모든 인간의 공통적인 것과 결합된다는 것을 강조한다. 하지만 이것은 추상적인 본질에 기대는 것으로 간주되어서는 안 된다. 그러한 언어적 행위는 항상 일정한 역사적 상황 속에서 구체화된다. 이것은 우리가 말하면서 항상 일정한 언어의 지평에서 움직인다는 것을 의미한다. 때문에 생산적인 발화 활동은 전래된 언어의 형성과 변형으로 이해될 수 있으며, 그러한 형성과 변형 속에 세계 경험의 고유한 방식이 깃들어 있다. 각각의 언어는 '고유한 세계관' (총서 VII, 60), 즉 일정한 언어 민족**과** 발화하는 개인의 세계관을 나타낸다. 언어 속에 담긴 역사적 세계관은 우리의 사유와 행위를 규정하는 힘이다. 하지만 우리가 속수무책으로 그러한 힘에 사로잡혀 있는 것은 아니다. 왜냐하면 우리는 살아 있는 발화 속에서 전래된 것을 새롭게 형성하기 때문이다. 그밖에 외국어 학습은 세계 이해의 다른 관점을 알 수 있는 가능성을 제공한다. 하지만 무엇보다도 전래된 언어를 통해 우리를 제한하는 것은 낯선 것이 아니라, 언어의 본질 속에 파묻힌 인간들의 작품이다.

사람들은 훔볼트의 분석이 항상 개념적으로 논리정연하지 않고, 그의 철학적 입장이 체계적으로 전개되지 않으며, 역사적으로 시대에 뒤떨어져 있다고 반박할 수도 있다. 현대의 언어철학도 그 이름에 걸맞게 되고자 한다면, 언어의 본성에 대한 훔볼트의 기본 인식(사유와 언어의 불가분적 일치, 세계관으로서의 언어, '에네르게이아'적 언어의 힘 등)으로 되돌아가서는 안 된다.

훔볼트가 20세기 언어철학에 (그리고 언어학의 여러 방향에) 끼친 영향을 과대평가해서는 안 된다. 하지만 "언어철학의 모든 비분석적 입장은 그 방식에서 훔볼트 견해의 해석 혹은 지속을 의미한다고 과장 없이 말할 수 있다——비록 그 입장이 현재의 문제 인식에 의해서 다른 출발점을 택하고 훔볼트와 다른 방식으로 강조할지라도."(하인텔 1972, 71) 그러한 지속적인 노력은 언어를 주제로 다루는 실존철학에서도 입증된다. 마르틴 하이데거는 《존재와 시간》에서 언어의 세계 추론적 기능을 강조한다. 그는 '발화'가 '현존성'과 '이해'처럼 인간 존재의 기본적인 것으로 본다. 하이데거는 훗날 훔볼트가 언어를 그 자체로부터 이해하지 않는다고 비판하나, 동시에 그리스에서 시작된 언어 성찰이 훔볼트를 통해 '정점'에 도달하였음을 인정한다.(하이데거 1959, 246) 카를 야스퍼스는——《진리에 대하여》에서——언어의 포괄적인 속성을 기술하면서 훔볼트의 기본 생각을 많이 수용한다. 그는 언어에 대한 총체적인 철학적 통찰과 경험 지식의 결합 측면에서 언어철학이 '오늘날까지' 훔볼트에 '도달하지 못하였'음을 강조한다. (야스퍼스 1958, 449) 훔볼트로부터 직접적인 영향을 별로 받지 않은 듯한 장 폴 사르트르도 자신이 훔볼트의 생각과 가깝다는 것을 확인한다. 사물이 명명을 통해 자신의 순수성을 잃는다는 그의 지적은 언어를 고유한 세계관으로 보는 훔볼트 논제의 비유적인 변형이다.(사르트르 1981, 26)

3. 언어 비판

우리가 한편으로는 제한 없이 언어의 신뢰성을 믿을 수 없으나, 우리의 사유와 인식이 다른 한편으로는 언어에 의존한다면 언어의 함정을 피할 수 있는 수단과 길을 찾는 것이 중요하다. 존 로크는——그는 자신의 경험론적 인식론(《인간오성론》)의 틀에서 언어의 구성적 기능을 상세히 설명한다——낱말의 오용에 대한 다섯 가지 기본 규칙을 세웠다.(Ⅲ, 3권, Ⅺ장)

1. 관념(생각)과 결합된 낱말만을 사용하라, 혹은 의미 없는 낱말을 사용하지 마라. 이 요구는 진부한 듯이 보인다. 사람들이 단지 상투어 나열에 만족하며 객관적인 논증에서 벗어나는 경우에 종종 대화에서 이 요구가 지켜지지 않는다.

2. 분명한 특정 관념을 가진 낱말을 사용하라. 로크에 따르면 무엇보다도 도덕 개념에서 이 점을 주의해야 한다. 왜냐하면 도덕 개념은 불분명한 생각과 결합되어 있기 때문이다.

3. 가능한 한 전해 내려오는 언어 관용에 따르라. 언어가 사유물로

간주되어서는 안 되기 때문이다. 지배적인 언어 관용은 발화자에 대한 공동의 척도이다.

4. 인식의 진보에 따라 새로운 낱말의 형성과 기존 낱말의 의미 변화가 요구되는 경우 그 의미를 설명하라. 그 설명을 위해 여러 가지 가능성이 존재한다: 동의어 표현의 언급, 해당 대상을 지시, 포괄적인 정의——혹은 이러한 종류의 설명 방식의 조합.

5. 같은 낱말을 항상 같은 의미로 사용하라. 이 요구는 물론 로크도 지적하듯이 엄격히 적용할 수 없다. 사고의 무한한 다양성이 정해진 낱말로 표현되기 때문이다. 하지만 청자 내지 독자가 포괄적인 맥락에 주의를 기울임으로써 오해를 피할 수 있다.

인간 인식을 확실한 토대 위에 정립하기 위해서, 로크는 마침내——이론적·실천적 학문과 병행하여——새로 성립된 기호학을 요구한다. 그 요구는 전통적인 (아리스토텔레스) 논리학에 의해서 단지 만족스럽지 않게 인식되었다. 이 형식논리학은 단지 **언어** 기호만을 연구했으며, 일상적인 낱말과 그 사용을 분석하는 일을 간과했던 것이다.

로크의 그러한 자극은 20세기에 수용되어 발전되었다. 찰스 모리스가 일반기호론에 대한 요구에 부응하여 1938년에 《기호 이론의 기초》를 발행하고 근대 기호학을 정립한다. 모리스는 기호학을 의미론(기호와 사물의 관계를 연구)과 화용론(기호와 해석자의 관계를 연구)과 통사론(기호 사이의 관계를 연구)으로 나눈다. 이와 관련하여 페르디낭 드 소쉬르의 중요성을 지적할 수 있다. 그의 《일반언어학 강의》는 구조주의와 해체주의의 시발점이 되었다.

일상적인 언어 관용을 설명한 로크의 또 다른 자극은 《일상 언어철학》의 중요한 프로그램이 되었다. 《일상 언어철학》은 루트비히 비트겐슈타인의 《철학적 연구》와 논리실증주의(가령 카르나프)의 이상 언어 프로그램에 대한 비판을 통해 야기되었으며, 자연적인 언어 사용의 분석을 바탕으로 전통적인 문제 제기가 그릇된 것임을 밝히고 발화의 일상적 맥락으로 돌아가려고 한다.

길버트 라일은 데카르트에 의해 주도된 전통적인 정신 이론이 해결할 수 없는 난관에 봉착한다고 비판한다. 그것은 육체와 정신의 일치도, 인간 자유도, 그리고 인간의 정신적 존재도 만족스럽게 설명하지 못한다는 것이다. 라일에 따르면 그 '공식적인' 학설이 역학에서 유래하는 원인-작용의 범주를 정신적인 활동에도 그대로 적용하는 오류를 범한다는 것이다. 우리가 '본질'로부터 벗어나면 그런 오류를 피할 수 있다고 한다. 우리가 더 이상 '정신이란 무엇인가' '의지란 무엇인가' 라는 물어서는 안 된다는 것이다. 그보다는 우리가 인간의 행동을 '영리하다' '자유롭다' 혹은 '책임 의식이 있다' 라고 칭하는 경우, 그것이 무엇을 의미하는지 설명해야 한다는 것이다.

일상 언어 분석가들은 모두 형식논리학의 특성을 가진 언어관의 일방성을 반대한다. 그 점은 특히 존 오스틴에게서 분명해진다. 그는 언어의 중심 기능이 기술 내지 진술('S는 P이다')에 있다고 보는 것이 근본적인 잘못이라고 생각한다. 오스틴은 반대로 다음과 같은 점을 강조한다: 우리가 말을 함으로써 **행위한다**. 인간 행동의 상이한 방식이 존재하는 것처럼 언어적 행위의 상이한 방식이 존재한다. 오스틴은 이 점을 화행론에서 설명하려고 시도한다. 그는 언어 행위의 세 가지 유형을 구분한다. **발화** 행위에서 우리는 일정한 언어의 규칙을 따르는, 일정한 사실 관계와 관련되고 그에 대해서 뭔가를 말하는 소리를 표출한다. 우리가 뭔가를 **말함으로써** 행위(**발화 수반** 행위)를 수행한다: 가령 우리가 반대를 하거나 조언을 한다. 발화 수반 행위가 청자에게 일정한 효과를 야기함으로써 또 다른 행위(**발화 효과** 행위)를 수행한

다: 우리는 일정한 발화를 통해 청자로 하여금 원래 계획을 단념하도록 만든다.

20세기에 언어를 주제로 다룬 상이한 시도와 상이한 체계적 연관성을 고려할 때, 우리는 금세기 철학에서의 **언어학적 전환**에 대해 말할 수 있을 것이다. 하지만 언어의 본질과 기능에 대한 판단은 아주 상이해서 '낱말의 올바름'에 대한 물음은 여전히 논란거리이다.

기술철학

페터 피셔 (라이프치히대학교 독일연구단에서 교수자격 논문을
준비중인 장학생)

기술철학에 대한 이 글은 세 부분으로 구성된다. 상세한 논의에 앞
서 일차적인 방향 제시를 위해 먼저 **기술철학 개념**을 대략적으로 설
명한다. **기술철학의 역사**에 관한 부분은 중요한 주제, 문제와 개념들
을 언급하고 몇몇 사상가를 소개한다. **기술철학의 체계**에 관한 부분
은 입문적인 연구에 나타난 기술철학의 중점과 최근 문제를 보여준다.

1. 기술철학 개념

일반적으로 수용될 만한 **기술철학 개념**을 제시하는 것은 어려운 과
제에 속한다. 왜냐하면 개별적인 철학 학파에 따라 상이한 방법을 사
용하고, 따라서 대상 영역을 방법적으로 상이하게 구성하기 때문이다.
하지만 여전히 학파와 관계없이 철학이 항상 **인간 존재** 및 **세상 속에
서의 그 위상**에 관한 인간의 **논증적–해석적 자기 성찰**의 문제를 다
룬 데서 출발한다. 비의도적으로 혹은 방법적인 의도에 따라 각각의
철학에는 그 역사적–사회적 발생 상황이 주제 선택, 문제 내용과 해결
시도의 방향 측면 속에 표현된다. 이 점이 전제된다면 기술철학을 어
떤 의미로 이해하는가, 어떤 성찰들을 기술철학으로 볼 것인가, 그런

성찰들로부터 무엇이 기대되는가라는 문제는 전적으로 기술에 대한 이해에 달려 있다. 오늘날 기술 개념은 최소한 다음과 같은 의미로 사용된다. 첫째, 기술은 **자연적인 원료와 에너지 자원의 개발과 이용을** 위한 설비 및 절차 전체, 인간 **욕구의 문명적인 충족을 위한 자연과학적 인식**의 실용적 사용으로 이해된다. 둘째, 기술은 특정한 분야에서의 **통상적인** 행동 양식 전체, 즉 **가르침이 가능한 방법**을 의미한다. 셋째, 마지막으로 특수한 (최고) 역량을 달성할 때 요구되는, **재능을** 전제로 하는 **대가다운** 기교를——가령 음악가나 운동 선수의 기량——칭송할 때 기술이란 말을 사용한다. '기술'이라는 낱말은 첫번째 의미에서는 대부분 단수로 사용되고, 다른 두 의미로 사용될 때는 복수로도 사용된다. 사람들은 종종 단수로 사용되는 기술을 **실용 기술, 생산 기술** 혹은 **물자 기술**이라고도 칭하고, 복수로 사용되는 기술들을 첫째로 **개인 기술** 혹은 **인체 기술**, 둘째로 **사회 기술** 혹은 **조직 기술**, 셋째로 **지식 기술**로 구분한다. 따라서 기술철학은 인간 삶에서 기술에 어떤 중요한 의미가 부여되고, 기술이 어느 정도로 인간의 자기 이해를 규정하는가라는 질문을 던진다. '기술이란 무엇인가'와 '인간이 스스로를 **기술자로** 이해하는 것은 무엇을 의미하는가'라는 질문은 주제에 대한 상이한 강조점을 허용하나 궁극적으로 서로를 보완한다.

2. 기술철학의 역사

기술철학의 시작에 대해서 상이한 방식으로 질문이 제기될 수 있으며, 이에 따라 상이한 대답이 나올 수 있다. 언제 처음으로 **기술철학**이라는 말을 썼는가라고 묻는다면, 우리는 에른스트 카프와 그의 저작 《기술철학의 기초: 새로운 관점에서 본 문화의 발생 역사》(1877)를 들 수 있다. 언제 처음으로 오늘날의 의미에서 **기술**에 대한 철학적 논의가 있었는가라는 문제는 훨씬 더 이전으로 거슬러 올라간다. 그것은 1822년 아우구스트 코엘레의 《책 기술의 체계》이다. 그 낱말의 사용에만 국한하지 않는다면, 언제 기술적인 요소의 본질적 특성이 처음으로 인간의 자기 이해에서 중심을 차지하게 되었는가라는 물음을 던질 수도 있을 것이다. 한스 블루멘베르크(1986, 55 이하)의 지적에 따르면, 1450년의 니콜라우스 폰 쿠에스의 저술 《지혜, 정신, 그리고 저울을 이용한 실험에 대해 무지한 자》(1쇄: 1450년)가 첫 기술철학의 제목 측면에서 가장 근접한 후보이다. 물론 이미 고대 앞서 언급한 의미에서 기술에 대한 철학적 사유가 있었다.

그래서 소피스트들은 **설득하는 말 기술**(rhetorike techné)을 가르친다. 말 기술의 경우 첫째로 **변화하는 상황을 적절하게 해석할 수 있는 능력**을 향상하는 것이다. 동일한 사안에 대해 변호하는 것뿐만 아니라 반박하는 것을 배운 사람은 사고가 유연하고, 시각을 바꿀 수 있으며, 새로운 관점을 발견할 수 있다. 둘째로, 말 기술은 정치적인 협상, 법정 혹은 장사에서 자신의 의견을 관철하는 데 도움이 된다. 소피스트의 입장에서는 수사학이 **사유 연습**인 동시에 **이익 수호의 수단**이다. 소피스트의 견해에 따르면 수사학의 기초 위에서는 인식과 행위 사이에 차이가 없다. 따라서 소피스트들은 개인적·사회적 필요성에 따라 지적 기술을 가르친다.

반면에 플라톤의 입장에서는 수사학이 인식의 기술이 아니라 오로지 대중 선동의 수단이다. 그는 수사학이 '아첨 기술'에 속하는, 통찰력이 없는 기술이라고 부른다——마치 의술과 구분되는 요리 기술처럼.(플라톤, 《고르기아스》 456 이하, 464 이하, 500 이하 참조) 플라톤은 변화하는 상황을 주체 중심적으로 해석하는 대신에 인식의 **객관적인 척도**를 세우려고 한다. 모두가 자질과 연습에 따라 모든 사안을 잘 아는 것이 아니며, 지식의 정도 차이는 **전문가와 문외한**의 엄격한 구분을 고려할 때 중요하지 않다는 것이다.(플라톤, 《이온》 531-534, 539-542; 플라톤, 《프로타고라스》 327 이하 참조) 수학과 기하를 겨냥하여(플라톤, 《필레보스》 15-18; 플라톤, 《테아이테토스》 253 이하) 플라톤에게는 **기술**(techné), 최소한 정치가의 기술은 학문(epistèmè) 혹은 변증술(dialektikè), 즉 현상으로 눈을 돌려 행위와 관련된 중요한 지식을 얻는 이성적 인식이 된다.(플라톤, 《국가》 Ⅵ/Ⅶ권 참조) 플라톤이 객관성 요구를 수학적·이상적 방법과 결합시키고 동시에 개인적인 경험을 평가절하하는 점에서 그는 근대 과학의 선조가 된다. 플라톤의 학문적 이상은 근대의 자연 연구의 시작과 함께, 그리고 경험적 방법과 연계 속에서 비로소 그런 기술과 관련하여 중요성을 얻는다. 플라톤의 요구들은 지식 기술, 개인 기술과 사회 기술의 영역에 머무른다.

　아리스토텔레스는 기술을 경험 지식과 훈련된 숙련성의 결합으로 이해한다. 그는 합리성 유형에 따라 도덕적-정치적 행위를 수공업적-예술적 창작과 구분하려고 한다. **도덕적 행위**는 한편으로는 개별 시민들에게서 오성적 덕성과 윤리적 덕성을 교육하고, 다른 한편으로는 그러한 바탕 위에서 공동체의 관심사를 조정하는 이중적 기능을 담당한다. **창작**의 목표는 작품이다. 작품 속에는 건축술, 단조 기술, 창작 능력과 같은 특별한 활동이 담겨 있다. 특별한 작품은 특별한 욕구를 만족시켜 준다. 순수한 **기술** 자체가 있는 게 아니라 특별한 **기술들**이 있다. 따라서 아리스토텔레스는 기술적인 능력 개념을 작업 과정 속에서의 전문가의 개별 지식과 능력으로 이해한다.

　아리스토텔레스는――기술철학의 관점에서 한편으로는 개인 기술과 사회 기술이며, 다른 한편으로는 실제 기술인——도덕적 행위와 창작의 연관성을 **가치 계층**으로 생각한다. 가치 계층은 그 구조의 측면에서 **목적-수단의 관계**로 구성된다. 개별 분야에서 활동들은 서로 목적과 수단의 관계를 형성한다——안장 제조 기술은 승마 기술을 위해 사용되고, 승마 기술은 지휘관의 기술을 위해 사용되듯이. 하지만 모든 활동은 궁극적으로 더 이상 다른 목적의 수단이 되지 않는 목적에 종속된다. 자체를 위해서 추구되는 그런 목적이 행복이다. 행복은 그 자체를 위해 충분하다. 따라서 행복은 자주적인 상태이다. 도덕적인 인식은 작품이 어떻게 만들어지는가라는 **기술**의 관점에서 창작적인 기술들을 고려하는 게 아니라 국가의 유지를 위한 기술 조정의 관점에서, 그리고 **참된 삶**의 조건으로서 고려한다. 도덕적인 통찰과 기술적인 능력, 행위와 창작은 서로 다르나 도덕적인 통찰에 우월성이 부여된다. 도덕적 통찰이 척도가 된다. 왜냐하면 그것은 공동체에서 사는 인간에 대한 지식이며, 인간은 각각의 결정과 활동의 작용 원인(causa efficiens)이기 때문이다.(아리스토텔레스, 《니코마코스 윤리학》, I/VI권) 그러한 가치 범위 내에서 기술적인 혁신은 부의 확대를 위한 수단 혹은 적절한 해결책이기 때문에 진보로 간주되지 않는다. 소망할 가치가 있는 것은 단지 국가의 안정, 인간의 미덕과 **참된 삶**에 유익한 것이다. 반면에 무절제한 치부가 가능해지면 도덕이 땅에 떨어지고 공동체가 분열될 위험이 있다.(아리스토텔레스, 《정치학》 1256b-1258a, 1333a 참조)

고대 그리스의 사상을 선별적으로 고찰하더라도 몇 가지 생각이 두드러진다. 기술적인 창조는 자연의 본질적인 변형 혹은 지배로 이해되지 않는다는 것이다. 기술이 자연과 관계될 때 자연의 모방과 보충으로 이해되며, 이를 위해서 전해 내려온 경험, 전문성과 훈련이 요구된다는 것이다. 고대 그리스에서 기술과 자연의 관계는 전적으로 관조적·소비적 측면에서 주제로 다루어진다. 원칙적으로 자연과학과 기술 사이에 연결점이 없다. 하지만 과학이 활동적인 생활 유지와 연관되어 등장하는 경우——플라톤의 경우처럼——시민 행위에 관한 학문으로 간주되고, 기술은 일차적으로 **생존**의 수단으로 간주된다. 반면에 **참된 삶**의 문제는 정치적 행위와, 그리고 삶의 방식에 대한 명상과 연계된다. 기술은 문화의 발생 이론에서만 진보의 동력으로 인식된다(데모크리토스·프로타고라스·플라톤·에피쿠로스). 이러한 의미에서 진보에 대한 사고는 회고적이다: 사람들은 발생 이론을 알고 있으나, 발전 이론을 알지는 못한다. 각각의 현재와 미래의 상황은 무엇보다도 유지와 안정의 관점에서 이해되고 평가된다. 그러면 생산과 무역의 확대는 진보라기보다는 해체적인 경향으로 나타난다. 아마도 전쟁용 기계 및 연극 기계 장치에 대한 평가만이 예외일 것이다.(아리스토텔레스, 《정치학》 1331a) 이러한 기계의 진보는 외부적으로 혹은 내부적으로 국가의 안보에 기여하는 것으로 보이며, 따라서 장사보다는 정치적 행위에 가깝다.

고대의 사유와 비교하여 기술에 관해 철저하게 새로운 시각을 갖기 위해서는 두 가지 입장 수정이 요구된다: 그 하나는 활동 분야를 **관조**(학문/철학), **정치적 행위**, **작품 창작**으로 등급화하는 것이며, 다른 하나는 이를 통한 학문과 기술의 병렬이다. 학문과 기술의 연계가 성공하기 위해서는 일에 대한 사회적 평가의 상승뿐만 아니라 학문 자체의 변화도 필요하다. 논리학·수학 같은 구조 학문이 경험 학문적인 방법과 연결 될 때 비로소 학문이 기술을 위해 유익하다.

활동 분야에 대한 변화하는 가치 평가를 보여주는 이전의 기록은 마이스터 에크하르트의 설교 《마리아와 마르타》(1308년경)에서 그 모습을 드러낸다. 마이스터 에크하르트가 한 성경 구절(〈누가복음〉 10, 38-42)을 해석하면서 관조적인 열광보다 사소한 활동 수행에 더 큰 완전성을 부여하는 경우 가치 변화에 대한 강력한 의지가 그 속에서 표출된다.(마이스터 에크하르트 1917, 121 이하 참조) 이 점에서 사람들은 근대적 가치 체계의 탄생을 위해서 금욕의 문제가 큰 역할을 하지 못한다는 것을 깨닫는다. 왜냐하면 그런 종류의 금욕은 모든 분야에서 필요하기 때문이다. 더 결정적인 요소는 활동 영역에 대한 평가 문제이다.

다른 사상가들은 우선적으로 학문 개념에 관심을 둔다. 로버트 그로스테스트와 그의 제자 로저 베이컨은 교황의 금지 명령에도 불구하고 아리스토텔레스의 자연철학적 저술을 해석하면서 경험과 수학 및 논리학과의 결합의 중요성을 강조한다. 베이컨은 다른 학문들과 병렬 관계로 해석되기보다는 모든 학문들을 이끄는 방법으로 이해될 수 있는 **경험과학**의 근거를 제시하려고 한다. 경험이 가설 형성의 기초로서, 그리고 입증과 반증의 기준으로서 그 역할을 수행해야 한다는 것이다. 물론 이러한 주장은 스콜라적인 학문 방식에 대한 비판을 의미한다. 베이컨은 더 나아가서 학문적 인식의 기술적 이용도 염두에 둔다——물론 관찰 수단의 구성이라는 의미에서.(R. 베이컨 1897 참조)

니콜라우스 폰 쿠에스의 사상에서는 창작을 위한 근대적 가치 평가가 **측정 · 계산** 및 **실험**을 지향하는 학문적 이상과 결합된다. 쿠자누스는 자신의 저작 《저울을 이용한 실험에 대해 무지한 자》에서 상이한 물질의 무게를 검사하고, 이를 도표에다 기록하여 의학, 선박 건조, 전쟁 기술, 측량 기구 제작과 야금학에 이용할 것을 제안한다.(쿠에스 1944 참조) 그는 정신 활동을 측정 내지 계산으로 규정한다. 이것은 질의 상이성이 양의 측정을 통해 파악될 수 있다는 것을 말한다.(쿠에스 1949, 62 참조) 쿠자누스는 창작의 측면에서 외부 자연에 표본이 없는 것을 만들어 내는 예술과 자연을 모방하는 예술을 구분한다. 그는 이러한 기준에 따라 조소보다는 숟가락 조각을 더 높게 평가한다.(쿠에스 1949, 13 참조) 이러한 창조적인 요소를 강조함으로써 쿠자누스는 사유 자체를 창작 내지 발명으로 파악한다. 학문은 기술적인 방식으로 추구되어야 한다는 것이다. 그래서 그는 년, 월 혹은 시와 같은 단위를 인간에 의해 창조된 시간 측정의 도구로 이해한다.(쿠에스 1978, 34와 74 참조) 이 추기경은 최초로 포괄적인 방식을 사용해 기술자로서의 인간의 자기 해석을 표명한다.

프랜시스 베이컨의 철학은 근대적 학문 및 기술 패러다임으로의 이행 노력을 종합하고, 그런 이행 과정에 공상적인 성격을 부여한다. 베이컨은 자신의 저작 《신기관》(1620)에서 정신이 손처럼 특별한 도구를 필요로 한다고 주장한다.(베이컨, 《기관》 I, 2 참조) 학문은 자연의 형식을 인식해야 한다는 것, 즉 원인 인식이 기술적 처리의 규칙으로 사용될 수 있을 만한 방식으로 인과적 연관성을 발견해야 한다는 것이다. 그러한 인과성 개념은 아리스토텔레스의 원인설의 물질 원인, 형식 원식과 작용 원인을 이어받는다. 하지만 목적 원인은 자연 연구에서 거부된다. 최종적인 관찰 방식은 오로지 인간의 행위에 적용된다고 한다.(같은 곳, I, 3; II, 2와 3 참조) 베이컨은 자연의 보편적인 구성 원칙과 토대를 찾아내려고 한다. 그의 인과성 개념은 동질적 자연 개념을 향한 진전된 행보이다. 그러한 구상은 결과적으로 비유기체와 유기체의 이론적 분석과 실제적인 해부를 신뢰한다.(같은 곳, II, 7과 8 참조)

베이컨의 자신의 이상향 《새로운 아틀란티스》(1627)에서 라이프니츠의 학술 프로그램 실천을 동반한 이론이라는 구상을 앞서서 생각해 낸다. 베이컨이 기술한 《솔로몬의 집》의 목표는 인간 능력의 한계를 가능한 한 최대로 확장하기 위해서 자연의 힘을 발견하는 것이다.(F. 베이컨, 《새로운 아틀란티스》, 40 이하 참조) 그러한 목표를 달성하기 위한 장치와 수단에 대한 기술은 학문 및 기술 내적인 구성을 알려 준다. 그것은 마치 공동체에서의 **참된 삶**의 측면에서 활동의 균형을 규정해야 하는 도덕적 인식이 전혀 아무런 역할을 하지 못하는 것 같은 인상을 준다. 그 이유는 명백히 변화된 역사와의 관계에 있다.(같은 곳, 49 이하 참조) 과거에 거의 단지 회고적으로만 사용되던 진보 개념이 현재를 거쳐 미래까지 확장된다. 따라서 진보는 유지되어야 할 전개 지점에 도달하지 않으며, 지속적인 발전으로 간주된다. 그 고유한 역사가 학문적-기술적 진보로 이해된다. 진보는 이루어질 수 있는 것의 한 도만을 알 뿐이며, 그 본질은 이루어질 수 있는 것의 한계를 확장하는 데 있다. 부가 제대로 분배될 때, 진보는 인간의 복지의 토대가 된다.

중세 후기와 르네상스 철학의 사상가들은 창작의 패러다임(기구와 측량 도구 사용, 기하학적 구성, 실험, 조작)에 따라 자연과학을 구상한다. 보편적인 사물 제작 가능성과 무한한 부에 대한 희망은 보편적인 수량화와 수학화, 그리고 보편적인 토대 및 법칙 추구와 일치한다. 근대 기술의 '정신'은 먼저 자연과학의 발전 속에서 나타난다. 마르틴 하이데거는 이러한 시각을 목표로 삼고, 근대 물리학이 실험물리학이 아니라고 쓴다. 근대 물리학이 기술적인 장치로 자연을 연구하는 게 아니라, 역으로 이론 속에서 자연이 측정될 수 있는 단위의 산술적 결합으로 생각되기 때문에 근대 물리학이 장치를 이용한다는 것이다.(하이데거 1954, 25 참조)

잠바티스타 비코와 장 자크 루소가 학문적-기술적 진보에 대한 초기 비판자로 등장한다. 비코는 자신의 저작 《우리 시대의 연구 방법에 대하여》(1709)에서 수학화된, 이상화된 모델에——특히 그 모델을 자연 자체로 간주하는 경우——대한 과대평가를 경고한다.(비코 1984,

39 참조) 그밖에도 그는 방법적인 진보가 특정한 능력의 상실, 가령 판단력의 상실을 가져올 수 있다고 지적한다.(같은 곳, 87 참조) 비코는 자연과학적 전문가와 문외한 사이의 의사소통적 어려움을 인식했다.(같은 곳, 43 참조) 그는 어떤 유일한 합리성의 표준만을 유효한 것으로 보려는 노력이 완전히 잘못된 것이라고 본다. 자연과학적 방법은 문화적인 것을 관찰하는 데 적당하지 않다는 것이다.(같은 곳, 61 이하 참조) 비코는 일찍이 복사 기술의 이중성을 인식한다: 책 인쇄는 지식의 전파에 도움을 주나 상업적 이해와 작가의 대중주의를 부추기며, 이에 따라 다시금 낮은 단계에서 정신적 산물의 평준화가 이루어진다.(같은 곳, 139 참조)

　루소는 1750년 자신의 유명한 수상작에서 디종의 학술원이 제기한 질문, 즉 학문과 예술의 생산이 도덕적 순화에 기여할 거라는 질문에 대해 부정적으로 대답한다. 학문과 예술이 화려함의 추구와 결부되어 있으며(루소 1989, 69 이하 참조) 군인적인 미덕과 도덕적 덕성을 해친다고 한다.(같은 곳, 72 이하 참조) 루소는 사회적 인정의 척도가 변화하는 것을 감지하고, 능력주의 사회의 도덕을 예감한다. 학문적·기술적 작업에 필요한 재능과 능력이 사회적 미덕의 자리를 차지하는 것이다.(같은 곳, 75 이하 참조) 루소는——아마도 최초로——학문과 기술이 이데올로기처럼 작용한다는 것, 이때 그것이 선동적으로 대중을 속이는 게 아니라 문명화된 시민의 의심할 바 없는 자화상이 된다는 것을 깨닫는다.(같은 곳, 56 참조) 학문적·기술적 진보가 인간의 사회적 잠재력을 축소시키다는 점에서 루소는 그것의 문명적 작용을 비판한다. 그는 문화적 대중화의 첫 징후와 인간 역할의 분업적 축소를 성찰한다.

　19세기에 몇몇 사상가들에게는 기술이 인간 해석의 중심 범주가 된다. 이 시기에 전기 기술이 생겨나고, 화학에서 중요한 진보를 이룩한다. 두 분야는 기술, 학문과 경제의 체계를 형성하는 거대 산업으로 발전한다. 프랜시스 베이컨의 유토피아는 근대적 거대 공장의 형태로 실현된다. 이제 기술에 대해 철학적으로 생각한다면 그것은 더 이상 정치철학, 인식론과 학문 이론, 혹은 역사철학에서 이루어지는 사유의 부분 관점이 아니다. 오히려 이런 영역들은 기술 관찰의 관점으로서 요구된다. 기술이 인간 해석을 위해서 우선적인 대상, 출발점과 포괄적인 패러다임이 된다.

아우구스트 쾰레는 학문을 통한 기술의 전개를 강조하고, 기술의 전체 분야를 산출-계발-가공-정제로 구분한다.(쾰레 1822, 25 이하 참조) 산출 체계는 자연(산·땅·숲·동물)의 발견을 겨냥한다. 계발은 새로운 작업 대상을 얻기 위해 자연적인 속성의 파괴와 변화를 의미한다. 가공 체계는 인간의 욕구를 지향한다(음식·옷·집·도구). 쾰레의 구상에서 특히 주목할 만한 것은 정제 개념이다. 정제는 생산물을 기능이나 형태의 측면에서 인간의 욕구에 완벽하게 어울리도록 하는 것이다. 때문에 쾰레는——일방적인 디자인과 구분하여——화려함이 허용된다고 생각했을 뿐만 아니라 삶의 발전을 위해 필수적이라고도 본다. 이를 통해 그는 약 1백 년 뒤의 호세 오르테가 이 가세트의 생각을 선취한다. 오르테가 이 가세트는 기술이 인간에게 필수적이면서도 불필요한 것을 생산하는 것이라고 모순적으로 규정한다.(오르테가 이 가세트 1949, 29 이하 참조) 마르틴 하이데거의 사상도——거의 글자 그대로——이미 쾰레에게서 나타난다.(하이데거 1954, 165 이하 참조) 그래서 쾰레는 인간을 하늘과 땅 사이에, 물리적 존재와 정신적 존재 사이에 위치시킨다. 땅과 물리적 존재 사이의 균형이 기술을 만들어 내고, 심리적 존재와 물리적 존재 사이의 균형이 문화를 만들어

내며, 하늘과 심리적 존재 사이의 균형이 종교를 만들어 낸다는 것이다.(퀼레 1822, 32 참조) 퐁트넬이 자연과학을 일종의 새로운 신학으로 간주한 이후(퐁트넬 1989, 285 참조) 이제 **기술**도 종교와 호흡을 같이한다.

에른스트 카프는 다른 점을 강조한다. 그의 입장에서는 기술이 인간의 육체적·정신적 조직의 측면에서 인간의 자기 이해의 특수한 형태라는 것을 증명하는 일이 중요하다. 그의 논제는 인간이 예술품 속에 자신의 고유한 속성의 형태, 기능 및 균형을 무의식적으로 구체화하며, 그래서 자기 자신에 대한 관찰에 이르게 된다는 것이다. 그는 무의적인 구체화 과정을 **기관 투영**이라고 부른다.(카프 1877, **V** 이하 참조) 그의 예는 망치와 주먹-아래팔 연결 사이의 유사성에서부터 눈과 시각 장치, 영양 섭취와 동력 기관, 신경 체계와 전신 체계, 신체 비율과 황금 분할을 거쳐 인간의 유기체적인 '전체 투영'으로서의 국가 노동 조직에까지 이른다.(같은 곳, 77, 129, 148, 241. 309 참조) 한스 디터 바르의 제안에 따르면(바르 1983, 126 이하 참조) 이러한 투영은 역사적으로 변화하는 '유사 현상의 반복'으로 이해된다: 발전 과정에서 인간의 뇌는 전화국 모델, 피드백적인 자동화 기기 모델과 컴퓨터 모델에 따라 이해된다.

막스 폰 아이트·에버하르트 쉼머·프리드리히 데사우어와 같은 기술철학자들은 무엇보다도 자연에 맞서 기술을 통해 확보될 수 있는 자유 획득을 강조한다.(쉼머 1914, 65 이하 참조) 학문적으로 발전된 기술은 자연에서 일어나지 않는 자연 과정을 일어나도록 조정하는 것을 가능하게 한다.(같은 곳, 99 이하 참조) 기술적인 발명을 통해서 두 영역, 즉 인간 욕구의 영역과 자연 법칙성의 영역이 일치되어야 한다. 기술은 언어와 비교될 수 있는데, 기술은 세계상을 구성함으로써

세계를 해명하는 작용을 한다.(아이트 1919, 1 이하 참조)

에른스트 카시러는 1930년 자신의 저작 《형식과 기술》에서 그러한 경향을 수용하여 이를 예측, 인과성과 간접성의 시각에서 설명한다. (카시러 1930, 34 이하 참조) 그는 더 나아가서 기술 비판의 상황에 대하여 묻는다. 카시러는 증가하는 기술화 과정에 대한 문화 비판적 반대를 기술 발전의 장단점에 대한 거부로 이해하려고 하지 않는다. 문화 비판으로서의 기술 비판은 기술을 통해 구성되는 인간애에 대한 물음으로 해석되어야 한다. 기술의 작용 인자로서의 인간은 자신의 작용 속에서, 그리고 자신의 작용을 통해서 규정된다.(같은 곳, 42 이하 참조)

카를 마르크스는 18세기의 비판이나 19세기 및 20세기초의 기술 옹호와 일치하지 않는 입장을 취한다. 마르크스는 자신의 철학적-경제적 저작에서(특히 마르크스 1956 참조) 학문적-기술적 진보가 한편으로는 '부와 교육의 세계' 면에서 무한한 사회적 가능성을 창출하나, 다른 한편으로는 개인의 다수가 그러한 가능성의 이용으로부터 배제된다는 점을 확인한다. 이러한 상황을 이해하기 위해서는 기술을 이중적 측면에서 관찰해야 한다는 것이다: 기술은 자연과의 신진대사를 중재하며 인간들 사이의 일정한 사회적 관계를 가능하게 한다. 이 두 가지 기능은 서로에게 영향을 준다. 일정한 기술적 수준에 도달해야(19세기: 보완적인 기계 체계로서의 기계 장치) 비로소 협동 효과를 잘 이용하고, 개별 노동력이 상대적으로 개인적인 능력과 상관없이 개인적인 재생산에 필요한 것보다 더 많은 부를 창출해 낼 수 있을 정도로 노동 생산력을 증가시키는 것이 가능해진다. 잉여 생산 내지 잉여 가치, 즉 임금을 넘어서는 부에 대한 소유는——세금과 다른 방식의 분배를 제외하고——생산 수단(가령 원료, 기계, 토지 건물), 즉 자본의 소유자의 손에 들어간다. 마르크스는 기술적인 발전을 바탕으로 점점 더

적은 노동력에 의해서 막대한 사회적인 부가 달성될 수 있다는 결론
에 도달한다. 하지만 부의 분배와 사회적인 인정이 단지 자본 혹은 임
금 노동에 의해서 수행된다면, 그것은 대다수 시민의 사회적 분열로 이
어진다는 것이다(대량 실업; 건강, 교육, 여가 선용의 측면에서 사회적
부에 따른 상대적 빈곤). 마르크스는 사회적 통합을 위해서 정치 분야
에서 생긴 민주주의 구조를 생산 수단 및 사회적 부의 소유 부문으로
확대할 것을 제안한다. 비록 그의 소위 혁명 이론적인 생각이 19세기
에 속하지만, 마르크스에 의해 분석된 문제는 여전히 해결되어야 할 과
제로 남아 있다.

20세기에서 3분의 2가 지난 시기에, 기술철학자들은 무엇보다도 기
술적 세계의 지배 가능성 문제 및 일상 생활에서 기술적 세계의 사회
학적 · 심리학적 작용의 문제를 성찰한다.

아르놀트 겔렌은 자신의 철학적 인류학의 맥락 속에서 문화 비판적
기술철학을 발전시킨다. 그는 자연과학과 사회과학에 나타나는 **형식
화**와 **수학화**의 경향, 그리고 비교될 수 없는 관련 체계들에서의 전문
화된 사유에 대해 한탄한다. 그것은 문외한뿐만 아니라 전문가의 접근
도 허용하지 않으며, 더 나아가서 전문가 사이의 담화도 어렵게 만든
다.(겔렌 1957, 23 이하 참조) 학문적 · 기술적 사유는 모든 내재된 도
덕적 한도를 벗어난다. 때문에 가능성과 방법을 총동원하고 무한한 처
분 권한을 획득하려는 시도의 입장에서는, 도덕적인 문제는 표피적이
고 적절치 못하며 거추장스럽다.(같은 곳, 70 이하 참조) 예술 · 학문
과 기술에 관한 문화적 규약은 전문 교육을 넘어서는 교양을 쓸모없게
만든다. 전통적인 교육 내용은 최신의 것에서 나오는 규범 암시에 맞
서 효력을 상실하며, 새로운 것은 강한 원시적 자극을 통해서 유혹하
고 학문과 당대의 고급 문화에 의해 채워지지 않은 **단순성과 회화성**

에 대한 욕구를 만족시켜 준다.(같은 곳, 33 이하 참조)

한스 프라이어는 산업 사회의 생활 영역에서 기술적 범주가 주도적인 위치를 차지하는 현상을 설명한다. 이것은 두 가지 방식으로, 즉 기술적인 분야의 의미소(意味素)를 수용함으로써 전래된 의미 내용이 변화되거나, 기술적인 전문 용어가 기술 외적인 생활 영역에 적용됨으로써 일어난다.(프라이어 1960, 539 이하 참조) 그는 그러한 사고 방식을 "기계 정신에서 지구 전체를 조직하려는"(프라이어 1955, 11 참조) 시도라고 특징짓는다. 그밖에 프라이어는 인간 기술화의 두 방식을 구분한다: 1) 인간 상호간의 관계를 사실에 맞게 조직하는 과제를 가진 사회 기술; 2) 인간 자신을 행위 유발 구조 속으로 유도하는 과제를 가진 인간 기술.(프라이어 1970, 157 참조) 프라이어는 근대 기술 발전의 전형적인 두 가지 규칙을 확인한다. 첫째로 존재하는 기술의 이용을 요구받는 것이며, 둘째로 응용 기술이 자신의 양적·질적인 확대를 요구함으로써 고유한 목적성을 드러내는 것이다.(같은 곳, 158 참조)

헬무트 셸스키는 이러한 두 '법칙'을 기술의 **사안적 제한과 사안 법칙성**이라는 말로 성찰한다.(셸스키 1961 참조) 여기서 의미하는 것은 수단이 목적을 규정하는 길로 이어지는——그래서 기술이 도구 성격을 잃어버리고 실용적-기술주의적 태도를 강요하는——기술화의 정도이다. 수단, 즉 실행 가능함의 **완벽성**은 목적 설정과 가능한 결과에 대한 물음을 앞지르는 주도적인 동기가 된다. 그것은 기초 연구가 장기적인 기술의 결과를 예측하는 데 필요한 사전 작업의 역할을 실현하지 못하기 때문이다——율리우스 골드슈타인이 이미 1912년에 자신의 저작 《기술》에서 확인한 경향.(골드슈타인 1912, 62)

60년대와 70년대 이래, 이 주제에 관한 수많은 문헌들이 등장한다.

따라서 연구들도 부분 분야로 쪼개진다: 기술 결과 예측, 기술 평가 환경윤리학, 의료윤리학——이것은 대부분 기계 장치 기술과 연관된 의학의 윤리학이다——, 지각 문제, 정보 및 인공 지능과 결합된 새로운 미디어에 관한 철학.

3. 기술철학의 체계

기술철학적 입장의 체계적인 기술을 위해서——각 학파와 독립적으로——상이한 전략을 선택할 수 있다. 기술의 역사와 그 발전 단계의 시대 구분에서 출발한다면, 우리는 기술철학의 구상적 본질 측면보다 문화사적 측면을 규정하는 것이다. 반면에 기술의 합리성 유형과 인식 요구에 관해 묻는다면, 이것은 기술철학과 이론철학과의 밀접함 및 학문 이론과의 밀접함을 강조한다. 행위 구조와 사회 구조의 맥락에서 기술을 규정하는 경우 기술철학은 거의 실천철학으로 운용된다. 물론 각각의 시도는 각기 다른 관점도 끌어들어야 한다. 기술철학의 문화철학적 토대가——상징적 형식 개념을 통해서——방법론적 통합을 마련해 주는지 여부는 아직 결정되지 않은 문제이다. 다음과 같은 숙고를 위해 실천철학의 관점들이 그 실마리 역할을 수행한다.

실천철학의 틀에서 혹은 실천철학으로서 기술철학을 기술하는 일은 겔렌의 사상과 연결될 수 있다. 그의 사상에서 기술은 유기체의 능력을 보충하고, 능가한다는 점에서 (1) 행위의 동기로서 작용하고, 자연과의 관계에서 가능성의 충족 상황을 안정화시키고 발전시킨다는 점에서 (2) 제도로서 작용하며, 인간의 자기 해석과 세계 해석의 중심 패러다임이 된다는 점에서 (3) 설명으로서 작용한다.(겔렌 1957, 8-

15 참조) 근대 행위 이론의 의미에서 **조작 차원**들을 도입한다면, 그러한 시도는 더욱더 세분화될 수 있다. 조작의 성공은 상이한 종류의 필연성에 종속된다. 논리적·수학적 필연성에 대한 통찰은 지적 기술을 위해 필수 불가결한 것으로 입증된다. 한편 지적 기술은 다른 기술의 연습 혹은 기술적인 예술품의 생산을 위한 조건을 형성한다. 실제 기술을 위해서 재료 및 에너지 연관성이 중요하다. 자극과 반응 혹은 생각과 태도의 필연적 관계가 사회 및 개인과 연관된 기술적 조작, 그리고 부분적으로 실제 기술의 바탕에 깔려 있다.

조작 차원에서의 인지적 효력 요구의 중요성 때문에 여기에 이론철학의 관점들이 포함될 수 있는 체계적인 장소가 있다. 우리가 특정한 기술을 구조적으로 고찰하면, 판단이 조작에 선행한다. 반면에 기술을 진화의 관점에서 보는 경우에 성공하는 혹은 실패하는 조작이 특정한 판단의 원천임이 입증된다. 기술의 세계 해명적 기능은 조작 속에서, 그리고 조작의 효력 요구 및 이행에 대한 성찰 속에서 실현된다. 따라서 이론철학의 입장에서 발견과 발명, 창조와 구성, 인과성과 기술적 규칙 사이의 관계에 대한 물음, **기술 결과**의 직접적·간접적 유발 모델에 대한 물음, 그리고 예측과 위험 요소 산정의 가능성에 관한 물음이 생겨난다. 가설 형성, 입증, 반증에 대한 학문 이론적 견해는 증명되어야 하며 좀더 심화된 이해를 경험할 수 있다.

기술적인 조작과 관련된 문화역사적 분류는 기술적 절차와 설비의 이용에 관해서 우연에 의한 경우, (수공업적인) 경험에 의한 경우, 그리고 체계적인 학문적 연구와 발전에 의한 경우를 구분한다. 여기서 기술적 지식과 능력 및 자연과학적 인식의 상태, 그리고 자연 자원을 이용할 수 있는 가능성이 시대 구분의 또 다른 기준이 된다. 역사철학적인 기준은 진보하는 **조작적 힘**, 다시 말해서 실행 가능성의 여지의 확대이다.

　동일한 조작 능력이 상이한 행위의 맥락 속에서, 즉 상이한 목적을 위해서, 그리고 상이한 동기에서 투입될 수 있다. 다른 한편으로 동일한 의도가 상이한 조작을 통해서 실현될 수 있다. **행위 차원**에서의 기술 고찰은 조작의 문제를——어떻게, 무엇을 통해서 뭔가에 도달될 수 있는가——포함하나, 그 문제를 넘어선다. 이제 실행 가능한 것이 원하는 것인가, 원해야 하는 것인가, 혹은 원해도 되는가에 대해서 묻는다. 이러한 물음들은 (근거를 가진) 특정한 목표를 위해 선호되는 것을 겨냥할 뿐만 아니라 기술적 수단의 선택을 위해 조작적 효과와 효율의 측면과는 다른 측면을 추구한다. 대안적인 기술은 다른 목표를 추구하거나 다른 수단을 투입할 수도 있을 것이다. 가령 행위 차원의 **기술 평가**에서는 경제적·미학적 혹은 도덕적 기준이 고려된다. 예를 들어 단기적·중기적 이익 극대화와 환경적 영향 사이의 관계 고려에 따라 결정이 내려져야 한다. 대부분의 경우 행위 주체로서 개인을 상정하지 않으며, 제도적인 행위가 평가의 대상이 된다. 따라서 행위 차원에서 기술은 사회적 환경 조건, 가령 정치적·법적 제한에 종속된다. 이것은 상호 작용 과정에서 가능한 타협 조건하에서 뿐만 아니라 불확실성의 관점에서도 결정 상황을 모델화할 것을 요구한다——가령 유희 이론적 모델.

　제도로서의 기술을 주제로 삼는 것은 소위 **사안적 제한** 현상을 밝힐 수 있는 체계적 고찰을 가능케 한다. 지속적인 관심사의——가령 활동성에 대한 관심사——충족은 사회적 맥락에 놓인 일정한 기술을 통해서——가령 자동차의 개인 소유를 통해서——보장된다. 그 다음에는 제도의 본래 목적의 도달을 해치는 발전뿐만 아니라——교통량의 증가에 따른 정체——또 다른 기술적 행위를 '강요하는' 발전도——도로 체계의 확충, 통제 체계의 발전, 혹은 배기 가스에 의해 손상 방지——일어날 수 있다.

역사철학적으로 행위로서의 기술과 제도로서의 기술의 시대를 구분하는 일은 농경 사회, 산업 사회 혹은 정보 사회와 같이 체계를 특징짓는다. 그런 시대 구분 속에서 특정한 기술적 수단과 절차의 주도성이 표현된다. 조작적인 힘의 확대를 넘어서는 기술 발전의 목적과 동기를 이해하기 위해서는 **주도적 기술과 이에 상응하는 사회의 경제적 · 법적 · 정치적 형태 사이의 연관성**을 인식해야 한다.

설명으로서의 기술에 대한 견해와 함께 우리는 **인류학적-문화해석학적 차원**에서 움직인다. 기술은 세상과 인간의 관계 패러다임 및 세상 속에서의 존재 패러다임으로 이해된다. 기술과 기술적인 인공물은 **삶의 방식의 안정성과 규칙성**을 보장할 뿐만 아니라 **상징화한다.** 바로 시계의 기계 장치가 근대의 시작과 함께 이러한 의미에서 상징적으로 사용된다. '인간화된 장소로서의 집'(쾰레 1822, 29 참조)이라는 아우구스트 쾰레의 말은 마르틴 하이데거에 의해서 해석적으로 확장되어 짓기와 거주하기의 동일체로서 인간과 땅의 관계를 해석하는 데 사용된다: 집을 지을 때 목수의 활동 기술을 가리키는 어원론적 의미를 암시.(하이데거 1954, 139 이하 참조) 역사철학적으로 보자면, 문화해석학적으로 중요한 사건은 유목민에서 정착민으로 이행 과정에서 발생한다. 유목민들은 적당한 생활 공간(사냥터 · 초지)을 **찾기** 위해서 장소를 옮긴다. 그들의 인공물들은 그러한 생활 공간이 제공하는 것을 이용하는 데 도움을 준다. 반면에 정착민의 기술은 다르게 개발된다: 임의의 장소가 생활 공간으로 **형성되고,** 이를 위해서 **발명**을 필요로 한다. 사람들이 처음에 땅이 특히 기름지고 물 공급이 자연적으로 유리한 곳에 정착하면, 그러한 차이는 거의 드러나지 않는다. 하지만 수확 결과, 급수와 자연 및 인공 비료를 통해서 먼저 생활 공간의 유지를 추구하고, 이어서 주어진 것의 개선, 그리고 더 나아가서 그것으로부터의 독립을——하루 시간과 계절의 변화와 같은 자연적 시간 간격의 측면을 포함——추구한다. 정착민의 기술은 지리적인 장소 교체가 더 이상 생활 공간의 교체로 이해될 필요가 없는 상황으로 나아간다. 현대 대도시의 공항 모습, 국제적으로 통용되는 그림 문자, 현금 자동 지급기, 컴퓨터 언어 등은 바로 이 점을 잘 뒷받침한다. 정착의 시작과 함께 기술은 생활 공간의 발전적 동질화의 경향을 좇는다.

오늘날 역사철학적으로 중요한 두번째 사건이 두드러지게 나타난다. 지금까지는 인간이 이차적인 외부 자연을 만들어 냄으로써 자신의 고유한 본성을 발전시킨 데 반해, 유전공학의 확립 이래로 **인간의 고유한 본성이 직접적으로 기술의 대상**이 된다. 우리는 현시점에서 예측과 결정을 컴퓨터에 맡긴 채 말 그대로 우리 자신을 실험하기 시작한다. 인간이 얼마나 **자기 기술의 주체**로서 이해될 수 있는가 하는 문제는 기술철학의 커다란 도전이다.

학문 이론

엘리자베트 슈트뢰커 (쾰른대학교의 前철학부 학장)

학문 이론은 1930년대에 비로소 독자적인 철학적 분과 학문으로 발전했다. 하지만 이 분과 학문에 속하는 17세기 근대적인 학문의 발생과 함께 생겨난 문제는 일단 일반적인 인식론에 속했다. 19세기에 학문이 자신의 고유한 문제 제기에서 철학적인 기본 문제를 점점 더 제쳐두고 '실증적인' 학문으로 변하자 학문 이론적 문제가 점차 분명하게 드러났다. 1862년 철학자 아돌프 폰 트렌델렌부르크가 처음으로 **학문의 이론**을 요구했으며, 이어서 그의 제자 오이겐 뒤링이 **학문 이론**이라는 표현을 사용했고, 이를 1878년의 자신의 저작 《논리학과 학문 이론》의 제목에 수용했다. 하지만 당시 제목에 제시된 이 두 개념은 오늘날 우리가 이해하는 특별한 · 상세한 의미를 갖지는 않았다.

학문들의 뚜렷한 진보가——특히 자연과학에서 나타나는 것처럼——기초 토대의 위기 없이 달성될 수 없게 된 후에, 비로소 특별한 과제 설정과 해결 방법을 가진, 명확히 경계가 설정되는 전문 영역의 독자성을 확보하기 위해서 학문 이론이 대두되었다. 수학에서 그러한 위기는 형식논리학의 새로운 정립으로 이어진다. 앨프레드 노스 화이트헤드와 버트란드 러셀, 고틀로프 프레게와 루트비히 비트겐슈타인 등의 연구와 함께 근대 학문 이론에 특징적인 방향을 제시하는 연구 수단이 마련되었다.

그렇게 '빈학파'에서 **신실증주의**가 생겨났다.(미제스 1990; 할러 1993 참조) 다른 학문 이론적 학파들은 그들과의 논쟁을 통해서 뒤를 이었다. 그들의 공통점과 차이점은 공동의 기본 문제, 즉 학문 이론의 유효 근거에 관한 문제에서 가장 분명하게 드러난다. 그들의 문제 제기는 '경험'과 '사실' '가설' '법칙' '이론'과 같은 핵심 개념 및 '관찰' '확인' '증명' '입증' '반증'과 같은 학문적 방식을 학문 이론적 성찰의 대상이 되도록 한다. 그런 학문 이론적 성찰은 학문적 논증과 학문적 변화 및 진보의 구조적 특성을 상세히 들여다볼 수 있게 해준다.

오래된 영국 경험주의의 견해, 특히 존 스튜어트 밀에 의해서 그 특징이 잘 나타나는 견해에 따르면, 학문 과정은 추상화와 귀납적인 일반화를 통해서 가장 단순한 경험적 법칙과 이론으로 이어져야 할 관찰 자료를 모으는 데서 시작된다. 이런 이유로 오랫동안 경험 학문에 대해서 '귀납적인 학문'이라는 특징이 부여되었다. 그러한 특징은 빈학파의 신실증주의 초기에도 유지되었다──비록 빈학파의 신실증주의가 예전의 귀납주의적 학문 근거와는 본질적인 점에서 상이할지라도: 빈학파의 신실증주의는 자연 상황으로서의 사실과 법칙성에 초점을 맞추지 않으며, 그것에 대해 설명하는 명제 내지 진술에 초점을 둔다.

1. 신실증주의 / 논리적 경험주의

체계적으로 규정된 진술들의 연관성으로서의 학문──이것이 신실증주의가 학문 분석을 시작하는 중심 관점이다. 이를 위해서 신실증주의는 두 종류의 진술을 허용했다: 논리학의 선험적인 진술과 관찰 가능한 사실에 대한 경험적인 진술. 이 점에 관해서 신실증주의는 스스로 논리적 경험주의라고도 불렸다. 이러한 제약과 함께 신실증주의는 모든 형이상학적 요소가 포함된 문제를 학문에서 배제할 뿐만 아니라 더 나아가서 의미 있는 명제와 의미 없는 명제를 구분하게 해주는 '의미 기준'을 제시하려고 했다. 신실증주의는 자신이 학문 이론적으로 두 가지 연관된 복합 문제와 직면했음을 보았다. 그 하나는 수없이 논의된 학문의 경험적 토대와 관련되었고, 다른 하나는 당시 적지 않게 논란의 소지가 있던 귀납법 문제와 관련되었다.

토대 문제는 말하자면 경험 학문의 건물을 떠받치는 진술의 위상을 둘러싸고 격렬한 논쟁으로 이어졌다. 그러한 진술은 단지 학자들이 스스로 관찰한 것을 적어 놓은 '기록 명제들'일 수 있었다. 사태에 대한 관찰이 아닌 사태 기록이 최우선적인가라는 문제, 그리고 사태가 기록 진술의 대상이 되어야 하는가라는 문제가 당시 격렬했던 '기록 명제에 관한 토론'을 본질적으로 규정했다. 그런 문제는 신실증주의의 초창기에 그리 오래 지속되지 않았다. 하지만 특히 잘못된 문제 제기의 단점이 드러났으며, 그에 대한 교정이 후속 학문 이론을 본 궤도에 올려놓았다. 신실증주의는 의미 있는 진술을 위한 엄격한 허용 제한을 통해서 모든 학문 진술, 법칙 진술, 법칙, 원칙을 관찰 진술로 귀결시킬 것을 스스로에게 요구했다. 새로운 논리학의 응용 가능성을 바탕으로 학문 이론의 모든 진술이 관찰 진술의 진리 기능으로서 설명될 수 있다는 기대 속에서 생겨난 이러한 '환원주의적' 프로그램은 여러 가지 이유, 특히 논리적인 이유에서 실패한 것으로 판명되었다. 이로써 신실증주의적 의미 기준을 둘러싼 싸움이 종료된다. 그러나 단지 헛수고의 결과만이 남은 것이 아니며, 이전의 신실증주의는 오히려 훗날 논리적 경험주의로 이어지는 일련의 동인을 제공할 수 있었다. 그후 논리적 경험주의의 인식들은——논리적 경험주의에 의해서 근거 없는 것으로 입증된 신실증주의적 잔재를 제거한 후에——학문 이론적인 통찰의 필수적인 요소에 속한다.

더 나아가서 경험적 토대 문제와 함께 귀납법이 새롭게 문제 요소가 되었다. 기록 명제들이 단지 단일한 관찰 사실을 내용으로 가질 수 있게 되자 그런 문제가 더욱더 커졌다. 기록 명제로부터 일반적인 진술 및 법칙 주장을 담은 무제약적 진술에 이르기 위해서는 귀납적인 논증이 이루어져야 한다. 그런데 논리학은 귀납적 추론의 정당성을 입증하지 못한다. 귀납적으로 추론된 일반 진술의 유효성을 보장해야 할 '귀납법 원칙'은 존재할 수 없다. 귀납법 원칙의 고유한 근거는 무한한 순환 내지 **순환 논증**(circulus vituosus)에 빠지게 될 것이다.

여러 번 시도된 이러한 딜레마로부터의 탈출 방안은 유일하게 일정한 개연성을 지향하며 학문적 진술의 절대적 유효성 요구를 철회하는 데 있는 듯했다. 개연성 개념의 상세화는 학문 이론적으로 중요한 구분, 즉 수학적 혹은 통계적 개연성과 논리적 혹은 귀납적 개연성의 구분으로 이어졌다. 전자가 개연성이 통계적인 법칙의 형태로 표현되는 종류인 데 반해, 후자는 메타언어적인 개연성 개념과 일치한다. 메타언어적 개연성 개념을 통해서 일반적인 진술의 귀납적 확증 '정도' 와 수량화의 경우 진술의 유효성의 척도가 발견되어야 한다.(카르나프 1976, 28-48 참조) 여기서 덧붙일 것은 그러한 '귀납적' 성격의 학문 이론이 통계적 규칙성을 가진 이론의 방법론적 분석을 위해 중요한 의미를 얻었다는 점이다(통계적인 규칙성을 가진 이론들은 특히 사회과학과 근대 의학에서 결정적인 역할을 수행한다). 반면에 귀납적 확증에 관한 구상은 정확한 수량화가 요구되는 경우 엄청난 복잡성 때문에 의문시되었다.

논리적 경험주의는 단지 학문적 진술을 분석하는 대신에, 학문의 '합리적 재구성'의 확대 프로그램과 함께——원칙적으로 이론적 개념과 법칙을 관찰될 수 있는 것으로 귀결시킬 수 없다는 인식에 따라——학문 언어로 해명하는 일에 이르렀으며, 자연과학 및 정신과학과 사회과학 문제의 학문 이론적 취급을 위한 분석적 도구를 마련했다. 그러한 분석적 도구는 그후 다른 학문 이론적 학파에게도 필수 요소가 되었다. 본질적으로 학문적 전개 방식과 방법론적 조정의 조화에 국한된 학문적 합리성 개념의 제한에 있어서, 논리적 경험주의는 다른 학문 이론적 방향에도 구속력을 갖는 기준을 제시했다.(자세한 내용: 슈테그밀러 1974 참조)

2. 비판적 합리주의

카를 포퍼는 최초로 빈학파의 신실증주의를 비판적으로 논의했다. 그는 **경험적 토대의 문제**를 학문적 연구에 적합한 장소로 끌어들였으며, 그 누구보다도 **학문 이론의 유효성 문제**를 더 날카롭고 포괄적으로 다루었다. 그에게는 이 두 가지와 이론에 대한 **비판적 검증**의 상세한 **기준** 정립이 결합되었는데, 이론은 부분적으로 학문적 절차의 실행 관점에서 기술적 요구와 함께 부분적으로 학문적 진보의 효율성을 위한 규범적 기준으로서 유효하게 되었다.

먼저 관찰이 학문에 타당한가라는 관찰의 방법적 역할이 새로 규정되어야 했다. 이에 따르면 관찰은 법칙의 귀납적 획득에 이용되지 않으며 법칙의 연역적 검증에 이용된다. 왜냐하면 지각의 경우와 달리 관찰은 아무런 문제 없이 생겨나는 것은 아니기 때문이다. 관찰은 오히려 특히 실험에서, 말 그대로 문제 제기(그것이 법칙에 관한 추정이든, 아니면 법칙 가설의 필요한 검증을 지향하든 간에)의 연관성 속에서 '만들어' 진다. 따라서 문제 제기가 학문에서 체계적인 최초 요소라면(문제 제기가 관찰을 유도하고 먼저 대상성을 지향하도록 만들기 때문이다) 관찰을 학문적 연구의 시작으로 볼 수 없다. 그럼에도 불구하고 포퍼도 관찰에 기본 기능을 부여한다——관찰의 바탕 위에서 학문의 건물이 귀납적으로 세워지는 것은 아니지만 이론의 유효성은 관찰에 바탕을 두고 있다는 점에서(포퍼 1994, 62 이하 참조) 관찰(내지 그에 따른 기록 명제)은 이론적 진술, 법칙과 이론에서의 법칙 연관성에 대한 통제 기구로서 경험 학문의 기초(내지 기본 명제)를 형성하며, 마침내 유일하게 신뢰할 수 있는 유효성 보증 수단이기도 하다.

그럼에도 불구하고 철저한 경험적 통제가 이론의 진리성을 최종적으로 보장해 줄 수는 없을 것이다. 학문적 이론에 대한 서술어가 고유한 유효성 방식을 의미한다는 점에서 이론의 유효성은 원칙적으로 **가설적**이다. 그런 유효성 방식은 가령 명확하게 정의된 개연성 개념 혹은 확증 정도를 통해서도 규정될 수 없을 것이다. 포퍼에 따르면 이론의 확증 인자로 해석되는 관찰 자료는 통제 기능을 행사하지 못한다. 실제로 통제 기능의 경우에 해당 이론과 **일치하는** 경험 사실보다는 그와 **모순되는** 경험 사실이 결정적인 역할을 한다. 왜냐하면 극단적인 경우 모든 이론이 확증되기 때문이다——해당 경험 자료가 이미 이론에 맞춰 설명이 되든간에, 아니면 해당 경험 자료가 불안정한 이론을 보완하기 위해서, 임시적으로 비판을 모면하기 위해서 될 수 있는 추가적인 가정 혹은 또 다른 조처를 통해 설명되든간에. 하지만 그와 같은 방법으로 야기될 수 있는 확실성은 이론의 유효성과 진리성을 의미하지 않으며, 단지 비학문성과 경험적 내용의 결핍을 의미할 뿐이다. 경험 학문적 이론은 언제든지 경험을 통한 반박에 대해 열려 있어야 한다. 그러한 위험 감수성이 경험 학문적 이론의 학문성을 형성한다. 이로써 경험 학문적 이론에 대한 검증 가능성 요구가 특별한 의미를 얻는다. 그것은 **확증**을 위한 것이 아닌 **입증**을 위한 것이다. 하지만 관찰 자료의 긍정적인 결과의 경우에 입증으로서의 검증 결과가 유효한 것이 아니라 반박의 극복이 유효한 것이다.

포퍼는 먼저 이처럼 이해되는 이론의 비판적 검증을 위해 **반증의 원칙**을 표현한다. 그는 이 원칙의 설득력 확보를 위해서 어떤 진술이 다른 거짓 진술을 함축하는 경우 거짓이라는 단순한 논리적 추론 형식을 근거로 삼는다. 이에 따르면 이미 하나의 모순적인 관찰 사실이 제기되면 보편적인 법칙 진술도 거짓으로 증명될 수 있다. 경우에 따라 그러한 반증을 효과적으로 수행하고 모면 전략을 위해 회피하지 않는 것이 방법론적인 규범으로서의 관찰 사실과 일치해야 한다. 하지만 포퍼의 '엄격하고 비판적인' 검증 개념에서 보자면, 그러한 반증의 원칙도 곧 타당하지 않은 것으로 입증된다.(포퍼 1994, 45 이하) 반증 원칙이 단순한 일반화에 적용될 수 있으나——모든 백조가 희다는 진술이 한 마리의 검은 백조를 통해서 반박된다——고차원의 법칙과 이론에는 적용될 수 없으며, 보다 정확한 분석의 경우 의미를 상실할 것이다. 왜냐하면 한편으로는 이론은 원칙적으로 복잡한 연관 관계를 가진 수많은 진술로 구성되고, 따라서 단순한 일반화 표본 및 그것의 진술 논리적 결합에 따라 다뤄질 수 없기 때문이다. 다른 한 편으로는 한 이론의 이론 자질을 본질적으로 특징짓는 진술의 이론 개념 혹은 용어의 특성은 이론이 경험 자료와 직접적으로 혹은 전혀 대비될 수 없는 결과를 야기하기 때문이다. 여기서 검증 상황은 일반적인 법칙으로부터 특수한 법칙이 파생되는 방식에 따라 이론이 성립될 수 있다는 사실을 통해 형성된다. 이때 이론 언어와 관찰 언어 사이의 중재를 위해서 소위 일치 규칙과 교류 원칙이 사용되어야 하며, 더 나아가서 원칙적으로 일정한 부대 조건이 확정되어야 한다.

때문에 이론의 경험적 검증은 사실상 이론과 경험적 자료의 직접적인 대비를 통해서는 결코 이루어질 수 없다. 단지 다른 이론의 도움으로 반증 요소에 대항하는 두 이론의 저항력을 확인하는 데 성공할 수 있다. 때문에 포퍼는 단순히 가정된 단일 이론적 검증 모델을 복합 이론적 검증 모델로 확장했다. 간단히 말해서 이론 대 경험이 아닌 이론 대 이론이 검증 상황을 규정한다. 물론 그 속에서 경험이 결정적인 검증 기관으로 남는다. 하지만 한 이론에 대한 경험의 거부에 대해서는 다른 역할이 주어진다. 그런 경험은 해당 이론이 단순히 잘못으로 판명되어야 한다는 결정으로 이어지지 않고, 두 경쟁 이론 가운데 어떤 이론이 더 나은 이론으로 입증되는가라는 결정으로 이어진다. 그런 설득력 없는 반증주의적 강조에서 탈피한 검증 모델의 바탕에는——학문적인 절차의 정밀한 분석이 보여주듯이——경험 자료만으로는 이론을 절대 무너뜨릴 수 없다는 인식이 깔려 있다——비록 그 경험 자료가 처리 가능한 유일한 것일지라도. 그런데 어떤 이론을 포기해야 할지라도 그와의 결별은 단순한 논리적 추론 형식에 따라 이루어지는 게 아니라 일련의 방법적인 숙고에 따라 이루어진다. 그런 숙고에는——다른 대안적인 이론 구상을 도외시하더라도——그 이론의 경험적 효력 범위와 다른 경험 영역에서의 비판적 검증에 대한 확고한 유효성이 포함되며, 이는 경우에 따라 이론의 부분 영역에 대한 지지적인 조치로 이어질 수 있다——그런 지지적인 조치가 무비판적 전략으로 폄하됨 없이.

이에 따라 엄격한 '반증주의'에 맞서 적절하게 변화된 가류주의

(Fallibilismus)는 변형된 방법론적 규범을 담고 있다: 학문 이론의 경험적 검증의 경우에 곧바로 경험적 반증 요소를 찾아야 하는 것이 아니다. 오히려 유효한 이론들이 대안적인 이론 구상의 도전을 받고, 가능한 한 경험의 검증을 거쳐야 한다. 이때 참 혹은 거짓의 결정이 내려질 수도 없다. 오히려 비교 기준에 따라 어떤 이론이 다른 이론에 비해 더 나은지를 결정해야 한다. 포퍼는 오직 이런 방식으로만 학문의 진보 능력이 보장된다고 보았다.(포퍼 1979; 슈트뢰커 1989, 87-109 참조) 동시에 이로써 학문적 인식의 단순한 도구주의적 해석을 탈피할 수 있는 가능성이 생겨났다. 모든 학문 이론이 가설적인 효력 성격을 가졌을지라도 포퍼는 더 나은 이론에 대해 더 나은 경험적 확증뿐만 아니라 더 큰 '진리 유사성'을 부여했으며, 진보 과정이 비판적 검증의 기준을 따르는 한 진보 과정에 보다 큰 진리로의 '근접성'을 부여했다──최종적으로, 그리고 완전히 진리에 도달된다고 보지는 않지만. 이를 위해 (논리학자 알프레드 타르스키가 제기한 진술과 진술된 사실과의 일치를 진리라고 정의하는 진리 이론에 기대어) 포퍼는 비판적 실재론의 철학적 입장을 요구했다.(포퍼 1984, 298-331) 그런 입장은 모순으로부터 자유롭지 않은 상태에 놓여 있지만, 그에 대한 설명은 학문 이론적 영역을 넘어선다.

　이론의 다양성에 대한 포퍼의 요구와 그것에 대한 비판적 논의는 그에 의해 도입되고, 그의 제자들에 의해서 다듬어진 학문 이론의 특징을 나타내는 **비판적 합리주의**의 핵심을 형성한다. 이론에 대해 비판적인 검증이 허용되기 위해서, 학문 이론의 핵심 규범은 '비판 극대성의 일반적 원칙' 하에서 개별적으로 분명하고 개념적으로 정확한 언어에서 시작되는, 충족되어야 할 일련의 요구를 포함한다. 하지만 그 규범들이 학문적 논증을 조정하는 것뿐만은 아니다. 비판적 합리주의의 대표자들의 견해에 따르면 규범은 이성적인 것으로 간주될 수 있는 모든 종류의 문제의 해결 노력에 대해 구속력을 갖는 것으로 이해된 다. 이 점에서 비판적 합리주의는 방법론적인 입장으로서 자신의 입 장을 주장하기보다는 이성적인 삶의 실천의 특징화 및 규범화를 위한 철학적 입장으로서 주장한다.

3. 학문적 혁명 이론

비판적 합리주의 및 논리적 경험주의에 대한 비판은 예기치 못한 곳에서 생겨났다. 학문 이론과 학문 역사는 지금까지 연관성 없이 병 렬적으로 존재했다. 1962년 토머스 쿤은 그 저작 《학문적 혁명의 구 조》에서 학문 역사를 통해서 학문 이론에 대한 도전을 시도했다. 그가 구조적으로 사회적-다원주의적인 특성의 진화 모델과 일치하는 학문 적 발전 과정의 도식을 요구했기 때문에, 특히 비판적-합리론적 학문 이론의 진보 기준은 진부해진 것처럼 보였다. 쿤의 비판은 보다 근본 적으로 방법론적인 학문 이론 전체를 겨냥했는데, 그는 학문의 본질 적인 요소는 진술 체계와 논거의 형식 구조가 아니라 연구자 공동체 의 작업이라고 반박한다. 연구자 공동체의 작업은 분석적 학문 이론의 방법적인 규칙에 따라 합리적으로 운영되는 것이 아니라 학문 변화의 극적인 단계에서 비합리적으로 운영된다는 것이다.

이에 따라 학문은 3단계에 걸쳐 진행되는 사건으로서 발전된다. 쿤 은 이 3단계를 정상과학, 위기, 그리고 혁명으로 지칭했다. 그의 '정 상과학'에 설명은 거의 학문 이론적 발견과 같았다. 그가 정상과학의 활동을 지칭하는 데 사용하는 **패러다임**이라는 중심 개념은 이제 다양한 분과 학문의 학자들에서 통용되는 전문 용어 목록에도 속한다. 그에 따르면 패러다임은 연구자 공동체에서 전제된 관련 체계이며, 연구자들은 어느 정도 일정한 문제 제기와 해결책에 대한 묵시적인 합의에 따른다. 이런 점에서——이론과 경험에 따른 추상적인 구분에 의한 이론과 실천의 구체적인 단위로서의——패러다임은 따로 떼어질 수 있고 상세화될 수 있는 절차 규칙의 토대를 제공한다. 하지만 쿤에 따르자면 결정적인 것은 한 패러다임 틀 속에서의 작업은 논리적-방법론적 분석을 적절하게 허용하지 않는다는 것이다. 게다가 정상과학적인 활동은 새로운 문제의 치열한 해결 혹은 법칙과 이론의 비판적 검증과 전혀 관련이 없다. 그것은 오히려 그런 문제 제기의 경우 어떻게 그 문제 제기가 패러다임의 틀에서 발생하는가를 따져 보는 정돈 활동이며, 그 해결 가능성은 동원할 수 있는 이론적·실험적 수단의 도움으로 기대될 수 있다. 물론 나중에 항상 출현하는, 완전히 도외시할 수 없는 이상 현상은 해당 패러다임을 확장·특수화하고 조정하는 계기가 된다. 하지만 이상 현상이 패러다임 자체를 문제삼는 반대 예로 간주되지는 않는다.

물론 그 패러다임이 이상 현상에 얼마나 영향을 받을지는 그러한 이상 현상의 종류와 양에 달려 있으며, 특히 심각한 위기에 빠져 있음을 알고 새로운 패러다임을 제안하는 사람들의 설득 기술에 달려 있다. 그들이 자신의 주장을 관철하면 혁명적인 전환이 일어나며, 동시에 정상과학의 새로운 단계를 주도한다. 하지만 쿤에 따르면 그러한 혁명의 특징적인 요소는 이전 패러다임과 새 패러다임이 서로 '비교 불가능' 하다는 것이며, 그 결과 방법론적 학문 이론의 기준에 따라 합리적으로 새로운 패러다임을 결정하는 일이 불가능하다는 것이다.

포퍼 외에 그의 제자들도 활발히 참여한 비판적 합리주의의 대표자들과 쿤 사이의 격렬하고 지속적인 논쟁에서 쿤(과 그의 학문사적 구조 모델을 자신의 분과 학문에서 역사적 사례 연구를 위해 이용한 모든 이들)에 맞서 어렵지 않게 수많은 개념적·논증적 결점이 언급될 수 있었다. 그러한 결점들은 실제로 쿤이 비판적-합리적주의적 방법론과 논리적-경험주의적 방법론의 분석적 도구 체계를 너무 과소평가한 결과인 듯 보였다. 반면에 그에 대한 비판자들은 쿤이 무엇보다도 정상과학에 대한, 그리고 연구자 공동체가 학문 과정의 운반자로서 수행하는 불가피한 역할에 대한 정확한 기술을 통해 학문 이론에 대한 **새로운 시각**을 가져왔다는 사실을 인정해야 했다.(슈트뢰커 1976) 그 새로운 시각은 정상과학, 그리고 학문의 진행을 실제로 전체적으로 규정하는 학자의 일상에 시선을 돌림으로써 그때까지 좁게 제한된 분석적 학문 이론의 연구 관점을 확대하였다. 더 나아가서 쿤은 학문의 고유한 동인이 그 학문에 내재된 문제의 역동성에 있는 게 아니라 '연구의 논리학'에 따르기보다는 집단의 합의를 통해 연구 활동을 조정하는 연구자 공동체에 있다고 보았다. 이에 따라 학문 이론도 완전히 부정할 수 없었던 연구 추진력은 학문사회학에 주어졌다.(쿤의 학문철학의 포괄적인 재구성에 관해서는 Hoyningen/Huene 1989 참조)

쿤을 통해서 비판적 합리주의의 역사 괴리적·'고정적' 연구 원칙에 대한 비판이 제기되었는데, 비판적 합리주의는 특히 포퍼의 격렬한 반대에도 불구하고 그러한 피할 수 없는 비판을 학문 역사와 방법론 사이의 관계를 비판적으로 성찰하는 데 이용했다. 포퍼의 제자들은 학문적 인식의 발견 맥락(context of discovery)과 정당화 맥락(context of justification)을 새롭게 정의함으로써 포퍼의 학문 이론적 구상을 '역동적으로' 만들려고 노력했다.(디더리히 1974 참조) 이때 그때까지 본질적으로 상이하게 분석된 핵심 개념들(이론, 경험, 확증, 입증,

반증, 이론의 비판적 검증)이 흔들리게 되었다. '이론의 역동성'의 역사적 인지는 특히 학문 이론적 문제의 지평을 활짝 열어 놓을 수 있게 되어, (역사적으로 주어진 문제 상황에 따라) 추상적인 학문 이론 대신에 '연구 프로그램'과 같이 보다 구체적인 연관 대상이 방법론적 분석에 더 적합한가라는 문제가 제기되기에 이르렀다.(라카토스 1974 참조)

　논리적 경험주의는 이러한 방식으로 새로 출현한 문제 상황을 고려했다. 논리적 경험주의는 학문 역사가인 쿤의 반박할 수 없는 통찰을 받아들이고, 쿤의 정상과학 구상과 혁명적 패러다임 교체에 관한 기술에 대해 많은 부분에서 잘못되고 지나치게 논변된 포퍼 추종자들의 비판을 거부한다. 이로써 논리적 경험주의는 학문의 합리적 성격과 역사적 역동성의 문제를 새롭게 수용하는 것으로 간주되었다. 이런 점에서 쿤은 특히 자신이 학문을 비합리적인 과업으로 보았다는 반박으로부터 자유로워졌다——비록 그가 스스로 거의 그런 반박에 대꾸하지는 않았을지라도. 여기에다 논리적 경험주의는 이론, 이론의 취급, 이론 사이의 관계와 같은 개념을 새롭게 구상함으로써 학문적 도구를 새롭게 정비했다. 특히 이론이 진술의 집합 혹은 부류라는 전통적인 견해는 포기되었다. 그 대신에 (논리학자 J. D. 스니드의) '비진술적 관점'에 따라, 즉 집합 이론적 술어를 통해서 수학적으로 이론을 구성하려는 시도가 이론에 사용된 개념들의 이론성에 관한 새로운 기준으로 이어졌다. 이때 응용 과정에서 해당 이론의 역할이 함께 고려되었다. 하지만 정상과학은 본질적으로 응용 의미에서 이론을 갖추고 있기 때문에 이러한 새로운 기준과 함께 논증 구조와 결부되지 않은 합리성 기준도 얻을 수 있다. 이로써 비판적 합리성에 대한 포퍼 및 그의 학파의 규범적 요구는 자제를 요구받는다.(슈테그뮐러 1974, 167-209)

4. 구성적 학문 이론

규범적 학문 이론의 또 다른 변이형은 70년대초에 생겨났는데, 파울 로렌첸은 논리학의 바탕을 새롭게 마련하고 대화 속 명제 사용에 대한 숙고를 통해서 주장과 반대 주장에서 구체적인 언어 사용에 대한 규칙을 구성하고, '보정 언어(Orthosprache)'에 관한 규범적 구상을 발표했다.(로렌첸 1974; 미텔슈트라스 1974, 158-205)

이 구상은 학자들의 특수한 대화 상황에 적용되어 **구성적 학문 이론**의 토대를 제공했다. 구성적 학문 이론은 두 가지 측면에서 단호히 분석적 학문 이론과 경계를 그었다. 구성적 학문 이론의 입장에서는 논리적-경험주의적 방법론뿐만 아니라 비판적-합리주의적 방법론도 주어진 학문적 문제 제기와 해결 방식을 지향한다는 점에서 단순히 기술적으로 간주되었다. 그래서 절차의 근거나 목표 설정의 측면에서 학문에 대한 비판적 물음을 제기할 수 없다는 것이다. 하지만 구성적 학문 이론의 견해에 따르면 이 두 가지에 초점을 맞춰야 한다.

때문에 보정 언어적 원칙을 바탕으로 학문에서 실행되는 담화를 단순히 분석하고 기술하는 데 그쳐서는 안 되며, 학문적 논증의 올바름을 위한 규범을 세워야 한다. 그러한 규범은 대화적인 언어 행위의 목적에 따라 정당성을 획득한다. 이로써 방법론 개념보다 포괄적인 근거 제시 개념이 재구성될 수 있다. 이 개념은 명제들 사이의 파생 관계에 국한되지 않으며, 긍정과 반박 명제를 위한 (대화 형식의) 변호 가능성과 연계되어 있다. 구성적 학문 이론은 동시에 근거 제시의 기초적인 구상을 내세운다.

구성적 학문 이론의 학문관의 특색은 더 나아가서 일반적으로 자연과학을, 실천적인 목적을 위한 수단 제공의 과제를 수행하는 기술적인 사업으로 간주하는 데 있으며, 이때 학문적 인식과 학자의 인식 요구, 이론적 인식과 학문의 실천적-실험적 행위의 관계, 상이한 구조의 학문적 행위와 기술적 행위의 상호 전제 관계 등의 문제는 설명되지 않은 채 남는다고 지적한다.

자연과학이 점점 더 근대적 기술, 경제, 산업과 밀접하게 결합되어 전 세계적으로 사회를 변화시키는 권력으로 발전한 이후, 자연과학에 대한 도구주의적 해석이 제기된다. 학문 이론이 제기하는 문제들은 학문 이론의 틀을 넘어선다. 하지만 모든 학문 이론은 그런 문제를 통해서 자신이 도전받고 있음을 확인하며, 자신의 이론 개념을 순수 방법론적 제약에 종속시키지는 않는다.

5. 비판 이론

그러한 도전의 한 예가 **비판 이론**의 대표자에 의해 야기된 격렬한 논쟁이었다. 그들은──학문 이론적인 열정이 아닌 사회학적 혹은 정치학적 열정으로──학문의 원칙적인 문제에 관심을 갖고, 학문에 대한 토론에서 포괄적인 이론 개념뿐만 아니라 그때까지 실제로 행해진 성찰보다 더 포괄적이고 심오한 성찰을 요구했다. 자연과학이 오로지 '기술적인 처치에 대한 관심'에 근거를 둔다는 도구주의적 논제를 바탕으로 정립된 학문 이론은 성찰 결여를 통해 그러한 관심을 은폐했다는 비판이 제기되었다. 더 나아가서 그러한 학문 이론은 학문의 참된 추진력을 인식할 수 없는 구조적인 무능력을 자신에 의해 분석된 학문과 함께 공유한다는 것이다. 이로써 학문의 인식 요구가 이데올로기에 사로잡혀 있다는 의심에 빠진다. 비판 이론은 그러한 의심을 해소하고 그 '정체를 밝히는 일'을 자신의 과제로 보며, 자신이 '참된 의식'을 갖고 있다는 확신 속에서 그러한 과제를 해결할 수 있다고 믿었다.

이처럼 이데올로기 비판으로 이해되는 비판 이론이 자신에 의해 사용된 비판 능력과 성찰 능력을 스스로 이데올로기화하는 데 사용하지 않았는지는 불확실하다. 하지만 비판 이론이——비록 개념의 불확실, 실증적 학문과 실증주의적 학문 이론의 혼동, 학문적 행위와 기술 행위의 혼동과 특히 인식 유도적 관심과 인식 제약적 관심의 혼동 등이 나타나지만——합리성·성찰·이성·비판과 같은 철학적 핵심 개념들을 새롭게 논의 대상으로 부각시킨 점은 의심의 여지가 없다. 물론 학문 이론이 비판 이론의 도전을 실제로 수용하지는 않았다——비판 이론이 자신에 대한 반박에 따라 수정되지 않았듯이. 마침내 규범적인 기본 구상들은 해결할 수 없는 갈등에 빠지게 되었다: 방법론적으로 제한된 합리성이나 스스로에 대한 비판 가능성을 원칙으로 삼는 학문 이론적-비판적 합리성은, 실제로 더 포괄적이고 성찰적임에도 불구하고 단호하게 자신에 대한 비판을 거부하는 이데올로기 비판적 합리성 견해와 대항했다.(슈트뢰커 1992, 117-135)

논쟁은 결말을 짓지 못한 채 남았으며, 오늘날 그 뚜렷한 흔적이 퇴색되었다. 분석적 학문 이론은 여기서 설명된 방향으로 계속해서 발전했다. 반면에 비판 이론이 사회 이론으로서 제기한 일련의 문제들은 학문적-기술적 문제의 증가된 압력에 따라 오늘날 '학문윤리학'이라는 제목에서 다루어지는 다양한 연구에 포함되었다. 학문윤리학은 아직 철학적 분과 학문으로서 제대로 구성되어 있지는 않다. 학문윤리학이 학문 이론인지, 아니면 윤리학에 속하는지를 따지는 것은 불필

요한 일일 것이다. 하지만 철학도 학문처럼 새로운 영역 분할에 이르
게 될 것이다——문제와 이에 대한 해결 시도의 간학문성으로 인해
철학의 영역 분할이 중요한 의미를 갖는다는 점에서.

<h1 style="text-align:center">참고 문헌</h1>

● 인류학

인용 문헌

Bourdieu, P.: Entwurf einer Theorie der Praxis. Frankfurt a. M. 1976(frz.: 1972).

— Méditations pascaliennes. Paris 1997.

Dressel, G.: Historische Anthropologie. Eine Einführung. Wien[u. a.] 1996.

Elias, N.: Was ist Soziologie? München 1970.

Foucault, M.: Überwachen und Strafen. Die Geburt des Gefängnisses. Frankfurt a. M. ^{2}1997(frz: 1975).

Gebauer, G./Kamper. D./Lenzen, D./Mattenklott, G./Wulf, C./Wünsche, K.(Hg.): Historische Anthropologie. Zum Problem der Humanwissenschaften heute oder Versuche einer Neubegründung. Reinbek 1989.

Geertz, C.: Kulturbegriff und Menschenblid. In: R. Habermas/N. Minkmaar (Hg.): Das Schwein des Häuptlings. Beiträge zur Historischen Anthropologie. Berlin 1922, 56-82.

Gehlen, A.: Der Mensch. Seine Natur und seine Stellung in der Welt. Wies-baden ^{12}1978.

Herder, J. G.: Ideen zur Geschichte der Philosophie der Menschheit. In: Ders.: Werke in 10 Bdn. Hg. von M. Bollacher, Bd. VI, Frankfurt a. M. 1989.

Horkheimer, M./Adorno, Th. W.: Dialektik der Aufklärung. Philosophische Fragmente. Frankfurt a. M. 1969.

Kant, I.: Anthropologie in pragmatischer Hinsicht. Kants Werke, Akademie-Textausgabe, Bd. VII, Abhandlungen nach 1781, Berlin 1968, 117-334(1968a).

— Beantwortung der Frage: Was ist Aufklärung? In: Kants Werke, Akademie-Textausgabe, Bd. VIII, Abhandlungen nach 1781, Berlin 1968, 33-42 (1968b).

— Idee zu einer allgemeinen Geschichte in weltbürgerlicher Absicht. In: Kants Werke, Akademie-Textausgabe, Bd. VIII, Abhandlungen nach 1781, Berlin

1968, 15-32(1968c).

Lenk, H.: Interpretationskonstrukte. Zur Kritik der interpretatorischen Vernunft. Frankfurt a. M. 1994.

Löwith, K.: Max Scheler und das Problem einer philosophischen Anthropologie. In: Ders.: Sämtliche Schriften, Bd. 1: Mensch und Menschenwelt, Stuttgart 1981, 219-242.

Marquard, O.: Anthropologie. In: Historische Wörterbuch der Philosophie. Hg. von K. Gründer/J. Ritter, Darmstadt 1971.

— Schwierigkeiten mit der Geschichtsphilosophie. Frankfurt a. M. 1973.

Marx, K.: Früche Schriften. Hg. von H.-G. Lieber/P. Furth, Darmstadt 1971.

Mauss, M.: Soziologie und Anthropologie. Bde. 1 und 2, Berlin[u. a.] 1978.

Merleau-Ponty, M.: Le Visible et l'Invisible. Hg. von C. Lefort, Paris 1964.

Montaigne, M. de: Essais. Paris 1962.

Nietzsche, F.: Nachgelassene Fragmente. 1885-1887. In: Ders.: Sämtliche Werke. Kritische Studienausgabe in 15 Bdn. Hg. von G. Colli/M. Montinari, Bd. 12, München ²1988.

Pascal, B.: Pensées. Hg. von M. Le Guern, Paris 1977.

Plessner, H.: Die Stufen des Organischen und der Mensch. In: Ders.: Gesammelte Schriften. Hg. von G. Dux/O. Marquard/E. Ströker, Bd. IV, Frankfurt a. M. 1981.

— Ausdruck und menschliche Natur. In: Ders.: ebd., Bd. VII, Frankfurt a. M. 1982.

Rousseau, J.-J.: Schriften zur Kulturkritik. Die zwei Diskurse von 1750 und 1755. Übers. von K. Weigand, Hamburg 1978(1978a).

— Emil oder Über die Erziehung. Übers. von L. Schmidts, Paderborn 1978 (1978b).

Scheler, M.: Die Stellung des Menschen im Kosmos. Bern/München ⁷1966.

Vernant, J. P.: Mythe et Pensée chez les Grecs. Paris ²1988.

Wittgenstein, L.: Vortrag über Ethik und andere Kleine Schriften. Hg. und übers. von J. Schulte, Frankfurt a. M. 1989.

Wulf, Ch. (Hg.): Vom Menschen. Handbuch Historische Anthropologie. Weingeim/Basel 1997.

그 외의 문헌

Gadamer, H.-G./Vogler, P.: Neue Anthropologie. 7 Bde., Stuttgart/München 1972ff.

Lorenz, K.: Einführung in die philosophische Anthropologie. Darmstadt 1992.

● 미학

인용 문헌

Adorno, Th. W.: Ästhetische Theorie. Hg. von G. Adorno und R. Tiedemann, Frankfurt a. M. 1970.

Aristoteles: Politik. Reinbek 1965.

Barck, K. u.a.(Hg.): Aisthesis. Wahrnehmung heute oder Perspektiven einer anderen Ästhetik. Leipzig 1990.

Baumgarten, A. G.: Theoretische Ästhetik. Die grundlegenden Abschnitte aus der ⟨Aesthetica⟩[1750/58]. Hamburg 1983.

Beardsley, M. C.: Aesthetics from Classical Greece to the Present. A Short History. New York 1966.

Dessoir, M.: Ästhetik und allgemeine Kunstwissenschaft. Stuttgart 1906.

Dotzler, B. J./Müller, E.(Hg.): Wahrnehmung und Geschichte. Markierungen zur Aisthesis materialis. Berlin 1995.

Fechner, G. Th.: Vorschule der Ästhetik. Leipzig 1876.

Geiger, M.: Zugänge zur Ästhetik[1928]. In: Ders.: Die Bedeutung der Kunst. Zugänge zu einer materialen Wertästhetik. Hg. von K. Berger und W. Henckmann, München 1976.

Gorsen, P.: Sexualästhetik. Zurbürgerlichen Rezeption von Obszönität und Pornographie. Reinbek 1972.

Hegel, G. W. F.: Vorlesungen über die Ästhetik[1835/38]. In: Ders.: Sämtliche Werke(Theorie Werkausgabe). Frankfurt a. M. 1970, Bd. 13-15.

Heidegger, M.: Der Ursprung des Kunstwerks. In: Ders.: Holzwege. Frankfurt a. M. 1951, 7-68.

Herder, J. G.: Kritische Wälder, oder Betrachtungen über die Wissenschaft und Kunst des Schönen. Viertes Wäldchen: Über Riedels Theorie der schönen Künste

[1769]. In: Ders.: Sämtliche Werke. Hg. von B. Suphan, Bd. 4, Berlin 1878, 3-198.

Kant, I.: Kritik der Urteilskraft[1790]. Hamburg 1963.

Lukás, G.: Die Eigenart des Ästhetischen. 2 Bde., Berlin/Weimar 1981.

Nietzsche, F.: Die Geburt der Tragödie aus dem Geiste der Musik[1872]. In: Ders.: Kritische Studienausgabe. Hg. von G. Colli und M. Montinari, Bd. 1, München 1980.

Poetik und Hermeneutik. Arbeitsergebnisse einer Forschungsgruppe(H. R. Jauß, W. Iser, H. Blumenberg[u.a]). Bd. 1-17, München 1964-1998.

Pseudo-Longinos: Vom Erhabenen. Darmstadt 1966.

Schelling, F. W. J.: Philosophie der Kunst[1802/05]. Darmstadt 1960.

Solger, K. W. F.: Erwin. Vier Gespräche über das Schöne und die Kunst [1815]. München 1971.

Zimmermann, J.(Hg.): Ästhetik und Naturerfahrung. Stuttgart/Bad Cannstatt 1966.

그 외의 문헌

Gethmann-Siefert, A.: Einführung in die Ästhetik. München 1995.

Henckmann, W./Lotter, K.: Lexikon der Ästhetik. München 1992.

Koppe, F.(Hg.): Perspektiven der Kunstphilosophie. Texte und Diskussionen. Frankfurt a. M. 1991.

Scheer, B.: Einführung in die philosophische Ästhetik. Darmstadt 1997.

● 인식론

인용 문헌

Berkeley, G.: A Treatise Concerning the Principles of Human Knowledge, dt. Eine Abhabdlung über die Prinzipien der menschlichen Erkenntnis. Hamburg 1980.

Bieri, P.(Hg.): Analytische Philosophie des Geistes. Bodenheim [2]1993.

Carnap, R.: Der logische Aufbau der Welt.[1928], Reprint Hamburg 1974.

Carrier, M./Mittelstraß, J.: Geist, Gehirn, Verhalten. Da Leib-Seel-Problem und die Pholosophie der Psychologie. Berlin/New York 1989.

Descartes, R.: Meditations de prima philosophia/Meditationem über die Erste Philosophie. Stuttgart 1986.

Frege, G.: Die Grundlagen der Arithmetik. Eine logisch mathematische Untersuchung über den Begriff der Zahl.[1884], Reprint Darmstadt 1961.

— Die Grundlagen der Arithmetik. Bd. I,[1893], Reprint Darmstadt 1962.

Gabriel, G.: Zwischen Logik und Literatur. Erkenntnisformen von Dichtung, Philosophie und Wissenschaft. Stuttgart 1991.

— Logik und Rhetorik der Erkenntnis. Zum Verhältnis von wissenschaftlicher und ästhetischer Weltauffassung. Paderborn 1997.

Goodman, N.: Sprachen der Kunst. Entwurf einer Symboltheorie. Frankfurt a. M. 1995.

Hogrebe, W: Ahnung und Erkenntnis. Brouillon zu einer Theorie des natürlichen Erkennens. Frankfurt a. M. 1996.

Hume, D.: An Enquiry Concerning Human Understanding, dt. Eine Untersuchung über den menschlichen Verstand. Stuttgart 1982.

Kamlah, W./Lorenzen, P.: Logische Propädeutik. Mannheim 1967.

Kant, I.: Kritik der reinen Vernunft. Hamburg 1956(KrV).

Kreimendahl, L.: Hauptwerke der Philosophie. Rationalismus und Empirismus. Stuttgart 1994.

Locke, J.: An Essay Concerning Human Understanding, dt. Versuch über den menschlichen Verstand. 2 Bde., Hamburg 1981.

Popper, K. R.: Logik der Forschung. Tübingen ⁶1976.

Quine, W. V. O.: Zwei Dogmen des Empirismus. In: J. Sinnreich(Hg.): Zur Philosophie der idealen Sprache. München 1972, 167–194.

Reichenbach, H.: Experience and Prediction. An Analysis of the Foundations and the Structure of Knowledge. Chicago/London 1938.

Rickert, H.: Kennen und Erkennen. In: Kant–Studien 39(1934), 139–155. Reprint in: W. Flach/H. Holzhey(Hg.): Erkenntnistheorie und Logik im Neukantianismus. Hildesheim 1980, 525–541.

Russell, B.: Erkenntnis durch Bekanntschaft und Erkenntnis durch Beschreibung. In: Ders.: Die Philosophie des Logischen Atomismus. Aufsätze Logik und Erkenntnistheorie. Hg. von J. Sinnreich, München 1976, 66–82.

Windelband, W.: Kritische und genetische Methode. In: Präludien. Bd. 2, Tübingen [9]1924, 99-135. Reprint in: W. Flach/H. Holzhey(Hg.): Erkenntnistheorie und Logik im Neukantianismus. Hildesheim 1980, 351-387.

Wittgenstein, L.: Über Gewißheit. Hg. von G. E. M. Anscombe/G. H. v. Wright, Frankfurt a. M. 1970.

그 외의 문헌

Bieri, P.(Hg.): Analytische Philosophie der Erkenntinis. Weinheim [4]1997.

Cassirer, E.: Das Erkenntnisproblem in der Philosophie und Wissenschaft der neueren Zeit. 4 Bde., Darmstadt 1994.

Gabriel, G.: Grundprobleme der Erkenntnistheorie. Von Descartes zu Wittgen-stein. Paderbone [2]1998.

Kutschera, F. v.: Grundfragen der Erkenntnistheorie. Berlin/New York 1982.

Prauss, G.: Einführung in die Erkenntnistheorie. Darmstadt 1980.

● 윤리학

인용 문헌

Apel, K. -O.: Transformation der Philosophie. 2 Bde. Frankfurt a. M. 1973. (Bd. 2: Das Apriori der Kommunikationsgemeinschaft.)
— Diskurs und Verantwortung. Das Problem des Übergangs zur postkonven-tionellen Moral. Frankfurt a. M. 1988.

Aristoteles: Nikomachische Ethik. München 1972.

Austin, J. L.: Zur Theorie der Sprechakte. Stuttgart 1972.

Ayer, A. J.: Sprache, Wahrheit und Logik. Stuttgart 1970.

Bentham. J.: Eine Einführung in die Prinzipien der Moral und der Gesetz-gebung. In: Einführung in die utilitaristische Ethik. Hg. von O. Höffe, Tübingen 1992, 55-83.

Damasio, A. R.: Descartes' Irrtum. Fühlen, Denken und das menschliche Gehirn. München 1995.

Freud, S.: Das Unbehagen in der Kultur—Abriß der Psychoanalyse. Frankfurt a. M. 1953.
— Totem und Tabu. Frankfurt a. M. 1956.

Gilligan, C.: Die andere Stimme. Lebenskonflikte und Moral der Frau. München 1990.

Goleman, D.: Emotionale Intelligenz. München/Wien 1996.

Habermas, J.: Vorbereitende Bemerkungen zu eincr Theorie der kommunikativen Kompetenz. In: Ders./N. Luhmann: Theorie der Gesellschaft oder Sozialtechnologie. Frankfurt a. M. 1971, 101–141.

— Moralbewußtsein und kommunikatives Handeln. Frankfurt a. M. 1983.

Hare, R. M.: Die Sprache der Moral. Frankfurt a. M. 1972.

Jonas, H.: Das Prinzip Verantwortung. Versuch einer Ethik für die technologische Zivilisation. Frankfurt a. M. 1979.

Kant, I.: Werke in sechs Bänden. Hg. von W. Weischedel. Darmstadt 1983. (Schriften zur Ethik und Religionsphilosophie: Bd. 4.)

Kierkegaard, S.: Entweder/Oder. 2 Bde., Düsseldorf/Köln 1964, 1967.

— Philosophische Brocken. Düsseldorf/Köln 1960.

Lorenz, K.: Das sogenannte Böse. Zur Naturgeschichte der Aggression. München 1983.

Meier–Seethaler, C.: Gefühl und Urteilskraft. Ein Plädoyer für die emotionale Vernunft. München 1997.

Mill, J. S.: Der Utilitarismus. Stuttgart 1976.

Moore, G. E.: Principia ethica. Stuttgart 1970.

Nietzsche, F.: Sämtliche Werke. Kritische Studienausgabe(KSA). 14 Bde., Berlin 1980. (Genealogie der Moral: Bd. 5.)

Pieper, A.: Sprachanalytische Ethik und praktische Freiheit. Das Problem der Ethik als autonomer Wissenschaft. Stuttgart 1973.

— Praktische Urteilskraft. Zur Frage der Anwendung moralischer Normen. In: Prinzip und Applikation in der praktischen Philosophie. Hg. von T. M. Seebohm, Mainz 1990, 153–167.

— Aufsrtand des stillgeleten Geschlechts. Einführung in die feministische Ethik. Freiburg[u.a.] 1993.

Platon: Sämtliche Werke. 6 Bde., Hamburg 1958–1960. (Politeia: Bd. 3.)

Rawls, J.: Eine Theorie der Gerechtigkeit. Frankfurt a. M. 1975.

— Gerechtigkeit als Fairneß. Freiburg/München 1977.

Ruse, M.: Noch einmal: Die Ethik der Evolution. In: Evolution und Ethik. Hg.

von K. Bayertz, Stuttgart 1993, 153-167.

Searle, J. R.: Sprechakte. Ein sprachpilosophischer Essay. Frankfurt a. M. 1969.

Sousa, R. de: Die Rationalität der Gefühls. Frankfurt a. M. 1997.

Spinoza, B. de: Ethik nach geometrischer Methode dargestellt. Hamburg 1955.

Stevenson, C. L.: Ethics and Language. New Haven/London 1968.

Wright, R.: Diesseits von Gut und Böse. Die biologischen Grundlagen unserer Ethik. München 1994.

Wuketits, F.: Gene, Kultur und Moral. Soziobiologie Pro und Contra. Darmstadt 1990.

그 외의 문헌

Frankena, W. K.: Analytische Ethik. München 1972.

Hastedt, H./Martens, E. (Hg.): Ethik. Ein Grundkurs. Reinbeck 1994.

— Höffe, O. (Hg.): Einführung in die utilitaristische Ethik. Tübingen 1992.

— (Hg.): Lexikon der Ethik. München ⁵1997.

Krämer, H.: Integrative Ethik. Frankfurt a. M. 1992.

Pieper, A.: Einführung in die Ethik. Tübingen/Basel ³1994.

— (Hg.): Geschichte der neueren Ethik. 2 Bde, Tübingen/Basel 1992.

— Gut und Böse. München 1997.

Tugendhat, E.: Vorlesungen über Ethik. Frankfurt a. M. 1993.

● 응용윤리학

인용 문헌

Ach, J. S./Gaidt, A. (Hg.): Herausforderung der Bioethik. Stuttgart/Bad Cannstatt 1993.

Achenbach, G. B.: Philosophische Praxis. Köln ²1987.

Barry, B.: Theories of Justice. Vol. 1: Social Justice. London[u.a.] 1989.

Bayertz, K.: Moralischer Konsens als soziales und philosophisches Problem. In: Ders. (Hg.): Moralischer Konsens. Frankfurt a. M. 1996, 11-29.

— Der evolutionäre Naturalismus in der Ethik. In: Lütterfelds/Mohrs 1993, 141-165.

— (Hg.): Praktische Philosophie. Grundorientierungen angewandter Ethik. Reinbek 1991.

— Praktische Philosophie als angewandte Ethik. In: Ders. 1991, 7–47.

Beauchamp, T. L./Childress, J. F.: Principles of Biomedical Ethics. New York/Oxford ³1989.

Beck, U.: Was ist Glocalisierung? Frankfurt a. M. 1997.

Birnbacher, D.: Mensch und Natur. Grundzüge der ökologischen Ethik. In: Bayerz 1991, 278–321.

Brenner, A.: Ökologie–Ethik. Leipzig 1996.

Dill, A.: Philosophische Praxis. Frankfurt a. M. 1990.

Fromm, E.: Psychoanalyse und Ethik. München ⁵1995.

Goodlad, I. I./Soder, R./Sirotnik, K. A. (Hg.): The Moal Dimensions of Teaching. San Francisco/Oxford 1990.

Hadot, P.: Philosophie als Lebensform. Geistige Übungen in der Antike. Berlin 1991.

Haller, M./Holzhey, H. (Hg.): Medien–Ethik. Opladen 1992.

Höffe, O.: Sozialethik. In: Ders. (Hg.): Lexikon der Ethik. München ⁵1997.

— Politische Gerechtigkeit. Frankfurt a. M. 1987.

— Sittlich–politische Diskurse. Frankfurt a. M. 1981.

— Praktische Philosophie. Das Modell des Aristoteles. München/Salzburg 1971.

Hubig, Ch.: Technik–und Wissenschaftsethik. Berlin[u.a.] ²1995.

Hübsch, St.: Philosophie und Gewissen. Göttingen 1995.

Hügli, A.: Pädagogische Ethik. In: Pieper/Thurnherr 1998.

Irrgang, B.: Grundriß der medizinischen Ethik. München/Basel 1995.

Kant, I.: Gesammelte Schriften. Akademie–Ausgabe. Bde. I–IX und XV–XXVIII, Berlin 1968 und 1923ff.

Kohlberg, L.: Die Psychologie der Moralentwicklung. Frankfurt a. M. 1996.

Krämer, H.: Intergrative Ethik. Frankfurt a. M. 1992.

Krebs, A. (Hg.): Naturethik. Grundtexte der gegenwärtigen tierund ökoethischen Diskussion. Frankfurt a. M. 1997.

Kuhse, H.: Neue Reproduktionstechnologien: Ethischer Konflikt und das Problem des Konsenses. In: Bayertz 1996, 98–126.

Lenk, H./Ropohl, G. (Hg.): Technik und Ethik. Stuttgart ²1993.

Lenk, H.: Zwischen Wissenschaft und Ethik. Frankfurt a. M. 1992.

— (Hg.): Wissenschaft und Ethik. Stuttgart 1991.

Lohmann, K. R./Priddat. B. P.(Hg.): Ökonomie und Moral. München 1997.

Löwisch, D.-J.: Einführung in pädagogische Ethik. Darmstadt 1995.

Luhmann, N.: Die Wissenschaft der Gesellschaft. Frankfurt a. M. 1990.

Lütterfelds, W./Mohrs, Th.(Hg.): Evolutionäre Ethik zwischen Naturalismus und Idealismus. Darmstadt 1993.

Mohr, H.: Evolutionäre Ethik als biologische Theorie. In: Lütterfelds/Mohrs 1993, 19-31.

Nida-Rümelin, J.(Hg.): Angewandte Ethik. Die Bereichsethiken und ihre theoretische Fundierung. Ein Handbuch. Stuttgart 1996.

— Theoretische und angewandte Ethik. In: Ders. 1996, 2-85.

Nusser, K.-H.: Politische Ethik. Freising 1998.

Ott, K.: Ökologie und Ethik. Tübingen ²1994.

Pfordten, D. v. d.: Rechtsethik. In: Nida-Rümelin 1996, 200-289.

Pieper, A./Thurnherr, U.(Hg.): Angewandte Ethik. Eine Einführung. München 1998.

Pieper, A.: Evolutionäre Ethik. In: Pieper/Thurnherr 1998.

— Feministische Ethik. In: Pieper/Thurnherr 1998.

— Einführung in die Ethik. Tübingen/Basel ³1994.

Rachels, J.: Created from Animals. The Moral Implications of Darwinism. Oxford/New York 1990.

Rohbeck, J.: Technologische Urteilskraft. Zu einer Ethik technischen Handelns. Frankfurt a. M. 1993.

Ropohl, G.: Ethik und Technikbewertung. Frankfurt a. M. 1996.

Sass, H.-M.(Hg.): Bioethik in den USA. Methoden, Themen, Positionen. Berlin[u.a.] 1988a.

— (Hg.): Ethik und öffentliches Gesundheitswesen. Berlin[u.a.] 1988b.

— (Hg.): Mediazin und Ethik. Stuttgart 1989.

Schöpf, A.: Psychologische Ethik. In: Pieper/Turnherr 1998.

— Gewissen. In: O. Höffe(Hg.): Lexikon der Ethik. München ⁵1997, 106-108.

Singer, P.: Befreiung der Tiere. Eine neue Ethik zur Behandlung der Tiere. München 1982.

Spinner, H. F.: Wissensordnung, Ethik, Wissensethik. In: Nida-Rümelin 1996, 718-749.

Thurnherr, U.: Die Ästhetik der Existenz. Über den Begriff der Maxime und die Bildung von Maximen bei Kant. Tübingen/Basel 1994.

Ulrich, P.: Intergrative Wirtschaftsethik. Bern[u.a.] 1997.

Weischenberg, S./Scholl, A.: Konstruktivismus und Ethik im Journalismus. In: G. Rusch/S. J. Schmidt: Konstruktivismus und Ethik. Frankfurt a. M. 1995, 214-240.

Wieland, W.: Srtukturtypen ärzlichen Handelns. In: Sass 1989, 69-95.

— Strukturwandel der Medizin und ärzliche Ethik. Heidelberg 1986.

Wolf, J.-C.: Tierethik. Neue Perspektiven für Menschen und Tiere. Freiburg 1992.

Wolf, U.: Das Tier in der Moral. Frankfurt a. M. 1990.

Woff, H. P.: Artz und Patient. In: Sass 1989, 184-211.

● 여성주의철학

인용 문헌

Alcoff, L./Potter, E.,: When Feminisms Intersect Epistemology. In: Feminist Epistemologies. Ed. By L. Alcoff/E. Potter. New York/London 1993.

Beauvoir, S. de: Das andere Geschlecht. Sitte und Sexus der Frau. Hamburg 1951. Neudruck 1986.

Benhabib, S.: Feminismus und Postmoderne. Ein Prekäres Bündnis. In: S. Benhabib/J. Butler/D. Cornell/N. Fraser: Der Streit um Differenz. Feminismus und Postmoderne in der Gegenwart. Frankfurt a. M. 1993.

Bordo, S.: Feminist Skepticism and the ⟨Maleness⟩ of Philosophy. In: E. D. Harvey/K. Okrulik(Eds.): Women and Reason. Ann Arbor 1992.

Braidotti, R.: Patterns of Dissonance: A Study of Women in Contemporary Philosophy. Cambridge 1991.

Gatens, M.: Feminism and Philosophy. Perspectives on Difference and Equality. Cambridge/Oxford 1991.

Gilligan, C.: Die andere Stimme. Lebenskonflikte und Moral der Frau. München 1984.

Grosz, E.: Inscriptions and Body Maps: Representations and the Corporeal. In: Feminine—Masculine and Representation. Ed. by T. Threadgold/A. Cranny—Francis. Sydney[u.a.] 1990.

Harding, S.: The Science Question in Feminism. Ithaca/London 1986.

Horkheimer, M.: Von traditioneller zu kritischer Theorie. Frankfurt a. M. 1968.

Jagger, A.: Introduction. A Companion to Feminist Philosophy. Ed. by A. Jaggar/I. Young. Malden/Oxford 1998.

Nagl—Docekal, H.: Was ist feministische Philosophie? In: Dies.(Hg.): Feministische Philosophie. Wien/München 1990.

그 외의 문헌

Heinz, M./Doyé, S.: Feministische Philosophie. Bibliographie 1970–1995. Bielefeld 1996.

Meyer, U.: Einführung in die feministische Philosophie. Aachen 1992.

Nelson, L. H.(Ed.): Feminism, Science, and the Philosophy of Science. Dordrecht 1996.

Nye, A.: Words of Power: A Feminist Reading of the History of Logic. London/New York 1990.

Pieper, A.: Aufstand des stillgelegten Geschlechts. Einführung in die feministische Ethik. Freiburg 1993.

Tuana, N.(Ed.): Re—Reading the Canon. Penn State Press. In dieser Reihe sind erschienen: Feminist Interpretations of Plato(ed. by N. Tuana 1994); Feminist Interpretations of de Beauvoir(ed. by M. Simons 1995); Feminist Interpretations of Hannah Arendt(ed. by B. Honig 1995); Feminist Interpretations of G. W. F. Hegel (ed.by P. Mills 1996); Feminist Interpretations of Mary Wollstonecraft(ed. by M. Falco 1996); Feminist Interpretations of Michel Foucault(ed. by S. Hekman 1996); Feminist Interpretations of Jacques Derrida(ed. by N. Holland 1997); Feminist Interpretations of Immanuel Kant(ed. by R. Schott 1997); Feminist Interpretations of Sören Kierkegaard(ed. by C. Leon/S. Walsh 1997). Weitere Bände u.a. zu Aristoteles, Nietzsche und Marx sind in Vorbereitung.

Waithe, M. E.(Ed.): A Histoty of Women Pholosophers. 4 Volumes. Dordrecht 1987–1995.

● 역사철학

인용 문헌

Augustinus, A.: (De civitate Dei) Vom Gottesstaat. 2 Bde., München 1977.

Bloch, E.: Atheismusim Christentum. In: Gesamtausgabe, 16 Bde., Frankfurt a. M. 1959-1978; Bd. 14.

Buren, P. M. van: The Edges of Language. New York 1963.

Cassirer, E.: Philosophie der symbolischen Formen. 3 Bde., Darmstadt 1994.

Collingwood, R. G.: The Philosophy of History. Oxford 1965.

Comte, A.: Cours de philosophie positive. Paris 1830-1842; dt.: Die Soziologie. Positive Philosophie. Hamburg 1974.

Danto, A. C.: Analytical Philosophy of History. Oxford 1965; dt.: Frankfurt a. M. 1974.

Descartes, R.: Le monde. 1644.

Dilthey, W.: Der Aufbau der geschichtlichen Welt. 1910.

Fichte, J. G.: Werke. Hg. von I. H. Fichte, 11 Bde., Berlin 1971.

— Die Grundzüge des gegenwärtigen Zeitalters: Bd. 7.

— Grundlage der gesammten Wissenschaftslehre: Bd. 1.

Gadamer, H. G.: Wahrheit und Methode. Grundzüge einer philosophischen Hermeneutik. Tübingen 1960.

Hegel, G. W. G.: Sämtliche Werke. Jubiläumsausgabe. Hg. von H. Glockner, 26 Bde., Stuttgart 1927ff.

— Phänomenologie des Geistes: Bd. 2.

— Vorlesungen über die Philosophie der Geschichte: Bd. 11.

— Vorlesungen über die Geschichte der Philosophie: Bd. 17.

Herder, J. G.: Ideen zu einer Philosophie der Geschichte der Menschheit. 4 Bde., 1784-1791.

Hobbes, Th.: De cive. Paris 1642; dt.: Vom Menschen—Vom Bürger. Hamburg 1977.

— De homine. Paris 1658.

— Leviathan. 1651; dt.: Hamburg 1996.

Leibniz, G. W.: Monadologie. Jena 1720.

— Principes de la nature et de la grace. 1818.

— Essais de theodicée. Amsterdam 1710.

Marx, K.: Marx-Engels-Werke(MEW). Berlin 1956-1968.

— Die Deutsche Ideologie: Bd. III.

— Zur Kritik der Hegelschen Rechtsphilosophie: Bd. I.

Plotin: Über die Vorsehung. In: Schriften[Enneaden], 6 Bde. in 12 Teilbänden. Hamburg 1956-1671; Bd. V.

Ranke, L. v.: Die Geschichte der germanischen und romanischen Völker. 1824.

Rousseau, J.-J.: Du contract social. Amsterdam 1752; dr.: Gesellschaftsvertrag. Stuttgart 1977.

Schelling, F. W. J.: Sämmtliche Werke in zwei Abteilungen. Hg. von K. F. A. Schelling, 14 Bde., Stuttgart/Augsburg 1856ff.; Nachdruck Darmstadt 1957ff.

— System des transzendentalen Idealismus: Bd. I, 3.

— Vorlesungen über die Methode des akademischen Studiums: Bd. I, 5.

— Über das Wesen der menschlichen Freiheit: Bd. I, 7.

— Die Weltalter: Bd. I, 8.

— Vorlesungen über die Philosophie der Mythologie und der Offenbarung: Bde. II, 1-4.

Schleiermacher, F.: Hermeneutik. Berlin 1838.

Vico, G. B.: Prinzipien einer neuen Wissenschaft. München 1924.

Voltaire, F.-M.: Essay sur l'histoire générale et sur les moeurs et l'esprit des nations. Genf 1756; dt.: Über den Geist und die Sitten der Nationen. 6 Bde., 1760-62.

그 외의 문헌

Acham, K.: Analytische Geschichtsphilosophie. Frieburg/München 1974.

Angehrn, E.: Geschichtsphilosophie. Stuttgart 1991.

Baumgartner, H. M.: Konitinuität und Geschichte. Frankfurt a. M. 1972.

Marquard, O.: Schwierigkeiten mit der Geschichtsphilosophie. Frankfurt a. M. 1982.

Schaeffler, R.: Erfahrung als Dialog mit der Wirklichkeit. Freiburg/München 1995.

— Zum Verhältnis von transzendentaler und historischer Reflexion. In: Kohlen-

berger/Lütterfelds(Hg.): Von der Notwendigkeit der Philosophie in der Gegen-
wart. Wien/München 1976.

Schnädelbach, H.: Vernunft und Geschichte. Frankfurt a. M. 1987.

● 문화철학

인용 문헌

Baudelaire, C.: Der Maler des modernen Lebens. [1863], in: Sämtliche Werke/
Briefe. Hg. von F. Kemp und C. Pichois. Munchen/Wien 1989, Bd. 5, 213-255.

Blumenberg, H.: Höhlenausgänge. Frankfurt a. M. 1989.

Bollenbeck, G.: Bildung und Kultur. Glanz und Elend eines deutschen Deu-
tungsmusters. Frankfurt a. M./Leipzig 1994.

Cassirer, E.: Versuch über den Menschen. Einführung in eine Philosophie der
Kultur. Frankfurt a. M. 1990.

— Naturalistische und humanistische Begründung der Kulturphilosophie. [1939],
in: Ders.: Erkenntnis, Begriff, Kurtur. Hg. von R. A. Bast, Hamburg 1993,
231-261.

— Philosophie der symbolischen Formen. [1923-1929], 3 Bde., Darmstadt
[9]1994.

Davoser Disputation zwischen Ernst Cassirer und Martin Heidegger. [1929], in:
Martin Heidegger: Gesamtausgabe. I. Abt., Bd. 3, Frankfurt a. M. 1991, 274-296.

Freud, S.: Eine Schwierigkeit der Psychoanalyse. [1971], in: Gesammelte
Werke. Bd. 12, London 1943, 3-12.

Habermas, J.: Technik und Wissenschaft als 〈Ideologie〉. [1968], Frankfurt a.
M. [9]1978.

— Die befreiende Kragt der symbolischen Formgebung. Ernst Cassirers hu-
manistisches Erbe und die Bibliothek Warburg. In: E. Cassirers Werk und
Wirkung. Kultur und Philosophie. Hg. von D. Frede/R. Schmücker, Darmstadt
1997, 79-104.

Hartman, G. H.: Kultur und das abstrakte Leben. In: Weimarer Beiträge 40
(1994), 485-507.

Humboldt, W. v.: Über die Verschiedenheit des menschlichen Sprachbaues und ihren Einfluß auf die geistige Entwicklung des Menschengeschlechts. [1830–1835], in: Gesammelte Schriften. Akademie–Ausgabe, Bd. 7, Berlin 1907, 1–343.

Konersmann, R.: Krisis und Kulturdynamik. Eine Notiz. In: Cognitio humana —Dynamik des Wissens und der Werte. XVII. Deutscher Kongreß für Philosophie. Leipzig, 23–27. Spetember 1996. Vorträge und Kolloquien. Hg. von Ch. Hubig, Berlin 1997, 271–297.

— Kultur als Metapher. [1996], in: Ders. (Hg.): Kulturphilosophie. Leipzig ²1998, 327–354.

— Das Haus des Menschen. Themen und Thesen der Kulturphilosophie. In: Einführung in die Kulturwissenshaft. Hg. von Thomas Düllo u. a., Münster 1998, 19–38.

Kroeber, A. L./Kluckhohn, C.: Culture. A Critical Review of Concepts and Definitions. New York 1952.

Lévi–Strauss, C.: Traurige Tropen. [1955], Frankfurt a. M. ²1989.

Löwith, Karl: Mein Leben vor und nach 1933. Ein Bericht. [1940], Frankfurt a. M. 1989.

Lübbe, H.: Philosophie oder Bindestrich–Philosophie? In: Esoterik oder Exoterik der Philosophie. Beiträge zu Geschichte und Sinn philosophischer Selbstbestimmung. Hg. von H. Holzhey/W. Ch. Zimmerli, Basel/Stuttgart 1977, 386–399.

Luhmann, N.: Kultur als historischer Begriff. In: Ders.: Gesellschaftsstruktur und Semantik. Studien zur Wissenssoziologie der modernen Gesellschaft. Bd. 4, Frankfurt a. M. 1995, 31–54.

Mall, R. A.: Philosophie im Vergleich der Kulturen. Interkulturelle Philosophie — eine neue Orientierung. Darmstadt 1995.

Moravia, S.: Beobachtende Vernunft. Philosophie und Anthropologie in der Aufklärung. [1970], Frankfurt a. M. 1989.

Perpeet, W.: Kulturphilosophie. Anfänge und Probleme. Bonn 1997.

Simmel, G.: Philosophie des Geldes. [1990], in: Gesamtausgabe. Hg. von O. Rammstedt, Bd. 6, Frankfurt a. M. 1989.

— Der Begriff und die Tragödie der Kultur. [1911], in: Kulturphilosophie. Hg. von R. Konersmann, Leipzig ²1998, 25–27.

Tylor, E. B.: Primitive Culture. London 1871.

Waldenfels, B.: Topographie des Fremden. Studien zur Phänomenologie des

Fremden I. Frankfurt a. M. 1997.

그 외의 문헌

Brackert, H./Wefelmeyer, F.(Hg.): Naturplan und Verfallskritik. Zu Begriff und Geschichte der Kultur. Frankfurt a. M. 1984.

— Kultur. Bestimmungen im 20. Jahrhundert. Frankfurt a. M. 1990.

Hansen, K. P.: Kultur und Kulturwissenschaft. Eine Einführung. Tübingen/ Basel 1995.

Konersmann, R.(Hg.): Kulturphilosophie. Leipzig 1996; ²1998(mit Auswahl- bibliographie).

● 논리학

인용 문헌

Kripke, S. A.: Semantical Analysis of Moral Logic I. Normal Modal Pro- positional Calculi. In: Zeitschrift für mathematische Logik und Grundlagen der Mathematik Bd. 9(1963), 67−69.

Mendelson, E.: Introduction to Mathematical Logic. London 1964, ⁴1997.

Stegmüller, W.: Hauptströmungen der Gegenwartsphilosophie. Bd. II. Stuttgart ⁸1987.

a) Zur extensionalen Logik:

Mates, B.: Elementare Logik(Prädikatenlogik der ersten Stufe). Göttingen 1969, ²1997.

Menne, A.: Einführung in die formale Logik. Darmstadt 1985, ²1991.

Oberschlep, A.: Logik für Philosophie. Mannheim[u.a.] 1992.

b) Zur intensionalen Logik:

Hughes, G. E./Cresswell, M. J.: A New Introduction to Modal Logic. London 1996.

Kutschera, F. v.: Einführung in die intensionale Semantik. Berlin/New Yotk 1976.

McArthur, R. P.: Tense Logic. Dordrecht/Boston 1976.

Snyder, D. P.: Modal Logic and its Applications. New York 1971.

Empfohlen werden auch die Artikel *Logic, Deontic* bis *Logic, Traditional* in:
Edwards(Hg.): 〈The Encyclopedia of Philosophy〉, Bde. 4 und 5.

● 형이상학

인용 문헌

Adorno, Th. W.: Negative Dialektik. Frankfurt a. M. 1967.

Aristoteles: Metaphysik. Griech.-deutsch, 2 Bde., übers. von H. Bonitz, hg.
von H. Seidl, Hamburg 1989, 1991.

Descartes, R.: Meditationen über die Grundlagen der Philosophie[Mediationes
de prima philosophia]. Hamburg 1993.

Haag, K. H.: Der Fortschritt in der Philosophie. Frankfurt a. M. 1983.

Habermas, J.: Nachmetaphysisches Denken. Frankfurt a. M. 1988.

Hägler, R. P.: Kritik des neuen Essentialismus. Logisch-Philosophische Unter-
suchungen über Identität, Modalität und Referenz. Paderborn 1994.

Heidegger, M.: Einführung in die Metaphysik. Tübingen 1953.

— Vorträge und Aufsätze. Pfullingen 1954.

Henrich, D.: Fluchtlinien. Frankfurt a. M. 1982.

Husserl, E.: Erste Philosophie. [1923/4], Husserliana Bd. VII/VIII, Den Haag
1956-59.

Kant, I.: Kritik der reinen Vernunft. Hamburg 1976.

— Prolegomena zu jeder künftigen Metaphysik, die als Wissenschaft wird
auftreten können. Hamburg 1993.

Platon: Der Staat[Politeia]. Werke in 8 Bänden, griech.-deutsch, Studienaus-
gabe, Bd. 4, Darmstadt, ²1990.

Rorty, R.: Kontingenz, Ironie und Solidarität. Frankfurt a. M. 1989.

Strawson, P. F.: Einzelding und logisches Subjekt(Individuals). Ein Beitrag zur
deskriptiven Metaphysik. [1952], Stuttgart 1972.

Thomas von Aquin: Über Seiendes und Wesenheit[de ente et essentia]. Übers.
und kommentiert von H. Seidl, Hamburg 1988.

그 외의 문헌

Heimsoeth, H.: Die seches großen Themen der abendländischen Metaphysik und der Ausgang des Mittelalters. Darmstadt 1958.

Kondylis, P.: Die neuzeitliche Metaphysikkritik. Stuttgart 1990.

Wenzel, U. J.(Hg.): Vom Ersten und Letzten. Positionen der Metaphysik in der Gegenwartsphilosophie. Frankfurt a. M. 1998.

● 자연철학

인용 문헌

Alanus de Insulis: Liber de plantu naturae. In: Patrologiae cursus completus. Series latina. Hg. von J.-P. Migne[abgekürzt: Migne], Paris 1844-1855[u.ö.], Bd. 210, 579a.

Aristoteles: Physikvorlesung, übers. von H. Wagnetr, 3, Aufl., Darmstadt 1979.

— Metaphysik. Hg. von H. Carvallo und E. Grassi, übers. von H. Bonitz, Reinbeck b. Hamburg 1966.

Cusanus, N.: Philosophisch-Theologische Schriften. Hg. von L. Gabriel, übers. und kommentiert von D. und W. Dupré, lat-dt., 3 Bde., Wien 1964-1967.

Galilei, G.: Le Opere. Edizione Nazionale. Hg. von A. Favaro, Florenz 1929-1939, Bd. 6, 232.

Hartmann, N.: Philosophie der Natur. Abriß der speziellen Kategorienlehre. [1950], Berlin/New York ²1980.

Hegel, G. W. F.: Werke. Vollständige Ausgabe durch einen Verein von Freunden des Verewigten. Berlin, 1838-1845. VII, 1, 37.

Heidegger, M.: Die Frage nach der Thehnik. In: Die Künste im technischen Zeitalter, Dritte Folge des Jahrbuchs *Gestalt und Gedanke*. Hg. von der Bayerischen Akademie der Schönen Künste, München 1954, 88[u.ö.].

Herbart, J. F.: Sämtliche Werke. In chronologischer Reihenfolge. Hg. von K. Kehrbach, Leipzig/Langensalza 1882-1907, Bd. 5, 177ff.; Bd. 6.

Hirschfeld, Ch. C. L.: Die Theorie der Gartenkunst. 5 Bde., Leipzig 1779-1785.

Kant, I.: Gesammelte Schriften. Hg. von der Königlich Preußischen Akafemie der Wissenschaften[abgekürzt: AA], Bd. 1ff., Berlin 1902ff.

Klages, L.: Grundlegung der Wissenschaft vom Ausdruck. Bonn ⁹1970.

Lactantius, F.: De opificio Dei. lib. 14, 9.

Lorenzen, P.: Methodisches Denken. Frankfurt a. M. 1968.

Monantholius, H.: Aristotelis mechanica. Paris 1599, Epistola dedicatoria a IV f.

Novalis: Werke. Hg. von G. Schulz, München 1969, ³1987, 85.

Petrus Damiani: De bono religioso status et variarum animanitium tropologia, Cap. 2 c. In: Migne, Bd. 145, 767.

Platon: Sämtliche Werke. Hg. von W. F. Otto/E. Grassi/G. Plamböck, übers. von F. Schleiermacher und H. Müller, 5 Bde. Reinbek b. Hamburg 1961.

Schelling, F. W. J.: Sämtliche Werke. Hg. von K. F. A. Schelling. Stuttgart/ Augsburg 1856—1861.

그 외의 문헌

Böhme, G.: Für eine ökologische Naturästhetik. Frankfurt a. M. 1989.

— (Hg.): Klassiker der Naturphilosophie. Von den Vorsokratikern bis zur Kopenhagener Schule. München 1989.

Glory, K.: Studien zur Platonischen Naturphilosophie im Timaios. Würzburg 1986.

— Burger, P.(Hg.): Die Naturphilosophie im Deutschen Idealismus. Stuttgart— Bad Cannstatt 1993.

— Das Verständnis der Natur. Bd. 1: Dis Geschichte des wissenschaftlichen Denkens. München 1995. Bd. 2: Die Geschichte des ganzheitlichen Denkess. München 1996.

— (Hg.): Natur—und Technikbegriffe. Historische und systematische Aspekte: von der Antike bis zur ökologischen Krise, von der Physik bis zur Ästhetik. Bonn 1996.

Kather, R.: Der Mensch—Kind der Natur oder des Geistes? Wege zu einer ganzheitlichen Sicht der Natur. Würzburg 1994.

Merchant, C.: Der Tod der Natur. Ökologie, Frauen und neuzeitliche Naturwissenschaft. Aus dem Amerikanischen von H. Fliessbach. München 1987.

Meyer—Abich, K. M.: Praktische Maturphilosophie. Erinnerung an einen vergessenen Traum. München 1997.

Rapp, F.(Hg.): Naturverständnis und Naturbeherrschung. Philosophieges—

chichtliche Entwicklung und gegenwärtiger Kontext. München 1981.

● 정신철학

인용 문헌

Anscombe, G. E. M.: The First Person. In: S. Guttenplan(Hg.): Mand and Languege. Oxford 1975.

Armstrong, D. M.: A Materialist Theory of Mind. New Youk 1968.

Carnap, R.: Die Physikalische Sprache als Universalsprache der Wissenschaft. In: Erkenntnis 2(1931).

— Phychologie in Physikalischer Sprache. In: Erkenntnis 3(1932).

Cassam, Q.(Hg.): Self-Knowledge. Oxford 1994.

Castañeda, H.-N.: ⟨He⟩: A Study in the Logic of Self-consiousness. In: Ratio 8(1966).

— Indicators and Quasi-Indicators. In: American Philosophical Quarterly 4 (1967).

Chisholm, R. M.: Person and Object. London 1976.

Churchland, P. M.: A Neurocomputational Perspective. The Nature of Mind and the Structure of Science. Cambridge(Mass.) 1989.

Davidson, D.: Essays on Actions and Events. Oxford 1980.

Dennett, D. C.: Brainstorms. Philosophical Essays on Mind and Psychology. Brigdton 1978.

— The Intentional Stance. Cambridge(Mass.) 1987.

— Consciousness Explained. Boston 1991.

Feigl, H.: Logical Analysis of the Psychophysical Problem. A Contribution of the New Positivism. In: Philosophy of Science 1(1934).

— The ⟨Mental⟩ and the ⟨Physical⟩. The Essay and a Postscript. [1958], Minneapolis 1967.

Feyerabend, P. K.: Materialism and the Mind-Body Problem. In: The Review of Metaphysics 17(1963).

Fodor, J. A.: The Language of Thought. Cambridge(Mass.) 1975.

— Representations. Brighton 1981.

— Psychosemantics. Cambridge(Mass.) 1987.

Foster, J.: The Immaterial Self. A Defence of the Cartesian Dualist Conception of the Mind. London 1991.

Frankfurt, H. G.: Freedom of the Will and the Concept of a Person. In: The Journal of Philosophy 68(1971).

Jackson, F.: What Mary Didn't Know. In: Journal of Philosophy 83(1986).

Kim, J.: Supervenience and Mind. Selected Philosophical Essays. Cambridge (Mass.) 1993.

Kripke, S. A.: Naming and Necessity. In: D. Davidson/G. Harman(Hg.): Semantics of Natural Language. Dordrecht 1972.

Lewis, D.: Mad Pain and Martian Pain. In: N. Block(Hg.): Readings in Philosophy of Psychology. Volume 1, Cambridge(Mass.) 1980.

Locke, J.: An Essay concerning Human Understanding. Oxford 1975.

McDowell, J.: Mind and World. Cmabridge(Mass.) 1994.

McGinn, C.: The Problem of Consciousness. Essays Towards a Resolution. Oxford 1991.

Nagel, Th.: Physicalism. In: The Philosophical Review 74(1965).

— The Possibility of Altruism. Oxford 1970.

— What is it like to be a bat? In: Philosophical Review 83(1974).

Nozick, R.: Philosophical Explanations. Oxford 1981.

Parfit, D.: Reasons and Persons. Oxford 1984.

Place, U. T.: Is Consciousness A Brain Process? In: The British Journal of Psychology 47(1956).

Putnam, H.: Mind, Language and Reality. Philosophical Papers. Volume 2, Cambridge(Mass.) 1975.

Rorty, R.: Mind-Body Identity, Privacy, and Categories. In: The Review of Metaphysics 19(1965).

Ryle, G.: The Concept of Mind. London 1949.

Searle, J. R.: Minds, Brains, and Programs. In: The Behavioral and Brain Sciences 3(1980).

— Intentionality. An essay in the Philosophy of mind. Cambridge(Mass.) 1983.

— The Rediscovery of the Mind. Cambridge(Mass.) 1992.

Sellars, W.: Empiricism and the Philosophy of Mind. [1956], Cambridge(Mass.)

1997.

Shoemaker, S./Swinburne, R.: Personal Identity. Oxford 1984.

Smart, J. J. C.: Sensations and Brain Processes. In: The Philosophical Review 68(1959).

Strawson, P. F.: Individuals. An Essay in Descriptive Metaphysics. London 1959.

— Skepticism and Naturalism: Some Varieties. The Woodbridge Lectures 1983. London 1985.

Swinburne, R.: The Evolution of the Soul. Oxford 1986.

Taylor, C.: Human Agency and Language. Philosophical Papers 1. Cambridge (Mass.) 1985.

Tugendhat, E.: Selbstbewußtsein und Selbstbestimmung. Sprachanalytische Interpetationen. Frankfurt a. M. 1979.

Turing, A. M.: Computiong Machinery and Intelligence. In: Mind 59(1950).

Williams, B.: Priblems of the Self. Philosophical Papers 1956−1972. London 1973.

Wittgenstein, L.: Das Blaue Buch. [1934], in: Werkausgabe. Bd. 5, Frankfurt a. M. 1984.

그 외의 문헌

Bieri, P.(Hg.): Analytische Philosophie des Geistes. Königstein/Ts. 1981.

Carrier, M./Mittelstraß, J.: Geist, Gehirn, Verhalten. Das Leib−Seele−Problem und die Philosophie der Psychologie. Berlin 1989.

Lycan, W. G.(Hg.): Mind and Cognition. A Reader. Oxford 1994.

Metzinger, Th.(Hg.): Bewußtsein Beiträge aus der Gegenwartsphilosophie. Paderborn 1995.

Siep, L.(Hg.): Identität der Person. Aufsätze aus der nordamerikanischen Gegenwartsphilosophie. Basel 1983.

Sturma, D.: Philosophie der Person. Die Selbstverhältnisse von Subjektivität und Moralität. Paderborn 1997.

● 철학교수법

인용 문헌

Abkürzungen:

ZDP=Zeitschrift für Didaktik der Philosophie. Hannover 1979-1993.

ZDPE=Zeitschrift für Didaktik der Philosophie und Ethik, ab 1994.

Adorno, Th. W.: Negative Dialektik. Frankfurt a. M. 1966.

— Tabus über den Lehrberuf. In: Ders.: Stichworte. Kritische Modelle 2. Frankfurt a. M. 1969.

Berger, W./Macho, Th. H.(Hg.): Kant als Liebesratgeber. Wien 1989.

Blankertz, H.: Theorien und Modelle der Didaktik. München 1969.

Brüning, B.: Ethikunterrich in Europe(Habi.-Schrift, Universität Hamburg) 1998.

Droit, R. P.: Philosophy and Democracy in the World. Paris 1997.

Englhart, S.: Modelle und Perspektiven der Kinderphilosophie. Heinsberg 1997.

Fey, E.: Beiträge zum Philosophieunterricht in europäischen Ländern. Münster 1978.

Franzen, W.: Ethikunterricht. In: H. Hastedt/E. Martens(Hg.): Ethik—ein Grundkurs. Reinbeck 1994, 289-300.

Gründer, C./Gruschka, A./Meyer, M. A.(Hg.): Philosophie für die europäische Jugend. Münster 1997.

Hegel, G. W. F.: Über den Vortrag der Philosophie auf Gymnasien. Bd. 4, 418-425; Über den Unterricht in der Philosophie auf Gymnasien. Bd. 11, 31-41, Frankfurt a. M. 1970(Theorie Werkausgabe).

Heintel, P.: Modellbildung in der Fachdidaktik. Klagenfurt 1978.

Kambartel, F.: Thesen zur didaktischen Rücksichtnahme. In: ZDP 1/1979, 15-17.

Kant, I.: Studienausgabe. 6 Bde. Hg. von W. Weischedel, Darmstadt 1983.

Klemm, G.: Geschichte des deutschen Philosophieunterrichts. In: Fey 1978.

Macho, Th. H.: Institutionen philosophischer Lehre und Forschung. In: E. Martens/H. Schnädelbach(Hg.): Philosophieein Grundkurs. Bd. 2. Reinbeck 1994, 781-797.

Martens, E.: Dialogisch-Pragmatische Philosophiedidaktik. Hannover 1979.

— Einführung in die Didaktik der Philosophie. Darmstadt 1983.

— Sich im Denken orientieren. Philosophische Anfangsschritte mit Kindern. Hannover 1990.

— Zwischen Gut und Böse. Elementare Fragen angewandter-Philosophie. Stuttgart 1997.

Philosophy. Newsletter of the UNESCO Division of Philosophy. Paris 1995ff.

Rehfus, W. D.: Didaktik der Philosophie. Düsseldorf 1980.

Rosenkranz, K., Hegels Leben. Berlin 1844.

Steenblock, V.: Auszug auf dem Elfenbeinturm. Einladung zum Blick auf Einheit und Vielfalt der Arten und Orte des Philosophierens. In: F. Hermanni/V. Steenblock(Hg.): Philosophische Orientierung. Festschrift zum 65. Geburtstag von Willi Oelmüller. München 1995, 187-214.

그 외의 문헌

Girndt, H./Siep, L.(Hg.): Lehren und Lernen der Philosophie als Philosophisches Problem. Essen 1987.

Hahne H.: Problems des Philosophie-Unterrichts. Stuttgart 1959.

Leeuw, K. v. d./Mostert, P.: Pholosophieren lehren. Ein Model für Planung, Analyse und Erforschung des einführenden Philosophieunterrichts. Delft 1988.

Rehfus, W. D./Becker, H.(Hg.): Handbuch des Philosophieunterrichts. Düsseldorf 1986.

Rohbeck, J.: Hegels Didaktik der Philosophie. In: Dialektik 2(1981), 122-137.

Schmidt, H.: Didaktik des Ethikunterrichts(Bd. 1: Grundlagen, Bd. 2: Der Unterricht in Klasse 1-13). Stuttgart 1983.

● 정치철학

인용 문헌

Aristoteles: Politik. München 1973.

Barber, B.: Strong Democray. Participatory Politics for a New Age. Berkeley 1984.

Bohman, J./Rehg, W.(Hg.): Deliberative Democracy. Cambridge(Mass.) 1997.

Chwaszcza, C./Kersting, W.(Hg.): Politische Philosophie der internationalen Beziehungen. Frankfurt a. M. 1998.

Dagger, R.: Civic Virtues. Rights, Citizenship, and Republican Liberalism. Oxford 1997.

Dworkin, R.: A Matter of Principle. Oxford 1985.

Habermas, J.: Faktizität und Geltung. Beiträge zur Diskurstheorie des Rechts und des demokratischen Rechtsstaats. Frankfurt a. M. 1992.

Hampton, J.: Political Philosophy. Boulder(Col.) 1997.

Harrison, R.: Democracy. London/New York 1993.

Hayek, F. A. v.: Law, Legislation and Liberty. Vol. 2: The Mirage of Social Justice. Chicago 1976.

Held, D.(Hg.): Political Theory Today. Oxford 1991.

— Democracy and the Global Order. Stanford 1995.

Hobbes, Th.: Leviathan(1651). Ed. by Richard Tuck, Cambridge(Mass.) 1996.

Holmes, S.: The Anatomy of Antiliberalism. Harvard 1993.

Kant, I.: Zum ewigen Frieden. Ein philosophischer Entwurf. Königsberg 1795.

Kersting, W.: Die Politische Philosophie des Gesellschaftsvertrags. Darmstadt 1994.

— Recht, Gerechtigkeit und demokratische Tugend. Frankfurt a. M. 1997.

Kymlicka, W.: Contemporary Political Philosophy. An Introduction. Oxford 1990.

Mulhall, St./Swift, A.(Hg.): Liberals and Communitarians. Oxford 1992.

Nozick, R.: Anarchy, State, and Utopia. New York 1974.

Pettie, Ph.: Republicanism. Oxford 1997.

Platon: Der Staat. Hamburg 1989.

Raphael, D. D.: Problems of Political Phiosophy. Rev. ed., London/Basingstoke 1976.

Rawls, J.: Theory of Justice. Harvard 1971.

Schmalz—Bruns, R.: Reflexive Demokratie. Die demokratische Transformation moderner Politik. Baden—Baden 1995.

Wolff, J.: An Introduction to Political Philosophy. Oxford/New York 1996.

그 외의 문헌

Ballestrem, K./Offmann, H.(Hg.): Politische Philosophie des 20. Jahrhunderts. München/Wien 1990.

Gerhardt, V.: Der Begriff der Politik. Bedingungen und Gründe politischen Handelns. Stuttgart 1990.

Höffe, O.: Politische Gerechtigkeit. Grundlegung einer kritischen Philosophie von Recht und Staat. Frankfurt a. M. 1987.

● 법철학

인용 문헌

Alexy, R.: Begriff und Geltung des Rechts. Freiburg/München 1992.

Apel, K. O.: Kann der postkantische Standpunkt der Moralität noch einmal in substantielle Sittlichkeit 〈aufgehoben〉 werden? In: W. Kuhlmann(Hg.): Moralität und Sittlichkeit. Frankfurt a. M. 1986, 217ff.

Aristoteles: Politk. Übers. von E. Rolfes, Hamburg ⁴1981.

Bentham, J.: Introduction to the Principles of Morals and Legislation. [1789], hg. von J. H. Burns/H. L. A. Hart, London 1970.

Dworkin, R.: Taking Rights Seriously. Cambridge(Mass.) 1982.

Ellscheid, G.: Die Verrechtlichung sozialer Beziehungen als Problem der politischen Philosophie. In: Neue Hefte für Philosophie 17(1979), 37ff.

Habermas, J.: Faktizität und Geltung. Beiträge zur Diskurstheorie des Rechts und des demokratischen Rechtsstaats. Frankfurt a. M. 1992.

Hart, H. L. A.: The Concept of Law. Oxford 1961.

Hegel, G. W. F.: Phänomenologie des Geistes. [1807], hg. von E. Moldenhauer/ K. M. Michel, Frankfurt a. M. 1970; Bd. 3(Hegel 1970a).

— Grundlinien der Philosophie des Rechts oder Naturrecht und Staatswissenschaft im Grundrisse. [1821], hg. von E. Moldenhauer/K. M. Michel, Frankfurt a. M. 1970; Bd. 7(Hegel 1970b).

Hobbes, Th.: Leviathan. [1651], English Works Vol. 3, hg. von W. Molsworth, London 1839.

Honneth, A.(Hg.): Kommunitarismus. Eine Debatte über die moralischen

Grundlagen moderner Gesellschaften. Frankfurt a. M./New York 1993.

Ilting, K. H.: Der Geltungsgrund moralischer Normen. In: W. Kuhlmann/I. Böhler(Hg.): Kommunikation und Reflexion. Zur Diskussion der Transzendentalpragmatik. Frankfurt a. M. 1982, 612ff.

Kant, I.: Grundlegung der Metaphysik der Sitten. [1785], hg. von W. Weischedel, Wiesbaden 1956; Bd. IV, 7ff(Kant 1956a).

— Kritik der praktischen Vernunft. [1787], hg. von W. Weischedel, Wiesbaden 1956; Bd. IV, 103ff(Kant 1956b).

— Metaphysik der Sitten. [1797], hg. von W. Weischedel Wiesbaden 1956; Bd. IV, 303ff(Kant 1956c).

Kelsen, H.: Reine Rechtslehre. Wien ²1960.

Locke, J.: Two Treatises of Government. The Second Treatise. [1690], Works Vol. 5, London 1823, 339ff.

Luhmann, N.: Das Recht der Gesellschaft. Frankfurt a. M. 1993.

MacCormick, N./Weinberger, O.: Grundlagen des Institutionalistischen Rechtspositivismus. Berlin 1985.

Ott, W.: Der Rechtspositivismus. Kritische Würdigung auf der Grundlage eines juristischen Pragmatismus. Berlin 1992.

Pufendorf, S.: De iure naturae et gentium libri VIII. [1672], hg. von G. Mascovius, Frankfurt/Leipzig 1759, Nachdruck Frankfurt a. M. 1967.

Rawls, J.: A Theory of Justice. Oxford 1972; dt.: Frankfurt a. M. 1975.

그 외의 문헌

Höffe, O.: Kategorische Rechtsprinzipien. Frankfurt a. M. 1995.

Kaufmann, A.: Grundprobleme der Rechtsphilosophie. München 1994.

Kaufmann, M.: Rechtsphilosophie. Freiburg/München 1996.

Naucke, W.: Rechtsphilosophische Grundbegriffe. Neuwied ³1996.

Seelmann, K.: Rechtsphilosophie. München 1994.

Smid, S.: Einführung in die Philosophie des Rechts. München 1991.

● 종교철학

인용 문헌

Adorno, Th. W.: Negative Dialektik. Frankfurt a. M. 1966.

Blumenberg, H.: Kant und die Frage nach dem gnädigen Gott. In: Studium Generale 1954, 7. Jg., 9. H., 554-570.

Habermas, J.: Theorie des kommunikativen Handelns. Bd. 2, Frankfurt a. M. 1981, 118-169.

Hegel, G. W. F.: Frühe Schriften. In: Bd. 1 der Theorie Werkausgabe in 20 Bänden, Frankfurt a. M. 1986.

— Vorlesungen über die Philosophie der Religion. Hamburg 1966.

Heidegger, M.: Aus der Erfahrung des Denkens. Pfullingen 1954.

— Nietzsche. Bd. 2. Pfullingen 1961.

— Kants These über das Sein. Frankfurt a. M. 1963.

— Vorträge und Aufsätze I-III. Pfullingen 1967.

— Der Feldweg. Frankfurt a. M. 1969.

— Erläuterungen zu Hölderlins Dichtung. Frankfurt a. M. 1971a.

— Schellings Abhandlung über das Wesen der menschlichen Freheit. Hg. von H. Feick, Tübingen 1971b.

— Phänomenologie und Theologie. n: Wegmarken. Frankfurt a. M. 1978, 45-77.

James, W.: Der Wille zum Glauben. In: Ders.: Essays über Glaube und Ethik. Gütersloh 1948, 40-67.

— Die Viefalt religiöser Erfahrung. Frankfurt a. M. 1997.

Jankélévitch, V.: Le Pardon. Paris 1967.

Jaspers, K.: Die Schuldfrage. Heidelbeg 1946.

— Von der Wahrheit. München 1947.

— Vom europäischen Geist. München 1947b.

— Der philosophische Glaube angesichts der Offenbarung. München 1962.

Janas, H.: Der Gottesbegriff nach Auschwitz. Eine jüdische Stimme. Frakfurt a. M. 1987.

Kant, I.: Die Metaphysik der Sitten. In: Werke in sechs Bänden. Hg. von W.

Weischedel, Bd. VI. Berlin 1968.

Kierkegaard. S.: Der Begriff Angst.(1952) In: Ges. Werke. Hg. von E. Hirsch u.a., 36 Abt. in 36 Bdn., Düsseldorf/Köln 1950ff.

— Abschließende unwissenschaftliche Nachschrift, Teil II, 1958.

— Die Tagebücher. Hg. von H. Gerdes, Bde. IV(1970) und V(1974).

Kodalle, K.-M.: Die Eroberung des Nutzlosen. Kritik des Wunschdenkens und der Zweckrationlität im Anschluß an Kierkegaard. Paderborn 1988.

— Schockierende Fremdheit. Nachmetaphysische Ethik in der Weimarer Wendezeit. Wein 1996.

— Diesseits der Logik des Moralismus: Vom ⟨Geist⟩ der Verzeihung bei Kierkegaard, Nietzsche, Scheler, Dostojewski und Camus. In: Kierkegaard Revisited (Kierkegaard Studies—Monograph Series 1). Berlin/New York 1997a, 387-409; ebenfalls abgedruckt in: MUT. Forum für Kultur, Politik und Geschichte. Nr. 306(Febr. 1998), 76-95.

— Die Dimension des Unermeßlichen. Aufhebung der vermessenen Moralität. In: Cognitio humana—Dynamik des Wissens und der Werte(XVII. Deutscher Kongreß für Philosophie Leipzig, 23-27. Sept. 1996). Berlin 1997b, 106-130.

— Über Ursprung und Reichweite der Kritik in den ⟨Aufbrüchen⟩ der Hegelschen Rechten. In: Grundlinien der Vernunftkrtik. Hg. von C. Jamme, Frankfurt a. M. 1997c, 126-174.

Kühnlein, M.: Aufhebung des Religiösen durch Versprachlichung? In: Theologie und Philosophie, 71. Jg., H. 3, 1996, 390-409.

— Wie rational ist die Struktur der Versprachlichung des Saktalen? In: Neuere Reflexionen zur Religionstheorie und religiösen Erkenntnis. Dartford 1997, 7-23.

Levinas, E.: Die Spur des Anderen. Freiburg/München 1983.

— Totalität und Unendlichkeit. Freiburg/München 1987.

Lübbe, H.: Religion nach der Aufklärung. Graz[u.a.] 1986.

Luhmann, N.: Funktion der Religion. Frankfurt a. M. 1977.

— Institutionalisierte Religion gemäß funktionaler Soziologie. In: Concilium 10 (1974), 17-22.

— Ein Gespräch mit D. Pollack. In: Deutsche Zeitschrift. Philosophie, 39. Hg., H. 9, 937-956, 1991.

Nietzsche, F.: Also sprach Zarathustra. In: Krit. Gesamtausgabe. Hg. von G.

Colli/M. Montinari, 6. Abt., 1. Bd., Berlin 1968.

— Der Antichrist. A. a. O., 6. Abt., 3. Bd., Berlin 1969.

— Die fröhliche Wissenschaft. A. a. O., 5. Abt., 2. Bd., Berlin 1973.

Peirce, Ch. S.: Religionsphilosophische Schriften. Hg. von H. Deuser, Hamburg 1995, 329-359.

Ricœur, P.: Die Fehlbarkeit des Menschen. Freiburg/München 1971.

— Liebe und Gerechtigkeit. Hg. von O. Bayer, Tübingen 1990.

Rosenzweig, F.: Der Stern der Erlösung. In: Ges. Schriften Bd. 2, Haag 1976.

Scheler, M.: Das Ressentiment im Aufbau der Moralen. In: Ges. Werke. Hg. von M. Scheler, Bd. 3, Bern 1955.

Schelling, F. W. J.: Philosophie der Offenbarung. In: Sämtl. Werke Bd. 13. Hg. von K. F. A. Schelling, Stuttgart/Augsburg 1858.

Schleiemacher, F.: Redun über die Religion. In: Krit. Gesamtausgabe. Hg. von H.-J. Birkner u.a., I. Abt.: Schriften und Entwürfe; Bd. 2: Schriften aus der Berliner Zeit 1796-1799. Hg. von G. Meckenstock. Berlin/New York 1984.

Spaemann, R.: Funktionale Religionsbegrüdung und Religion. In: Die religiöse Dimension der Gesellschaft. Hg. von P. Koslowski. Tübingen 1985, 9-25.

— Glück und Wohlwollen. Stuttgart 1989.

Tillich, P.: Die sozialistische Entscheidung. Postdam 1993.

Weischedel, W.: Der Gott der philosophen. Grundlegung einer Philosophischen Theologie im Zeitalter des Nihilismus. Darmstadt 1993.

Wittgenstein, L.: Ethik. Ein Vortage[1930]. In: Geheime Tagebücher 1914-1916. Hg. von W. Baum, 73-82, Wein 1991.

그 외의 문헌

Dalferth, I. U.: Gott. Tübingen 1992.

Döring, H./Kreiner, A./Schmidt-Leukel, P.: Den Glauben denken. Freiburg 1993.

Höhn, H.-J.(Hg.): Krise der Immanenz. Frankfurt a. M. 1996.

Kodalle, K.-M.: Gott. In: H. Schnädelbach/E. Martens(Hg.): Philosophie. Ein Grundkurs. Hamburg 1984, 395-439.

Kolakowski, L.: Falls es keinen Gott gibt. Freiburg 1992.

Mackie, J. L.: Das Wunder des Theismus. Stuttgart 1985.

Oelmüller, W.: Wahrheitsansprüche der Religionen heute. Paderborn[u.a.] 1986.

— (Hg.): Worüber man nicht schweigen kann. München 1992.

Picht, G.: Der Gott der Philosophen und die Wissenschaft der Neuzeit. Stuttgart 1966.

Rudolph, E.(Hg.): Die Vernunft und ihr Gott. Stuttgart 1992.

Schrödter, H.: Analytische Religionsphilosophie. Freiburg/München 1979.

Schulz, W.: Der Gott der neuzeitlichen Metaphysik. Pfullingen 1957.

Wuchterl, K.: Philosophie und Religion. Stuttgart 1982.

— Analyse und Kritik der religiösen Vernunft. Stuttgart 1989.

● 사회철학

인용 문헌

Adorno, Th. W.: Gesammelte Schriften. Bd. 8, Frankfurt a. M. 1972.

Bellah, R. N.[u.a.]: Gewohnheiten des Herzens. Individualismus und Gemeinsim in der amerikanischen Gesellschaft. Köln 1987.

Benhabib, S.: Selbst im Kontext. Kommunikative Ethik im Spannungsfeld von Feminismus, Kommunitarismus und Postmoderne. Frankfurt a. M. 1995.

— Das demokratische Projekt im Zeitalter der Globalisierung. In: J. Nida-Rümelin/W. Thierse(Hg.): Philosophie und Politik. Essen 1997, 48-62.

Firsching, H.: Moral und Gesellschaft. Zur Soziologisierung des ethischen Diskurses in der Moderne. Frankfurt a. M. 1994.

Foucault, M.: Der Gebrauch der Lüste. Frankfurt a. M. 1986.

Gilligan, C.: In a different voice: Psychological theory and women's development. Cambridge(Mass.) 1982; deutsch: Die andere Linie. München [6]1993.

Habermas, J.: Zur Legitimation durch Menschenrechte. Vortrag auf dem XVII. Deutschen Kongreß für Philosophie am 27. September 1996 in Leipzig. Unveröffentlichtes Vortrags-Manuskript.

Heß, M.: Ökonomische Schriften. Hg. und eingel. von Detlef Horster, Darmstadt 1972.

Höffe, O.: Kritishe Eniführung in Rawls' Theorie der Gerechtigkeit. In: Ders. (Hg.): Über John Rawls' Theorie der Gerechtigkeit. Frankfurt a. M. 1977, 11-40.

— Kategorische Rechtsprinzipien. Frankfurt a. M. 1990.

Honneth, A.: Die soziale Dunamik von Mißachtung. Zur Ortsbestimmung einer kritischen Gesellschaftstheorie. In: Leviathan, 22. Hg.(1994a), 78-93.

— Desintegration. Bruchstücke einer soziologischen Zeitdiagnose. Frankfurt a. M. 1994b.

— (Hg.): Pathologien des Sozialen. Die Aufgaben der Sozialphilosophie. Frankfurt a. M. 1994c.

Horkheimer, M.: Gesammelte Schriften. Bd. 3, Frankfurt a. M. 1988.

Horster, D., Niklas Luhmann. München 1997.

James, W.: Der Pragmatismus. Ein neuer Name für alte Denkmethoden. Übers. von W. Jerusalem. Mit einer Einleitung hg. von K. Oehler, Hamburg 1977.

Kersting, W.: John Rawls zur Einführung. Hamburg 1993.

König, R.(Hg.): Fischer Lexikon 〈Sozioligie〉. Frankfurt a. M. 1958.

Luhmann, N.: Zweckbegriff und Systemrationalität. Über die Funktion von Zwecken in sozialen Systemen. Tübingen 1968; Neudruck Frankfurt a. M. 1973.

— Neuere Entwicklungen in der Systemtheorie. In: Merkur, 42. Hg.(1988), H. 4, 292-300.

— Die Gesellschaft der Gesellschaft. Frankfurt a. M. 1997.

Meyer, L.: John Rawls und die Kommunitaristen. Eine Einführung in Rawls' Theorie der Gerechtigkeit und die kommunitaristische Kritik am Liberalismus. Würzburg 1996.

Nagl-Docekal, H.: Jenseits der Geschlechtermoral. In: H. Nagl-Docekal/H. Pauer-Studer(Hg.): Jenseits der Geschletermoral. Frankfurt a. M. 1993, 7-32.

Pape, H.: Pragmatismus. In: Theologische Realenzyklopädie. Bd. XXVII, Lieferung 1/2, Berlin/New York 1996, 182-187.

Pauer-Studer, H.: Moraltheorie und Geschlechterdifferenz. Feministische Ethik im Kontext aktueller Fragestellungen. In: H. Nagl-Docekal/H. Pauer-Studer (Hg.): Jenseits der Geschlechtermoral. Frankfurt a. M. 1993, 33-68.

— Geschlechtergerechtigkeit: Gleichheit und Lebensqualität. In: H. Nagl-Docekal/H. Pauer-Studer(Hg.): Politische Theorie. Differenz und Lebensqualität. Frankfurt a. M. 1996, 54-95.

Rawls, John: A Theory of Justice. Cambridge(Mass.) 1971; deutsch: Eine Theorie der Gerechtigkeit. Frankfurt a. M. 1975.

— Das Ideal des öffentlichen Vernuftgabrauchs. In: Information Philosophie, 22, Hg., Nr. 1/1994, Februar 1994, 5-18.

Rorty, R.: Solidarität oder Objektivität? Stuttgart 1988.

Schmid. W.: Gespräch über ⟨Lebenskunst: die einzige Utopie, die uns geblieben ist⟩. In: Psychologie heute, 23. Hg. (1996), H. 7. 22-29.

Soosten, J. v.: Sünde und Gnade statt Tugend und Moral. Individualisierung und Gemeinschaft IV: Die Erbschaft religiöser Traditionen. In: Frankfurter Rundschau Nr. 11 von 14. Januar 1992, 10.

Taylor, C.: Negative Freifeit? Zur Kritik neuzeitlichen Individualismus. Frankfurt a. M. 1988.

— Multikulturalismus und die Politik der Anerkennung. Mit Kommentaren von Anny Gutmann, Steven C. Rockefeller, Michael Walzer, Susan Wolf und einem Beitrg von Jürgen Habermas. Übers. R. Kaiser. Frankfurt a. M. 1993.

Tocqueville, A. de: Über die Demokratie in Amerika. Ausgew. und hg. von J. P. Mayer, Stuttgart 1985.

Tönnies, S.: Der westliche Universalismus. Eine Verteidigung klasischer Positionen. Opladen 1995.

Walzer, M.: Interpretation and Social Criticism. Cambridge(Mass.) 1987; deutsh: Kritik und Gemeinsinn. Drei Wege der Gesellschaftskritik. Berlin 1987.

— Exodus und Revolution. Berlin 1988.

Willke, H.: Supervision des Staates. Frankfurt a. M. 1997.

그 외의 문헌

Forschner, M.: Mensch und Gesellschaft. Grundbegriffe der Sozialphilosophie. Darmstadt 1989.

Horkheimer, M.: Die gegenwärtige Lage der Sozialphilosophie und die Aufgaben des Instituts für Sozialforschung. In: Ders.: Gesammelte Schriften. Bd. 3, Frankfurt a. M. 1988, 20-35.

Röttgers, K.: Sozialphilosophie. In: J. Ritter/K. Gründer(Hg.): Historisches Wörterbuch der Philosophie. Bd. 9, Basel 1995, Sp.1217-1227.

● 언어철학

인용 문헌

Aristoteles: Categoriae et Liber de interpretatione. Recognovit brevique adno-
tatione critica instruxit L. Minio-Paluello. Oxford 1949.

— Peri Hermeneias. Übers. und erl. von H. Weidemann. Berlin 1994(Aristo-
teles: Werke in deutscher Übersetzung, Bd. I/II).

— Metaphysik. Griechisch-deutsch. Neubearbeitung der Übers. von H. Bonitz.
Mit Einl. und Kommentar hg. von H. Seidl, 2 Bde., Hamburg ³1989, ²1984.

Austin, J. L.: How to Do Things with Words. The William James Lectures
delivered at Harvard University in 1955, ed. J. O. Urmson, Cambridge(Mass.)/
London 1962.

— Zur Theorie der Sprechakte. Dt. Bearbeitung von E. v. Savigny, Stuttgart
1972.

Condillac, E. B. de: Essai sur l'origine des connoissances humaines. In:
Œuvers philosophiques de Condillac. 3 Bde., Paris 1947/48(Bd. 1).

— Essai über den Ursprung der menschlichen Erkenntniss. Hg. und übers.
von U. Ricken, Leipzig 1977.

Diels, H./Kranz W.(Hg.): Fragmente der Vorsokratiker. Griechisch und deutsch.
3 Bde., o. O.(Berlin) ⁷1954.

Fichte, J. G.: Von der Sprachfähigkeit und dem Ursprunge der Sprache. In:
Sämmtliche Werke(SW). Hg. von I. H. Fichte, Berlin 1845/46(Bd. VIII).

— Nachgelassene Schriften zu Platners 〈Philosophischen Aphorismen〉 1774-
1812. In: J. G. Fichte-Gesamtausgabe(GA), hg. im Auftrag der Bayerischen Aka-
demie der Wissenschaften von R. Lauth u.a., Stuttgart/Bad Cannstatt 1962ff(II, 4).

— Fichtes Vorlesungen über Logik und Metaphysik als populäre Einleitung
in die gesamte Philosophie. In: GA IV, 1.

Hamann, J. G.: Sämtliche Werke. Hist.-krit. Ausg. von J. Nadler. Bd. III:
Schriften über Sprache, Mysterien, Vernunft, Wien 1951.

Heidegger, M.: Sein und Zeit. Tübingen ¹⁰1963(1. Aufl. Halle 1927).

— Unterwegs zur Sprache. Pfullingen 1971(1. Aufl. 1959).

Heintel, E.: Einführung in die Sprachphilosophie. Darmstadt 1972.

Herder, J. G.: Abhandlung über den Ursprung der Sprache. Hg. von D. Irm—
scher, Stuttgart 1966.

Humboldt, W. v.: Ueber die Verschiedenheit des menschlichen Sprachbaues
und ihren Einfluss auf die geistige Entwicklung des Menschengeschlechts. In:
Gesammelte Schriften(GS). Hg. von der Kgl. Preuß. Akad. der Wiss. 17 Bde.,
Berlin 1903—1936(Bd. VII).

Jaspers, K.: Von der Wahrheit. München ²1958(1. Aufl. 1932).

Locke, J.: An Essay concerning Human Understanding. Ed. with an Intr. by
P. H. Nidditch, Oxford ⁵1985.

— Versuch über den menschlichen Verstand. 2 Bde. Übers. von C. Winckler,
Hamburg ⁴1981.

Maupertuis, P. L. M. de: Sprachphilosophische Schriften. Mir zusätzl. Texten
von A. R. J.: Turgot und E. B. Condillac übers. und hg. von W. Franzen,
Hamburg 1988.

Morris, C. W.: Foundations of the Theory of Signs. Chicago(Ill.). 1938.

— Grundlagen der Zeichentheorie. Ästhetik und Zeichentheorie. Übers. von
R. Posner unter Mitarb. von J. Rehbein. Nachw. von F. Knilli, München ²1975.

Platon: Werke in 8 Bänden. Griechisch und deutsch. Hg. von G. Eigler, Darm—
stadt 1970ff. Bd. III: Phaidon, Das Gastmahl, Kratylos. Bd. VI: Theaitetos, Der
Sophist, Der Staatsmann.

Rousseau, J.—J.: Schriften zur Kulturkritik. Französisch—deutsch. Eingel., übers.
und hg. von K. Weigand, Hamburg 1995.

Ryle, G.: The Concept of Mind. London ⁴1968(1. Aufl. 1949).

— Der Begriff des Geistes. Übers. von K. Baier, Stuttgart 1969.

Sartre, J.—P.: Qu'est—ce que la littérature? In: Situations II, Paris 1948.

— Was ist Literatur? Hg., neu übers. und mit einem Nachw. vers. von T.
König, Reinbeck 1981.

Saussure, F. de: Cours de linguistique générale. Paris ³1962(1. Aufl. 1919).

— Grundfragen der allgemeinen Sprachwissenschaft. Hg. von Ch. Bally und
A. Sechehaye, übers. von H. Lommel. Berlin ²1967(1. Aufl. 1931).

Wittgenstein, L.: Philosophische Untersuchungen. In: Schriften I. Frankfurt a.
M. 1960.

그 외의 문헌

Borsche, T./Schneider, J. H. J./Majetschak, J.: Sprache. In: Historisches Wörterbuch der Philosophie. Bd. 9, Basel 1995, Sp.1437-1495.

Coseriu, E.: Die Geschichte der Sprachphilosophie von der Antike bis zur Gegenwart. Eine Übersicht. Bd. I: Tübingen ²1975. Bd. II: Tübingen 1972.

Dascal M./Gerhardus, D./Lorenz K./Meggle G.(Hg.): Sprachphilosophie. Philosophy of Language. La Philosophie du langage. Ein int. Handbuch zeitgen. Forschung. 1. Halbbd.: Berlin/New York 1992. 2. Halbbd.: 1996.

Hennigfeld, J.: Geschichte der Sprachphilosophie. Antike und Mittelalter. Berlin/ New York 1994.

— Die Sprachphilosophie des 20. Jahrhunderts. Grundpositionen und-probleme. Berlin/New York 1982.

● 기술철학

인용 문헌

Aristoteles: Nikomachische Ethik. Übers. von F. Dirlmeier(Beckker-Paginierung). Werke, Bd. 6, Berlin 1979.

— Politik. Übers. von E. Rolfes(Beckker-Paginierung), Hamburg 1981.

Bacon, F.: Das neue Organon. Übers. von R. Hoffmann, Berlin 1982.

— Neu-Atlantis. Übers. von G. Gerber, Berlin 1984.

Bacon, R.: De scienita experimentali. In: Ders.: Opus maius. Hg. von J. H. Bridges, Oxford 1897, Bd. 2, Teil 6.

Bahr, H.-D.: Über den Umgang mit Maschinen. Tübingen 1983.

Blumenberg, H.: Wirklichkeiten, in denen wir Ieben. Stuttgart 1986.

Cassirer, E.: From und Technik. In: L. Kestenberg(Hg.): Kunst und Technik. Berlin 1930, 15-61.

Dessauer, F.: Philosophie der Technik. Das Problem der Realisierung. Bonn 1927.

Eyth, M. v.: Lebendige Kräfte. Sieben Vortäge aus dem Gebiet der Technik. Berlin ³1919.

Fontenelle, B. le Bevier de: Vorrede über den Nutzen der Mathematik und der Naturwissenschaften. In: Ders.: Philosophische Neuigkeiten für Leute von Welt und für Gelehrte. Ausgewählte Schriften. Übers. von U. Kunzmann, Leipzig 1989, 277-288.

Freyer, H.: Theorie des gegenwärtigen Zeitalters. Stuttgart 1955.

— Über das Dominantwerden technischer Kategorien in der Lebenswelt der industriellen Gesellschaft. In: Abhandlungen der geistes-und sozialwissenschaftlichen Klasse der Akademie der Wissenschaften und der Literatur in Mainz 1960, Nr. 7, 539-551.

— Gedanken zur Industriegesellschaft. Hg. von A. Gehlen, Mainz 1970.

Gehelen, A.: Die Seele im technischen Zeitalter. Sozialpsychologische Probleme in der industriellen Gesellschaft. Hamburg 1957.

Goldstein, J.: Die Technik. Frankfurt a. M. 1912.

Heidegger, M.: Vorträge und Aufsätze. Stuttgart 1954.

Kapp, E.: Grundlinien einer Philosophie der Technik. Zur Entstehungsgeschichte der Cultur aus neuen Gesichtspunkten. Braunschweig 1877.

Koelle, A.: System der Technik. Berlin 1822.

Kuse, N. v.: Der Laie über Versuche mit der Waage. Übers. von H. Menzel-Rogner, Leipzig 1944.

— Der Laie über den Geist. Übers. von M. Honnecker und H. Menzel-Rogner, Leipzig 1949.

— Vom Globusspiel. Übers. von G. v. Bredow, Hamburg 1978.

Marx, K.: Das Kapital. Kritik der politischen Ökonomie. In. Marx-Engels-Werke(MEW). Berlin 1956ff. Bde. 23-25.

Meister Eckhart: Maria und Martha. Sermon über Lukas 10, 38. In: Meister Eckeharts Schriften und Predigten. Übers. von H. Büttner. 2 Bde., Jena 1917, 2. Bd., 118-131.

Ortega y Gasset, J.: Betrachtungen über die Technik. Stuttgart 1949.

Platon: Gorgias. Werke, übers. von F. D. E. Schleiermacher(Stephanus-Paginierung), Berlin 1984ff., Bd. II. 1.

— Ion. Werke, Bd. I.2.

— Philebos. Werke, Bd. II.3.

— Politeia. Werke, Bd. III.1.

— Protagoras. Werke, Bd. I.1.

— Theaitetos. Werke, Bd. II.1.

Rousseau, J.-J.: Von der Akademie zu Dijon im Jahre 1750 preisgekrönte Abhandlung über die von dieser Akademie aufgeworfene Frage ob die Wiederherstellung der Wissencheaften und der Künste zur Läuterung der Sitten beigetragen habe. Übers. von K. Brack. In: Ders.: Kulturkritische und Politische Schriften. 2 Bde., Berlin 1989, Bd. I, 49-82.

Schelsky, H.: Der Mensch in der wissenschaftlichen Zivilisation. Köln/Opladen 1961.

Vico, G.: De nostri temporis stuiorum ratione/Vom Wesen und Weg der geistigen Bildung. Lateinisch-deutsche Ausgabe. Übers. von W. F. Otto, Darmstadt 1984.

Zschimmer, E.: Philosophie der Technik. Vom Sinn der Technik und Kritik des Unsinns über die Technik. Jena 1914.

그 외의 문헌

Barruzzi, A.: Machbarkeit. Perspektiven unseres Lebens. Freiburg i. Br./ München 1996.

Coudenhove-Kalergi, R. N.: Apologie der Technik. Leipzig 1922.

Dessauer, F.: Der Streit um die Technik. Frankfurt a. M. 1956.

Dettwering, W./Hermann, A.(Hg.): Technik und Kultur. 10 Bde., Düsseldorf 1990.

Fischer, P.(Hg.): Technikphilosophie. Von der Antike bis zur Gegenwart. Leipzig 1996.

Geitel, M.(Hg.): Der Siegeslauf der Technik. 3 Bde., Stuttgart[u.a.] 1908, erw. Aufl. 1925.

Habermas, J.: Technik und Wissenschaft als 〈Idelogie〉. Frankfurt a. M. 1968.

Hastedt, H.: Aufklärung und Technik. Grundprobleme einer Ethik der Technik. Frankfurt a. M. 1994.

Heidegger, M.: Die Technik und die Kehre. Pfullungen 1962.

Höffe, O.: Die Moral als Preis der Moderne. Ein Versuch über Wissenschaft, Technik und Umwelt. Frankfurt a. M. 1993.

Horkheimer, M.: Zur Kritik der instrumentellen Vernunft. Frankfurt a. M. 1967.

Hubig, Chr.: Technik-und Wissenschaftsethik. Ein Leitfaden. Berlin[u.a.] 1993.

Hubig, Chr./Ropohl, G./DIFF(Hg.): Funkkolleg Technik: Einschätzen—Beurteilen—Bewerten. Wienheim 1994.

Jünger, E.: Der Arbeiter. Herrschaft und Gestalt. Hamburg 1932.

Jünger, F. G.: Die Perfektion der Technik. Frankfurt a. M. 1946.

Lenk, H.: Zur Sozialphilosophie der Technik. Frankfurt a. M. 1982.

Lenk, H./Ropohl, G.(Hg.): Technik und Ethik. Stuttgart 1993(2., erw. Aufl).

Marcus, H.: Der eindimensionale Mensch. Berlin/Neuwied 1967.

Mitcham, C./Mackey, R.(Hg.): Philosophy and Technology. New York 1972.

Mitcham, C./Hunig, A.(Hg.): Philosophy and Technology II. Doordrecht/Boston 1986.

Mumford, L.: Mythos der Maschine. Kultur, Technik und Macht. Wien 1974.

Rapp, F.: Analytische Technikphilosophie. Freiburg/München 1978.

Ropohl, G.: Die unvollkommene Technik. Frankfurt a. M. 1985.

Schneider, M.: Über Technik, technisches Denken und technische Wirkungen.(Phil. Diss.) Erlangen 1912(wahrscheinlich die erste Dissertation zur Technikphilosophie).

Seibicke, W. O.: Technik. Versuch einer Geschichte der Wortfamilie *technè* in Deutschland vom 16. Jahrhundert bis etwa 1830. Düsseldorf 1968.

Spengler, O.: Der Mensch und die Technik. Beitrag zu einer Philosophie des Lebens. München 1931.

Virilio, P.: Ästhetik des Verschwindens. Berlin 1986(franz. 1980).

● 학문 이론

인용 문헌

Carnap, R.: Einführung in die Philosophie der Naturwissenschaft. München ³1976.

Diederich, W.(Hg.): Theorien der Wissenschaftsgeschichte. Beiträge zur diachronischen Wissenschaftstheorie. Frankfurt a. M. 1974.

Habermas, J.: Technik und Wissenschaft als Ideologie. Frankfurt a. M. ⁹1978.

Haller, R.: Neopositivismus. Eine historische Einführung in die Philosophie des Wiener Kreises. Darmstadt 1993.

Horkheimer, M.: Traditionelle und Kritische Theorie. Vier Aufdätez. Frankfurt a. M. [6]1975.

Hoyningen-Huene, P.: Die Wissenschaftsphilosophie Thomas S. Kuhns. Braunschweig 1989.

Kuhn, Th. S.: Die Struktur wissenschaftlicher Revolutionen. Frankfurt a. M. [14]1997.

Lakatos, I.: Die Geschichte der Wissenschaft und ihre rationalen Rekonstruktionen. In: W. Diederich(Hg.): Frankfurt a. M. 1974, 55-119; dazu Anmerkungen von Th. Kuhn 120-134.

— Musgrave, A.(Hg.): Kritik und Erkenntnisfortschritt. Braunschweig 1974.

Lorenzen, P.: Konstruktive Wissenschaftstheorie. Frankfurt a. M. 1974.

Mises, R. v.: Kleines Lehrbuch des Positivismus. Einführung in die empiristische Wissenschaftsauffassung. Frankfurt a. M. 1990.

Mittelstraß, J.: Die Möglichkeit von Wissenschaft. Frankfurt a. M. 1974.

Popper, K.: Logik der Forschung. Tübingen [10]1994.

— Objektive Erkenntnis. Hamburg [4]1984.

— The Growth of Scientific Knowledge. Frankfurt a. M. 1979.

Stegmüller, W.: Problem und Resultate der Wissenschaftstheorie und Analytischen Philosophie. Bde. I und II, Berlin[u.a.] 1974.

— Theoriendynamik und logisches Verständnis. In: W. Diederich(Hg.): Frankfurt a. M. 1974, 167-209.

Ströker, E.: Wissenschaftsgeschichte als Herausforderung. Frankfurt a. M. 1976.

— Einführung in die Wissenschaftstheorie. Darmstadt [4]1992.

— Über Poppers Kriterien des Wissenschaftsfortschritts. In: Dies: Wissenschaftsphilosophische Studien. Frankfurt a. M. 1989, 87-109.

그 외의 문헌

Feyerabend, P.: Der wissenschaftstheoretische Realismus und die Autorität der Wissenschaften. Braunschweig 1978.

Janich, P./Kambartel, F./Mittelstraß, J.: Wissenschaftstheorie als Wissenschaftskritik. Frankfurt a. M. 1974.

Janich, P.: Eindeutigkeit, Konsistenz und methodische Ordnung: normative versus deskriptive Wissenschaftstheorie zur Physik. In: F. Kambartel/J. Mittelstraß

(Hg.): Zum normativen Fundament der Wissenschaft. Frankfurt a. M. 1973, 131–158.

Schleichert, H.(Hg.): Logischer Empirismus. München 1975.

Stegmüller, W. Neue Wege der Wissenschaftphilosophie Berlin 1980.

371,373
베이컨 Bacon, Roger   369
베크 Beck, U.   98
벤담 Bentham, Jeremy   76,258
벤하비프 Benhabib, Seyla   109,328,340,
  341
벨라 Bellah, Robert N.   335,336
보드리야르 Baudrillard, Jean   333
보들레르 Baudelaire, Charles   159
보로프스키 Borowski, L. E.   248
보르도 Bordo, S.   111
보만 Bohman, J.   276
보부아르 Beauvoir, Simone de   110
보상 Beauchamp, T. L.   97
보에티우스 Boethius, Ancius Manlius
  Severinu   349
《보이는 것과 보이지 않는 것 Le visible
  et l'invisible》   29
보일 Boyle, Robert   222
볼렌베크 Bollenbeck, G.   156
볼테르 Voltaire, François Marie   129
볼프 Wolff, Christian   195,196,301
봄 Bohms, David   221
뵈메 Böhme, Gernot   221
뵈메 Böhme, Jacob   227
부르디외 Bourdieu, Pierre   13,31,32
부알로 Boileau, Nicolas   36
부케티츠 Wuketits, F.   69
브라이도티 Braidotti, Rosi   113
브뤼닝 Brüning, B.   253
블란케르츠 Blankertz, H.   252
블로흐 Bloch, Ernst   140
블루멘베르크 Blumenberg, H.   154,314,
  365
비른바허 Birnbacher, D.   96
비어즐리 Beardsley, M. C.   33
비에리 Bieri, P.   64
비코 Vico, Giambattista   125,126,142,371,
  372
비트겐슈타인 Wittgenstein, Ludwig   55,

242,274,320,321,360,383
빈델반트 Windelband, Wilhelm   50,146
빌란트 Wieland, W.   94
빌케 Willke, Helmut   330,343,344
사르트르 Sartre, Jean-Paul   197,214,359
《사물의 질서 L'Ordre des choses》   333
사스 Sass, H.-M.   96,97
《사회계약론 Du Contrat social》   128
《상징 형식의 철학 Philosophie der
  symbolischen Formen》   143
《새로운 학문 Scienza nuova》   125
《새로운 아틀란티스 Nova Atlantis》
  221,370,371
샌델 Sandel, Michael   335
생 시몽 Saint-Simon, Louis de
  Rouvroy, Comte de   15
설 Searle, J. R.   73,241,242
《성의 역사 Histoire de la sexualité》
  333
《세계 Le Monde》   127
셀라스 Sellars, Wilfrid   238,239,240
셰플러 Shaeffler, Richard   121,144
셸러 Scheler, Max   310,314
셸링 Schelling, Friedrich Wilhelm
  Joseph   37,41,49,124,130,133,134,135,222,
  223,228,306,318
셸스키 Schelsky, Helmut   377
소더 Soder, R.   99
소사 Sousa, R. de   82
소쉬르 Saussure, Ferdinand de   333,360
소크라테스 Socrates   79,80,193,202,210,
  247,256,257,294,346,347
《소피스테스 Sophistes》   262,348
쇠프 Schöpf, A.   88,89,97
《솔로몬의 집 Hauses Salomon》   370
쇼이흐처 Scheuchzer, Johannes J.   208
쇼펜하우어 Schopenhauer, Arthur   311
숄 Scholl, A.   99
《수상록 Essais》   14
《순수 이성 비판 Kritik der reinen

크리시포스 Chrysippos   187
크립케 Kripke, Saul   180,181,182,183,184,
　188,237
클라게스 Klages, Ludwig   226
클렘 Klemm, G.   249
클룩혼 Kluckhohn, Clyde   149
클링거 Klinger, Cornelia   101
키에르케고르 Kierkegaard, Søren   70,
　71,72,305,306,307,308,309,314,318,320
키케로 Cicero, Marcus Tullius   151,211
타르스키 Tarski, Alfred   391
타일러 Tylor, Edward Burnett   149,155
《태양 축송 Sonnengesong》   216
《테아이테토스 Theaitetos》   345,348,366
테일러 Taylor, Charles   246,335,340
토마스 아퀴나스 Thomas Aquinas   196,
　214,301
토크빌 Tocqueville, Alexis de   335
퇴니에스 Tönnies, Ferdinand Julius
　151,152,331,332,340
투겐하트 Tugendhat, E.   242
튜링 Turing, Alan Mathison   234,235
트렌델렌부르크 Trendelenburg, Adolf
　von   383
트룬헤어 Thurnherr, Urs   91
《티마이오스 Timaios》   211,216,219
틸리히 Tillich, Paul   317,318
파라켈수스 Paracelsus, Philippus
　Aureolus Theophrastus   227
파르메니데스 Parmenides   247,346
파르피트 Parfit, Derek   245
파스칼 Pascal, Blaise   31
《파우스트 Faust》   209
파우어 슈투더 Pauer-Studer, H.   340,
　341
파이글 Feigl, Herbert   232,233,236,237
파이어아벤트 Feyerabent, Paul   234
파페 Pape, H.   325
《판단력 비판 Kritik der Urteilskraft》
　37,90,92

퍼스 Peirce, Charles Sanders   321,325
퍼트넘 Putnam, Hilary   234,235,238,316
페르페트 Perpeet, W.   156
페스탈로치 Pestalozzi, Johan Heinrich
　249
페이 Fey, F.   253
페트라르카 Petrarcas, Francesco   18,19
페티트 Pettit, P.   277
페히너 Fechner, Gustav Theodor   39
포더 Fodor, Jerry A.   235,236,240
포르텐 Pfordten, D.   98
포스터 Foster, J.   245
포이어바흐 Fauerbach, Ludwig   301,305,
　307
포터 Potter, E.   105
포퍼 Popper, Karl   62,387,388,389,390,391,
　393,394,395
퐁트넬 Fontenelle, Bernard Le Bovier
　374
푸코 Foucault, Michel   13,333
푸펜도르프 Pufendorf, Samuel   294,295
프라이어 Freyer, Hans   377
프란체스코 Francesco of Assisi   18,216
프란첸 Franzen, W.   253
프랑크푸르트 Frankfurt, Harry   246
프레게 Frege, Gottlob   50,53,188,383
프로이트 Freud, Sigmund   68,119,153,
　302,307
프로타고라스 Protagoras   80,368
프롬 Fromm, Erich   89
프뢰벨 Fröbel, Friedrich Wilhelm
　August   249
프리다트 Priddat, B. P.   99
플라톤 Platon   8,37,77,79,121,190,192,193,
　199,202,203,211,212,213,215,216,219,220,
　247,262,268,294,316,345,346,348,365,366,
　368
플레스너 Plessner, Helmuth   12,22,25,27,
　28,29,30,31
플레이스 Place, U. T.   232

저자의 연구 경력

고트프리트 가브리엘
1943년생. 예나대학교의 철학 교수
저서: 《정의론의 실천적 토대》(1972) 《허구와 진실. 문학의 의미론》(1975)
《철학의 문학적 형식》(1990, 편저)
《논리학과 문학 사이. 시. 철학과 학문의 인식 형태》(1991)
《인식론의 기본 문제. 데카르트부터 비트겐슈타인까지》(1993)
《인식의 논리학과 수사학. 학문적 세계관과 미학적 세계관의 관계》(1997)

군터 게바우어
1944년생. 베를린자유대학교의 철학 교수
저서: 《개인과 사회적 지식》(1981)
《라오콘 프로젝트. 기호학적 미학의 구상》(1984, 편저) 《역사적 인류학》(1989)
《미메시스. 문화—예술—사회》(1992)
《실천과 미학. 피에르 부르디외의 사유에서의 새로운 관점들》(1993, 편저)
《올림픽 경기. 근대의 또 다른 유토피아》(1996, 편저)

데틀레프 호르스터
1942년생. 하노버대학교의 사회철학 교수
저서: 《위르겐 하버마스》(1991) 《하하르트 로티. 입문서》(1991)
《어린이와 철학하기》(1992) 《의무로서의 정치. 정치철학 연구》(1993)
《소크라테스 대화의 이론과 실천》(1994)
《'사과는 나무에서 멀리 떨어지지 않는다.'
후기 기독교적 근대에서의 도덕과 법》(1995)
《교육윤리학과 윤리학》(1996, 편저)
《여성적 도덕—신화인가?》(1998, 편저)

디이터 슈투르마
1953년생. 에센대학교의 철학 교수
저서: 《자의식에 관한 칸트의 입장. 인식 비판과 자의식 이론 사이의 연관성》(1985)
《근대적 주체. 독일 고전철학에서 주체에 대한 구상》(1995, 편저)
《개인 철학. 주체성과 도덕성에 대한 자기 이해》(1997)

라이너 슈툴만 라이스

1942년생. 본대학교의 논리학 교수

저서: 《칸트의 논리학》(1976) 《존위와 당위의 문제. 양상논리학적 연구》(1983)
《고틀로프 프레게 '논리학적 연구.' 기술과 해석》(1995)

랄프 코너스만

1955년생. 킬대학교의 철학 교수

저서: 《거울과 형상. 근대적 주체성 은유법》(1988)
《살아 있는 거울. 주체의 비유》(1991)
《경직된 동요. 발터 벤야민의 역사 개념》(1991)
《르네 마그리트—금지된 재생산. 사유의 가시성에 대하여》(1991)
《문화철학》(1996, 편저) 《장 자크 루소: 학문과 예술에 대한 제작》(1997, 편저)
《보는 것에 대한 비판》(1997, 편저)

리하르트 셰플러

1926년생. 보훔대학교의 철학 교수

저서: 《역사 시간의 구조》(1963) 《제일철학으로의 길》(1964)
《역사철학 입문》(1973) 《믿음에 대한 성찰과 학문 이론》(1980)
《철학과 기독교적 신학의 상호 작용》(1980)
《경험의 능력》(1982) 《종교철학》(1983)
《기도와 논증—신에 대한 진술의 두 가지 지혜》(1989)
《현실과의 대화로서의 경험》(1995)

볼파르트 헹크만

1937년생. 뮌헨대학교의 철학 교수

저서: 《마르틴 도이팅거의 미학에서 예술의 본질》(1966)
《에밀 우티츠: 일반 예술학의 기초》(1972, 편저)
《카를 로젠크란츠: 추의 미학》(1973, 편저)
《모리츠 가이거: 예술의 의미. 물질적 가치 미학을 위한 길》(1976, 편저)
《미학》(1979, 편저) 《장 폴: 미학의 예비 학교》(1990, 편저)
《요한 헤르바르트: 철학 입문을 위한 교재》(1993, 편저)
《막스 셸러》(1998)

볼프강 케르스팅

1946년생. 킬대학교의 철학 교수

저서: 《올바른 자유. 이마누엘 칸트의 법철학과 국가철학》(1984)
《니콜로 마키아벨리》(1988) 《토머스 홉스. 입문서》(1992)
《존 롤스. 입문서》(1993) 《사회 계약의 정치철학》(1994) 《정의와 의학》(1995)

《토머스 홉스: 리바이어던》(1996, 편저)
《법. 정의와 민주적 미덕》(1997)
《교환으로서의 정의? 오트프리트 회페의 정치철학에 대한 논의》(1997)
《국제 관계의 정치철학》(1997, 편저)

안네마리 피퍼

1941년생. 바젤대학교의 철학 교수
저서: 《쇠렌 키에르케고르에서의 역사와 영원성》(1968)
《언어분석적 윤리학과 실천적 자유》(1973) 《실용적, 윤리적 규범 규정》(1979)
《알베르트 카뮈》(1984)
《'동물과 초인 사이에 엮인 끈.' 니체의 '차라투스투라'에 대한 철학적 설명》(1990)
《윤리학 입문》(1994) 《근대 윤리학의 역사》(1992, 편저)
《폐쇄된 성의 반란. 여성주의철학 입문》(1993)
《스스로 생각하기, 철학하기 유도》(1997) 《응용윤리학 입문》(1998, 편저)

에밀 안게른

1946년생. 바젤대학교의 철학 교수
저서: 《헤겔에서의 자유와 체계》(1977) 《역사와 정체성》(1985)
《윤리학과 마르크스. 마르크스 이론에 대한 도덕 비판과 규범적 토대》(1986, 편저)
《역사철학》(1991) 《변증법적 부정론》(1992, 편저)
《카오스의 극복. 신화철학을 위하여》(1996)

에케하르트 마르텐스

1943년생. 함부르크대학교의 철학교수법 교수
저서: 《플라톤의 카르미데스에서의 자기 중심적 본질》(1973)
《플라톤: 카르미데스》(1977) 《대화적-실용적 철학교수법》(1979)
《사고에서의 방향 설정. 어린이와 함께하는 철학의 첫 단계》(1990)
《해결의 실마리. 창조적 사고와 행동에 대하여》(1991)
《철학-기본 강좌》(1991, 편저) 《선과 악의 사이》(1997)

엘리자베트 슈트뢰커

1928년생. 퀼른대학교의 前철학부 학장
저서: 《공간에 대한 철학적 연구》(1965)
《화학의 사유 과정. 그 학문 이론의 요소》(1967) 《학문 이론 입문》(1973)
《학문 역사에서 이론의 변천. 18세기의 화학》(1982)
《자아와 자타. 동반 책임의 문제》(1984) 《학문의 윤리학》(1984-94, 편저)
《현상학적 연구》(1987) 《학문의 후설적 토대》(1987)
《후설의 선험적 현상학》(1987) 《학문철학적 연구》(1989)

《현상학적 철학》(1989) 《후설 전집》(1992)
《철학. 학문. 기술에서의 자연관》(1993-96, 편저)
《화학에 대한 학문역사적 · 학문이론적 연구》(1996)

요헴 헨니히펠트

1943년생. 코블렌츠-라우다우대학교의 철학 교수
저서: 《셸링의 '예술철학'과 '신화철학'에 대한 해석》(1973)
《2세기의 언어철학. 기본 입장과 문제》(1982)
《언어철학의 역사. 고대와 중세》(1994)
《19세기의 철학적 인류학》(1992, 편저)
《실존의 범주들》(1993)

우르스 투른헤어

1956년생. 바젤대학교의 철학부 연구원
저서: 《실존의 미학. 칸트에서의 격률 형성과 격률 개념에 대하여》(1994)
《철학자들은 무엇을 읽어야 하는가?》(1994)
《형이상학이 결여된 의학. 오늘날의 의학적 사유의 철학》(1995)
《응용윤리학 입문》(1998)

카렌 글로이

1941년생. 루체른대학교의 철학, 정신사 교수
저서: 《자연과학의 칸트적 이론》(1976) 《단일성과 다양성》(1981)
《티마이오스에 나타난 플라톤 자연철학의 연구》(1986)
《칸트의 이론철학 연구》(1990) 《민주주의 이론》(1992, 편저)
《게오르크 프리드리히 헤겔: 논리학과 형이상학에 대한 강의》(1992, 편저)
《독일 관념론에서의 자연철학》(1993, 편저)
《무한과 유한》(1993) 《자연에 대한 이해. 제1권: 과학적 사유의 역사》(1995)
《자연 개념과 기술 개념》(1996, 편저)
《자연에 대한 이해. 제2권: 총체적 사유의 역사》(1996) 《의식 이론》(1998)

코르넬리아 클링거

1953년생. 튀빙겐대학교의 철학 강사
저서: 《도주-위안-폭동. 근대성과 그 미학적 반대 세계》(1995)

쿠르트 젤만

1947년생. 바젤대학교의 형법, 법철학 교수
저서: 《소유권에 관한 페르디난도 바스케스 드 멘차카의 학설》(1979)

《법철학》(1994) 《인정 상실과 자기 종속. 헤겔의 처벌 이론》(1995)
《근대의 문턱에 선 신학과 법학—
후기 스콜라학파에서의 근대적 자연법의 탄생》(1997)

클라우스 미하엘 코달레

1943년생. 예나대학교의 실천철학 교수
저서: 《토머스 홉스: 지배의 논리와 평화의 이성》(1972)
《권력과 신화로서의 정치. 카를 슈미트의 '정치 신학'》(1973)
《부정적 변증법과 화해 이념. 테로도르 W. 아도르노에 대한 논쟁점들》(1973)
《공포와 자유. 토머스 홉스 이후 300년—리바이어던에 대한 논의》(1982, 편저)
《절대성의 현재》(1984, 편저)
《무익한 것의 정복. 키에르케고르에 따른 소망과 합목적성에 대한 비판》(1988)
《미국의 신과 정치》(1988, 편저) 《디트리히 본회퍼의 신학에 대한 비판》(1991)
《이성적 평화. 칸트의 모순적 구상》(1996, 편저)
《공화국과 세계시민권. 동서분쟁 종결 이후의 정치 질서의
이론에 대한 칸트적 견해》(1998, 편저)

페터 피셔

1959년생. 라이프치히대학교 독일연구단에서 교수자격 논문을 준비중인 장학생
저서: 《자유 혹은 정의, 정치철학의 관점들》(1995, 편저)
《기술철학. 고대부터 현재까지》(1996, 편저)

조국현
한국외국어대학교 독일어과 졸업
독일 뮌스터대학교에서 언어학 석사 · 박사학위 취득
현재 한양대학교 인문학연구소 연구교수
저서: 《허준》《윤이상》《텍스트언어학의 이해》《Abrasax 독일어》
역서: 《마쯔와 신비한 섬》《펠릭스의 세계 요리 여행》
《레오 할아버지와 털북숭이 손자》
《동물의 흔적: 누가 있었을까?》 등 120여 종
《철학적 기본 개념》《5대에 걸친 철 이야기》
《언어기호론》《달리는 꿈, 자동차의 역사》 외 다수

철학적 분과 학문

초판발행 : 2005년 9월 10일

東文選
제10-64호, 78. 12. 16 등록
110-300 서울 종로구 관훈동 74번지
전화 : 737-2795

편집설계 : 李姃炅 李惠允

ISBN 89-8038-555-2 94100
ISBN 89-8038-000-3(세트 : 문예신서)

東文選 文藝新書 273

중 립

롤랑 바르트
김웅권 옮김

본서는 바르트가 타계하기 3년 전 콜레주 드 프랑스에 취임한 뒤 두번째 해의 강의를 위해 준비한 노트를 엮어낸 것이다. 강의의 제목은 '중립' 이다. 중립은 프랑스어 낱말 'neutre' 를 옮긴 것인데, 중성이란 문법적 의미도 있다. 바르트 역시 이 문법적 용어로부터 일반적인 범주를 도출해 중립이라는 포괄적 주제를 선정했음을 밝히고 있다. 따라서 그것은 경우에 따라 중립과 중성으로 번역되었다.

본서에 대한 해설이나 소개는 '일러두기' 와 '서문,' 혹은 바르트가 쓴 '요약문' 에 담겨 있다. 독자는 학자와 예술가-작가로서 원숙기에 다다른 바르트가 전개하는 자유자재하고 폭넓은 사유의 움직임과 흐름을 맛보는 즐거움을 얻을 수 있으리라 기대된다. 바르트는 첫번째 강의, '어떻게 더불어 살 것인가' 에서와 마찬가지로 이 강의에서도 동양의 선불교와 도가 사상 등을 수용하면서 동·서양을 넘나드는 지적 유희를 하고 있다. 그가 일본을 여행했을 때 '탈중심화된' 문화에 충격을 받아 《기호의 제국》을 쓴 이래로 변화한 그의 사유의 움직임은 지구촌 차원에서 폭넓게 전개되고 있다. 독자는 그의 강의가 보여 주는 사유의 한 전형을 통해 많은 것을 생각할 수 있으리라 기대된다.

東文選 文藝新書 258

역사철학

프랑수아 도스
최생열 옮김

‘역사란 무엇인가?’ ‘역사는 무슨 의미를 지니며 어떤 용도가 있는가?’ 최근의 역사 연구자들은 이런 유의 질문을 케케묵은 것으로, 혹은 너무 당연하여 더 이상 거론할 필요가 없는 것으로 여기는 경향이 있다. 이 책의 저자는 이 질문들에 대한 성찰이 절실하다고 여기며, 역사학이 현재 서 있는 지점과 앞으로 나아갈 방향을 진지하게 탐색해 나간다. 프랑스에서 아날학파와 구조주의 인류학·사회학 연구 성과의 지대한 영향을 받으며 학문적으로 성장하고 현재 활발한 저술 활동을 벌이고 있는 저자는, 그간 역사학이 처한 구조적인 침체로부터 벗어나 보다 획기적 전기를 맞이하기를 희구한다. 그는 역사적 이야기가 과학적이고 독자적이며 실용적 가치를 지닌 학문으로서의 특별한 이야기가 되게 하고, 역사 서술 방식의 다양성을 발굴해 내고자 한다. 그러기 위해 우선적으로 그간 역사학이 걸어온 자취를 역사철학적으로 성찰하고, 역사학자들이 활용한 개념들에 대해 다시 질문을 던질 것을 요구하며, 나아가 역사 활동 일반에 대한 반성적 고찰을 촉구한다. 저자는 이러한 성찰을 바탕으로 하여, 다양한 문화간에 접촉이 빈번히 이루어지고 개방적 대화가 필요한 현 시점에서 다원적이고 논쟁의 소지가 많은 역사학 본유의 특성이 대화 공간을 열어 주고 개방성을 지향하는 실용적 학문으로 자리매김할 수 있다고 전망한다.

東文選 文藝新書 241

부르디외 사회학 이론

루이 핀토

김용숙 · 김은희 옮김

부르디외가 추천한 부르디외 사회학 해설서

본서는 수년전 부르디외가 한국을 방문하였을 적에 그에게 자신의 이론을 가장 잘 해설한 책을 한권 추천해달라고 부탁해서 한국 독자들에게 소개하게 된 책이다.

저술의 원칙이 되는 본질적인 행위들을 제시하고, 지성적 맥락을 재구성하며, 인류학이자 철학적인 영역을 명시하는 것이 루이 핀토의 글이 갖는 목적으로, 그의 연구는 단순한 주해서를 넘어서서 이러한 저술이 제안하는 교훈을 총망라한다.

피에르 부르디외의 이론은 결코 객관주의나 과학만능주의가 아니며, 관찰자의 특권을 중시하는 과학적 실천의 중심부의 성찰을 함축한다. 그의 이론은 사회 세계나 우리 스스로에게 향한 우리의 시각을 변화시키는 지적 수단을 제공하고 있다. 이런 의미에서 그의 이론은 개인적이자 보편적인 사물들을 파악하게 하고, 우리가 하는 유희와 그 이해 관계, 그리고 모르던 것을 인정하는 데 필요한 저항들을 이해하는 데에 도움을 주는 사회 분석의 작업이다.

사회 질서는 심층에 묻힌 신념들과 객관적 구조를 따르므로, 사회학은 사회 세계의 정치적 비전을 반드시 갖고 있다. 사회학은 우리에게 유토피아 정신과 질서의 사실적 인식을 연결하는 것을 가르쳐 준다.

사회학자이자 철학자인 루이 핀토는 국립과학연구소(CNRS)의 소장직을 맡고 있다. 그의 연구는 언론, 문화, 지성인과 철학 등을 다루고 있다.

東文選 文藝新書 229

폴 리쾨르

프랑수아 도스

이봉지/한택수/선미라/김지혜 옮김

　　오늘날 세기말의 커다란 문제점들을 밝히기 위해 철학이 복귀한다. 이 회귀가 표현하는 의미의 탐색은 폴 리쾨르라는 인물과 그의 도정을 피할 수 없다. 30년대부터 그는 항상 자신의 사유를 사회 참여의 한 형태로 생각했다. 금세기에 계속적으로 미친 그의 영향력은 부인될 수 없을 것이다. 대사상가라기보다는 지도적 사상가로서 그의 작업은 가장 다양한 분야에서 영감의 주된 원천이 됐다.

　　프랑수아 도스는 《구조주의의 역사》를 쓰면서 이러한 생각이 60-70년대에 얼마나 무시되었는지 평가했다. 역사가로서 그는 이 책에서 프랑스의 반성적 전통, 대륙적이라 불리는 철학, 그리고 분석적 철학의 교차점에서 각각의 기여를 유기적으로 결합시키려는 변함없는 관심을 가지고 작업한, 위대한 사상가를 정당하게 평가하려는 지적 전기를 구현한다.

　　1백70명의 증인을 대상으로 한 폭넓은 조사와 폴 리쾨르의 작업에 대한 철저한 연구 덕택에 저자는 그의 일관된 사상의 도정을 서술하고, 시사성에 대한 관심으로 여러 차례 반복된 사상의 새로운 전개를 회상시킨다. 저서뿐만 아니라 추억의 장소(동포모제의 수용소, 샹봉쉬르리뇽, 스트라스부르, 소르본대학, 하얀 담의 집, 낭테르대학, 시카고…)와 그가 속했던 그룹(가브리엘 마르셀의 서클, 사회그리스도교, 《에스프리》, 현상학 연구소…)을 통해 다원적이고 동시에 통일적인 정체성이 그려진다. 계속해서 적응해야 한다는 의미에서 다원적이지만, 항상 학자적인 삶을 일관성 있게 지키려 했다는 의미에서 통일적이다.

　　이러한 시나리오를 자극하는 열정은 새로운 기사상을 세우려는 것을 목적으로 하지 않는다. 저자는 단지 마음을 터놓는 지혜의 원천인 폴 리쾨르의 헌신을 나누고 싶어한다. 이 도정은 회의주의와 견유주의에 굴복하지 말 것과, 언제나 다시 손질된 기억을 통해 희망의 길을 되찾을 것을 권유한다.

東文選 文藝新書 211

토탈 스크린

장 보드리야르

배영달 옮김

　우리 사회의 현상들을 날카로운 혜안으로 분석하는 보드리야르의 《토탈 스크린》은 최근 자신의 고유한 분석 대상이 된 가상(현실) · 정보 · 테크놀러지 · 텔레비전에서 정치적 문제 · 폭력 · 테러리즘 · 인간 복제에 이르기까지 현대성의 다양한 특성들을 보여 준다. 특히 이 책에서 보드리야르는 오늘날 우리를 매혹하는 형태들인 폭력 · 테러리즘 · 정보 바이러스와 관련하여 기호와 이미지의 불가피한 흐름, 과도한 커뮤니케이션, 프로그래밍화된 정보를 분석한다. 왜냐하면 현대의 미디어 · 커뮤니케이션 · 정보는 이미지의 독성에 의해 증식되며, 바이러스성의 힘을 지니기 때문이다.

　보드리야르는 현대성은 이미지의 독성과 더불어 폭력을 산출해 낸다고 말한다. 이러한 폭력은 정열과 본능에서보다는 스크린에서 생겨난다는 의미에서 가장된 폭력이다. 그리고 그것은 스크린과 미디어 속에 잠재해 있다. 사실 우리는 미디어의 폭력, 가상의 폭력에 저항할 수가 없다. 스크린 · 미디어 · 가상(현실)은 폭력의 형태로 도처에서 우리를 위협한다. 그러나 우리는 스크린 속으로, 가상의 이미지 속으로 들어간다. 우리는 기계의 가상 현실에 갇힌 인간이 된다. 이제 우리를 생각하는 것은 가상의 기계이다. 따라서 그는 "정보의 출현과 더불어 역사의 전개가 끝났고, 인공지능의 출현과 동시에 사유가 끝났다"고 말한다. 아마 그의 이러한 사유는 사유의 바른길과 옆길을 통해 새로운 사유의 길을 늘 모색하는 데서 비롯된 것일 터이다. 현대성에 대한 탁월한 통찰력을 보여 주는 보드리야르의 이 책은 우리에게 우리 사회의 현상들을 비판적으로 읽게 해줄 것이다.

東文選 文藝新書 191

그라마톨로지에 대하여

자크 데리다

김웅권 옮김

"언어들은 말하기 위해 만들어지고, 문자 언어는 음성 언어에 대리 보충의 역할만을 한다……. 문자 언어는 음성 언어의 대리 표상에 불과하다. 사람들이 대상보다 이미지를 규정하는 데 더 많은 주의를 기울이는 것은 기이한 일이다." ─ 루소

따라서 본서는 기이함을 드러낼 수밖에 없는 책이다. 그러나 그 이유는 문자 언어에 모든 주의를 기울임으로써, 이 책이 문자 언어로 하여금 근본적인 재평가를 받게 하기 때문이다. 그런 만큼 총칭적 '논리 자체'로 자처하는 것의 가능성을 사유하기 위해 그것(그러한 논리로 자처하는 것)을 넘어서는 일이 중요할 때, 열려진 길들은 필연적으로 상궤를 벗어난다. 이 논리는 다름 아닌 상식의 분명함에서, '표상'이나 '이미지'의 범주들에서, 안과 밖, 플러스와 마이너스, 본질과 외관, 최초의 것과 파생된 것의 대립에서 안정적 입장을 취하면서 음성 언어와 문자 언어의 관계를 규정하게 되어 있는 논리이다.

우리의 문화가 문자 기호에 부여한 의미들을 분석함으로써, 자크 데리다가 또한 입증하는 것은 그것들의 가장 현실적이면서도 때때로 가장 눈에 띄지 않은 파장들이다. 이런 작업은 개념들의 체계적인 '전치'를 통해서만 가능하다. 실제, 우리는 "문자란 무엇인가?"라는 질문에 야생적이고 즉각적이며 자연발생적인 어떤 경험에 '현상학적' 방식으로 호소함으로써 대답할 수는 없을 것이다. 문자(에크리튀르)에 대한 서구의 해석은 경험·실천·지식의 모든 영역들을 지배하고, 사람들이 그 지배력으로부터 해방시킬 수 있다고 생각하는 질문──"그것은 무엇인가?"──의 궁극적 형태까지 지배한다. 이러한 해석의 역사는 어떤 특정 편견, 위치가 탐지된 어떤 오류, 우발적인 어떤 한계의 역사가 아니다. 그것은 본서에서 '차연'이라는 이름으로 인지되는 운동 속에서 하나의 종결된 필연적 구조를 형성하고 있다.